O SUICÍDIO

O livro é a porta que se abre para a realização do homem.

Jair Lot Vieira

Émile
Durkheim

O SUICÍDIO

ESTUDO DE SOCIOLOGIA

Tradução
Andréa Stahel M. da Silva
Tradutora e editora
Bacharel em Ciências Sociais
pela Universidade de São Paulo – USP

Copyright da tradução e desta edição © 2014 by Edipro Edições Profissionais Ltda.

Todos os direitos reservados. Nenhuma parte deste livro poderá ser reproduzida ou transmitida de qualquer forma ou por quaisquer meios, eletrônicos ou mecânicos, incluindo fotocópia, gravação ou qualquer sistema de armazenamento e recuperação de informações, sem permissão por escrito do editor.

Grafia conforme o novo Acordo Ortográfico da Língua Portuguesa.

1ª edição, 2ª reimpressão 2022.

Editores: Jair Lot Vieira e Maíra Lot Vieira Micales
Coordenação editorial: Fernanda Godoy Tarcinalli
Editoração: Alexandre Rudyard Benevides
Revisão: Fernanda Godoy Tarcinalli
Diagramação e Arte: Karine Moreto Massoca

Dados Internacionais de Catalogação na Publicação (CIP)
(Câmara Brasileira do Livro, SP, Brasil)

Durkheim, Émile, 1858-1917.

O suicídio: estudo de sociologia / Émile Durkheim ; tradução de Andréa Stahel M. da Silva. – São Paulo : Edipro, 2014.

Título original: Le suicide

ISBN 978-85-7283-861-0

1. Suicídio – Aspectos sociológicos I. Título.

13-08571   CDD-394.8

Índice para catálogo sistemático:
1. Suicídio : Aspectos sociológicos : Costumes : 394.8

São Paulo: (11) 3107-7050 • Bauru: (14) 3234-4121
www.edipro.com.br • edipro@edipro.com.br
@editoraedipro   @editoraedipro

Sumário

PREFÁCIO 7

INTRODUÇÃO 13

LIVRO I – OS FATORES EXTRASSOCIAIS 27

Capítulo I – O suicídio e os estados psicopáticos 29

Capítulo II – O suicídio e os estados psicológicos normais:
A raça – A hereditariedade 59

Capítulo III – O suicídio e os fatores cósmicos 83

Capítulo IV – A imitação 105

LIVRO II – CAUSAS SOCIAIS E TIPOS SOCIAIS 131

Capítulo I – Métodos para determiná-los 133

Capítulo II – O suicídio egoísta 141

Capítulo III – O suicídio egoísta (continuação) 161

Capítulo IV – O suicídio altruísta 209

Capítulo V – O suicídio anômico 235

Capítulo VI – Formas individuais dos diferentes tipos
de suicídio 275

6 | O SUICÍDIO

**LIVRO III – DO SUICÍDIO COMO FENÔMENO SOCIAL
EM GERAL** 293

Capítulo I – O elemento social do suicídio 295

Capítulo II – Relações do suicídio com os outros fenômenos
sociais 323

Capítulo III – Consequências práticas 361

LISTA DE MAPAS

Mapa I – Suicídios e alcoolismo 54

Mapa II – Suicídios na França, por Distritos (1887-1891) 118

Mapa III – Suicídios na Europa Central 124

Mapa IV – Suicídios e densidade familiar 192

Mapa V – Suicídios e riqueza 241

Prefácio

Há algum tempo, a sociologia está na moda. A palavra, pouco conhecida e quase depreciada há cerca de dez anos, hoje é de uso corrente. As vocações se multiplicam, e há entre o público uma espécie de prejulgamento favorável à nova ciência. Espera-se muito dela. No entanto, é preciso admitir que os resultados obtidos não correspondem plenamente à quantidade de trabalhos publicados nem ao interesse em prossegui-los. Os avanços de uma ciência são reconhecidos pelo fato de as questões de que ela trata não permanecerem estacionárias. Dizemos que ela progride quando são descobertas leis até então ignoradas, ou pelo menos quando fatos novos, sem impor ainda uma solução que possa ser vista como definitiva, vêm modificar a maneira como se colocavam os problemas. Ora, infelizmente há uma boa razão para que a sociologia não nos ofereça esse espetáculo: na maioria das vezes ela não formula para si questões determinadas. Ela ainda não superou a era das construções e das sínteses filosóficas. Em vez de atribuir como tarefa sua iluminar uma porção restrita do campo social, a sociologia busca, de preferência, as brilhantes generalidades, em que todas as questões são percorridas, sem que nenhuma seja expressamente analisada. Esse método permite enganar um pouco a curiosidade do público ao lhe proporcionar, como se diz, entendimento sobre todos os tipos de assunto; não pode levar a nada de objetivo. Não é com exames sumários e com rasgos de intuição rápida que chegamos a descobrir leis de uma realidade tão complexa. E, principalmente, generalizações ao mesmo tempo tão amplas e tão precipitadas não são suscetíveis de nenhum tipo de prova. Tudo o que se pode fazer é citar, se necessário, alguns exemplos favoráveis que ilustram a hipótese apresentada, mas uma ilustração não constitui uma demonstração. Além disso, quando se aborda tantas coisas

8 | O SUICÍDIO

diferentes, não se é competente em nenhuma, e então só se é possível utilizar informações fortuitas sem nem sequer ter meios para criticá-las. Assim, os livros de pura sociologia não são utilizáveis para quem adotou a regra de só abordar questões definidas, pois a maioria deles não se insere em nenhum campo particular de pesquisas e, além disso, são demasiado pobres em documentos de alguma autoridade.

Aqueles que acreditam no futuro de nossa ciência devem estar ávidos por acabar com esse estado de coisas. Se durasse, a sociologia logo voltaria a cair em seu antigo descrédito e, sozinhos, os inimigos da razão poderiam rejubilar-se. Pois seria um deplorável fracasso para o espírito humano se essa parte da realidade, a única que até agora lhe resistiu, a única, também, que lhe é disputada com paixão, escapasse-lhe, mesmo que apenas por um tempo. A indefinição dos resultados obtidos não deve desencorajar. É uma razão para realizar novos esforços, e não para abdicar. Uma ciência, nascida ontem, tem o direito de errar e tatear, contanto que tome consciência de suas tentativas e erros para impedir que ocorram novamente. A sociologia não deve, pois, renunciar a nenhuma de suas ambições, mas, de outro lado, se quer responder às esperanças nela colocadas, é preciso que aspire a se tornar algo além de uma forma original da literatura filosófica. Que o sociólogo, em vez de se comprazer em meditações metafísicas a respeito de coisas sociais, tome como objeto de suas pesquisas grupos de fatos nitidamente circunscritos que possam ser, de certo modo, apontados, dos quais se possa dizer onde começam e onde acabam, e que ele se aplique a isso firmemente. Que indague com cuidado as disciplinas auxiliares – história, etnografia, estatística – sem as quais a sociologia nada consegue! Se há algo a temer é que, apesar de tudo, suas informações nunca estejam relacionadas ao assunto que ele tenta contemplar, pois, por mais cuidado que tenha em delimitá-lo, a matéria é tão rica e diversa que contém como que reservas inesgotáveis de imprevisto. Mas não importa. Se proceder assim, mesmo que seus inventários de fatos fiquem incompletos e suas formulações, limitadas demais, pelo menos o sociólogo terá feito um trabalho útil que o futuro levará adiante. Pois concepções que têm alguma base objetiva não estão estreitamente ligadas à personalidade de seu autor; têm algo impessoal que faz com que outros possam retomá-las e prossegui-las, são suscetíveis de transmissão. Assim, possibilita-se uma certa sequência no trabalho científico, e essa continuidade é a condição do progresso.

Com esse espírito foi concebida a obra que será lida. Se, entre os diferentes assuntos que tivemos oportunidade de estudar durante nosso curso, escolhemos o suicídio para a presente publicação, é porque, como poucos deles são facilmente determináveis, pareceu-nos ser um exemplo particularmente oportuno; foi necessário ainda um trabalho prévio para definir bem seus contornos. Mas também, em compensação, quando há tal concentração, chega-se a encontrar verdadeiras leis que provam melhor do que qualquer argumentação dialética a possibilidade da sociologia. Serão vistas aquelas que esperamos ter demonstrado. Com certeza, aconteceu mais de uma vez de nos enganarmos, de excedermos em nossas induções os fatos observados. Mas, pelo menos, cada afirmação é acompanhada de suas provas, que nos esforçamos por multiplicar tanto quanto possível. Sobretudo, preocupamo-nos em sempre separar bem o que é raciocínio e interpretação do que são os fatos interpretados. Desse modo, o leitor pode avaliar o que há de fundado nas explicações que lhe são submetidas, sem que nada turve seu julgamento.

De resto, não quer dizer que, ao restringir assim a pesquisa, estejam necessariamente vedadas as visões globais e as ideias gerais. Pelo contrário, acreditamos ter conseguido estabelecer algumas proposições – relativas ao casamento, à viuvez, à família, à sociedade religiosa etc. – que, se não estamos enganados, nos instruem mais do que as teorias usuais dos moralistas sobre a natureza dessas condições ou dessas instituições. Depreender-se-ão de nosso estudo até mesmo algumas indicações sobre as causas do mal-estar geral de que sofrem atualmente as sociedades europeias e sobre os remédios que podem atenuá-lo. Pois não se deve crer que um estado geral só possa ser explicado com generalidades. Ele pode provir de causas definidas possíveis de serem identificadas apenas quando cuidamos de estudá-las por meio das manifestações, não menos definidas, que as exprimem. Ora, o suicídio, em sua situação atual, é justamente uma das formas pelas quais se traduz a afecção coletiva de que sofremos; por isso ele nos ajudará a compreendê-la.

Enfim, ao longo desta obra, serão encontrados, de forma concreta e aplicada, os principais problemas de metodologia que levantamos e examinamos de modo mais específico em outro lugar.* Entre essas questões, há uma à qual o que se segue traz uma contribuição demasiado importante, e não podemos deixar de chamar imediatamente a atenção do leitor para ela.

O método sociológico, tal como o praticamos, assenta-se por completo no princípio fundamental de que os fatos sociais devem ser estudados como coisas, ou seja, como realidades externas ao indivíduo. Não há preceito que

---

*.   *As regras do método sociológico.*

10 | O SUICÍDIO

tenha sido mais contestado; contudo não há preceito mais fundamental. Pois afinal, para que a sociologia seja possível, é preciso antes de tudo que ela tenha um objeto e que ele seja só dela. É preciso que ela seja capaz de conhecer uma realidade que não seja da alçada de outras ciências. Mas, se não há nada de real com exceção das consciências individuais, ela desaparece, por falta de matéria que lhe seja própria. O único objeto ao qual doravante pode dedicar sua observação são os estados mentais do indivíduo, já que não existe nada além disso; ora, cabe à psicologia tratar desse assunto. Desse ponto de vista, de fato, tudo o que há de substancial no casamento, por exemplo, ou na família, ou na religião, são as necessidades individuais às quais se espera que essas instituições respondam: o amor paterno, o amor filial, a propensão sexual, o que se chamou de instinto religioso etc. Quanto às instituições em si, com suas formas históricas, tão variadas e tão complexas, elas tornam-se negligenciáveis e insignificantes. Expressão superficial e contingente das propriedades gerais da natureza individual, são apenas um aspecto dessa última e não necessitam de investigação especial. Decerto pode ser curioso, eventualmente, procurar saber como esses sentimentos eternos da humanidade traduziram-se externamente nas diferentes épocas da história; mas, como todas essas traduções são imperfeitas, não se pode dar muita importância a elas. E, sob certos aspectos, convém afastá-las para poder apreender melhor esse texto original de onde vem todo o seu sentido e que elas desnaturam. É assim que, a pretexto de estabelecer a ciência sobre bases mais sólidas, fundamentando-a na constituição psicológica do indivíduo, ela é desviada do único objetivo que lhe cabe. *Não se percebe que não pode haver sociologia se não há sociedades, e que não há sociedades se só há indivíduos.* Tal concepção, aliás, é uma das causas significativas que mantêm na sociologia o gosto pelas vagas generalidades. Como seria possível preocupar-se em exprimir as formas concretas da vida social quando só lhe reconhecem uma existência emprestada?

Ora, parece-nos difícil que, de cada página deste livro, não se depreenda, ao contrário, a impressão de que o indivíduo é dominado por uma realidade moral que o ultrapassa: a realidade coletiva. Quando virmos que cada povo tem uma taxa de suicídios que lhe é particular, que essa taxa é mais constante que a de mortalidade geral, que, se ela evolui, é segundo um coeficiente de aceleração próprio a cada sociedade, que as variações pela qual ela passa nos diferentes momentos do dia, do mês e do ano apenas reproduzem o ritmo da vida social; quando constatarmos que o casamento, o divórcio, a família, a sociedade religiosa, o exército etc. afetam-na

PREFÁCIO | 11

segundo leis definidas, das quais algumas podem até mesmo se exprimir sob forma numérica, renunciaremos a ver nessas situações e nessas instituições disposições ideológicas sem virtude e sem eficácia. Mas sentiremos que são forças reais, vivas e atuantes que, pelo modo como determinam o indivíduo, demonstram claramente que não dependem dele; pelo menos, se ele entra como elemento na combinação de que resultam, elas impõem-se a ele à medida que se formam. Nessas condições, compreender-se-á melhor como a sociologia pode e deve ser objetiva, já que tem diante de si realidades tão definidas e resistentes quanto aquelas de que se ocupam o psicólogo ou o biólogo.**

*****

Resta-nos saldar uma dívida de gratidão, dirigindo aqui nossos agradecimentos a dois antigos alunos: ao sr. Ferrand, professor na *École primaire supérieur* de Bordeaux, e ao sr. Marcel Mauss, *agrégé* de filosofia, pela dedicação com a qual nos secundaram e pelos favores que nos fizeram. O primeiro elaborou todos os mapas contidos neste livro; e, graças ao segundo, nos foi possível reunir os elementos necessários para o restabelecimento dos quadros XXI e XXII, cuja importância será avaliada mais adiante. Para isso foi preciso analisar os dossiês de cerca de 26 mil suicídios, a fim de levantar separadamente a idade, o sexo, o estado civil, a existência ou não de filhos. Foi o sr. Mauss quem realizou sozinho esse trabalho considerável.

Esses quadros foram elaborados com documentos do Ministério da Justiça, mas que não aparecem nos relatórios anuais. Foram colocados à nossa disposição com a maior boa vontade pelo sr. Tarde, chefe do departamento de estatística judicial. A ele, expressamos toda a nossa gratidão.

**. E, no entanto, mostraremos (livro III, cap. I, nota 20) como essa visão, longe de excluir toda liberdade, aparece como o único meio de conciliá-la com o determinismo revelado pelos dados estatísticos.

Introdução

I

Como a palavra suicídio é recorrente durante as conversas, poder-se-ia acreditar que o sentido é conhecido de todos e que é supérfluo defini-lo. Mas, na realidade, as palavras da língua usual, assim como os conceitos que elas exprimem, sempre são ambíguas, e o cientista que as empregasse tal qual as recebe do uso e sem submetê-las a nenhuma outra elaboração expor-se-ia às mais graves confusões. Não apenas sua compreensão é tão pouco circunscrita que varia de caso a caso conforme as necessidades do discurso, mas também, como a classificação de que são o produto não procede de uma análise metódica e apenas traduz as impressões confusas do povo, é frequente que categorias de fatos muito díspares sejam reunidas indistintamente sob a mesma rubrica, ou que realidades de mesma natureza sejam designadas com nomes diferentes. Se, portanto, nos deixarmos guiar pela acepção recebida, correremos o risco de distinguir o que deve ser confundido ou de confundir o que deve ser distinguido, de menosprezar, assim, o verdadeiro parentesco das coisas e, consequentemente, de nos enganarmos sobre sua natureza. Só comparando é possível explicar. Uma investigação científica, portanto, só poderá atingir seus objetivos se tratar de fatos comparáveis, e ela tem tanto mais chances de ser bem-sucedida quanto mais segura de ter reunido todos os fatos que podem ser utilmente comparados. Mas as afinidades naturais dos seres não podem ser alcançadas com alguma segurança por um exame superficial, como aquele de que resultou a terminologia vulgar; por conseguinte, o cientista não pode tomar por objeto de suas pesquisas os grupos de fatos já constituídos aos quais

14 | O SUICÍDIO

correspondem as palavras da língua corrente. Ele é obrigado a constituir os grupos que almeja estudar, para lhes dar a homogeneidade e a especificidade necessárias para serem abordados cientificamente. Assim, o botânico, quando fala de flores ou frutos, o zoólogo, quando fala de peixes ou insetos, consideram esses diferentes termos em sentidos que fixaram de antemão.

Portanto nossa primeira tarefa é determinar a ordem de fatos que nos propomos a estudar sob o nome de suicídio. Para isso, examinaremos se, entre os diferentes tipos de morte, há algumas que têm em comum características objetivas o bastante para serem reconhecidas por qualquer observador de boa-fé, especiais o bastante para não serem encontradas em outros lugares, mas ao mesmo tempo próximas o bastante daquelas que geralmente classificamos sob o nome de suicídios, para que possamos, sem deturpar o uso, conservar essa mesma expressão. Se houver, reuniremos, sob essa denominação, todos os fatos que, sem exceção, apresentarem tais características distintivas, sem nos preocuparmos se a categoria assim formada não abarcar todos os casos que em geral recebem esse nome ou, ao contrário, englobar casos chamados por outro nome. Pois o importante não é exprimir com um pouco de precisão a noção de suicídio que a inteligência média forjou, mas sim constituir uma categoria de objetos que, ao mesmo tempo em que possa ser, sem inconveniente, rotulada sob essa rubrica, seja também fundamentada objetivamente, isto é, corresponda a uma natureza determinada de coisas.

Ora, entre as diversas espécies de morte, há aquelas que apresentam o traço particular de terem sido causadas pelas próprias vítimas, de resultarem de um ato cujo paciente é o autor; e, de outro lado, é certo que essa mesma característica está na própria base da ideia que comumente fazemos do suicídio. Pouco importa, aliás, a natureza intrínseca dos atos que produzem esse resultado. Embora, em geral, se represente o suicídio como uma ação positiva e violenta que implica certo emprego de força muscular, pode acontecer de uma atitude puramente negativa ou uma simples abstenção terem a mesma consequência. Alguém se mata tanto recusando-se a comer quanto destruindo-se a ferro e fogo. Não é nem mesmo necessário que o ato emanado do paciente tenha sido o antecedente imediato da morte para que ela possa ser considerada seu efeito; a relação de causalidade pode ser indireta, o fenômeno não muda de natureza por isso. O iconoclasta que, para conquistar a glória eterna, comete um crime de lesa-majestade que ele sabe ser capital, e que morre pela mão do carrasco, é tão autor da própria morte quanto seria se ele próprio tivesse desferido o golpe mortal; pelo menos, não há razão para classificar essas duas variedades de morte voluntária em gêneros diferentes, já que a única diferença entre elas consiste nos detalhes materiais da execução. Chegamos, então, a esta primeira formulação: chama-se suicídio a toda morte que resulta mediata ou imediatamente de um ato positivo ou negativo realizado pela própria vítima.

Mas essa definição está incompleta; não distingue entre dois tipos de morte muito diferentes. Não é possível colocar na mesma categoria e tratar do mesmo modo a morte do alucinado que se precipita de uma janela alta por acreditar que ela está no nível do chão, e a do homem que, em pleno gozo de suas faculdades mentais, atenta contra si sabendo o que faz. Há, até mesmo, em certo sentido, pouquíssimos desfechos mortais que não sejam consequência próxima ou distante de alguma atitude do paciente. As causas de morte situam-se muito mais fora de nós do que em nós, e só nos atingem se nos aventuramos em sua esfera de ação.

Diremos que só há suicídio se o ato que resulta na morte foi realizado pela vítima tendo em vista esse resultado? Que só se mata realmente quem quer se matar, e que o suicídio é um homicídio intencional de si mesmo? Mas isso seria, essencialmente, definir o suicídio por uma característica que, quaisquer que possam ser seu interesse e sua importância, teria no mínimo o inconveniente de não ser facilmente reconhecível por não ser fácil de observar. Como saber o que motivou o agente e se, quando tomou sua decisão, era mesmo a morte o que ele queria ou se tinha algum outro objetivo? A intenção é algo muito íntimo para poder ser percebida de fora, a não ser por aproximações grosseiras. Ela até mesmo se furta à observação interior. Quantas vezes nos enganamos acerca das verdadeiras razões que nos levam a agir! Constantemente explicamos por paixões generosas ou considerações elevadas atitudes inspiradas por sentimentos mesquinhos ou um hábito cego.

Além disso, de modo geral, um ato não pode ser definido pelo fim perseguido pelo agente, pois um mesmo sistema de movimentos, sem mudar de natureza, pode ser ajustado a inúmeros fins diferentes. E, de fato, se só houvesse suicídio quando houvesse intenção de se matar, seria preciso recusar essa denominação a fatos que, apesar das aparentes dessemelhanças, no fundo são idênticos aos que todos chamam assim, e que não podem ser chamados de outro modo, a não ser que deixemos tal termo sem uso. O soldado que corre ao encontro de uma morte certa para salvar seu regimento não quer morrer, e, contudo, não é ele o autor de sua própria morte, do

16 | O SUICÍDIO

mesmo modo que o industrial ou o comerciante que se matam para escapar à vergonha da falência? Pode-se dizer o mesmo do mártir que morre por sua fé, da mãe que se sacrifica por seu filho etc. Tanto quando a morte é simplesmente aceita como condição lamentável, mas inevitável, do objetivo almejado, como quando é expressamente desejada e procurada por si mesma, a pessoa renuncia à existência, e as diferentes maneiras de renunciar a ela são apenas variedades de uma mesma categoria. Entre elas, há demasiadas semelhanças fundamentais para que não sejam reunidas sob a mesma expressão genérica, mesmo que em seguida seja necessário distinguir espécies no gênero assim constituído. Decerto, vulgarmente, o suicídio é, antes de tudo, o ato de desespero de um homem que já não quer viver. Mas, na realidade, não é por ainda estarmos apegados à vida no momento em que a abandonamos que deixamos de renunciar a ela; e, entre todos os atos pelos quais um ser vivo abandona, assim, aquele que é considerado seu bem mais precioso, há traços comuns que são evidentemente essenciais. Ao contrário, a diversidade dos motivos que podem ter ditado essas decisões originaria apenas diferenças secundárias. Quando, pois, a abnegação vai até o fim certo da vida, é cientificamente um suicídio; veremos mais adiante de que tipo.

O comum a todas as formas possíveis dessa renúncia suprema é que o ato que a consagra é realizado com conhecimento de causa; a vítima, no momento de agir, sabe qual será o resultado de sua conduta, seja qual for a razão que a tenha levado a se conduzir assim. Todos os casos de morte que apresentam essa particularidade característica distinguem-se claramente de todos os outros em que o paciente ou não é o agente de sua própria morte, ou é seu agente inconsciente. Eles distinguem-se por uma característica fácil de reconhecer, pois não é um problema insolúvel saber se o indivíduo conhecia ou não previamente as consequências naturais de sua ação. Formam, portanto, um grupo definido, homogêneo, discernível de qualquer outro, e que, consequentemente, deve ser designado por uma palavra especial. O termo suicídio lhe convém, e não há razão para se criar outro, pois a maioria dos casos que cotidianamente denominamos assim faz parte dele. Temos, então, em definitivo: *Chama-se suicídio todo caso de morte que resulta direta ou indiretamente de um ato positivo ou negativo realizado pela própria vítima, e que ela sabia que produziria esse resultado.* A tentativa é o ato assim definido, mas interrompido antes de resultar em morte.

Essa definição é suficiente para excluir de nossa pesquisa tudo o que concerne aos suicídios de animais. De fato, o que sabemos da inteligência animal não nos permite atribuir aos bichos uma representação antecipada

INTRODUÇÃO | 17

de sua morte, nem, sobretudo, dos meios capazes de produzi-la. É verdade que há alguns que se recusam a entrar em um local onde outros foram mortos; é como se pressentissem seu destino. Mas, na realidade, basta o cheiro do sangue para determinar esse movimento instintivo de recuo. Todos os casos um pouco autênticos citados e vistos como suicídios propriamente ditos podem ser explicados de outro modo. Se o escorpião irritado dá uma ferroada em si mesmo (o que, aliás, é incerto), é provavelmente em virtude de uma reação automática e irrefletida. A energia motora, provocada por seu estado de irritação, é descarregada ao acaso, da maneira possível; o animal acaba sendo sua vítima, sem que possamos dizer que imaginou de antemão a consequência de seu movimento. Inversamente, se há cães que recusam se alimentar quando perdem o dono, é porque a tristeza na qual mergulham suprime mecanicamente o apetite; disso resulta a morte, sem que tenha sido prevista. Nem o jejum, nesse caso, nem o ferimento, no outro, são empregados como meios cujo efeito é conhecido. As características distintivas do suicídio, tal como o definimos, estão ausentes. Por isso, no que se segue, devemos nos ocupar apenas do suicídio humano.[1]

Mas essa definição não tem apenas a vantagem de prevenir as aproximações enganosas ou as exclusões arbitrárias; também nos dá, desde já, uma ideia do lugar que os suicídios ocupam no conjunto da vida moral. Mostra-nos, de fato, que eles não constituem, como se poderia acreditar, um grupo inteiramente à parte, uma categoria isolada de fenômenos monstruosos, sem relação com os outros modos da conduta, mas, ao contrário, que estão ligados a eles por uma série contínua de intermediários. Os suicídios são apenas a forma exagerada de práticas usuais. De fato, há, digamos, suicídio quando a vítima, no momento em que comete o ato que deve dar fim a seus dias, sabe com toda a certeza o que normalmente deve resultar disso. Mas essa certeza pode ser maior ou menor. Abrandemo-la com algumas dúvidas e teremos um fato novo, que já não é o suicídio mas um parente próximo, visto que entre eles existem apenas diferenças de graus. Um homem que se expõe conscientemente por outrem, mas sem que um desfecho mortal seja indubitável, não é, sem dúvida, um suicida, mesmo que ele acabe su-

---

1. Restam pouquíssimos casos que não podem ser explicados desse modo, mas que são mais que suspeitos. Como a observação, relatada por Aristóteles, de um cavalo que, ao descobrir que o haviam feito cobrir sua mãe sem que ele percebesse, e depois de ter se recusado várias vezes, teria se precipitado intencionalmente do alto de um rochedo (*Hist. dos anim.*, IX, 47). Os criadores asseguram que os cavalos não são, de modo algum, refratários ao incesto. Ver, sobre toda essa questão, WESTCOTT (1885, p. 174-9).

18 | O SUICÍDIO

cumbindo, como tampouco o é o imprudente que brinca de propósito com a morte ao mesmo tempo em que procura evitá-la, ou o apático que, não se apegando vivamente a nada, não se dá ao trabalho de cuidar de sua saúde e a compromete por sua negligência. E, no entanto, essas diferentes maneiras de agir não diferem radicalmente dos suicídios propriamente ditos. Elas originam-se de estados de espírito análogos, já que acarretam igualmente riscos mortais que o agente não ignora, e uma vez que a perspectiva desses riscos não o detém; a diferença é que as chances de morte são menores. Assim, não é sem fundamento que se diz que o cientista que se consome em vigílias mata a si mesmo. Todos esses fatos constituem, pois, tipos de suicídios embrionários, e, se um bom método não os confunde com o suicídio completo e desenvolvido, não se deve tampouco perder de vista as relações de parentesco que têm com esse último. Pois ele aparece sob um aspecto totalmente diferente, uma vez que se reconheceu que ele se liga sem solução de continuidade aos atos de coragem e de devoção, de um lado, e, de outro, aos atos de imprudência e de simples negligência. Veremos melhor, a seguir, o que essas aproximações têm de instrutivo.

II

Mas o fato assim definido interessa ao sociólogo? Dado que o suicídio é um ato do indivíduo que afeta apenas o indivíduo, parece que ele deve depender exclusivamente de fatores individuais e que, por conseguinte, diz respeito exclusivamente à psicologia. De fato, não é pelo temperamento do suicida, por seu caráter, seus antecedentes, pelos acontecimentos de sua história pessoal que em geral se explica sua decisão?

Por enquanto, não vamos investigar em que medida e sob que condições é legítimo estudar assim os suicídios, mas o certo é que eles podem ser considerados sob outro aspecto. Realmente, se, em vez de ver neles apenas ocorrências particulares isoladas umas das outras e que necessitam ser examinadas separadamente, considera-se o conjunto dos suicídios cometidos em dada sociedade durante determinado período, constata-se que o total assim obtido não é uma simples soma de unidades independentes, uma coleção, mas que constitui por si mesmo um fato novo e *sui generis*, que tem unidade e individualidade, por conseguinte natureza própria, e que, além disso, essa natureza é eminentemente social. De fato, para uma mesma so-

INTRODUÇÃO | 19

ciedade, contanto que a observação não envolva um período muito extenso, esse número quase não varia, como prova o quadro I (p. 20). Pois, de um ano a outro, as circunstâncias em que se desenvolve a vida dos povos permanecem sensivelmente as mesmas. Às vezes ocorrem variações mais significativas; mas são exceção. Podemos ver, além disso, que essas variações são sempre contemporâneas de alguma crise que afeta momentaneamente a situação social.[2] Assim, em 1848 ocorreu uma baixa brusca em todos os Estados europeus.

Se considerarmos um intervalo de tempo maior, constataremos mudanças mais graves. Mas, então, elas se tornam crônicas; testemunham simplesmente que as características constitucionais da sociedade sofreram, no mesmo momento, profundas modificações. É interessante notar que elas não aconteceram com a extrema lentidão atribuída por inúmeros observadores; mas foram a um só tempo bruscas e progressivas. De súbito, após uma série de anos em que os números oscilaram entre limites muito próximos, manifesta-se uma alta que, depois de hesitações em sentidos contrários, afirma-se, acentua-se e, enfim, fixa-se. É porque toda ruptura do equilíbrio social que irrompe repentinamente sempre demora para produzir todas as suas consequências. A evolução do suicídio compõe-se, assim, de ondas de movimento, distintas e sucessivas, que ocorrem por ímpetos, desenvolvem-se por um tempo e depois se detêm, para em seguida recomeçar. Pode-se ver, no quadro na página seguinte, que uma dessas ondas formou-se quase em toda a Europa após os acontecimentos de 1848, ou seja, por volta dos anos 1850-1853, dependendo dos países. Outra onda começou na Alemanha após a guerra de 1866; na França, um pouco antes, por volta de 1860, na época que marca o apogeu do governo imperial; na Inglaterra, por volta de 1868, isto é, depois da revolução comercial determinada então pelos tratados de comércio. Talvez se deva à mesma causa o novo recrudescimento constatado entre nós por volta de 1865. Enfim, após a guerra de 1870, iniciou-se um novo avanço que ainda dura e que é quase geral na Europa.[3]

Cada sociedade tem, portanto, em cada momento de sua história, uma predisposição definida para o suicídio. Mede-se a intensidade relativa dessa predisposição considerando a relação entre o número global de mortes

---

2. Colocamos entre parênteses os números referentes a esses anos excepcionais.

3. No quadro representamos alternadamente por cifras em redondo ou *em itálico* as séries de números que representam essas diferentes ondas de movimento, para tornar materialmente tangível a individualidade de cada uma delas.

20 | O SUICÍDIO

Quadro I

Constância do suicídio nos principais países da Europa (números absolutos)

Anos	França	Prússia	Inglaterra	Saxônia	Baviera	Dinamarca
1841	2.814	1.630	—	290	—	337
1842	2.866	1.598	—	318	—	317
1843	3.020	1.720	—	420	—	301
1844	2.973	1.575	—	335	244	285
1845	3.082	1.700	—	338	250	290
1846	3.102	1.707	—	373	220	376
1847	(3.647)	(1.852)	—	377	217	345
1848	(3.301)	(1.649)	—	398	215	(305)
1849	3.583	(1.527)	—	(328)	(189)	337
1850	3.596	1.736	—	390	250	340
1851	3.598	1.809	—	402	260	401
1852	3.676	2.073	—	530	226	426
1853	3.415	1.942	—	431	263	419
1854	3.700	2.198	—	547	318	363
1855	3.810	2.351	—	568	307	399
1856	4.189	2.377	—	550	318	426
1857	3.967	2.038	1.349	485	286	427
1858	3.903	2.126	1.275	491	329	457
1859	3.899	2.146	1.248	507	387	451
1860	4.050	2.105	1.365	548	339	468
1861	4.454	2.185	1.347	(643)	—	—
1862	4.770	2.112	1.317	557	—	—
1863	4.613	2.374	1.315	643	—	—
1864	4.521	2.203	1.340	(545)	—	411
1865	4.946	2.361	1.392	619	—	451
1866	5.119	2.485	1.329	704	410	443
1867	5.011	3.625	1.316	752	471	469
1868	(5.547)	3.658	1.508	800	453	498
1869	5.114	3.544	1.588	710	425	462
1870	—	3.270	1.554	—	—	486
1871	—	3.135	1.495	—	—	—
1872	—	3.467	1.514	—	—	—

INTRODUÇÃO | 21

voluntárias e a população de todas as idades e todos os sexos. Chamaremos esse dado numérico de *taxa de mortalidade-suicídio própria à sociedade considerada*. Em geral, ela é calculada em relação a um milhão ou a cem mil habitantes.

Não apenas essa taxa é constante durante longos períodos, como sua invariabilidade chega a ser maior que a dos principais fenômenos demográficos. A mortalidade geral, em particular, varia com muito mais frequência de um ano a outro, e as variações pelas quais passa são muito mais importantes. Para confirmar, basta comparar, durante vários períodos, o modo como evoluem os dois fenômenos. É o que fizemos no quadro II (p. 22). Para facilitar a comparação, exprimimos, tanto para as mortes quanto para os suicídios, a taxa de cada ano em função da taxa média do período, reduzida a 100. Assim, as diferenças de um ano a outro ou em relação à taxa média tornaram-se comparáveis nas duas colunas. Ora, dessa comparação resulta que em cada período a amplitude das variações é muito mais considerável para a mortalidade geral do que para os suicídios; ela é, em média, duas vezes maior. A diferença *mínima* entre dois anos consecutivos é sensivelmente de mesma importância em ambos os lados durante os dois últimos períodos. Mas esse *mínimo* é uma exceção na coluna das mortes, ao passo que, ao contrário, as variações anuais dos suicídios só se afastam dele excepcionalmente. Isso é perceptível ao compararmos as diferenças médias.[4]

É verdade que, se compararmos não mais os anos sucessivos de um mesmo período mas as médias de períodos diferentes, as variações observadas nas taxas de mortalidade tornar-se-ão quase insignificantes. As alterações em sentidos contrários que ocorrem de um ano a outro e que se devem à ação de causas passageiras e acidentais neutralizam-se mutuamente quando se toma por base de cálculo um período mais extenso; elas desaparecem, pois, do número médio, que, em consequência dessa eliminação, apresenta uma invariabilidade bastante grande. Assim, na França, de 1841 a 1870, ele foi, sucessivamente, para cada decênio: 23,18; 23,72; 22,87. Mas, antes de tudo, já é um fato notável que o suicídio, de um ano a outro, tenha um grau de constância no mínimo igual, se não superior, ao que a mortalidade geral manifesta apenas de um período a outro. Além disso, a taxa média de mortalidade alcança essa regularidade apenas ao se tornar algo geral e impessoal, que serve apenas de modo imperfeito para caracterizar uma sociedade determinada. De fato, ela é substancialmente a mesma para todos os povos que alcançaram mais ou menos a mesma civilização; pelo menos, as diferen-

---

4. WAGNER (1864, p. 87) já havia comparado desse modo a mortalidade e a nupcialidade.

Quadro II

Variações comparadas
da taxa de mortalidade-suicídio e da taxa de mortalidade geral

(1) 1841-46	(2)	(3)	(1) 1849-55	(2)	(3)	(1) 1856-60	(2)	(3)
A) Números absolutos								
1841	8,2	23,2	1849	10,0	27,3	1856	11,6	23,1
1842	8,3	24,0	1850	10,1	21,4	1857	10,9	23,7
1843	8,7	23,1	1851	10,0	22,3	1858	10,7	24,1
1844	8,5	22,1	1852	10,5	22,5	1859	11,1	26,8
1845	8,8	21,2	1853	9,4	22,0	1860	11,9	21,4
1846	8,7	23,2	1854	10,2	27,4			
			1855	10,5	25,9			
Médias	8,5	22,8	Médias	10,1	24,1	Médias	11,2	23,8
B) Taxa de cada ano expressa em função da média reduzida a 100								
1841	96	101,7	1849	98,9	113,2	1856	103,5	97
1842	97	105,2	1850	100	88,7	1857	97,3	99,3
1843	102	101,3	1851	98,9	92,5	1858	95,5	101,2
1844	100	96,9	1852	103,8	93,3	1859	99,1	112,6
1845	103,5	92,9	1853	93	91,2	1860	106	89,9
1846	102,3	101,7	1854	100,9	113,6			
			1855	103	107,4			
Médias	100	100	Médias	100	100	Médias	100	100

	Entre dois anos consecutivos			Acima e abaixo da média	
	Diferença máxima	Diferença mínima	Diferença média	Máximo abaixo	Máximo acima
C) Tamanho da diferença					
Período de 1841-46:					
Mortalidade geral	8,8	2,5	4,9	7,1	4,0
Taxa de suicídios	5,0	1	2,5	4	2,8
Período de 1849-55:					
Mortalidade geral	24,5	0,8	10,6	13,6	11,3
Taxa de suicídios	10,8	1,1	4,48	3,8	7,0
Período de 1856-60:					
Mortalidade geral	22,7	1,9	9,57	12,6	10,1
Taxa de suicídios	6,9	1,8	4,82	6,0	4,5

(1) Período | (2) Suicídios por 100 mil habitantes | (3) Mortes por mil habitantes

INTRODUÇÃO | 23

ças são mínimas. Assim, na França, como acabamos de ver, ela oscila, de 1841 a 1870, em torno de 23 mortes por mil habitantes; durante os mesmos períodos ela foi, sucessivamente, na Bélgica, de 23,93, de 22,5, de 24,04; na Inglaterra, de 22,32, de 22,21, de 22,68; na Dinamarca, de 22,65 (1845-49), de 20,4 (1855-59), de 20,4 (1861-68). Se desconsideramos a Rússia, que por enquanto é europeia apenas geograficamente, os únicos grandes países da Europa em que a dízima mortuária se afasta de forma um pouco acentuada dos números precedentes são a Itália, onde, de 1861 a 1867, ela aumentou para 30,6, e a Áustria, onde era ainda maior (32,52).[5] A taxa de suicídio, ao contrário, ao mesmo tempo que acusa apenas poucas alterações anuais, varia, dependendo da sociedade, o dobro, o triplo, o quádruplo, ou ainda mais (vide quadro III). Portanto ela é, em maior grau que a taxa de mortalidade, particular a cada grupo social, de que pode ser vista como um índice característico. Está até mesmo tão estreitamente ligada ao que há de mais profundamente constitutivo em cada temperamento nacional que a ordem em que se classificam, sob essa relação, as diferentes sociedades mantém-se quase rigorosamente a mesma em épocas bem distintas. É o que prova a análise desse mesmo quadro. Ao longo dos três períodos comparados, o suicídio aumentou por toda parte; mas, nesse avanço, os diversos povos conservaram suas distâncias respectivas. Cada povo tem um coeficiente de aceleração que lhe é próprio.

QUADRO III

Taxa de suicídios por milhão de habitantes nos diferentes países da Europa

	Período			Números de ordem no:		
	1866-70	1871-75	1874-78	1º período	2º período	3º período
Itália	30	35	38	1	1	1
Bélgica	66	69	78	2	3	4
Inglaterra	67	66	69	3	2	2
Noruega	76	73	71	4	4	3
Áustria	78	94	130	5	7	7
Suécia	85	81	91	6	5	5
Baviera	90	91	100	7	6	6
França	135	150	160	8	9	9
Prússia	142	134	152	9	8	8
Dinamarca	277	258	255	10	10	10
Saxônia	293	267	334	11	11	11

5. Segundo BERTILLON, verbete "Mortalité" [Mortalidade], do *Dictionnaire encyclopédique des sciences médicales*, t. LXI, p. 738.

24 | O SUICÍDIO

A taxa de suicídios constitui, portanto, uma ordem de fatos una e determinada; é o que demonstram, a um só tempo, sua permanência e sua variabilidade. Pois essa permanência seria inexplicável se não estivesse ligada a um conjunto de características distintivas, solidárias umas às outras, que, apesar da diversidade das circunstâncias ambientes, afirmam-se simultaneamente; e essa variabilidade mostra a natureza individual e concreta dessas mesmas características, já que elas variam como a própria individualidade social. Em suma, o que tais dados estatísticos exprimem é a tendência ao suicídio pela qual cada sociedade é coletivamente afligida. Não é possível dizer atualmente em que consiste essa tendência, se ela é um estado *sui generis* da alma coletiva,[6] com uma realidade própria, ou se representa apenas uma soma de estados individuais. Ainda que as considerações que precedem sejam difíceis de conciliar com essa última hipótese, postergamos o problema, que será tratado no decorrer desta obra.[7] O que quer que pensemos sobre esse assunto, o caso é que essa tendência existe por uma razão ou outra. Cada sociedade está predisposta a fornecer um contingente determinado de mortes voluntárias. Essa predisposição pode, pois, ser o objeto de um estudo especial e que concerne à sociologia. É esse estudo que empreenderemos.

Nossa intenção não é, portanto, fazer um inventário tão completo quanto possível de todas as condições que podem entrar na gênese dos suicídios particulares, mas apenas procurar aquelas de que depende o fato definido que denominamos taxa social de suicídios. Consideramos que as duas questões são bem distintas, ainda que, por outro lado, possa haver alguma relação entre elas. De fato, entre as condições individuais, certamente há muitas que não são gerais o bastante para afetar a relação entre o número total de mortes voluntárias e a população. Talvez elas possam fazer com que um ou outro indivíduo isolado se mate, mas não com que a sociedade *in globo* tenha uma propensão mais intensa ou menos intensa ao suicídio. Do mesmo modo que não dependem de determinada situação da organização social, elas não têm efeitos sociais. Sendo assim, interessam ao psicólogo, não ao sociólogo. O que este último busca são as causas por intermédio das quais é possível agir, não sobre os indivíduos isoladamente, mas sobre o grupo. Por conseguinte, entre os fatores dos suicídios, os únicos que lhe concernem

---

6. Que fique claro que, ao nos servirmos dessa expressão, não pretendemos de modo algum hipostasiar a consciência coletiva. Não admitimos mais alma substancial na sociedade do que no indivíduo. Voltaremos, aliás, a esse ponto.

7. Ver livro III, cap. I.

INTRODUÇÃO | 25

são os que fazem sentir sua ação sobre o conjunto da sociedade. A taxa de suicídios é produto desses fatores. Por essa razão, devemos nos ater a eles.

Esse é o objeto do presente trabalho, que conterá três partes.

O fenômeno a ser explicado só pode se dever a causas extrassociais de uma grande generalidade ou a causas propriamente sociais. Para começar, questionaremos qual é a influência das primeiras, e veremos que é nula ou muito restrita.

Em seguida, determinaremos a natureza das causas sociais, a maneira como produzem seus efeitos, e suas relações com as situações individuais que acompanham os diferentes tipos de suicídio.

Feito isso, estaremos em melhores condições de especificar em que consiste o elemento social do suicídio, ou seja, a tendência coletiva de que acabamos de falar, quais são suas relações com os outros fatos sociais e por que meios é possível agir sobre ela.[8]

I – Publicações estatísticas oficiais que utilizamos especialmente

Oesterreischische Statistik (Statistik des Sanitätswesens) – Annuaire statistique de la Belgique – Zeitschrift des Koeniglisch Bayerischen statistichen bureau – Preussische Statistik (Sterblichkeit nach Todesursachen und Altersclassen der gestorbenen) – Würtembürgische Iahrbücher für Statistik und Landeskunde – Badische Statistik – Tenth Census of the United States. Report on the Mortality and vital statistic of the United States 1880, parte II – Annuario statistico Italiano – Statistica delle cause delle Morti in tutti i communi del Regno – Relazione medico-statistica sulle conditione sanitarie dell' Exercito Italiano – Statistische Nachrichten des Grossherzogthums Oldenburg – Compte rendu général de l'administration de la justice criminelle en France.

Statistisches Iahrbuch der Stadt Berlin – Statistik der Stadt Wien – Statistisches Handbuch für den Hamburgischen Staat – Jahrbuch für die amtliche Statistik der Bremischen Staaten – Annuaire statistique de la ville de Paris.

Além disso, encontram-se informações úteis nos seguintes artigos: PLATTER, "Ueber die Selbstmorde in Oesterreich in den Iahren 1819-1872",

---

8. No início de cada capítulo, quando for o caso, será encontrada a bibliografia especial das questões particulares que nele são tratadas. Aqui estão as indicações relativas à bibliografia geral do suicídio.

in *Statist. Monatsch.*, 1876 – BRATTASSÉVIC, "Die Selbstmorde in Oesterreich in den Iahren 1873-77", in *Stat. Monatsch.*, 1878, p. 429 – OGLE, "Suicides in England and Wales in relation to Age, Sexe, Season and Occupation", in *Journal of the statistical Society*, 1886 – ROSSI, "Il Suicidio nella Spagna nel 1884", *Arch di psychiatria*, Turim, 1886.

II – ESTUDOS SOBRE O SUICÍDIO EM GERAL

DE GUERRY, *Statistique morale de la France*, Paris, 1835, e *Statistique morale comparée de la France et de l'Angleterre*, Paris, 1864 – TISSOT, *De la manie du suicide et de l'esprit de révolte, de leurs causes et de leurs remèdes*, Paris, 1841 – ETOC-DEMAZY, *Recherches statistiques sur le suicide*, Paris, 1844 – LISLE, *Du suicide*, Paris, 1856 – WAPPÄUS, *Allgemeine Bevölkerungsstatistik*, Leipzig, 1861 – WAGNER, *Die Gesetzmässigkeit in den scheinbar willkürlichen menschlichen Handlungen*, Hamburgo, 1864, parte II – BRIERRE DE BOISMONT, *Du suicide et de la folie-suicide*, Paris, Germer Baillière, 1865 – DOUAY, *Le suicide ou la mort volontaire*, Paris, 1870 – LEROY, *Étude sur le suicide et les maladies mentales dans le département de Seine-et-Marne*, Paris, 1870 – OETTINGEN, *Die Moralstatistik*, 3. ed., Erlangen, 1882, p. 786-832 e quadros anexos 103-120 – Do mesmo autor, *Ueber acuten und chronischen Selbstmord*, Dorpat, 1881 – MORSELLI, *Il suicidio*, Milão, 1879 – LEGOYT, *Le suicide ancien et moderne*, Paris, 1881 – MASARYK, *Der Selbstmord als sociale Massenerscheinung*, Viena, 1881 – WESTCOTT, *Suicide, its history, litterature* etc., Londres, 1885 – MOTTA, *Bibliografia del Suicidio*, Bellinzona, 1890 – CORRE, *Crime et suicide*, Paris, 1891 – BONOMELLI, *Il Suicidio*, Milão, 1892 – MAYR, Selbstmordstatistik, in *Handwörterbuch der Staatswissenschaften, herausgegeben von Conrad, Erster Supplementband*, Iena, 1895 – HAUVILLER D., *Suicide*, tese, 1898-99.

Livro I
OS FATORES EXTRASSOCIAIS

CAPÍTULO I

O suicídio
e os estados psicopáticos[9]

Há dois tipos de causas extrassociais às quais se pode *a priori* atribuir influência sobre a taxa de suicídios: as disposições orgânico-psíquicas e a natureza do meio físico. Pode ser que, na constituição individual ou, pelo menos, na constituição de uma classe importante de indivíduos, tenha havido uma propensão, de intensidade variável conforme o país, que levasse diretamente o homem ao suicídio; de outro lado, o clima, a temperatura etc. poderiam, pelo modo como agem no organismo, ter indiretamente os mesmos efeitos. Em todo caso, a hipótese não pode ser descartada sem discussão. Portanto vamos examinar sucessivamente essas duas ordens de fatores e procurar saber se elas têm, de fato, alguma participação no fenômeno que estamos estudando, e qual é ela.

I

Há doenças cuja taxa anual é relativamente constante para uma determinada sociedade, ao mesmo tempo que varia de modo considerável em função dos povos. É o que ocorre com a loucura. Portanto se tivéssemos

---

9. Bibliografia – FALRET, *De l'hypocondrie et du suicide*, Paris, 1822 – ESQUIROL, *Des maladies mentales*, Paris, 1838 (t. I, p. 526-676) e verbete "Suicídio", in *Dictionnaire de médecine*, 60 vols – CAZAUVIEILH, *Du suicide et de l'aliénation mentale*, Paris, 1840 – ETOC-DEMAZY, "De la folie dans la production du suicide", in *Annales médico-psych.*, 1844 – BOURDIN, *Du suicide considéré comme maladie*, Paris, 1845 – DECHAMBRE, "De la monomanie homicide-suicide", in *Gazette médic.*, 1852 – JOUSSET, *Du suicide et de la monomanie suicide*, 1858 – BRIERRE DE BOISMONT, *op. cit.* – LEROY, *op. cit* – Verbete "Suicide", *Dictionnaire de médecine et de chirurgie pratique*, t. XXXIV, p. 117 – STRAHAN, *Suicide and Insanity*, Londres, 1894.

    LUNIER, *De la production et de la consommation des boissons alcooliques en France*, Paris, 1877 – Do mesmo autor, art. in *Annales médico-psych.*, 1872; *Journal de la Soc. de stat.*, 1878 – PRINZING, *Trunksucht und Selbstmord*, Leipzig, 1895.

30 | LIVRO I – OS FATORES EXTRASSOCIAIS

razões para ver em toda morte voluntária uma manifestação vesânica, o problema que levantamos estaria resolvido; o suicídio não passaria de uma afecção individual.[10]

Essa tese é defendida por vários alienistas. Segundo Esquirol: "O suicídio tem todas as características das alienações mentais."[11] – "O homem atenta contra a própria vida apenas quando está em delírio, e os suicidas são alienados."[12] Partindo desse princípio, ele concluía que o suicídio, sendo involuntário, não devia ser punido pela lei. Falret[13] e Moreau de Tours se expressam com termos quase idênticos. É verdade que esse último, na própria passagem em que anuncia a doutrina a que adere, faz uma observação que basta para torná-la suspeita: "O suicídio", pergunta-se ele,

> deve ser visto em todos os casos como resultado de uma alienação mental? Sem querer resolver aqui essa difícil questão, digamos em tese geral que, instintivamente, inclinamo-nos tanto mais para uma resposta afirmativa quanto fizemos um estudo mais aprofundado da loucura, adquirimos mais experiência e vimos mais alienados.[14]

Em 1845, o dr. Bourdin, em uma brochura que, quando foi publicada, teve alguma repercussão no mundo médico, defendera, com menos comedimento ainda, a mesma opinião.

Essa teoria pode ser, e foi, defendida de duas maneiras diferentes. Ou se diz que, por si mesmo, o suicídio constitui uma entidade mórbida *sui generis*, uma loucura especial; ou então, sem fazer dele uma espécie distinta, vê-se aí simplesmente um episódio de um ou vários tipos de loucura, mas que não é encontrado nas pessoas sãs de espírito. A primeira tese é a de Bourdin; Esquirol, ao contrário, é o representante mais autorizado da outra concepção. "De acordo com o que precede", ele diz,

> já se vislumbra que o suicídio é, para nós, apenas um fenômeno resultante de inúmeras causas diversas, que apresenta características muito diferentes; que esse fenômeno não pode caracterizar uma doença. Foi por ter feito do suicídio uma doença *sui generis* que se fizeram afirmações gerais desmentidas pela experiência.[15]

---

10. Na medida em que a loucura fosse, por sua vez, puramente individual. Na verdade ela é, em parte, um fenômeno social. Voltaremos a esse ponto.

11. *Maladies mentales*, t. I, p. 639.

12. *Ibid.*, t. I, p. 665.

13. *Du suicide* etc., p. 137.

14. In *Annales médico-psych.*, t. VII, p. 287.

15. *Maladies mentales*, t. I, p. 528.

CAPÍTULO I - O SUICÍDIO E OS ESTADOS PSICOPÁTICOS | 31

Desses dois modos de demonstrar o caráter vesânico do suicídio, o segundo é o menos rigoroso e o menos concludente, em virtude do princípio de que não pode haver experiência negativa. De fato, é impossível proceder a um inventário completo de todos os casos de suicídio e mostrar, em cada um deles, a influência da alienação mental. É possível apenas citar exemplos particulares que, por mais numerosos que sejam, não podem servir de base a uma generalização científica; mesmo que não fossem apresentados exemplos contrários, sempre haveria exemplos possíveis. Mas a outra prova, se puder ser administrada, será conclusiva. Se conseguirmos estabelecer que o suicídio é uma loucura com características próprias e evolução distinta, a questão estará resolvida; todo suicida é um louco.

Mas será que existe uma loucura-suicídio?

II

Sendo a tendência ao suicídio, por natureza, especial e definida, se ela constitui uma variedade da loucura, só pode ser uma loucura parcial e limitada a um único ato. Para que ela possa caracterizar um delírio, é preciso que se refira somente a esse único objeto; pois, se se referisse a múltiplos, não haveria por que defini-lo por um deles e não pelos outros. Na terminologia tradicional da patologia mental, os delírios restritos são chamados de monomania. O monomaníaco é um doente que tem a consciência sã, exceto em um ponto; apresenta apenas uma tara, e claramente localizada. Por exemplo, às vezes ele tem um desejo irracional e absurdo de beber, ou roubar, ou injuriar; mas todos os seus outros atos e pensamentos são de uma correção rigorosa. Portanto, se há uma loucura-suicídio, só pode ser uma monomania, e foi assim que, na maioria das vezes, foi qualificada.[16]

Inversamente, argumenta-se que, se admitimos esse gênero particular de doenças chamadas monomanias, seríamos facilmente induzidos a incluir o suicídio entre elas. O que, de fato, caracteriza esses tipos de afecção, segundo a própria definição que acabamos de lembrar, é que eles não implicam distúrbios essenciais no funcionamento intelectual. A base da vida mental é a mesma para o monomaníaco e para o homem são de espírito; mas, no primeiro, um estado psíquico determinado destaca-se dessa base comum por um relevo excepcional. Com efeito, a monomania é simples-

---

16. Ver BRIERRE DE BOISMONT, p. 140.

32 | LIVRO I – OS FATORES EXTRASSOCIAIS

mente, na ordem das tendências, uma paixão exagerada e, na ordem das representações, uma ideia falsa mas tão intensa que obceca a mente e lhe retira toda a liberdade. Por exemplo, de normal a ambição torna-se doentia e vira monomania de grandeza quando toma proporções tais que todas as outras funções cerebrais ficam como que paralisadas. Basta, portanto, que um movimento um pouco violento da sensibilidade venha perturbar o equilíbrio mental para que a monomania apareça. Ora, parece que os suicídios estão, em geral, sob influência de alguma paixão anormal, que essa esgota sua energia de uma só vez ou só a desenvolve com o passar do tempo; pode-se até mesmo acreditar, com aparente razão, que sempre é preciso alguma força desse tipo para neutralizar o instinto, tão fundamental, de conservação. De outro lado, muitos suicidas, a não ser pelo ato especial pelo qual dão um fim a seus dias, não se singularizam em nada dos homens; por conseguinte, não há razão para lhes imputar um delírio geral. Eis como, sob a capa da monomania, o suicídio foi colocado no rol das vesânias.

Mas existem monomanias? Durante muito tempo, sua existência não foi colocada em dúvida; a unanimidade dos alienistas admitia, sem discussão, a teoria dos delírios parciais. Não apenas acreditavam-na demonstrada pela observação clínica, mas também a apresentavam como um corolário dos ensinamentos da psicologia. Professava-se, então, que o espírito humano era formado de faculdades distintas e de forças separadas que habitualmente cooperavam, mas que eram suscetíveis de agir de modo isolado; parecia, pois, natural, que elas pudessem ser distintamente atingidas pela doença. Já que o homem pode manifestar inteligência sem vontade, e sensibilidade sem inteligência, por que não poderia haver doenças da inteligência ou da vontade sem distúrbios da sensibilidade e vice-versa? Aplicando o mesmo princípio às formas mais especiais dessas faculdades, chegava-se a admitir que a lesão podia recair exclusivamente sobre uma tendência, uma ação ou uma ideia isolada.

Mas hoje em dia essa opinião está universalmente abandonada. Com certeza, não é possível demonstrar diretamente pela observação que não existem monomanias, porém é sabido que não se pode citar um único exemplo inconteste de monomania. A experiência clínica nunca conseguiu identificar uma tendência doentia do espírito numa situação de verdadeiro isolamento; sempre que uma faculdade é lesada, as outras também o são simultaneamente, e, se os partidários da monomania não notaram essas lesões concomitantes, é porque não conduziram suas observações de forma adequada. "Tomemos, por exemplo", diz Falret,

CAPÍTULO I - O SUICÍDIO E OS ESTADOS PSICOPÁTICOS | 33

um alienado obcecado com ideias religiosas, que seria classificado entre os monomaníacos religiosos. Ele diz-se inspirado por Deus; encarregado de uma missão divina, traz ao mundo uma nova religião... Vocês diriam que essa ideia é completamente maluca, mas, afora essa série de ideias religiosas, ele raciocina como os outros homens. Pois bem, interroguem-no com mais cuidado e não tardarão a descobrir nele outras ideias doentias; encontrarão, por exemplo, paralelamente às ideias religiosas, uma tendência ao orgulho. Ele não se acreditará chamado apenas a reformar a religião, mas a reformar a sociedade; talvez também imagine que lhe estava reservado um destino elevado... Suponhamos que, depois de procurar nesse doente tendências ao orgulho, vocês não as tenham encontrado, então constatarão ideias de humildade ou tendências temerosas. O doente, obcecado com ideias religiosas, se acreditará perdido, destinado a perecer etc.[17]

Sem dúvida, nem todos esses delírios encontram-se habitualmente reunidos em uma mesma pessoa, mas são aqueles que, na maioria das vezes, encontram-se juntos; ou então, se não coexistem num único e mesmo momento da doença, sucedem-se em fases mais ou menos próximas.

Enfim, independentemente dessas manifestações particulares, há sempre, nos pretensos monomaníacos, um estado geral de toda a vida mental, que é a própria essência da doença, e da qual essas ideias delirantes são apenas expressão superficial e temporária. O que o constitui é uma exaltação excessiva ou uma depressão extrema, ou uma perversão geral. Há sobretudo ausência de equilíbrio e de coordenação tanto no pensamento quanto na ação. O doente raciocina, e no entanto suas ideias não se encadeiam sem lacunas; ele não se comporta de modo absurdo, mas seu comportamento não tem nexo. Portanto não é exato dizer que a loucura possa ter uma participação, e uma participação restrita; assim que ela penetra o entendimento, invade-o por inteiro.

Além disso, o princípio sobre o qual se apoiava a hipótese das monomanias está em contradição com os dados atuais da ciência. A antiga teoria das faculdades praticamente já não tem defensores. Já não se veem, nos diferentes modos da atividade consciente, forças separadas que se reúnem e recuperam sua unidade apenas no cerne de uma substância metafísica, mas funções solidárias; é, portanto, impossível que uma seja lesada sem que essa lesão repercuta sobre as outras. Essa penetração é até mesmo mais íntima na vida cerebral do que no resto do organismo; pois as funções psíquicas não têm órgãos bastante distintos uns dos outros para que um possa ser

---

17. *Maladies mentales*, t. I, p. 437.

atingido sem que os outros o sejam. Sua distribuição entre as diferentes regiões do encéfalo não é muito definida, como o prova a facilidade com que as diferentes partes do cérebro substituem-se mutuamente, se uma delas encontra-se impedida de realizar suas funções. Seu emaranhamento é, pois, completo demais para que a loucura possa atingir algumas, deixando outras intactas. Com maior razão, é totalmente impossível que ela possa alterar uma ideia ou um sentimento particular sem que a vida psíquica seja alterada em sua raiz. Pois as representações e as tendências não têm vida própria; não são pequenas substâncias, átomos espirituais que, ao se agregarem, formam o espírito. Elas não fazem mais que manifestar exteriormente o estado geral dos centros conscientes; derivam dele e exprimem-no. Sendo assim, não podem ter caráter mórbido sem que, por sua vez, esse estado esteja viciado.

Mas, se as taras mentais não são suscetíveis de ser localizadas, não há, não pode haver monomanias propriamente ditas. Os distúrbios, aparentemente locais, que foram designados por esse nome resultam sempre de uma perturbação mais extensa; não são doenças, mas sim acidentes particulares e secundários de doenças mais gerais. Se, portanto, não existem monomanias, não pode haver uma monomania-suicídio, e, por conseguinte, o suicídio não é uma loucura distinta.

III

Mas ainda há a possibilidade de que o suicídio só ocorra no estado de loucura. Se, por si mesmo, ele não é uma vesânia especial, não há forma de vesânia em que não possa aparecer. É apenas uma síndrome episódica, mas frequente, delas. Será que dessa frequência é possível concluir que o suicídio nunca se produz no estado de sanidade, e que é um indício indubitável de alienação mental?

A conclusão seria precipitada. Pois, se entre os atos dos alienados há aqueles que lhes são próprios e podem servir para caracterizar a loucura, outros, ao contrário, lhes são comuns com os homens equilibrados, assumindo nos loucos uma forma especial. *A priori*, não há razão para classificar o suicídio na primeira dessas duas categorias. Decerto os alienistas afirmam que a maioria dos suicidas que conheceram apresentava todos os sinais da alienação mental, mas esse testemunho não basta para resolver

CAPÍTULO I - O SUICÍDIO E OS ESTADOS PSICOPÁTICOS | 35

a questão; pois tais análises são demasiado sumárias. Além disso, de uma experiência tão estritamente particular, não é possível induzir nenhuma lei geral. Dos suicidas que eles conheceram e que, naturalmente, eram alienados, não se pode tirar conclusões para aqueles que eles não observaram e que, no entanto, são em maior número.

A única maneira de proceder metodicamente consiste em classificar, segundo suas propriedades essenciais, os suicídios cometidos por loucos, constituindo assim os principais tipos de suicídios vesânicos e verificando se todos os casos de mortes voluntárias entram nesses quadros nosológicos. Em outras palavras, para saber se o suicídio é um ato especial aos alienados, é preciso determinar as formas que ele assume na alienação mental e ver, em seguida, se são os únicos que ele afeta.

Em geral, os especialistas pouco se empenharam em classificar os suicídios de alienados. Podemos, no entanto, considerar que os quatro tipos seguintes englobam as espécies mais importantes. As linhas essenciais dessa classificação são tiradas de Jousset e de Moreau de Tours.[18]

I. *Suicídio maníaco* – Deve-se ou a alucinações, ou a concepções delirantes. O doente se mata para escapar a um perigo ou a uma vergonha imaginários, ou para obedecer a uma ordem misteriosa recebida do alto etc.[19] Mas os motivos desse suicídio e seu modo de evolução refletem as características gerais da doença de que ele deriva, isto é, da mania. O que distingue essa afecção é sua extrema mobilidade. As ideias e os sentimentos mais diversos e até mesmo mais contraditórios sucedem-se com uma extraordinária velocidade no espírito dos maníacos. É um perpétuo turbilhão. Mal surge um estado de consciência, ele é substituído por outro. O mesmo ocorre com os motivos que determinam o suicídio maníaco: eles nascem, desaparecem ou se transformam com uma rapidez surpreendente. De repente, a alucinação ou o delírio que levam a pessoa a se destruir aparecem; vem a tentativa de suicídio; depois, em um instante, a cena muda e, se a tentativa fracassa, ela não é retomada, pelo menos não por ora. Se ocorrer de novo mais tarde, será por outro motivo. O incidente mais insignificante pode acarretar essas transformações bruscas. Um doente desse tipo, querendo pôr fim à sua vida, jogou-se em um rio em geral pouco profundo. Estava procurando um

---

18. Ver verbete "Suicide" do *Dictionnaire de médecine et de chirurgie pratique*.

19. Não se devem confundir essas alucinações com aquelas que teriam por efeito fazer o doente menosprezar os riscos que corre, por exemplo, fazê-lo tomar uma janela por uma porta. Nesse caso não há, segundo a definição dada anteriormente, suicídio, mas morte acidental.

36 | LIVRO I – OS FATORES EXTRASSOCIAIS

lugar onde a submersão fosse possível, quando um aduaneiro, suspeitando de seu intento, apontou a espingarda para ele e ameaçou atirar se não saísse da água. Imediatamente, nosso homem voltou tranquilamente para casa, já nem pensando em se matar.[20]

II. *Suicídio melancólico* – Está ligado a um estado geral de extrema depressão e tristeza exagerada, que faz com que o doente não aprecie de modo sadio as relações que tem com pessoas e coisas que o cercam. Os prazeres não lhe atraem; vê tudo pelo lado negativo. A vida lhe parece entediante ou dolorosa. Como essas disposições são constantes, o mesmo ocorre com as ideias de suicídio; são dotadas de grande fixidez, e os motivos gerais que a determinam são sempre sensivelmente os mesmos. Uma jovem, filha de pais sãos, depois de ter passado a infância no campo, é obrigada a ir embora por volta dos quatorze anos para completar seus estudos. A partir de então, ela sente um tédio inexprimível, um gosto pronunciado pela solidão, logo um desejo de morrer que nada dissipa.

> Ela fica, durante horas, imóvel, com os olhos fixos no chão, o peito oprimido e no estado de alguém que teme um acontecimento sinistro. Com a firme resolução de se jogar no rio, procura os locais mais afastados para que ninguém possa ir socorrê-la.[21]

Entretanto, ao compreender melhor que o ato que planeja é um crime, renuncia a ele por um tempo. Mas, depois de um ano, a propensão ao suicídio volta com mais força, e as tentativas repetem-se com pequeno intervalo uma da outra.

Com frequência, a esse desespero geral, vêm se acrescentar alucinações e ideias delirantes que levam diretamente ao suicídio. Mas não são instáveis como aquelas que observamos agora há pouco nos maníacos. Ao contrário, são fixas, assim como o estado geral de que derivam. Os temores que atormentam a pessoa, as recriminações que faz a si própria, as fossas que sente são sempre os mesmos. Se, portanto, esse suicídio, assim como o precedente, é determinado por razões imaginárias, dele se distingue por seu caráter crônico. Assim, ele é muito tenaz. Os doentes dessa categoria preparam, com calma, seus meios de execução; na perseguição a seus objetivos chegam até a mostrar uma perseverança e, às vezes, uma astúcia incríveis. Nada parece menos com essa perseverança do que a perpétua instabilidade do maníaco. Em um, há apenas arrebatamentos passageiros, sem causas du-

---

20. BOURDIN, *op. cit.*, p. 43.

21. FALRET, *Hypocondrie et suicide*, p. 299-307.

CAPÍTULO I - O SUICÍDIO E OS ESTADOS PSICOPÁTICOS | 37

radouras, ao passo que, no outro, há um estado constante, ligado ao caráter geral da pessoa.

III. *Suicídio obsessivo* – Nesse caso, o suicídio não é causado por nenhum motivo, nem real nem imaginário, mas apenas pela ideia fixa da morte que, sem razão aparente, apossa-se totalmente do espírito do doente. Este fica obcecado pelo desejo de se matar, ainda que saiba perfeitamente não ter nenhum motivo racional para fazê-lo. É uma necessidade instintiva sobre a qual a reflexão e o raciocínio não têm nenhuma influência, uma necessidade análoga às de roubar, matar, incendiar, que se quis considerar monomanias. Como a pessoa percebe o caráter absurdo de seu desejo, primeiro tenta lutar. Mas, durante o tempo em que dura essa resistência, permanece triste, oprimida, e sente, na boca do estômago, uma ansiedade que aumenta a cada dia. Por isso, às vezes esse tipo de suicídio era chamado de *suicídio ansioso*. A seguir, a confissão que um doente fez, um dia, a Brierre de Boismont, e na qual esse estado é perfeitamente descrito:

> Empregado em um estabelecimento comercial, cumpro satisfatoriamente os deveres de minha profissão, mas ajo como um autômato, e, quando me dirigem a palavra, ela parece ressoar no vazio. Meu maior tormento vem do pensamento do suicídio, do qual é impossível me libertar nem que apenas por um instante. Há um ano estou à mercê desse impulso; antes ele era pouco pronunciado; há cerca de dois meses, ele me persegue por toda parte, *no entanto, não tenho nenhum motivo para me matar...* Tenho boa saúde; ninguém da família teve afecção semelhante; não sofri perdas; meus vencimentos bastam-me e permitem-me os prazeres de minha idade.[22]

Mas, assim que o doente decide renunciar à luta, assim que decide se matar, a ansiedade cessa e a calma se restabelece. Se a tentativa fracassa, às vezes ela basta, mesmo que frustrada, para apaziguar por um tempo esse desejo doentio. Parece que o indivíduo se satisfez.

IV. *Suicídio impulsivo ou automático* – É tão imotivado quanto o anterior; não tem nenhuma razão de ser, nem na realidade nem na imaginação do doente. Porém, em vez de ser produzido por uma ideia fixa que persegue o espírito durante um tempo mais ou menos longo e que se apossa progressivamente da vontade, resulta de um impulso brusco e imediatamente irresistível. Num piscar de olhos, ela surge já desenvolvida e suscita o ato, ou, pelo menos, um início de execução. Essa subitaneidade lembra o que observamos anteriormente na mania; entretanto o suicídio maníaco sem-

---

22. *Suicide et folie-suicide*, p. 397.

38 | LIVRO I – OS FATORES EXTRASSOCIAIS

pre tem alguma razão, ainda que descabida. Está ligado às concepções delirantes do indivíduo. Aqui, ao contrário, a propensão ao suicídio irrompe e produz seus efeitos com um verdadeiro automatismo, sem ser precedida por nenhum antecedente intelectual. A visão de uma faca ou um passeio à beira de um precipício etc. fazem nascer instantaneamente a ideia do suicídio, e o ato sobrevém com tal rapidez que, com frequência, os doentes não têm consciência do que aconteceu.

> Um homem está conversando tranquilamente com os amigos; de repente, ele se precipita, salta um parapeito e cai na água. Retirado imediatamente, perguntam-lhe os motivos de sua conduta; ele não tem a mínima ideia, cedeu a uma força que o arrebatou involuntariamente.[23]

"O que há de singular", diz outro, "é que não consigo me lembrar de como subi na janela nem qual era a ideia que me dominava naquele momento, pois eu não tinha a mínima intenção de me matar, ou, pelo menos, não me recordo, hoje, de tal pensamento."[24] Em menor, os doentes sentem o impulso nascer e conseguem escapar ao fascínio que o instrumento de morte exerce sobre eles, esquivando-o de imediato.

Em resumo, todos os suicídios vesânicos ou são destituídos de qualquer motivo, ou são determinados por motivos puramente imaginários. Ora, um grande número de mortes voluntárias não entra em nenhuma das duas categorias; a maioria delas tem motivos, e que não deixam de ter fundamento na realidade. Portanto, não é possível, sem abusar das palavras, ver um louco em todo suicida. De todos os suicídios que acabamos de caracterizar, aquele que pode parecer o mais difícil de discernir dos que se observam nos homens sãos de espírito é o suicídio melancólico; pois, com bastante frequência, o homem normal que se mata também se encontra em um estado de abatimento e depressão, como o alienado. Mas, entre eles, sempre há a diferença essencial de que o estado do primeiro e o ato que disso resulta têm causa objetiva, ao passo que, no segundo, eles não têm nenhuma relação com as circunstâncias exteriores. Em suma, os suicídios vesânicos distinguem-se dos outros como as ilusões e alucinações distinguem-se das percepções normais e como os impulsos automáticos distinguem-se dos atos deliberados. É verdade que se passa de uns aos outros sem solução de continuidade; mas, se fosse uma razão para identificá-los, também seria preciso confundir, de modo geral, a saúde com a doença, já que esta é apenas uma

---

23. BRIERRE, op. cit., p. 574.

24. Ibid., p. 314.

variedade daquela. Mesmo que se estabelecesse que os indivíduos médios nunca se matam e que apenas os que apresentam alguma anomalia se destroem, ainda não teríamos o direito de considerar a loucura uma condição necessária do suicídio; pois um alienado não é simplesmente um homem que pensa ou age um pouco diferente da média.

Assim, só ao limitar arbitrariamente o sentido das palavras foi possível vincular tão estreitamente o suicídio à loucura. "Não há homicídio de si mesmo", indigna-se Esquirol,

> quando aquele que, escutando apenas sentimentos nobres e generosos, joga-se num perigo certo, expõe-se a uma morte inevitável e sacrifica de bom grado sua vida para obedecer a leis, para cumprir a palavra empenhada, para a salvação de seu país.[25]

E cita o exemplo de Décio, de d'Assas etc. Do mesmo modo, Falret recusa considerar suicidas Quinto Cúrcio, Codrus e Aristodemo.[26] Bourdin estende a mesma exceção a todas as mortes voluntárias inspiradas não apenas pela fé religiosa ou pelas crenças políticas, mas até mesmo por sentimentos de ternura exaltada. Contudo sabemos que a natureza dos motivos que determinam imediatamente o suicídio não pode servir para defini-lo nem, por conseguinte, para distingui-lo daquilo que não é suicídio. Todos os casos de morte que resultam de um ato realizado pelo próprio paciente com plena consciência dos efeitos que dele resultariam apresentam, qualquer que tenha sido seu objetivo, semelhanças demasiado essenciais para que possam ser divididos em gêneros separados. De qualquer forma, eles só podem constituir espécies de um mesmo gênero; quando muito, para proceder a essas distinções, seria necessário algum outro critério além da finalidade, mais ou menos problemática, perseguida pela vítima. Aí está, portanto, um grupo de suicídios do qual a loucura está ausente. Ora, uma vez aberta a porta para exceções, é bem difícil fechá-la. Pois, entre essas mortes inspiradas por paixões particularmente generosas e aquelas determinadas por motivos menos nobres, não há solução de continuidade. Passa-se de umas às outras por uma degradação imperceptível. Portanto, se as primeiras são suicídios, não há nenhuma razão para não dar às segundas a mesma qualificação.

Assim, há suicídios, e em grande quantidade, que não são vesânicos: reconhecidos pelo duplo atributo de serem deliberados e de que as representações presentes nessa deliberação não são puramente alucinatórias. Vê-se que essa questão, tantas vezes debatida, é solúvel sem que seja necessário

---

25. *Maladies mentales*, t. I, p. 529.

26. *Hypocondrie et suicide*, p. 3.

40 | LIVRO I – OS FATORES EXTRASSOCIAIS

levantar o problema da liberdade. Para saber se todos os suicidas são loucos, não nos perguntamos se agem livremente ou não; baseamo-nos unicamente nas características empíricas que os diferentes tipos de mortes voluntárias apresentam à observação.

IV

Já que os suicídios de alienados não consistem em todo o gênero, mas representam apenas uma variedade dele, os estados psicopáticos que constituem a alienação mental não explicam a propensão coletiva ao suicídio, na maioria dos casos. Entretanto, entre a alienação mental propriamente dita e o perfeito equilíbrio da inteligência, há uma série de intermediários: constituem-se nas diversas anomalias que, em geral, são agrupadas sob o nome comum de neurastenia. Portanto há razão para pesquisar se, na ausência da loucura, elas não desempenham um papel importante na gênese do fenômeno de que nos ocupamos.

É a própria existência do suicídio vesânico que levanta a questão. De fato, se uma perversão profunda do sistema nervoso basta para criar completamente o suicídio, uma perversão menor deve, em menor grau, exercer a mesma influência. A neurastenia é uma espécie de loucura rudimentar; portanto deve ter, em parte, os mesmos efeitos. Porém ela é um estado muito mais disseminado do que a vesânia; está até se generalizando cada vez mais. Pode ser, portanto, que o conjunto de anomalias assim denominadas seja um dos fatores em função dos quais varia a taxa de suicídios.

É compreensível, aliás, que a neurastenia possa predispor ao suicídio; pois os neurastênicos são, por seu temperamento, como que predestinados ao sofrimento. Sabe-se, com efeito, que a dor, em geral, resulta de um abalo demasiado forte do sistema nervoso; uma onda nervosa intensa demais é, na maioria das vezes, dolorosa. Mas essa intensidade máxima acima da qual começa a dor varia de indivíduo para indivíduo; ela é maior para aqueles cujos nervos são mais resistentes, e menor para os outros. Por conseguinte, para esses últimos, a zona de dor começa mais cedo. Para o neuropata, qualquer sensação é causa de mal-estar, qualquer movimento é uma fadiga; seus nervos, como que à flor da pele, encrespam-se ao menor contato; a realização de funções fisiológicas, que são de hábito as mais silenciosas, é para ele fonte de sensações geralmente desagradáveis. É verdade que, em contrapartida, a zona dos prazeres também começa antes; pois essa penetrabilidade excessiva de um sistema nervoso fragilizado torna-o acessível a

CAPÍTULO I - O SUICÍDIO E OS ESTADOS PSICOPÁTICOS | 41

excitações que não chegariam a abalar um organismo normal. Dessa forma, acontecimentos insignificantes podem ensejar, para uma pessoa assim, prazeres desmesurados. Parece, pois, que deve ganhar de um lado o que perde de outro e que, graças a essa compensação, ela está tão armada quanto outras para aguentar a luta. No entanto, não é nada disso, e sua inferioridade é real; pois as impressões triviais, as sensações que as condições da existência média trazem de volta com mais frequência têm sempre alguma força. Para ela, consequentemente, a vida corre o risco de não ser tão moderada. Decerto, quando pode se afastar dela, criar para si um meio especial em que o barulho de fora só lhe chegue abafado, consegue viver sem sofrer demais; por isso vemos essa pessoa evitar o mundo que lhe causa dor e buscar a solidão. Mas, se é obrigada a entrar na barafunda, se não pode proteger cuidadosamente sua delicadeza doentia contra os choques externos, há uma grande chance de que ele sinta mais dores do que prazer. Tais organismos são o terreno predileto da ideia do suicídio.

Essa não é a única razão que torna difícil a vida do neuropata. Em consequência dessa extrema sensibilidade de seu sistema nervoso, suas ideias e seus sentimentos estão sempre em equilíbrio precário. Pelo fato de as mais leves impressões terem sobre ele uma repercussão anormal, sua organização mental é, a todo instante, completamente transtornada, e, sob o efeito desses abalos ininterruptos, ela não consegue se fixar sob uma forma determinada. Está sempre se transformando. Para ela se consolidar, seria necessário que as experiências passadas tivessem efeitos duradouros, ao passo que são constantemente destruídas e varridas pelas bruscas revoluções que sobrevêm. Mas a vida, num meio fixo e constante, só é possível se as funções do ser vivo possuem um grau uniforme de constância e fixidez. Pois viver é responder aos estímulos externos de maneira apropriada, e essa correspondência harmoniosa só pode se estabelecer com o tempo e o hábito. É produto de tentativas, às vezes repetidas durante gerações, cujos resultados, em parte, tornaram-se hereditários, e que não podem recomeçar do zero sempre que é preciso agir. Se, ao contrário, tudo tiver de ser feito de novo, por assim dizer, no momento da ação, será impossível que ela seja tudo o que deverá ser. Essa estabilidade não nos é necessária apenas em nossas relações com o meio físico, mas também com o meio social. Em uma sociedade, cuja organização é definida, o indivíduo só pode subsistir com a condição de ter uma constituição mental e moral igualmente definida. Ora, é isso que falta ao neuropata. O estado de abalo em que se encontra faz que as circunstâncias sempre o peguem desprevenido. Como não está preparado para responder

42 | LIVRO I - OS FATORES EXTRASSOCIAIS

a elas, é obrigado a inventar formas originais de conduta; daí vem seu gosto já conhecido pelas novidades. Mas, quando se trata de se adaptar a situações tradicionais, combinações improvisadas não podem prevalecer sobre aquelas consagradas pela experiência; elas, então, fracassam na maioria das vezes. Assim, quanto mais fixidez possui um sistema social, mais dificuldade para viver nele tem uma pessoa tão instável.

Portanto é muito provável que esse tipo psicológico seja o mais encontrado entre os suicidas. Resta saber que participação essa condição individual tem na produção das mortes voluntárias. Ela bastaria para suscitá-las, desde que auxiliada pelas circunstâncias, ou seu único efeito seria deixar os indivíduos mais acessíveis à ação de forças exteriores a eles, e que, por si sós, constituiriam as causas determinantes do fenômeno?

Para poder resolver diretamente a questão, teríamos de poder comparar as variações do suicídio às da neurastenia. Infelizmente esta última não é objeto de estatísticas. Mas um viés vai nos fornecer os meios de contornar essa dificuldade. Já que a loucura não é senão a forma amplificada da degenerescência nervosa, pode-se admitir, sem grande risco de errar, que o número de degenerados varia como o de loucos, e substituir, por conseguinte, a consideração dos primeiros pela dos segundos. Esse procedimento terá, além disso, a vantagem de nos permitir estabelecer de modo mais geral a relação que a taxa de suicídios tem com o conjunto das anomalias mentais de todo tipo.

Um primeiro fato poderia atribuir-lhes uma influência que elas não têm; é que o suicídio, assim como a loucura, é mais generalizado nas cidades do que no campo. Ele parece aumentar e diminuir como a loucura, o que poderia levar a crer que ele depende dela. Mas esse paralelismo não exprime necessariamente uma relação de causa e efeito; pode muito bem ser produto de um simples acaso. A hipótese é ainda mais lícita porque as causas sociais de que depende o suicídio estão, elas mesmas, como veremos, estreitamente ligadas à civilização urbana, e porque é nos grandes centros que elas são mais intensas. Para mensurar a ação que os estados psicopáticos podem ter sobre o suicídio, é preciso, portanto, eliminar os casos em que eles variam como as condições sociais do mesmo fenômeno; pois, quando esses dois fatores agem no mesmo sentido, é impossível dissociar, no resultado total, a parte que cabe a cada um. É preciso considerá-los exclusivamente nos casos em que estão na razão inversa um do outro; apenas quando se estabelece uma espécie de conflito entre eles é possível conseguir saber qual é determinante. Se as desordens mentais desempenham o papel essencial que às vezes lhes atribuíram, elas devem revelar sua presença por

CAPÍTULO I - O SUICÍDIO E OS ESTADOS PSICOPÁTICOS | 43

efeitos característicos, enquanto as condições sociais tendem a neutralizá-las; e, inversamente, essas últimas devem ser impedidas de se manifestar quando as condições sociais agem em sentido contrário. Porém os fatos a seguir mostram que é o oposto que ocorre:

1º) Todas as estatísticas demonstram que, nos manicômios, a população feminina é ligeiramente superior à população masculina. A relação varia conforme os países, mas, como mostra o quadro a seguir, ela é, em geral, de 54 ou 55 mulheres para 46 ou 45 homens:

	Anos	Sobre 100 alienados quantos			Anos	Sobre 100 alienados quantos	
		Homens	Mulheres			Homens	Mulheres
Silésia	1858	49	51	Nova York	1855	44	56
Saxônia	1861	48	52	Massachusetts	1854	46	54
Württemberg	1853	45	55	Maryland	1850	46	54
Dinamarca	1847	45	55	França	1890	47	53
Noruega	1855	45	56		1891	48	52

Koch reuniu os resultados do recenseamento do total da população alienada, efetuado em onze estados diferentes. De 166.675 loucos dos dois sexos, ele encontrou 78.584 homens e 88.091 mulheres, isto é, 1,18 alienado do sexo masculino por mil habitantes, e 1,30 do sexo feminino por mil habitantes.[27] Mayr, de sua parte, encontrou números análogos.

Questionou-se, é verdade, se esse excedente de mulheres não se devia simplesmente ao fato de a mortalidade dos loucos ser superior à das loucas. De fato, é manifesto que, na França, de cada 100 alienados que morrem nos manicômios, cerca de 55 são homens. A quantidade maior de mulheres recenseadas em determinado momento não provaria, pois, que a mulher tem tendência maior à loucura, mas apenas que, nessa como em outras condições, vive mais que o homem. Mas nem por isso deixa de ser verdade que a população existente de alienados conta mais mulheres que homens; se, portanto, como parece legítimo, conclui-se dos loucos para os nervosos, deve-se admitir que existe a cada instante mais neurastênicos do sexo feminino do que do masculino. Por conseguinte, se houvesse uma relação de causa e

---

27. KOCH (1878, p. 73).

44 | LIVRO I - OS FATORES EXTRASSOCIAIS

efeito entre a taxa de suicídios e a neurastenia, as mulheres deveriam se matar mais que os homens. Ou pelo menos tanto quanto eles. Pois, mesmo levando em conta sua menor mortalidade e, em consequência disso, corrigindo as indicações dos recenseamentos, tudo o que seria possível concluir é que elas têm uma predisposição à loucura sensivelmente igual à do homem; sua dízima mortuária mais baixa e a superioridade numérica que elas acusam em todas as contagens de alienados se compensam, de fato, mais ou menos de modo exato. Ora, em vez de sua disposição à morte voluntária ser supeior ou equivalente à do homem, ocorre que o suicídio é uma manifestação essencialmente masculina. Para cada mulher que se mata há, em média, 4 homens que se suicidam (ver quadro IV, a seguir). Portanto, cada sexo tem uma predisposição definida para o suicídio, que é até mesmo constante para cada meio social. Mas a intensidade dessa tendência não varia de modo algum como o fator psicopático, seja ele considerado segundo o número de casos novos registrados a cada ano, seja segundo o número de pessoas recenseadas no mesmo momento.

QUADRO IV[28]

Participação de cada sexo no número total de suicídios

		Números absolutos de suicídios		Em 100 suicídios quantos	
		Homens	Mulheres	Homens	Mulheres
Áustria	(1873-77)	11.429	2.478	82,1	17,9
Prússia	(1831-40)	11.435	2.534	81,9	18,1
	(1871-76)	16.425	3.724	81,5	18,5
Itália	(1872-77)	4.770	1.195	80	20
Saxônia	(1851-60)	4.004	1.055	79,1	20,9
	(1871-76)	3.625	870	80,7	19,3
França	(1836-40)	9.561	3.307	74,3	25,7
	(1851-55)	13.596	4.601	74,8	25,2
	(1871-76)	25.341	6.839	78,7	21,3
Dinamarca	(1845-56)	3.324	1.106	75,0	25,0
	(1870-76)	2.485	748	76,9	23,1
Inglaterra	(1863-67)	4.905	1.791	73,3	26,7

---

28. Segundo MORSELLI.

CAPÍTULO I - O SUICÍDIO E OS ESTADOS PSICOPÁTICOS | 45

2º) O quadro V permite comparar a intensidade da tendência à loucura nos diferentes cultos.

QUADRO V[29]

Tendência à loucura nas diferentes confissões religiosas

		Número de loucos por mil habitantes de cada culto		
		Protestantes	Católicos	Judeus
Silésia	(1858)	0,74	0,79	1,55
Mecklemburgo	(1862)	1,36	2,0	5,33
Ducado de Baden	(1863)	1,34	1,41	2,24
	(1873)	0,95	1,19	1,44
Baviera	(1871)	0,92	0,96	2,86
Prússia	(1871)	0,80	0,87	1,42
Württemberg	(1832)	0,65	0,68	1,77
	(1853)	1,06	1,06	1,49
	(1875)	2,18	1,86	3,96
Grão-Ducado de Hessen	(1864)	0,63	0,59	1,42
Oldemburgo	(1871)	2,12	1,76	3,37
Cantão de Berna	(1871)	2,64	1,82	—

Vê-se que a loucura é muito mais frequente entre os judeus do que nas outras confissões religiosas; portanto há fortes razões para se acreditar que as outras afecções do sistema nervoso também o sejam nas mesmas proporções. Ora, pelo contrário, a propensão ao suicídio entre eles é muito pequena. Mostraremos até, mais adiante, que é a religião em que ele tem menos força.[30] *Por conseguinte, nesse caso, o suicídio varia na razão inversa dos estados psicopáticos*, longe de ser um desdobramento deles. Decerto, não seria possível concluir daí que as taras nervosas e cerebrais possam eventualmente servir de proteção contra o suicídio; mas é preciso que sua eficácia seja bem baixa para determiná-lo, já que ele pode baixar a esse ponto no exato momento em que elas atingem seu maior desenvolvimento.

---

29. Segundo KOCH, *op. cit.*, p. 108-19.

30. Ver mais adiante, livro II, cap. II, p. 153.

Se comparamos apenas os católicos aos protestantes, a inversão não é tão geral; no entanto é bastante frequente. A tendência dos católicos à loucura é inferior à dos protestantes apenas em 4 de 12 vezes, e mesmo assim a diferença entre eles é muito pequena. Veremos, no quadro XVIII,[31] que, ao contrário, em toda parte, sem nenhuma exceção, os primeiros se matam muito menos que os segundos.

3º) Será demonstrado, mais adiante,[32] que, em todos os países, a tendência ao suicídio aumenta regularmente da infância até a idade mais avançada. Se às vezes ela regride depois dos 70 ou 80 anos, esse recuo é bem pequeno; nesse período da vida, essa tendência sempre é duas ou três vezes maior do que na época da maturidade. Inversamente, é na maturidade que a loucura desencadeia-se com mais frequência. É por volta dos trinta anos que o perigo é maior; depois disso diminui, e durante a velhice ele é, de longe, o menor.[33] Tal antagonismo seria inexplicável se as causas que fazem variar o suicídio e as que determinam os distúrbios mentais não fossem de natureza diferente.

Se compararmos a taxa de suicídio em cada idade, não mais com a frequência relativa dos novos casos de loucura que se produzem no mesmo período, mas com o efetivo proporcional da população alienada, a ausência de qualquer paralelismo será igualmente evidente. É por volta dos 35 anos que os loucos são mais numerosos em relação ao total da população. A proporção permanece mais ou menos a mesma até por volta dos 60 anos; para além disso, diminui rapidamente. Portanto é mínima quando a taxa de suicídios é máxima, e antes é impossível perceber alguma relação regular entre as variações que ocorrem em um lado e no outro.[34]

4º) Se compararmos as diferentes sociedades do duplo ponto de vista do suicídio e da loucura, tampouco encontraremos relação entre as variações desses dois fenômenos. É verdade que a estatística da alienação mental não é feita com precisão suficiente para que essas comparações internacionais possam ser de uma exatidão muito rigorosa. Entretanto é notável que os dois quadros seguintes, que emprestamos de dois autores diferentes, forneçam resultados substancialmente concordantes.

---

31. Ver mais adiante, p. 144.

32. Ver quadro IX, p. 79.

33. KOCH, *op. cit.*, p. 139-46.

34. KOCH, *op. cit.*, p. 81.

Quadro VI

Relação entre o suicídio e a loucura em diferentes países da Europa

A

	Número de loucos por 100 mil habitantes	Número de suicídios por 1 milhão de habitantes	Número de ordem dos países para	
			a loucura	o suicídio
Noruega	180 (1855)	107 (1851-55)	1	4
Escócia	164 (1855)	34 (1856-60)	2	8
Dinamarca	125 (1847)	258 (1846-50)	3	1
Hanôver	103 (1856)	13 (1856-60)	4	9
França	99 (1856)	100 (1851-55)	5	5
Bélgica	92 (1858)	50 (1855-60)	6	7
Württemberg	92 (1853)	108 (1846-56)	7	3
Saxônia	67 (1861)	245 (1856-60)	8	2
Baviera	57 (1858)	72 (1846-56)	9	6

B[35]

	Número de loucos por 100 mil habitantes	Número de suicídios por 1 milhão de habitantes		Média dos suicídios
Württemberg	215 (1875)	180	(1875)	107
Escócia	202 (1871)	35	—	
Noruega	185 (1865)	85	(1866-70)	63
Irlanda	180 (1871)	14	—	
Suécia	177 (1870)	85	(1866-70)	
Inglaterra e Gales	175 (1871)	70	(1870)	
França	146 (1872)	150	(1871-75)	164
Dinamarca	137 (1870)	277	(1866-70)	
Bélgica	134 (1868)	66	(1866-70)	
Baviera	98 (1871)	86	(1871)	153
Áustria Cisl.	95 (1873)	122	(1873-77)	
Prússia	86 (1871)	133	(1871-75)	
Saxônia	84 (1875)	272	(1875)	

---

35. A primeira parte do quadro foi extraída do verbete "Aliénation mentale" [Alienação mental], no *Dictionnaire* de DECHAMBRE (t. III, p. 34); a segunda, de OETTINGEN, *Moralstatistik*, quadro anexo 97.

LIVRO I – OS FATORES EXTRASSOCIAIS

Assim, os países em que há menos loucos são aqueles em que há mais suicídios; o caso da Saxônia é particularmente impressionante. Em seu ótimo estudo sobre o suicídio em Seine-et-Marne, o dr. Leroy já fizera observação análoga. "Na maioria das vezes", diz ele,

> as localidades onde encontramos uma proporção notável de doenças mentais também têm uma grande proporção de suicídios. No entanto, os dois máximos podem estar completamente separados. Eu estaria até propenso a acreditar que, ao lado de países bastante felizes... por não terem nem doenças mentais nem suicídios..., há alguns onde apenas a doença mental existe.

Em outras localidades, ocorre o contrário.[36]

Morselli, é verdade, chegou a resultados um pouco diferentes.[37] Mas foi essencialmente porque misturou, sob a designação comum de alienados, os loucos propriamente ditos e os idiotas.[38] Ora, essas duas afecções são muito diferentes, sobretudo do ponto de vista da ação que suspeita-se que possam ter sobre o suicídio. Longe de predispor a ele, a idiotia parece antes ser uma proteção contra ele; pois os idiotas são, no campo, muito mais numerosos do que na cidade, ao passo que lá os suicídios são muito mais raros. É importante, portanto, distinguir duas condições tão opostas quando se procura determinar a participação dos diferentes distúrbios neuropáticos na taxa de mortes voluntárias. Mas, mesmo misturando-os, não se chega a estabelecer um paralelismo regular entre o desenvolvimento da alienação mental e o do suicídio. Se, de fato, considerando incontestes os números de Morselli, classificarmos os principais países da Europa em cinco grupos, de acordo com a importância de sua população alienada (idiotas e loucos reunidos na mesma rubrica), e se em seguida procurarmos qual é a média de suicídios em cada um desses grupos, obteremos o seguinte quadro:

---

36. *Op. cit.*, p. 238.

37. *Op. cit.*, p. 404.

38. MORSELLI não o declara expressamente, mas isso se depreende dos próprios números que ele dá. São muito altos para representar apenas os casos de loucura. Cf. o quadro apresentado no *Dictionnaire* (DECHAMBRE), e onde é feita essa distinção. Vê-se claramente que Morselli somou os loucos e os idiotas.

	Alienados por 100 mil habitantes	Suicídios por 1 milhão de habitantes
1º grupo (3 países)	de 340 a 280	157
2º grupo (3 países)	de 261 a 245	195
3º grupo (3 países)	de 185 a 164	65
4º grupo (3 países)	de 150 a 116	61
5º grupo (3 países)	de 110 a 100	68

Pode-se dizer, *grosso modo*, que onde há muitos loucos e idiotas, há também muitos suicídios, e vice-versa. Mas não há, entre as duas escalas, uma correspondência constante que manifeste a existência de um vínculo causal determinado entre as duas ordens de fenômenos. O segundo grupo, que deveria contar menos suicídios que o primeiro, tem mais; o quinto grupo, que, do mesmo ponto de vista, deveria ser inferior a todos os outros, é, pelo contrário, superior ao quarto e até mesmo ao terceiro. Enfim, se substituímos a estatística da alienação mental levantada por Morselli pela de Koch, muito mais completa e, ao que parece, mais rigorosa, a ausência de paralelismo é ainda mais pronunciada. Eis o que temos:[39]

	Loucos e idiotas por 100 mil habitantes	Média dos suicídios por 1 milhão de habitantes
1º grupo (3 países)	de 422 a 305	73
2º grupo (3 países)	de 305 a 291	123
3º grupo (3 países)	de 268 a 244	130
4º grupo (3 países)	de 223 a 218	227
5º grupo (4 países)	de 216 a 146	77

Outra comparação, feita por Morselli entre as diferentes províncias da Itália, é, segundo ele mesmo, pouco demonstrativa.[40]

---

39. Dos países da Europa sobre o qual Koch nos informa, deixamos de lado apenas a Holanda, pois as informações que possuímos sobre a intensidade da tendência ao suicídio ali não parecem suficientes.

40. *Op. cit.*, p. 40.

50 | LIVRO I - OS FATORES EXTRASSOCIAIS

5º) Enfim, como se considera que a loucura tem aumentado regularmente há um século,[41] e que o mesmo ocorre com o suicídio, haveria a tentação de ver nesse fato uma prova de sua solidariedade. Mas o que lhe retira qualquer valor demonstrativo é que, nas sociedades inferiores, em que a loucura é muito rara, o suicídio, ao contrário, é às vezes muito frequente, como demonstraremos mais adiante.[42]

A taxa social de suicídios não mantém, portanto, nenhuma relação definida com a tendência à loucura, nem, por indução, com a tendência às diferentes formas de neurastenia.

E se, de fato, como mostramos, a neurastenia pode predispor ao suicídio, ela não tem necessariamente essa consequência. Decerto o neurastênico é quase inevitavelmente destinado ao sofrimento se está muito envolvido na vida ativa; mas não lhe é impossível retirar-se dela para levar uma vida essencialmente contemplativa. Ora, se os conflitos de interesses e de paixões são muito tumultuosos para um organismo tão delicado, em contrapartida ele é feito para saborear em sua plenitude as alegrias mais doces do pensamento. Sua debilidade muscular e sua sensibilidade excessiva, que o tornam impróprio para a ação, designam-no, inversamente, para as funções intelectuais, que também exigem órgãos apropriados. Do mesmo modo, se um meio social demasiado imutável não pode senão ofender seus instintos naturais, visto que a própria sociedade muda e só pode subsistir sob a condição de progredir, ele tem um papel útil a desempenhar; pois é, por excelência, o instrumento do progresso. Precisamente por ser refratário à tradição e ao jugo da rotina, ele é uma fonte eminentemente fecunda de novidades. E, como as sociedades cultas são também aquelas em que as funções representativas são mais necessárias e mais desenvolvidas, e como, ao mesmo tempo, devido a sua enorme complexidade, uma mudança quase incessante é uma condição de sua existência, é no exato momento em que os neurastênicos são mais numerosos que eles têm também mais razões de ser. Portanto não são seres essencialmente insociais, que se autoeliminam porque não nasceram para viver no meio em que se encontram. Mas é preciso que outras causas venham se somar a esse estado orgânico que lhes é próprio para lhe imprimir essa feição e desenvolvê-la nesse sentido. Por si só, a neurastenia é uma predisposição muito geral que não leva necessa-

---

41. A bem da verdade, a comprovação disso nunca foi feita de modo plenamente demonstrativo. Em todo caso, se há progresso, ignoramos o coeficiente de aceleração.

42. Ver livro II, cap. IV.

riamente a nenhum ato determinado, mas pode, dependendo das circunstâncias, assumir as mais variadas formas. É um terreno no qual tendências muito diferentes podem se originar, conforme a maneira como ele seja fecundado pelas causas sociais. Em um povo envelhecido e desorientado, o desgosto pela vida e uma melancolia inerte, com as funestas consequências que ela implica, germinarão facilmente; ao contrário, numa sociedade jovem, serão antes um idealismo ardente, um proselitismo generoso, uma abnegação ativa que se desenvolverão. Se vemos os degenerados multiplicarem-se nas épocas de decadência, é também por eles que os Estados se fundam; é entre eles que se recrutam todos os grandes renovadores. Uma força tão ambígua[43] não basta, portanto, para explicar um fato social tão definido quanto a taxa de suicídios.

V

Mas há um estado psicopático particular, ao qual, há algum tempo, costuma-se imputar quase todos os males de nossa civilização. É o alcoolismo. A ele já se atribuem, com ou sem razão, os avanços da loucura, do pauperismo, da criminalidade. Teria ele alguma influência sobre a evolução do suicídio? *A priori*, a hipótese parece pouco verossímil. Pois é nas classes mais cultas e mais abastadas que o suicídio faz mais vítimas, e não é nesses meios que o alcoolismo tem a maioria de seus clientes. Mas nada pode prevalecer sobre os fatos. Vamos examiná-los.

Se comparamos o mapa francês dos suicídios com o de ações judiciais por abuso de bebidas,[44] não vemos neles quase nenhuma relação. O que caracteriza o primeiro é a existência de dois grandes focos de contaminação:

---

43. Tem-se um exemplo impressionante dessa ambiguidade nas semelhanças e nos contrastes que a literatura francesa tem com a literatura russa. A simpatia com que acolhemos a segunda mostra que ela tem afinidades com a nossa. E, de fato, sentimos nos escritores das duas nações uma delicadeza doentia do sistema nervoso, uma certa ausência de equilíbrio mental e moral. Mas como esse mesmo estado, a um só tempo biológico e psicológico, produz consequências sociais diferentes! Enquanto a literatura russa é idealista em excesso, enquanto a melancolia de que é impregnada, tendo por origem uma compaixão ativa pela dor humana, é uma dessas tristezas sãs que excitam a fé e incitam à ação, a nossa gaba-se de exprimir apenas sentimentos de um desespero melancólico, e reflete um inquietante estado de depressão. Eis como um mesmo estado orgânico pode servir a fins sociais quase opostos.

44. Segundo o *Compte général de l'administration de la justice criminelle*, ano 1887 – Ver mapa I, p. 54-5.

52 | LIVRO I - OS FATORES EXTRASSOCIAIS

um se situa na Île-de-France e estende-se para o Leste, ao passo que o outro ocupa a costa mediterrânea, de Marselha a Nice. É completamente diferente a distribuição de manchas claras e escuras no mapa do alcoolismo. Nele, encontram-se três centros principais: um na Normandia, e mais especificamente no departamento do Seine-Inférieure, outro no do Finistère e nos departamentos bretões em geral e o terceiro, enfim, no Rhône e região vizinha. Ao contrário, do ponto de vista do suicídio, o Rhône não está acima da média, a maioria dos departamentos normandos estão abaixo, a Bretanha está quase isenta deles. A geografia dos dois fenômenos é, portanto, diferente demais para que se possa imputar a um deles uma participação importante na produção do outro.

Chegamos ao mesmo resultado se comparamos o suicídio não mais aos delitos de embriaguez, mas às doenças nervosas ou mentais causadas pelo alcoolismo. Depois de ter agrupado os departamentos franceses em oito classes, de acordo com a importância de seu contingente em suicídios, buscamos saber qual era, em cada uma, o número médio de casos de loucura de causa alcoólica, segundo números fornecidos pelo dr. Lunier.[45] Obtivemos o seguinte resultado:

	Suicídios por 100 mil habitantes (1872-1876)	Loucuras de causa alcoólica, em 100 admissões (1867-69 e 1874-76)
1º grupo (5 departamentos)	menos de 50	11,45
2º grupo (18 departamentos)	de 51 a 75	12,07
3º grupo (15 departamentos)	de 76 a 100	11,92
4º grupo (20 departamentos)	de 101 a 150	13,42
5º grupo (10 departamentos)	de 151 a 200	14,57
6º grupo (9 departamentos)	de 201 a 250	13,26
7º grupo (4 departamentos)	de 251 a 300	16,32
8º grupo (5 departamentos)	mais de 300	13,47

As duas colunas não se correspondem. Enquanto os suicídios aumentam até seis vezes ou mais, a proporção de loucuras alcoólicas aumenta apenas algumas unidades, e esse aumento não é regular; a segunda classe supera a terceira, a quinta supera a sexta, a sétima supera a oitava. No entanto, se o

---

45. *De la production et de la consommation des boissons alcooliques en France*, p. 174-5.

CAPÍTULO I - O SUICÍDIO E OS ESTADOS PSICOPÁTICOS | 53

alcoolismo age sobre o suicídio como estado psicopático, só pode ser pelos distúrbios mentais que determina. A comparação entre os dois mapas confirma a das médias.[46]

À primeira vista, parece existir uma relação mais estreita entre a quantidade de álcool consumida e o suicídio, pelo menos no que diz respeito ao nosso país [França]. De fato, é nos departamentos setentrionais que se bebe mais álcool e é também nessa região que o suicídio grassa com mais violência. Mas, para começar, as duas manchas não têm, de modo algum, nos dois mapas, a mesma configuração. Uma tem seu ponto culminante na Normandia e no Norte, e diminui à medida que desce para Paris: é a do consumo alcoólico. Outra, ao contrário, é mais intensa no Seine e departamentos vizinhos; já é menos escura na Normandia e não chega ao Norte. A primeira avança para Oeste e chega até o litoral do oceano Atlântico; a segunda tem orientação inversa. É logo interrompida na direção oeste por um limite que ela não transpõe; não ultrapassa os departamentos de Eure e Eure-et-Loir, ao passo que estende-se amplamente para Leste. Além disso, a massa escura formada no Sul pelos departamentos de Var e Bouches-du-Rhône no mapa dos suicídios não se encontra de modo algum no do alcoolismo.[47]

Enfim, mesmo quando há coincidência, ela não prova nada, pois é fortuita. Com efeito, se saímos da França indo sempre para o Norte, o consumo de álcool aumenta quase que regularmente, sem que o suicídio avance. Enquanto na França, em 1873, eram consumidos em média apenas 2,84 litros de álcool por habitante, na Bélgica esse número se elevava a 8,56 litros em 1870, na Inglaterra a 9,07 litros (1870-71), na Holanda a 4 litros (1870), na Suécia a 10,34 litros (1870), na Rússia a 10,69 litros (1866) e em São Petersburgo chegava até a 20 litros (1855). E, no entanto, enquanto na época correspondente a França contava 150 suicídios por um milhão de habitantes, a Bélgica contava apenas 68, a Grã-Bretanha 70, a Suécia 85, e a Rússia pouquíssimos. Até mesmo em São Petersburgo, de 1864 a 1868, a taxa média anual não passou de 68,8. A Dinamarca é o único país do Norte onde há ao mesmo tempo muitos suicídios e grande consumo de álcool (16,51 litros em 1845).[48] Se, portanto, nossos departamentos setentrionais chamam a atenção a um só tempo por sua propensão ao suicídio e seu gosto por

---

46. Ver mapa I, p. 54-5.

47. *Ibid.*

48. Segundo LUNIER, *op. cit.*, p. 180 ss. Encontram-se números análogos, referentes a outros anos, em PRINZING, *op. cit.*, p. 58.

LIVRO I – OS FATORES EXTRASSOCIAIS

Mapa I – SUICÍDIOS E ALCOOLISMO

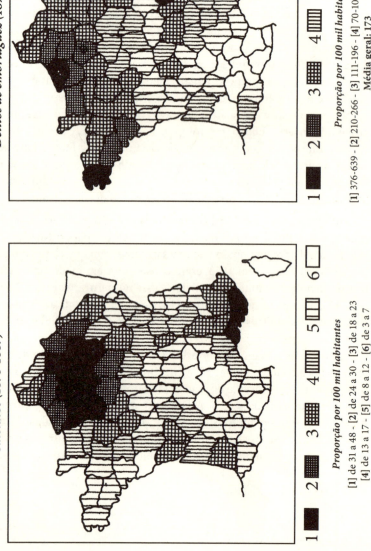

CAPÍTULO I - O SUICÍDIO E OS ESTADOS PSICOPÁTICOS | 55

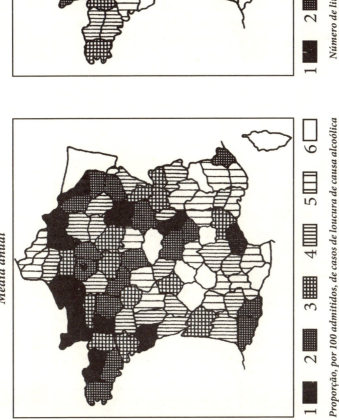

Loucuras alcoólicas (1867-1876)
Média anual

Proporção, por 100 admitidos, de casos de loucura de causa alcoólica
[1] de 18,9 a 29,3 - [2] de 13,69 a 18,14 - [3] de 12,75 a 13,44
[4] de 10,06 a 12,22 - [5] de 8,27 a 9,76 - [6] de 3,90 a 7,90

Média: 14,38

Consumo de álcool
(1873)

Número de litros de álcool a 100º consumidos por habitante
[1] de 6,80 a 10 - [2] de 5,05 a 6,34 - [3] de 3,30 a 4,75
[4] de 2,05 a 2,61 - [5] de 1,01 a 1,84 - [6] de 0,37 a 0,99

Média: 2,84

LIVRO I – OS FATORES EXTRASSOCIAIS

bebidas espirituosas, não é porque o primeiro derive do segundo e encontre aí sua explicação. A coincidência é acidental. No Norte, em geral, bebe-se mais álcool porque lá o vinho é raro e caro,[49] e porque, talvez, uma alimentação especial, própria para manter a temperatura do organismo elevada, é mais necessária lá do que em outros lugares; e, de outro lado, vê-se que as causas geradoras de suicídio estão especialmente acumuladas nessa mesma região de nosso país.

A comparação entre diferentes regiões da Alemanha confirma essa conclusão. Se, de fato, são classificadas do duplo ponto de vista do suicídio e do consumo alcoólico[50] (ver quadro na página seguinte), constata-se que o grupo em que há mais suicídios (o 3º) é um daqueles em que se consome menos álcool. Nos detalhes encontram-se até verdadeiros contrastes: a província de Posen é praticamente, de todo o Império, a região menos atingida pelo suicídio (96,4 casos por um milhão de habitantes), e é aquela em que se consome mais bebida alcoólica (13 litros *per capita*); na Saxônia, onde as pessoas se suicidam quase quatro vezes mais (348 por um milhão de habitantes), bebe-se duas vezes menos. Enfim, notaremos que o quarto grupo, em que o consumo de álcool é o menor, é composto quase unicamente dos Estados meridionais. De outro lado, se lá as pessoas se suicidam menos do que no resto da Alemanha, é porque a população nessas regiões é católica ou tem minorias católicas fortes.[51]

---

49. No que concerne ao consumo de vinho, ele varia sobretudo na razão inversa do suicídio. É no Sul que se bebe mais vinho, é lá que os suicídios são menos numerosos. Entretanto, não se conclui disso que o vinho preserve do suicídio.

50. Segundo PRINZING, *op. cit.*, p. 75.

51. Às vezes alegou-se, para demonstrar a influência do álcool, o exemplo da Noruega, onde o consumo de bebidas alcoólicas e o suicídio diminuíram paralelamente a partir de 1830. Mas, na Suécia, o alcoolismo também diminuiu, e nas mesmas proporções, ao passo que o suicídio aumentou continuamente (115 casos por um milhão em 1886-88, em vez de 63 em 1821-1830). É o mesmo caso da Rússia.

    Para que o leitor tenha em mãos todos os elementos da questão, devemos acrescentar que a proporção de suicídios que a estatística francesa atribui, seja a acessos de bebedeira, seja à bebedeira habitual, passou de 6,69% em 1849 para 13,41% em 1876. Mas, antes de tudo, falta muito para que todos esses casos sejam imputáveis ao alcoolismo propriamente dito, que não deve ser confundido com a simples embriaguez ou com o frequentar de cabaré. Depois, esses números, seja qual for seu significado exato, não provam que o abuso de bebidas espirituosas tenha uma grande participação na taxa de suicídios. Enfim, veremos mais adiante por que não é possível dar grande valor às informações que a estatística assim nos fornece sobre as causas presumidas dos suicídios.

Assim, não há nenhum estado psicopático que mantenha com o suicídio uma relação regular e incontestável. Não é porque uma sociedade possui maior ou menor número de neuropatas ou alcoólatras que ela tem maior ou menor número de suicidas. Ainda que a degenerescência, sob suas diferentes formas, constitua um terreno psicológico eminentemente próprio à ação das causas que podem levar o homem a se matar, em si mesma ela não é uma dessas causas. Pode-se admitir que, em circunstâncias idênticas, o degenerado se mate mais facilmente do que a pessoa sã; mas ele não se mata necessariamente em virtude de seu estado. A virtualidade que está nele só pode se transformar em ato sob a ação de outros fatores que temos de pesquisar.

Alcoolismo e suicídio na Alemanha

	Consumo de álcool (1884-86)	Média de suicídios no grupo	Região
1º grupo	13 a 10,8 litros *per capita*	206,1 por 1 milhão de habitantes	Posnânia, Silésia, Brandemburgo, Pomerânia
2º grupo	9,2 a 7,2 litros *per capita*	208,4 por 1 milhão de habitantes	Prússia Oriental e Ocidental, Hanôver, província da Saxônia, Turíngia, Vestefália
3º grupo	6,4 a 4,5 litros *per capita*	234,1 por 1 milhão de habitantes	Mecklemburgo, Reino da Saxônia, Sachleswig-Holstein, Alsácia, província e grão-ducado de Hessen
4º grupo	4 litros ou menos *per capita*	147,9 por 1 milhão de habitantes	Províncias do Rhin, Baden, Baviera, Württemberg

CAPÍTULO II

O suicídio e os estados psicológicos normais
A raça – A hereditariedade

Mas haveria a possibilidade de a propensão ao suicídio fundar-se na constituição do indivíduo, sem depender especialmente dos estados anormais que acabamos de examinar. Ele poderia consistir em fenômenos puramente psíquicos, sem estar necessariamente ligado a alguma perversão do sistema nervoso. Por que não existiria nos homens uma tendência a se desfazer da existência, que não fosse nem uma monomania nem uma forma da alienação mental ou da neurastenia? A proposição poderia até mesmo ser considerada demonstrada se, como admitiram vários suicidógrafos,[52] cada raça tivesse uma taxa de suicídios que lhe fosse própria. Pois uma raça não se define nem se diferencia de outras senão por características orgânico-psíquicas. Se, portanto, o suicídio realmente variasse com as raças, seria preciso reconhecer alguma disposição orgânica com a qual ele fosse estreitamente solidário.

Mas será que existe essa relação?

I

Para começar, o que é uma raça? Faz-se tanto mais necessário dar uma definição quanto não apenas o vulgo, mas os próprios antropólogos empregam a palavra em sentidos bastante divergentes. Entretanto, nas diferentes formulações propostas encontram-se em geral duas noções fundamentais:

---

52. Em especial WAGNER, *Geselzmässigkeit* etc., p. 165 ss; MORSELLI, p. 158; OETTINGEN, *Moralstatistik*, p. 760.

a de semelhança e a de filiação. Mas, conforme as escolas, apenas uma dessas duas ideias é considerada importante.

Há pouco tempo, entendia-se por raça um agregado de indivíduos que, sem dúvida, apresentam traços comuns, mas que, além disso, devem essa comunidade de características ao fato de serem todos oriundos de uma mesma cepa. Quando, sob influência de uma causa qualquer, produz-se em um ou vários indivíduos de uma mesma geração sexual uma variação que o distingue do resto da espécie, e essa variação, em vez de desaparecer na geração seguinte, fixa-se progressivamente no organismo por efeito da hereditariedade, ela origina uma raça. Foi com esse espírito que Quatrefages definiu raça como "conjunto de indivíduos semelhantes pertencentes a uma mesma espécie e que transmitem, por geração sexual, as características de uma variedade primitiva".[53] Assim compreendida, ela se distinguiria da espécie pelo fato de que os casais iniciais dos quais se originariam as diferentes raças de uma mesma espécie seriam, por sua vez, oriundos de um casal único. Seu conceito seria, então, claramente circunscrito, e ela se definiria pelo procedimento especial de filiação que lhe deu origem.

Infelizmente, se nos ativermos a essa formulação, a existência e a extensão de uma raça só poderão ser estabelecidas com o auxílio de pesquisas históricas e etnográficas, cujos resultados são sempre duvidosos; pois, sobre essas questões de origem, sempre se pode chegar apenas a probabilidades muito incertas. Além disso, não é certeza que atualmente haja raças humanas que correspondem a essa definição; pois, em consequência dos cruzamentos que ocorreram em todos os sentidos, cada uma das variedades existentes de nossa espécie deriva de origens muito diversas. Se, portanto, não nos fornecerem outro critério, será bem difícil saber que relações as diferentes raças mantêm com o suicídio, pois não é possível dizer com precisão onde começam e onde acabam. Aliás, a concepção de Quatrefages comete o equívoco de conjecturar a solução de um problema que a ciência está longe de ter resolvido. Ela supõe, com efeito, que as qualidades características da raça se formaram durante a evolução, que elas se fixaram no organismo sob influência apenas da hereditariedade. Todavia isso é contestado por toda uma escola de antropólogos, chamados de poligenistas. Segundo eles, a humanidade, em vez de descender inteira de um único e mesmo casal, como prega a tradição bíblica, teria surgido, seja simultaneamente seja sucessivamente, em pontos distintos do planeta. Como essas cepas primitivas teriam se formado independentemente umas das outras, e em meios diferentes, elas teriam se diferenciado

---

53. *L'espèce humaine*, Paris: Félix Alcan, p. 28.

desde o início; por conseguinte, cada uma teria sido uma raça. As principais raças não teriam, portanto, se constituído graças à fixação progressiva de variações adquiridas, mas desde o princípio e de imediato.

Já que esse debate permanece aberto, não é metódico introduzir a ideia de filiação ou de parentesco na noção de raça. É melhor defini-la por seus atributos imediatos, tais como o observador pode apreender diretamente, e postergar qualquer questão de origem. Restam, então, apenas duas características que a singularizam. Em primeiro lugar: é um grupo de indivíduos que apresentam semelhanças; mas esse também é o caso de membros de uma mesma confissão ou profissão. O que remata sua caracterização é que essas semelhanças são hereditárias. É um tipo que, seja qual for a maneira como se formou na origem, é atualmente transmissível por hereditariedade. Era nesse sentido que Prichard dizia: "Sob o nome de raça compreende-se todo conjunto de indivíduos que apresentam maior ou menor número de características comuns transmissíveis por hereditariedade, sendo a origem dessas características deixada de lado e reservada." Broca exprime-se mais ou menos nos mesmos termos: "Quanto às variedades do gênero humano", diz ele,

> elas receberam o nome de raça, que suscita a ideia de uma filiação mais ou menos direta entre os indivíduos da mesma variedade, mas não resolve nem afirmativa nem negativamente a questão de parentesco entre indivíduos de variedades diferentes.[54]

Assim estabelecido, o problema da constituição das raças torna-se solúvel; mas a palavra é então considerada em uma acepção tão extensa que torna-se indeterminada. Passa a designar não apenas as ramificações mais gerais da espécie, as divisões naturais e relativamente imutáveis da humanidade, mas também tipos de todas as qualidades. Desse ponto de vista, de fato, cada grupo de nações cujos membros, em consequência das relações íntimas que os uniram durante séculos, apresentam semelhanças, em parte, hereditárias constituiria uma raça. Assim, às vezes se fala de raça latina, raça anglo-saxã etc. E é apenas sob essa forma que as raças ainda podem ser vistas como fatores concretos e vivos do desenvolvimento histórico. Na mistura dos povos, no cadinho da história, as grandes raças, primitivas e fundamentais, acabaram se confundindo tanto umas com as outras que quase perderam toda a individualidade. Se não desvaneceram por completo, delas não encontramos mais que vagos lineamentos, traços esparsos que não convergem senão de modo imperfeito e não formam fisionomias características. Um tipo humano constituído unicamente com a ajuda de algumas informações, com frequência imprecisas, sobre a altura ou a for-

---

54. Verbete *Anthropologie* [Antropologia], no *Dictionnaire* de Dechambre, t. V.

ma do crânio, não tem bastante consistência nem determinação para que se possa lhe atribuir grande influência sobre a marcha dos fenômenos sociais. Os tipos mais especiais e de menor extensão, que chamamos de raça no sentido amplo da palavra, possuem uma relevância mais acentuada, e têm necessariamente um papel histórico, já que são muito mais produto da história do que da natureza. Mas falta serem objetivamente definidos. Sabemos bem mal, por exemplo, por quais traços exatos a raça latina distingue-se da raça saxã. Cada um fala disso um pouco a seu modo, sem grande rigor científico.

Essas observações preliminares nos advertem que o sociólogo não pode ser circunspecto demais quando empreende examinar a influência das raças sobre um fenômeno social qualquer. Pois, para poder resolver tais problemas, seria preciso ainda saber quais são as diferentes raças e como elas se distinguem umas das outras. Essa ressalva é tanto mais importante quanto essa incerteza da antropologia poderia dever-se ao fato de a palavra raça já não corresponder, atualmente, a nada de definido. De um lado, com efeito, as raças originais apresentam um interesse quase só paleontológico, e, de outro, os grupos mais restritos que hoje são qualificados por esse nome parecem ser apenas povos ou sociedades de povos, irmãos mais pela civilização do que pelo sangue. Assim concebida, a raça quase acaba por se confundir com a nacionalidade.

II

Admitamos, contudo, que existem na Europa alguns grandes tipos de que percebemos, *grosso modo*, as características mais gerais e entre os quais se distribuem os povos, e aceitemos dar-lhes o nome de raças. Morselli distingue quatro: *o tipo germânico*, que abrange, como variedades, o alemão, o escandinavo, o anglo-saxão e o flamengo; *o tipo celto-romano* (belgas, franceses, italianos e espanhóis); *o tipo eslavo* e *o tipo uralo-altaico*. Mencionamos esse último apenas para registro, pois ele tem muito poucos representantes na Europa para que se possa determinar suas relações com o suicídio. De fato, apenas os húngaros, os finlandeses e algumas províncias russas podem ser vinculados a ele. As outras raças se classificariam da seguinte maneira, segundo a ordem decrescente de propensão ao suicídio: primeiro, os povos germânicos, depois os celto-romanos, enfim os eslavos.[55]

---

55. Não falamos das classificações propostas por Wagner e Oettingen; o próprio Morselli criticou-as de maneira decisiva (p. 160).

CAPÍTULO II - O SUICÍDIO E OS ESTADOS PSICOLÓGICOS NORMAIS: [...] | 63

Mas essas diferenças podem ser realmente imputadas à ação da raça?

A hipótese seria plausível se cada grupo de povos reunidos sob o mesmo vocábulo tivesse uma tendência ao suicídio de intensidade parecida. Mas há, entre nações da mesma raça, extremas divergências. Enquanto os eslavos, em geral, são pouco inclinados a se matarem, a Boêmia e a Morávia são exceções. A primeira conta 158 suicídios por um milhão de habitantes, e a segunda, 136, ao passo que a Carníola tem apenas 46, a Croácia, 30, e a Dalmácia, 14. Da mesma forma, de todos os povos celto-romanos, a França se distingue pela importância de seu aporte, 150 suicídios por um milhão de habitantes, enquanto a Itália, na mesma época, tinha apenas cerca de 30, e a Espanha menos ainda. É muito difícil de admitir, como pretende Morselli, que uma diferença tão considerável possa ser explicada pelo fato de que a França possui mais elementos germânicos do que os outros países latinos. Visto que os povos que se separam assim de seus congêneres são também os mais civilizados, temos o direito de nos perguntar se o que diferencia as sociedades e os grupos ditos étnicos não seria antes o desenvolvimento desigual de sua civilização.

Entre os povos germânicos, a diversidade é ainda maior. Dos quatro grupos que se vinculam a essa cepa, há três muito menos propensos ao suicídio do que os eslavos e os latinos. São os flamencos, que contam apenas 50 suicídios (por um milhão), e os anglo-saxões, que apresentam 70;[56] quanto aos escandinavos, é verdade que a Dinamarca apresenta o elevado número de 268 suicídios, mas a Noruega tem apenas 74,5, e a Suécia, 84. Portanto, é impossível atribuir a taxa de suicídios dinamarquesa à raça, uma vez que, nos países em que essa raça é mais pura, ela produz efeitos contrários. Em suma, de todos os povos germânicos, apenas os alemães são, de modo geral, intensamente inclinados ao suicídio. Se, portanto, considerássemos os termos num sentido rigoroso, já não seria possível tratar aqui de raça, mas de nacionalidade. No entanto, como não está demonstrado que não há um tipo alemão que seja, em parte, hereditário, pode-se convir em estender até esse extremo limite o sentido da palavra e dizer que, entre os povos de raça alemã, o suicídio é mais desenvolvido do que na maioria das sociedades celto-romanas, eslavas ou até mesmo anglo-saxãs e escandinavas. Mas é tudo o que se pode concluir dos números precedentes. De qualquer modo, esse caso é o único em que, a rigor, poderia se suspeitar de uma certa

---

56. Para explicar tais fatos, Morselli supõe, sem apresentar provas, que há inúmeros elementos célticos na Inglaterra; e, quanto aos flamengos, ele invoca a influência do clima.

64 | LIVRO I - OS FATORES EXTRASSOCIAIS

influência das características étnicas. Mas veremos que, na realidade, a raça não tem nada a ver com isso.

De fato, para poder atribuir a essa causa a propensão dos alemães ao suicídio, não basta constatar que ele é geral na Alemanha; pois essa generalidade poderia se dever à natureza própria da civilização alemã. Mas seria preciso ter demonstrado que essa propensão está ligada a uma condição hereditária do organismo alemão, que é um traço permanente do tipo, que subsiste mesmo que o meio social mude. É apenas com essa condição que podemos ver nele um produto da raça. Pesquisemos, portanto, se fora da Alemanha, quando está associado à vida de outros povos e ambientado a civilizações diferentes, o alemão conserva sua triste primazia.

A Áustria nos oferece, para responder à questão, uma experiência acabada. Lá os alemães estão misturados, em proporções bem diversas, conforme a província, a uma população cujas origens étnicas são completamente diferentes. Vejamos, então, se a presença deles tem como efeito aumentar o número de suicídios. O quadro VII (p. 65) indica, para cada província, ao mesmo tempo a taxa média de suicídios durante o quinquênio 1872-77 e a importância numérica dos elementos alemães. Foi de acordo com os idiomas empregados que levamos em conta as diferentes raças; ainda que esse critério não seja de uma exatidão absoluta, é, no entanto, o mais seguro de que podemos nos servir.

É impossível perceber nesse quadro, extraído do próprio Morselli, o menor indício da influência alemã. A Boêmia, a Morávia e a Bukovina, que possuem apenas de 37% a 9% de alemães, têm uma média de suicídios superior à da Estíria, Caríntia e Silésia (125), onde os alemães, no entanto, são a grande maioria. Do mesmo modo, essas últimas regiões, onde há, contudo, uma minoria significativa de eslavos, superam, quanto ao suicídio, as três únicas províncias em que a população é totalmente alemã, a Alta Áustria, Salzburgo e o Tirol transalpino. É verdade que a Baixa Áustria tem muito mais suicídios que as outras regiões; mas a dianteira que ela tem nesse ponto não pode ser atribuída à presença de elementos alemães, já que eles são mais numerosos na Alta Áustria, em Salzburgo e no Tirol transalpino, onde as pessoas se matam duas ou três vezes menos. A verdadeira causa desse número elevado é que a Baixa Áustria tem, como sede administrativa, Viena, que, como todas as capitais, conta todo ano uma quantidade enorme de suicídios: em 1876, eram cometidos 320 por um milhão de habitantes. É preciso, portanto, evitar atribuir à raça o que provém da cidade grande.

Inversamente, se o Litoral, a Carníola e a Dalmácia têm tão poucos suicídios, a causa disso não é a ausência de alemães, pois no Tirol cisalpino e na Galícia, onde contudo não há um maior número de alemães, há de duas a cinco vezes mais mortes voluntárias. Se até mesmo calcularmos a taxa média de suicídios para o conjunto das oito províncias com minoria alemã, chegaremos a 86, ou seja, tanto quanto no Tirol transalpino, onde há apenas alemães, e mais do que na Caríntia e na Estíria, onde eles são em grande número. Assim, quando o alemão e o eslavo vivem no mesmo meio social, sua tendência ao suicídio é sensivelmente a mesma. Por conseguinte, a diferença que se observa entre eles, quando as circunstâncias são diferentes, não se deve à raça.

QUADRO VII

Comparação entre as províncias austríacas,
do ponto de vista do suicídio e da raça

		Quantos alemães em 100 habitantes	Taxa de suicídios por 1 milhão		
Províncias puramente alemãs	Baixa Áustria	95,90	254		
	Alta Áustria	100,00	110	Média 106	
	Salzburgo	100,00	120		
	Tirol transalpino	100,00	88		
Com maioria alemã	Caríntia	71,40	92	Média 125	
	Estíria	62,45	94		
	Silésia	53,37	190		
Com minoria alemã importante	Boêmia	37,64	158	Média 140	Média dos 2 grupos 96
	Morávia	26,33	136		
	Bukovina	9,06	128		
Com minoria alemã significativa	Galícia	2,72	82	Média 53	
	Tirol cisalpino	1,90	88		
	Litoral	1,62	38		
	Carníola	6,20	46		
	Dalmácia	—	14		

66 | LIVRO I - OS FATORES EXTRASSOCIAIS

O mesmo ocorre com a diferença que apontamos entre o alemão e o latino. Na Suíça, encontramos essas duas raças. Quinze cantões são, totalmente ou em parte, alemães. Neles, a média de suicídios é de *186* (ano de 1876). Cinco são de maioria francesa (Valais, Friburgo, Neuchâtel, Genebra e Vaud). Neles a média de suicídios é de *255*. Desses cantões, aquele em que se cometem menos suicídios, o de Valais (10 por 1 milhão), é justamente onde há mais alemães (319 por mil habitantes); ao contrário, Neuchâtel, Genebra e Vaud, onde a população é quase toda latina, têm respectivamente 486, 321 e 371 suicídios.

Para permitir que o fator étnico manifeste melhor sua influência, se ela existir, procuramos eliminar o fator religioso que poderia mascará-la. Para isso, comparamos os cantões alemães aos cantões franceses de mesma confissão. Os resultados desse cálculo apenas confirmaram os precedentes:

Cantões suíços

Católicos alemães	87 suicídios	Protestantes alemães	293 suicídios
Católicos franceses	83 suicídios	Protestantes franceses	456 suicídios

De um lado, não há diferença considerável entre as duas raças; de outro, os franceses detêm a superioridade.

Portanto, os fatos concorrem para demonstrar que, se os alemães se matam mais que os outros povos, isso não se deve ao sangue que corre em suas veias, mas à civilização na qual são criados. Entretanto, entre as provas apresentadas por Morselli para estabelecer a influência da raça, há uma que, à primeira vista, poderia ser considerada a mais conclusiva. O povo francês origina-se da mistura de duas raças principais, os celtas e os cimbros, que, desde o princípio, distinguiam-se uma da outra pelo tamanho. Já na época de Júlio César, os cimbros eram conhecidos por sua alta estatura. Desse modo, foi pela estatura dos habitantes que Broca pôde determinar como essas duas raças estão atualmente distribuídas na superfície de nosso território, e ele descobriu que as populações de origem celta são preponderantes ao sul do Loire, e as de origem címbrica, ao norte. Esse mapa etnográfico apresenta, portanto, certa semelhança com o dos suicídios, pois sabemos que eles estão concentrados na parte setentrional do país e apresentam, ao contrário, suas taxas mais baixas no Centro e no Sul. Mas Morselli foi mais longe. Ele acreditava ser possível estabelecer que os suicídios franceses variavam regularmente segundo o modo de distribuição dos elementos étnicos. Para proceder a essa demonstração, ele constituiu seis grupos de departamentos, calculou para cada um a média dos suicídios e também a dos conscritos dispensados por baixa estatura, o que é uma maneira indireta de medir a estatura média da população correspondente, pois ela se eleva à medida que o número de dispensados diminui. Mas ocorre que essas duas séries de médias variam na razão inversa uma da outra: há tanto mais suicídios quanto há menos dispensados por baixa estatura, isto é, quando a estatura média é mais alta.[57]

Uma correspondência tão exata, se fosse comprovada, só poderia ser explicada pela ação da raça. Mas o modo como Morselli chegou a esse resultado não permite considerá-lo assente. Com efeito, ele tomou, como base de sua comparação, os seis grupos étnicos distinguidos por Broca[58] segundo o suposto grau de pureza das duas raças celta ou címbrica. Ora, seja qual for a autoridade desse cientista, essas questões etnográficas são demasiado complexas e ainda deixam muita margem à diversidade de interpretações e de hipóteses contraditórias para que se possa ver como incontestável a classificação que ele propôs. Basta ver em quantas conjecturas históricas, algumas mais inverificáveis e outras menos, ele teve de apoiá-la, e, se dessas pesquisas resulta com evidência que há na França dois tipos antropológicos nitidamente distintos, a realidade dos tipos intermediários e diversamente nuançados que ele acreditou reconhecer é bem mais duvidosa.[59] Se,

---

57. MORSELLI, *op. cit.*, p. 189.

58. *Mémoires d'anthropologie*, t. I, p. 320.

59. A existência de duas grandes massas regionais, uma formada de 15 departamentos setentrionais, em que predominam as altas estaturas (apenas 39 dispensados em cada mil conscritos), a outra composta de 24 departamentos do Centro e do Oeste, e em que as baixas estaturas são comuns (de 98 a 130 dispensas em cada mil), parece incontestável. Essa diferença é produto da raça? É uma questão muito mais difícil de responder. Se consideramos que em trinta anos a estatura média na França mudou substancialmente, que o número de dispensados por essa razão passou de 92,80 para cada mil em 1831 a 59,40 para cada mil em 1860, temos motivos para nos perguntar se uma característica tão mutável é um critério bastante seguro para reconhecer a existência desses tipos relativamente imutáveis chamados raças. Mas, em todo caso, o modo como os grupos intermediários, intercalados por Broca entre esses dois tipos extremos, são constituídos, denominados e vinculados, seja à cepa címbrica, seja à outra, parece deixar margem a muito mais dúvidas. As razões de ordem morfológica são, aqui, impossíveis. A antropologia pode perfeitamente estabelecer qual é a estatura média em determinada região, mas não de que cruzamentos essa média resulta. Ora, as estaturas intermediárias podem se dever tanto ao fato de os celtas terem se cruzado com raças de

68 | LIVRO I – OS FATORES EXTRASSOCIAIS

portanto, deixando de lado esse quadro sistemático, mas talvez por demais engenhoso, limitamo-nos a classificar os departamentos segundo a estatura média própria a cada um deles (isto é, segundo o número médio de conscritos dispensados por baixa estatura), e se, diante de cada uma dessas médias, colocamos a dos suicídios, encontramos os seguintes resultados, que diferem consideravelmente daqueles obtidos por Morselli:

QUADRO VIII

Departamentos com alta estatura			Departamentos com baixa estatura		
	Número de dispensados	Taxa média de suicídios		Número de dispensados	Taxa média de suicídios
1º grupo: 9 departamentos	Menos de 40 a cada mil examinados	180	1º grupo: 22 departamentos	De 60 a 80 a cada mil examinados	115 (101 sem o Seine)
2º grupo: 8 departamentos	De 40 a 50	249	2º grupo: 12 departamentos	De 80 a 100	88
3º grupo: 17 departamentos	De 50 a 60	170	3º grupo: 14 departamentos	Mais	90
Média geral	Menos de 60 a cada mil examinados	191	Média geral	Mais de 60 a cada mil examinados	103 (com o Seine) 93 (sem o Seine)

A taxa de suicídios não aumenta, de modo regular, proporcionalmente à importância relativa dos elementos cimbros ou assim supostos, pois o primeiro grupo, em que as estaturas são mais altas, conta menos suicídios do que o segundo, e não consideravelmente mais do que o terceiro; da mesma

---

estatura mais alta quanto ao de os cimbros terem se aliado a homens menores que eles. A distribuição geográfica tampouco pode ser invocada, pois esses grupos mistos encontram--se por toda parte: no Noroeste (Normandia e Basse-Loire), no Sudoeste (Aquitânia), no Sul (Província Romana), no Leste (Lorena) etc. Restam, pois, os argumentos históricos, que só podem ser muito conjecturais. A história não sabe ao certo como, quando, em que condições e proporções ocorreram as diferentes invasões e infiltrações de povos e, com maior razão, não pode nos ajudar a determinar a influência que tiveram sobre a constituição orgânica dos povos.

CAPÍTULO II - O SUICÍDIO E OS ESTADOS PSICOLÓGICOS NORMAIS: [...] | **69**

forma, os três últimos estão quase no mesmo nível,[60] por mais desiguais que sejam no que se refere à estatura. Tudo o que se depreende desses números é que, do ponto de vista dos suicídios e da estatura, a França está dividida no meio: uma metade setentrional, onde os suicídios são numerosos e as estaturas elevadas; a outra metade central, onde as estaturas são menores e as pessoas se matam menos; sem que, no entanto, essas duas progressões sejam exatamente paralelas. Em outras palavras, as duas grandes massas regionais que observamos no mapa etnográfico também são encontradas no mapa dos suicídios, mas a coincidência só é real por alto e de modo geral. Ela não ocorre nos detalhes das variações apresentadas quando se comparam os dois fenômenos.

Uma vez que a reduzimos as suas verdadeiras proporções, ela já não constitui uma prova decisiva em favor dos elementos étnicos, pois não passa de um fato curioso, que não basta para demonstrar uma lei. Pode perfeitamente dever-se apenas à simples convergência de fatores independentes. No mínimo, para que pudéssemos atribuí-la à ação das raças, seria necessário que essa hipótese fosse confirmada e até mesmo reclamada por outros fatos. Mas, ao contrário, ela é refutada pelos seguintes fatos:

1º) Seria estranho que um tipo coletivo como o dos alemães, cuja realidade é incontestável e que tem com o suicídio uma afinidade tão forte, deixasse de manifestá-la assim que as circunstâncias sociais se modificassem, e que um tipo em parte problemático, como o dos celtas ou dos antigos belgas, dos quais restam apenas raros vestígios, tivesse, ainda hoje, sobre essa mesma tendência, uma ação eficaz. Há uma distância grande demais entre a extrema generalidade das características que perpetuam sua lembrança e a especialidade complexa de tal propensão.

2º) Veremos mais adiante que o suicídio era frequente entre os antigos celtas.[61] Portanto, se hoje ele é raro nas populações que supomos de origem celta, não pode ser em virtude de alguma propriedade congênita da raça, mas de circunstâncias externas que se modificaram.

3º) Celtas e cimbros não constituem raças primitivas e puras; eram filiados "pelo sangue, pela língua e pelas crenças".[62] Ambos são apenas va-

---

60. Sobretudo se desconsideramos o Seine, que, devido às condições excepcionais em que se encontra, não é exatamente comparável aos outros departamentos.

61. Ver adiante, livro II, cap. IV, p. 210 e 214.

62. BROCA, *op. cit.*, t. I, p. 394.

70 | LIVRO I - OS FATORES EXTRASSOCIAIS

riedades da raça de homens louros e de alta estatura que, seja por invasões em massa, seja por deslocamentos populacionais sucessivos, pouco a pouco se espalharam por toda a Europa. A única diferença que há entre eles, do ponto de vista etnográfico, é que os celtas, ao se cruzarem com as raças morenas e baixas do Sul, se afastaram mais do tipo comum. Por conseguinte, se a maior inclinação dos cimbros ao suicídio tem causas étnicas, ela viria do fato de que, entre eles, a raça primitiva se alterou menos. Mas então deveríamos ver, até mesmo fora da França, o suicídio crescer tanto mais quanto são mais pronunciadas as características distintivas dessa raça. Porém não é nada disso que acontece. É na Noruega que se encontram as maiores estaturas da Europa (1,72m), e, além disso, é provavelmente do Norte, em particular do litoral báltico, que esse tipo é originário; também é lá que se considera que ele se conservou melhor. No entanto, na península escandinava a taxa de suicídios não é elevada. Diz-se que a mesma raça conservou melhor sua pureza na Holanda, na Bélgica e na Inglaterra do que na França,[63] e contudo esse último país é muito mais fecundo em suicídios do que os outros três.

Ademais, essa distribuição geográfica dos suicídios franceses pode ser explicada sem que seja necessário utilizar as forças obscuras da raça. É sabido que nosso país é dividido, moral e etnologicamente, em duas partes que ainda não se penetraram completamente. As populações do Centro e do Sul conservaram seu temperamento, um estilo de vida que lhes é próprio, e, por isso, resistem às ideias e aos costumes do Norte. Mas é no Norte que se encontra o foco da civilização francesa, que, portanto, permaneceu algo essencialmente setentrional. Por outro lado, como ela contém, como veremos mais adiante, as principais causas que impelem os franceses a se matar, os limites geográficos de sua esfera de ação também são os da zona mais fértil em suicídios. Se, portanto, as pessoas do Norte se matam mais do que as do Sul, não é porque estejam mais predispostas a isso em virtude de seu temperamento étnico; é simplesmente porque as causas sociais do suicídio estão, em especial, mais acumuladas ao norte do que ao sul do Loire.

Quanto a saber como essa dualidade moral de nosso país produziu-se e manteve-se, é uma questão histórica a que considerações etnográficas não bastam para responder. Não foi, ou, em todo caso, não foi apenas a diferença de raças que deu origem a isso, pois raças muito diversas são suscetíveis de se misturarem e fundirem-se umas às outras. Não há entre

---

63. Ver TOPINARD, *Anthropologie*, p. 464.

o tipo setentrional e o tipo meridional um antagonismo tal que séculos de vida comum não pudessem superar. O loreno diferia do normando tanto quanto o provençal do habitante da Île-de-France. Mas, por razões históricas, o espírito provinciano, o tradicionalismo local permaneceram muito mais fortes no Sul, ao passo que, no Norte, a necessidade de enfrentar inimigos comuns, uma solidariedade de interesses mais estreita e contatos mais frequentes aproximaram mais cedo os povos e confundiram sua história. E foi precisamente esse nivelamento moral que, ao tornar mais ativa a circulação de homens, ideias e coisas, fez dessa última região o lugar de origem de uma civilização intensa.[64]

III

A teoria que considera a raça um fator importante da propensão ao suicídio admite, aliás, implicitamente, que ele é hereditário, pois só pode constituir uma característica étnica com essa condição. Porém a hereditariedade do suicídio está demonstrada? A questão merece tanto mais ser examinada porque, além das relações que mantém com a precedente, tem, por si só, interesse próprio. Se, de fato, estivesse demonstrado que a tendência ao suicídio transmite-se pelos genes, seríamos obrigados a reconhecer que ela depende intimamente de um estado orgânico determinado.

Mas antes é importante explicitar o sentido das palavras. Quando se diz que o suicídio é hereditário, compreende-se simplesmente que, como os filhos dos suicidas herdaram o temperamento dos pais, tendem a se comportar da mesma maneira que eles nas mesmas circunstâncias? Nesses termos, a afirmação é incontestável, porém sem importância, pois então não é o suicídio que é hereditário; o que se transmite é simplesmente um determinado temperamento geral, que pode, se for o caso, predispor as pessoas a ele, mas sem motivá-las, e que, consequentemente, não é uma explicação suficiente para sua determinação. Vimos como, de fato, a condição individual que mais

---

64. A mesma observação se aplica à Itália. Também lá os suicídios são mais numerosos no Norte do que no Sul, e, de outro lado, a estatura média das populações setentrionais é ligeiramente superior à das regiões meridionais. Mas é porque a civilização atual da Itália é de origem piemontesa, e, por outro lado, os piemonteses são um pouco maiores que as pessoas do Sul. A diferença é, de resto, pequena. O máximo, que se observa na Toscana e em Veneza, é de 1,65m; o mínimo, na Calábria, é de 1,60m, ao menos no que concerne à parte continental. Na Sardenha, a estatura baixa para 1,58m.

72 | LIVRO I - OS FATORES EXTRASSOCIAIS

favorece sua eclosão, ou seja, a neurastenia sob suas diferentes formas, não explica de modo algum as variações apresentadas pela taxa de suicídios. Mas foi num sentido completamente diferente que os psicólogos falaram com frequência de hereditariedade. Seria a tendência a se matar que passaria direta e integralmente de pais para filhos e que, uma vez transmitida, daria origem ao suicídio, com um verdadeiro automatismo. Ela consistiria, então, em uma espécie de mecanismo psicológico, dotado de alguma autonomia, que não seria muito diferente de uma monomania e à qual corresponderia, ao que tudo indica, um mecanismo fisiológico não menos definido. Por conseguinte, dependeria essencialmente de causas individuais.

A observação demonstra a existência de tal hereditariedade? Certamente às vezes se vê o suicídio reproduzir-se em uma mesma família com deplorável regularidade. Um dos exemplos mais impressionantes é o citado por Gall:

> O senhor G..., proprietário, deixa sete filhos com uma fortuna de dois milhões, seis filhos permanecem em Paris ou nos arredores e mantêm seu quinhão da fortuna paterna; alguns até o aumentam. Nenhum passa por infortúnios, todos gozam de boa saúde... Todos os sete irmãos, num espaço de quarenta anos, se suicidaram.[65]

Esquirol conheceu um negociante, pai de seis filhos, dos quais quatro se mataram; um quinto filho fez repetidas tentativas.[66] Alhures, veem-se sucessivamente os pais, os filhos e os netos sucumbirem ao mesmo impulso. Mas o exemplo dos fisiologistas deve nos ensinar a não tirar conclusões prematuras nessas questões de hereditariedade, que devem ser tratadas com muita circunspecção. Assim, certamente há numerosos casos em que a tísica atinge gerações sucessivas, e, no entanto, os cientistas ainda hesitam em admitir que seja hereditária. A solução contrária parece até mesmo prevalecer. A repetição da doença no seio de uma mesma família pode se dever, com efeito, não à hereditariedade da tísica em si, mas à de um temperamento geral, próprio a receber e fecundar, eventualmente, o bacilo gerador da doença. Nesse caso, o que se transmitiria não seria a afecção em si, mas apenas um terreno suscetível de favorecer seu desenvolvimento. Para poder rejeitar categoricamente essa última explicação, seria necessário ao menos comprovar que o bacilo de Koch é encontrado com frequência no feto; enquanto isso não for demonstrado, imperará a dúvida. A mesma ressalva é obrigatória no problema que nos ocupa. Para resolvê-lo, não basta citar alguns fatos favoráveis à tese

---

65. *Sur les fonctions du cerveau*, Paris, 1825.

66. *Maladies mentales*, t. I, p. 582.

da hereditariedade. Seria ainda necessário que esses fatos fossem em número suficiente para não poderem ser atribuídos a encontros acidentais, que não admitissem nenhuma outra explicação e que não fossem refutados por nenhum outro fato. Será que eles satisfazem essa tripla condição?

É verdade, esses fatos não são considerados raros. Mas, para que possamos concluir que é da natureza do suicídio ser hereditário, não basta que sejam mais ou menos frequentes. Além disso, seria necessário poder determinar qual é sua proporção em relação ao total das mortes voluntárias. Se, para uma fração relativamente alta do número total de suicídios, fosse demonstrada a existência de antecedentes hereditários, estaríamos autorizados a admitir que entre esses dois fatos há uma relação de causalidade, que o suicídio tem uma tendência a se transmitir hereditariamente. Mas, enquanto não há essa prova, sempre é possível questionar se os casos citados não se devem a combinações fortuitas de causas diferentes. Ora, as observações e comparações que permitiriam solucionar essa questão nunca foram feitas de modo amplo. Quase sempre, limitam-se a relatar alguns casos interessantes. As poucas informações que temos sobre esse ponto particular não têm nada de demonstrativas em nenhum sentido; chegam até a ser um pouco contraditórias. Entre os 39 alienados com maior ou menor propensão ao suicídio que o dr. Luys teve a oportunidade de observar em seu estabelecimento, e sobre os quais conseguiu reunir informações bastante completas, ele encontrou apenas um caso em que a mesma tendência já fora encontrada na família do doente.[67] Entre 265 alienados, Brierre de Boismont encontrou apenas 11, isto é, 4%, cujos pais haviam se suicidado.[68] A proporção fornecida por Cazauvieilh é bem mais alta: em 13 de 60 pessoas ele teria constatado antecedentes hereditários, o que equivaleria a 28%.[69] Segundo a estatística bávara, a única a registrar a influência da hereditariedade, essa estaria presente, durante os anos 1857-66, em cerca de 13 casos em cada 100.[70]

Por menos decisivos que sejam esses fatos, se não pudessem ser explicados senão admitindo uma hereditariedade especial de suicídio, essa hipótese receberia algum crédito devido à própria impossibilidade de encontrar outra explicação. Mas há, pelo menos, duas outras causas que poderiam produzir o mesmo efeito, sobretudo por sua conjunção.

---

67. *Suicide*, p. 197.

68. *Apud* LEGOYT, p. 242.

69. *Suicide*, p. 17-9.

70. Segundo MORSELLI, p. 410.

LIVRO I - OS FATORES EXTRASSOCIAIS

Em primeiro lugar, quase todas essas observações foram feitas por alienistas, e, por conseguinte, sobre alienados. Ora, a alienação mental é, talvez, de todas as doenças, a que com mais frequência se transmite. Portanto, podemos nos perguntar se é a propensão ao suicídio que é hereditária ou se, antes, não é alienação mental, da qual ela é um sintoma frequente mas, no entanto, acidental. A dúvida é tanto mais fundamentada quanto, segundo o testemunho de todos os observadores, é sobretudo, se não exclusivamente, entre os alienados suicidas que se encontram os casos favoráveis à hipótese da hereditariedade.[71] Sem dúvida, mesmo nessas condições, ela desempenha um papel importante, mas já não é a hereditariedade do suicídio. O que é transmitido é a afecção mental em sua generalidade, é a tara nervosa, da qual o assassinato de si mesmo é uma consequência contingente, embora sempre temível. Nesse caso, a hereditariedade já não concerne à propensão ao suicídio, do mesmo modo que não concerne à hemoptise nos casos de tísica hereditária. Se o infeliz, que tem na família tanto loucos como suicidas, se mata, não é porque seus pais se mataram, é porque eram loucos. Dessa forma, como as desordens mentais se transformam ao serem transmitidas, assim por exemplo a melancolia dos ascendentes que se torna o delírio crônico ou a loucura instintiva nos descendentes, pode acontecer de vários membros da mesma família se matarem e de todos esses suicídios, resultantes de loucuras diferentes, pertencerem, por conseguinte, a tipos diferentes.

No entanto, essa primeira causa não basta para explicar todos os fatos. Pois, de um lado, não está provado que o suicídio sempre se repita apenas nas famílias de alienados; de outro, ainda subsiste a particularidade notável de que, em algumas dessas famílias, o suicídio parece estar em estado endêmico, embora a alienação mental não implique necessariamente tal consequência. Nem todo louco é inclinado a se matar. De onde vem, então, o fato de haver cepas de loucos que parecem predestinados a se destruir? Essa convergência de casos semelhantes supõe, evidentemente, um fator diferente do anterior. Mas isso pode ser explicado sem atribuí-lo à hereditariedade. A força contagiosa do exemplo basta para produzi-lo.

Veremos, de fato, num dos capítulos seguintes, que o suicídio é eminentemente contagioso. Esse caráter de contágio é notado sobretudo nos indivíduos cuja constituição os torna mais facilmente acessíveis a todas as sugestões em geral e às ideias de suicídio em particular, pois não apenas eles são propensos a reproduzir tudo aquilo que os impressiona, mas inclinam-se, em especial,

---

71. BRIERRE DE BOISMONT, *op. cit.*, p. 59; CAZAUVIEILH, *op. cit.*, p. 19.

CAPÍTULO II - O SUICÍDIO E OS ESTADOS PSICOLÓGICOS NORMAIS: [...] | 75

a repetir um ato para o qual já têm alguma tendência. Ora, essa dupla condição é realizada nos indivíduos alienados, ou simplesmente neurastênicos, cujos pais se suicidaram, pois sua fragilidade nervosa os torna hipnotizáveis, ao mesmo tempo que os predispõe a acolher facilmente a ideia de se matar. Portanto, não surpreende que a recordação ou o espetáculo do fim trágico de seus próximos torne-se, para eles, fonte de alguma obsessão ou impulso irresistível.

Não apenas essa explicação é tão satisfatória quanto a que recorre à hereditariedade, assim como há fatos que só ela permite compreender. Com frequência, acontece de, nas famílias em que se observam repetidos casos de suicídio, eles se reproduzirem quase de modo idêntico uns aos outros. Não apenas ocorrem na mesma idade, mas também são executados da mesma maneira. Numa família, o enforcamento é mais prestigiado, em outra é a asfixia ou a queda de um lugar elevado. Num caso citado com frequência, a semelhança é levada ainda mais longe: uma mesma arma serviu a uma família inteira, e com vários anos de distância.[72] Pretendeu-se ver nessas semelhanças uma prova a mais em favor da hereditariedade. Contudo, se há boas razões para não fazer do suicídio uma entidade psicológica distinta, é mais difícil de admitir que há uma tendência ao suicídio por enforcamento ou por arma de fogo! Esses fatos não demonstrariam, antes, como é grande a influência contagiosa exercida sobre o espírito dos sobreviventes pelos suicídios que já ensanguentaram a história de sua família? Pois é preciso que essas recordações os obsedem e os persigam para determiná-los a reproduzir, com tanta fidelidade, o ato de seus antepassados.

O que torna essa explicação ainda mais plausível é que inúmeros casos em que não se trata de hereditariedade, e em que o contágio é a única causa do mal, apresentam a mesma característica. Nas epidemias, de que voltaremos a falar mais adiante, acontece quase sempre de os diferentes suicídios se parecerem de modo surpreendentemente uniforme. Diríamos que são a cópia uns dos outros. Todos conhecem a história dos quinze inválidos que, em 1722, enforcaram-se, sucessivamente e em pouco tempo, no mesmo gancho, numa passagem escura do edifício. Retirado o gancho, a epidemia acabou. Do mesmo modo, no acampamento de Boulogne, um soldado estourou os miolos em uma guarita; em poucos dias, ele teve imitadores na mesma guarita, mas, assim que ela foi queimada, o contágio se interrompeu. Em todos esses casos, a influência preponderante da obsessão é

---

72. RIBOT, *L'hérédité*, p. 145, Paris: Félix Alcan.

evidente, já que cessam assim que desaparece o objeto material que evocava sua ideia. Quando, portanto, suicídios manifestamente decorrentes uns dos outros parecem reproduzir todos um mesmo modelo, é lícito atribuí-los a essa mesma causa, tanto mais que ela deve ter seu máximo de ação nessas famílias em que tudo concorre para aumentar sua força.

Muitas pessoas têm, além disso, a sensação de que, ao fazer como os pais, cedem ao prestígio do exemplo. É o caso de uma família observada por Esquirol:

> O (irmão) mais novo, com cerca de 26 a 27 anos, torna-se melancólico e pula do telhado da casa; um segundo irmão, que cuidava dele, culpa-se pela morte, faz várias tentativas de suicídio e morre um ano depois, em consequência de uma abstinência prolongada e repetida... Um quarto irmão, médico, que dois anos antes me repetira, com um desespero terrível, que não escaparia da sina, se mata.[73]

Moreau cita o seguinte fato. Um alienado, cujo irmão e cujo tio paterno haviam se matado, era afetado de propensão ao suicídio. Um irmão que lhe visitava em Charenton estava desesperado com as ideias horríveis que ele lhe confiava e não conseguia deixar de pensar que também acabaria sucumbindo.[74] Um doente faz a seguinte confissão a Brierre de Boismont:

> Até os 53 anos, eu tinha boa saúde, meu temperamento era bastante alegre quando, há três anos, comecei a ter pensamentos sombrios... Há três meses eles nunca me dão folga, e, a todo instante, sou impelido a me matar. Não é segredo que meu irmão se matou aos 60 anos; nunca tinha me preocupado com isso de modo sério, mas, chegando aos meus 56 anos, essa lembrança apareceu com mais vivacidade à minha mente, e agora está sempre presente.

Mas um dos fatos mais concludentes é relatado por Falret. Uma jovem de 19 anos fica sabendo

> que um tio do lado paterno matou-se voluntariamente. A notícia afligiu-a muito: ouvira dizer que a loucura era hereditária, e a ideia de que um dia pudesse cair nesse triste estado logo usurpou sua atenção... Ela se encontrava nessa triste situação quando seu pai voluntariamente deu fim a seus dias. A partir daí, (ela) acha que está absolutamente destinada a uma morte violenta. Só se preocupa com seu fim próximo e repete mil vezes: 'Devo perecer com meu pai e meu tio! Meu sangue está corrompido!' E comete uma tentativa. Mas o homem que ela acreditava ser seu pai na verdade não o era. Para livrá-la de seus temores, a mãe lhe conta a verdade e lhe arranja um encontro com o verdadeiro pai. A

---

73. LISLE, *op. cit.*, p. 195.

74. BRIERRE, *op. cit.*, p. 57.

CAPÍTULO II - O SUICÍDIO E OS ESTADOS PSICOLÓGICOS NORMAIS: [...] | 77

semelhança física era tão grande que a doente viu suas dúvidas se dissiparem na hora. Desde então, ela renuncia a qualquer ideia de suicídio, sua alegria volta progressivamente e sua saúde se restabelece[75]

Assim, de um lado, os casos mais favoráveis à hereditariedade do suicídio não bastam para demonstrar sua existência; de outro, eles admitem, sem dificuldade, outra explicação. Mas não é só isso. Alguns fatos estatísticos, cuja importância parece ter escapado aos psicólogos, são inconciliáveis com a hipótese de transmissão hereditária propriamente dita. São os seguintes:

1º) Se há um determinismo orgânico-psíquico, de origem hereditária, que predestina os homens a se matarem, ele deve assolar de modo mais ou menos semelhante os dois sexos. Pois, como o suicídio não tem, por si só, nada de sexual, não há razão para que a geração onere mais os meninos do que as meninas. Ora, na verdade sabemos que a quantidade de suicídios femininos é baixíssima e só representa uma pequena fração dos suicídios masculinos. Isso não ocorreria se a hereditariedade tivesse a força que lhe atribuem.

Seria possível dizer que as mulheres herdam, assim como os homens, uma propensão ao suicídio, mas que ele é neutralizado, a maioria das vezes, pelas condições sociais próprias ao sexo feminino? Mas o que pensar de uma hereditariedade que, na maior parte dos casos, permanece latente, a não ser que ela consiste em uma virtualidade bem vaga, cuja existência não é comprovada por nada?

2º) Ao falar da hereditariedade da tísica, Grancher exprime-se com estas palavras:

> Tudo nos autoriza a admitir a hereditariedade em um caso desse tipo (trata-se de uma tísica declarada em uma criança de três meses)... Já não é tão certo que a tuberculose date da vida intrauterina, quando ela se manifesta quinze ou vinte meses depois do nascimento, ao passo que nada levava a suspeitar de uma tuberculose latente... O que diremos agora das tuberculoses que aparecem quinze, vinte ou trinta anos depois do nascimento? Até mesmo supondo que tivesse existido uma lesão no início da vida, depois de tanto tempo ela não teria perdido a virulência? É natural acusar de todos os males os micróbios fósseis, e não os bacilos bem vivos... que a pessoa pode encontrar em seu caminho.[76]

---

75. LUYS, *op. cit.*, p. 201.

76. *Dictionnaire encyclopédique des sciences méd.*, verbete "Phtisie" [Tísica], t. LXXVI, p. 542.

78 | LIVRO I - OS FATORES EXTRASSOCIAIS

De fato, para ter o direito de afirmar que uma afecção é hereditária, na falta da prova peremptória, que consiste em mostrar seu germe no feto ou no recém-nascido, no mínimo seria preciso demonstrar que ela ocorre com frequência nas crianças pequenas. Por isso se fez da hereditariedade a causa fundamental dessa loucura especial que se manifesta já na primeira infância, chamada, por essa razão, de loucura hereditária. Koch chegou a demonstrar que, nos casos em que a loucura, sem ser completamente originada pela hereditariedade, não deixa de sofrer sua influência, ela tem uma tendência muito mais acentuada à precocidade do que nos casos em que não há antecedentes conhecidos.[77]

Citam-se, é verdade, características vistas como hereditárias e que, no entanto, só aparecem numa idade mais ou menos avançada, como a barba, os chifres etc. Mas essa demora é explicável na hipótese da hereditariedade apenas se elas dependem de um estado orgânico que, por sua vez, só pode se constituir no decorrer da evolução individual; por exemplo, para tudo o que diz respeito às funções sexuais, a hereditariedade evidentemente só pode produzir efeitos ostensivos na puberdade. Mas, se a propriedade transmitida é possível em qualquer idade, ela deveria se manifestar de imediato. Por conseguinte, quanto mais demora para aparecer, tanto mais deve-se admitir que ela deve à hereditariedade apenas uma pequena incitação a existir. Ora, não vemos por que a tendência ao suicídio seria solidária de uma determinada fase do desenvolvimento orgânico e não de outra. Se ela constitui um mecanismo definido, que se transmite já organizado, ele deveria entrar em ação logo nos primeiros anos.

Mas, na verdade, acontece o contrário. O suicídio é extremamente raro entre crianças. Na França, segundo Legoyt, no período de 1861-75, para um milhão de crianças abaixo de 16 anos havia 4,3 suicídios de meninos e 1,8 suicídio de menina. Na Itália, de acordo com Morselli, os números são ainda menores: não vão além de 1,25 para um sexo e 0,33 para o outro (período 1866-75), e a proporção é substancialmente a mesma em todos os países. Os suicídios mais precoces são cometidos aos cinco anos, e são absolutamente excepcionais. Entretanto não está provado que esses fatos extraordinários devam ser atribuídos à hereditariedade. Não devemos esquecer que, de fato, também a criança está sob a ação de causas sociais, e que elas podem ser suficientes para determiná-la ao suicídio. O que demonstra sua influência até nesse caso é que os suicídios de crianças variam conforme o

---

77. *Op. cit.*, p. 170-2.

CAPÍTULO II - O SUICÍDIO E OS ESTADOS PSICOLÓGICOS NORMAIS: [...] | 79

meio social. Em nenhum outro lugar são tão numerosos quanto nas grandes cidades.[78] É porque, também em nenhum outro lugar, a vida social começa tão cedo para as crianças, como o prova a precocidade que distingue o pequeno citadino. Introduzido mais cedo e de modo mais completo no movimento da civilização, ele sofre mais cedo e de modo mais completo seus efeitos. É também o que faz que, nos países cultos, o número de suicídios infantis cresça com deplorável regularidade.[79]

Não é tudo. Não apenas o suicídio é muito raro na infância, mas é somente com a velhice que ele chega a seu apogeu, e, nesse intervalo, cresce regularmente de uma idade para outra.

QUADRO IX[80]

Suicídio nas diferentes idades (por um milhão de pessoas de cada idade)

	França (1835-44)		Prússia (1873-75)		Saxônia (1847-58)		Itália (1872-76)		Dinamarca (1845-56)
	Homens	Mulheres	Homens	Mulheres	Homens	Mulheres	Homens	Mulheres	Homens e mulheres
Menos de 16 anos	2,2	1,2	10,5	3,2	9,6	2,4	3,2	1,0	113
De 16 a 20	56,5	31,7	122,0	50,3	210	85	32,3	12,2	272
De 20 a 30	130,5	44,5	231,1	60,8	396	108	77,0	18,9	307
De 30 a 40	155,6	44,0	235,1	55,6	551	126	72,3	19,6	426
De 40 a 50	204,7	64,7	347,0	61,6			102,3	26,0	576
De 50 a 60	217,9	74,8			906	207	140,0	32,0	702
De 60 a 70	274,2	83,7	529,0	113,9			147,8	34,5	785
De 70 a 80	317,3	91,8			917	297	124,3	29,1	
Mais de 80 anos	345,1	81,4					103,8	33,8	642

Com algumas nuanças, essas relações são as mesmas em todos os países. A Suécia é a única sociedade em que o máximo cai entre 40 e 50 anos. Em

---

78. Ver MORSELLI, p. 329 ss.

79. Ver LEGOYT, p. 158 ss, Paris: Félix Alcan.

80. Os elementos desse quadro são extraídos de MORSELLI.

todos os outros lugares, isso só ocorre no último ou penúltimo período de vida, e, também em todos os lugares, com pouquíssimas exceções, que talvez se devam a erros de recenseamento,[81] o aumento até esse limite extremo é contínuo. A diminuição que se observa depois dos 80 anos não é, de modo algum, geral, e, em todo caso, é muito pequena. O contingente dessa idade está um pouco abaixo daquele dos septuagenários, mas permanece superior aos outros ou, no mínimo, à maior parte dos outros. Como, a partir disso, atribuir à hereditariedade uma tendência que só aparece nos adultos *e que, a partir de então, adquire cada vez mais força à medida que o homem avança na vida*? Como qualificar de congênita uma afecção que, inexistente ou muito pequena durante a infância, progride cada vez mais e só atinge sua intensidade máxima entre os velhos?

A lei da hereditariedade homócrona não pode ser invocada neste caso. Com efeito, ela enuncia que, em determinadas circunstâncias, a característica herdada aparece nos descendentes mais ou menos na mesma idade em que apareceu nos pais. Mas não é o caso do suicídio, que acima dos 10 ou 15 anos está presente em todas as idades, sem distinção. O que ele tem de característico não é o fato de se manifestar em um determinado momento da vida, mas o de progredir, sem interrupção, de uma idade à outra. Essa progressão ininterrupta demonstra que a causa de que ele depende se desenvolve à medida que o homem envelhece. Ora, a hereditariedade não preenche tal condição, pois, por definição, ela é tudo aquilo que deve e pode ser assim que a fecundação termina. Seria possível dizer que a propensão ao suicídio existe em estado latente já no nascimento, mas que só se torna aparente sob a ação de outras forças cujo surgimento é tardio e cujo desenvolvimento é progressivo? Mas seria reconhecer que a influência hereditária se reduz, quando muito, a uma predisposição muito geral e indeterminada, pois, se a contribuição de outro fator lhe é tão indispensável que faz sentir sua ação apenas quando ele é dado e na medida em que é dado, é esse fator que deve ser visto como a verdadeira causa.

Enfim, o modo como o suicídio varia conforme as idades prova que, de qualquer maneira, um estado orgânico-psíquico não pode ser sua causa

---

81. Para os homens, conhecemos apenas um caso, o da Itália, em que há uma estabilização entre 30 e 40 anos. Para as mulheres, há, na mesma idade, um movimento de estagnação, que é geral e, por conseguinte, deve ser real. Marca uma etapa na vida feminina. Como é particular às solteiras, corresponde decerto ao período intermediário em que as decepções e os ressentimentos causados pelo celibato começam a se fazer menos sensíveis, e em que o isolamento moral, que ocorre numa idade mais avançada, quando a solteirona fica sozinha, ainda não produz todos os seus efeitos.

determinante. Pois tudo o que está ligado ao organismo, estando submetido ao ritmo da vida, passa sucessivamente por uma fase de crescimento, depois de estabilização e, por fim, de regressão. Não há característica biológica ou psicológica que progrida perpetuamente; todas, depois de chegarem a um momento de apogeu, entram em decadência. O suicídio, ao contrário, só chega a seu ponto culminante nos limites finais da trajetória humana. Até mesmo a diminuição que se constata com bastante frequência por volta dos 80 anos, além de pequena e nem um pouco geral, é apenas relativa, já que os nonagenários se matam tanto ou mais que os sexagenários, e mais, sobretudo, do que os homens em plena maturidade. Não é possível ver nisso que a causa que faz o suicídio variar não pode consistir numa impulsão congênita e imutável, mas sim na ação progressiva da vida social? Do mesmo modo que aparece mais cedo ou mais tarde, dependendo da idade na qual os homens são iniciados na sociedade, ele cresce à medida que os homens estão mais plenamente comprometidos com ela.

Eis-nos reconduzidos à conclusão do capítulo anterior. Sem dúvida, o suicídio só é possível se a constituição dos indivíduos não o rejeita. Mas a condição individual que lhe é mais favorável consiste não em uma tendência definida e automática (exceto no caso dos alienados), mas em uma inclinação geral e vaga, suscetível de assumir formas diversas conforme as circunstâncias, que permite o suicídio, mas não necessariamente o implica, e, por conseguinte, não o explica.

CAPÍTULO III

O suicídio
e os fatores cósmicos[82]

Mas se, por si sós, as predisposições individuais não são causas determinantes do suicídio, talvez elas tenham maior ação quando se combinam com determinados fatores cósmicos. Do mesmo modo que o meio material às vezes faz manifestarem-se doenças que, sem ele, permaneceriam em estado germinal, seria possível ele ter o poder de fazer passar ao ato as aptidões gerais e puramente virtuais para o suicídio de que alguns indivíduos seriam naturalmente dotados. Nesse caso, não haveria razão para ver na taxa de suicídios um fenômeno social; resultante da conjunção de algumas causas físicas e de um estado orgânico-psíquico, ela concerniria total ou principalmente à psicologia mórbida. Talvez, é verdade, houvesse dificuldade para explicar como, nessas condições, ela pode ser tão profundamente particular a cada grupo social, pois o meio cósmico não difere de modo tão substancial de um país para outro. No entanto, é preciso reconhecer um fato importante: seria possível explicar, pelo menos, algumas das variações que esse fenômeno apresenta, sem recorrer a causas sociais.

Dentre os fatores desse tipo, há apenas dois aos quais foi atribuída uma influência suicidógena: o clima e a temperatura sazonal.

I

Eis como os suicídios se distribuem no mapa da Europa, segundo os diferentes graus de latitude:

---

82. *Bibliografia*: LOMBROSO, *Pensiero e Meteore*; FERRI, "Variations thermométriques et criminalité", in *Archives d'Anth. criminelle*, 1887; CORRE, "Le délit et le suicide à Brest", in *Arch. d'Anth. crim.*, 1890, p. 109 ss, 259 ss; Do mesmo autor, *Crime et suicide*, p. 605-39; MORSELLI, p. 103-57.

Graus de latitude	Suicídios por 1 milhão de habitantes
dos 36° aos 43°	21,1
dos 43° aos 50°	93,3
dos 50° aos 55°	172,5
acima dos 55°	88,1

Portanto, o suicídio é mínimo no sul e no norte da Europa; é no centro que ele é maior: com mais precisão, Morselli estabeleceu que o espaço englobado entre os 47° e os 57° graus de latitude, de um lado, e entre os 20° e os 40° graus de longitude, de outro lado, era o terreno predileto do suicídio. Essa região coincide de maneira bastante exata com a região mais temperada da Europa. Deve-se ver nessa coincidência um efeito das influências climáticas?

Foi a tese sustentada por Morselli, todavia não sem alguma hesitação. De fato, não se vê muito bem qual relação pode haver entre o clima temperado e a tendência ao suicídio; portanto, seria necessário que os fatos fossem singularmente concordantes para impor tal hipótese. Ora, em vez de haver uma relação entre o suicídio e esse ou aquele clima, é indubitável que ele floresceu em todos os climas. Hoje, a Itália está relativamente livre dele, mas o suicídio era muito frequente na época do Império, quando Roma era a capital da Europa civilizada. Do mesmo modo, sob o céu escaldante da Índia, ele foi, em algumas épocas, muito grande.[83]

A própria configuração dessa zona mostra que o clima não é a causa dos inúmeros suicídios que aí se cometem. A mancha que ela forma no mapa não se constitui de uma faixa única, até certo ponto uniforme e homogênea, que englobaria todos os países submetidos ao mesmo clima, mas de duas manchas distintas: uma que tem como centro a Île-de-France e os departamentos circunvizinhos; a outra, a Saxônia e a Prússia. Coincidem, portanto, não com uma região climática nitidamente definida, mas com os dois principais focos da civilização europeia. Por conseguinte, é na natureza dessa civilização, na maneira como ela se distribui pelos diferentes países, e não nas virtudes misteriosas do clima, que é preciso procurar a causa que provoca a diferente propensão dos povos ao suicídio.

Também é possível explicar assim outro fato que Guerry já notara, que Morselli confirma por observações novas e que, embora haja exceções, é con-

---

83. Ver, mais adiante, livro II, cap. IV, p. 209-11 e 215-6.

tudo bastante geral. Nos países que não fazem parte da zona central, as regiões mais próximas dessa zona, seja ao Norte seja ao Sul, também são as mais castigadas pelo suicídio. Assim, na Itália, ele é grande sobretudo no Norte, ao passo que na Inglaterra e na Bélgica é maior no Sul. Mas não há nenhuma razão para imputar esses fatos à proximidade com o clima temperado. Não é mais natural admitir que as ideias, os sentimentos, em suma, as correntes sociais que impelem com tanta força ao suicídio os habitantes da França setentrional e da Alemanha do Norte também estejam presentes nos países vizinhos, que vivem uma vida parecida, mas com menor intensidade? Eis aqui, aliás, algo que mostra como é grande a influência das causas sociais nessa distribuição dos suicídios. Na Itália, até 1870 eram as províncias do Norte que contavam mais suicídios, em seguida vinha o Centro e, em terceiro lugar, o Sul. Mas pouco a pouco a distância entre o Norte e o Centro diminuiu, e as respectivas posições acabaram por se inverter (ver quadro X). Todavia o clima das diferentes regiões permaneceu igual. O que mudou foi que, em consequência da conquista de Roma em 1870, a capital da Itália foi transferida para o centro do país. O movimento científico, artístico e econômico deslocou-se no mesmo sentido. Os suicídios acompanharam-no.

Quadro X
Distribuição regional do suicídio na Itália

	Suicidas por 1 milhão de habitantes			Taxa de cada região, expressa em função da taxa do Norte, representada por 100		
	Período					
	1866-67	1864-76	1884-86	1866-67	1864-76	1884-86
Norte	33,8	43,6	63	100	100	100
Centro	25,6	40,8	88	75	93	139
Sul	8,3	16,5	21	24	37	33

Portanto, não há por que continuar insistindo em uma hipótese que não é comprovada por nada e que tantos fatos desmentem.

II

A influência da temperatura sazonal parece mais bem demonstrada. Os fatos podem ser interpretados de modo diverso, mas são incontestáveis.

86 | LIVRO I - OS FATORES EXTRASSOCIAIS

Se, em vez de observá-los, tentássemos prever pelo raciocínio qual deve ser a estação mais favorável aos suicídios, acreditaríamos naturalmente que é aquela em que o céu está mais escuro e a temperatura é mais baixa ou mais úmida. O aspecto desolado que a natureza então assume não tem como efeito levar a devaneios, despertar tristes paixões e causar melancolia? Além disso, é também a época em que a vida é mais dura, porque é preciso uma alimentação mais rica para suprir a falta de calor natural, que é mais difícil de obter. Já era por essa razão que Montesquieu via os países brumosos e frios como particularmente favoráveis ao desenvolvimento do suicídio, e, durante muito tempo, essa ideia impôs-se. Ao aplicá-la às estações, chegou-se a acreditar que o apogeu do suicídio ocorreria no outono. Embora Esquirol já tivesse manifestado dúvidas sobre a exatidão dessa teoria, Falret ainda aceitava seu princípio.[84] Atualmente, a estatística refutou-a em definitivo. Não é nem no inverno nem no outono que o suicídio atinge seu máximo, mas durante as estações mais quentes, quando a natureza está mais alegre e a temperatura mais agradável. O homem costuma abandonar a vida no momento em que ela é mais fácil. Com efeito, se dividimos o ano em dois semestres, um que engloba os seis meses mais quentes (de março a agosto, inclusive), e o outro, os seis meses mais frios, é sempre o primeiro que conta mais suicídios. *Não há nenhum país que seja exceção a essa lei.* A proporção, com pouquíssimas diferenças de unidade, é a mesma por toda parte. De cada mil suicídios anuais, 590 a 600 são cometidos durante as estações mais quentes e apenas 400 durante o resto do ano.

A relação entre o suicídio e as variações da temperatura pode até ser determinada com mais precisão.

Se admitirmos chamar de inverno o trimestre que vai de dezembro a fevereiro, inclusive, primavera o que vai de março a maio, verão o que começa em junho e acaba em agosto, outono os três meses seguintes, e se classificarmos essas quatro estações de acordo com a importância de sua mortalidade-suicídio, veremos que em quase toda parte o verão está em primeiro lugar. Morselli comparou, desse ponto de vista, 34 períodos diferentes, relativos a 18 Estados europeus, e constatou que em 30 casos, ou seja, 88% das vezes, o máximo de suicídios ocorreu no período estival, apenas 3 casos na primavera e um único caso no outono. Essa última irregularidade, observada só no grão-ducado de Baden, e em um único momento de sua história, não tem valor, pois resulta de um cálculo referente a um período de tempo muito curto, e, além disso, não voltou a ocorrer em períodos posteriores. As outras três exceções tampouco são significativas.

---

84. *De l'hypocondrie* etc., p. 28.

Referem-se a Holanda, Irlanda e Suécia. Quanto aos dois primeiros países, os números efetivos que serviram de base para o estabelecimento das médias sazonais são pequenos demais para que se possa concluir algo com certeza: apenas 387 casos para a Holanda e 755 para a Irlanda. De resto, as estatísticas desses dois povos não tem a confiabilidade desejável. Enfim, para a Suécia, foi apenas durante o período de 1835-51 que se constatou o fato. Portanto, se nos ativermos aos Estados sobre os quais estamos autenticamente informados, poderemos dizer que a lei é absoluta e universal.

A época em que ocorre o mínimo é igualmente regular: 30 vezes em 34, ou seja, 88% das vezes, no inverno, as outras 4 vezes, no outono. Os quatro países que se desviam da regra são a Irlanda e a Holanda (como no caso precedente), o cantão de Berna e a Noruega. Sabemos qual é a importância das duas primeiras anomalias, a terceira tem menos importância ainda, pois foi observada num total de apenas 97 suicídios. Em suma, 26 vezes em 34, ou seja 76% das vezes, as estações classificam-se na seguinte ordem: verão, primavera, outono, inverno. Essa relação é verdadeira, sem nenhuma exceção, para Dinamarca, Bélgica, França, Prússia, Saxônia, Baviera, Württemberg, Áustria, Suíça, Itália e Espanha.

Não apenas as estações classificam-se do mesmo modo, mas a parte proporcional de cada uma praticamente não difere de um país para o outro. Para tornar essa variabilidade mais evidente, expressamos, no quadro XI o contingente de cada estação nos principais Estados europeus, em função do total anual estabelecido em mil. Vemos que as mesmas séries de números repetem-se de modo quase idêntico em cada coluna.

Quadro XI

Parte proporcional de cada estação no total anual de suicídios de cada país

	Dinamarca (1858-65)	Bélgica (1841-49)	França (1835-43)	Saxônia (1847-58)	Baviera (1858-65)	Áustria (1858-59)	Prússia (1869-72)
Verão	312	301	306	307	308	315	290
Primavera	284	275	283	281	282	281	284
Outono	227	229	210	217	218	219	227
Inverno	177	195	201	195	192	185	199
	1.000	1.000	1.000	1.000	1.000	1.000	1.000

88 | LIVRO I – OS FATORES EXTRASSOCIAIS

De tais fatos incontestáveis, Ferri e Morselli concluíram que a temperatura tinha uma influência direta sobre a tendência ao suicídio, que o calor, pela ação mecânica que exerce sobre as funções cerebrais, levava o homem a se matar. Ferri até tentou explicar de que maneira o calor produzia esse efeito. De um lado, diz ele, o calor aumenta a excitabilidade do sistema nervoso; do outro, como com a estação quente o organismo não precisa consumir tantas substâncias para manter sua própria temperatura no grau necessário, resulta daí um acúmulo de forças disponíveis que tendem naturalmente a procurar uma aplicação. Por essa dupla razão, há, durante o verão, um excesso de atividade, uma pletora de vida que precisa ser despendida e que quase só pode se manifestar sob forma de atos violentos. O suicídio é uma dessas manifestações, o homicídio é outra, e é por isso que as mortes voluntárias multiplicam-se nessa estação, ao mesmo tempo que os crimes de sangue. Além disso, considera-se que a alienação mental, sob todas as suas formas, desenvolve-se nessa época; portanto, como dizem, é natural que o suicídio, em consequência das relações que mantém com a loucura, evolua da mesma maneira.

Essa teoria, atraente pela simplicidade, parece, à primeira vista, estar de acordo com os fatos; parece até ser sua expressão imediata. Na verdade, ela está longe de explicá-los.

III

Em primeiro lugar, ela implica uma concepção bastante contestável do suicídio. De fato, essa teoria supõe que ele sempre tem, como antecedente psicológico, um estado de superexcitação, consiste em um ato violento e só é possível por um grande dispêndio de força. Ora, ao contrário, com muita frequência, ele resulta de uma extrema depressão. Se o suicídio exaltado ou exasperado existem, o suicídio melancólico não é menos frequente, como teremos oportunidade de demonstrar. Mas é impossível o calor agir do mesmo modo sobre ambos; se ele estimula o primeiro, deve tornar o segundo mais raro. A influência agravante que o calor poderia ter sobre determinadas pessoas seria neutralizada e como que anulada pela ação moderadora que ele exerceria sobre os outros; por conseguinte, ela não poderia se manifestar, sobretudo de modo tão sensível, por meio dos dados estatísticos. As variações que esses dados apresentam conforme as estações devem, portanto, ter outra causa. Quanto a ver nisso um simples efeito das variações

CAPÍTULO III - O SUICÍDIO E OS FATORES CÓSMICOS | **89**

similares pelas quais a alienação mental passaria no mesmo momento, para poder aceitar essa explicação seria necessário admitir, entre o suicídio e a loucura, uma relação mais imediata e mais estreita do que aquela que existe. Além disso, nem sequer está provado que as estações agem do mesmo modo sobre esses dois fenômenos,[85] e, mesmo que esse paralelismo fosse incontestável, ainda faltaria saber se são as mudanças da temperatura sazonal que fazem subir e descer a curva da alienação mental. Não é impossível que causas de outra natureza possam produzir ou contribuir para produzir esse resultado.

Mas, seja como for que se explique essa influência atribuída ao calor, vejamos se ela é real.

Parece resultar de algumas observações que o calor demasiado violento incita o homem a se matar. Durante a expedição ao Egito, o número de suicídios aumentou, ao que parece, no exército francês, e imputou-se esse crescimento à elevação da temperatura. Sob os trópicos, não é raro ver homens precipitarem-se bruscamente no mar quando o sol dardeja seus raios verticalmente. O dr. Dietrich relata que, em uma viagem ao redor do mundo realizada de 1844 a 1847 pelo conde Charles de Gortz, notou entre os marinheiros da tripulação um impulso irresistível, que ele denomina *the horrors* e descreve assim: "O mal", diz ele,

> se manifesta em geral no inverno, quando, depois de uma longa travessia, os marinheiros, em terra firme, instalam-se sem precaução ao redor de uma estufa ardente e se entregam, como de hábito, aos excessos de todo tipo. Ao voltar a bordo, aparecem os sintomas do terrível *horrors*. Aqueles atingidos pela afecção são impelidos, por uma força irresistível, a se jogar no mar, seja com a vertigem lhes assaltando durante seu trabalho, no topo dos mastros, seja sobrevindo durante o sono, do qual os doentes despertam violentamente, dando berros terríveis.

---

85. Só é possível avaliar o modo como os casos de loucura distribuem-se entre as estações pelo número de admissões nos manicômios. Ora, tal critério é bastante insuficiente, pois as famílias não internam os doentes no momento exato em que a doença se manifesta, mas depois. Além disso, considerando essas informações tais como as temos, elas estão longe de mostrar uma correspondência perfeita entre as variações sazonais da loucura e as do suicídio. Segundo uma estatística de Cazauvieilh, para mil internações anuais em Charenton, a divisão entre as estações seria a seguinte: inverno, 222; primavera, 283; verão, 261; outono, 231. O mesmo cálculo, feito para o total de alienados admitidos nos manicômios do Seine, dá resultados análogos: inverno, 234; primavera, 266; verão, 249; outono, 248. Vê-se: 1º, que o máximo ocorre na primavera e não no verão; no entanto é preciso considerar o fato de que, pelas razões indicadas, o máximo real deve ser anterior; 2º, que as diferenças entre as quatro estações são muito pequenas. Tais diferenças delineiam-se de outra forma no que diz respeito aos suicídios.

90 | LIVRO I - OS FATORES EXTRASSOCIAIS

Observou-se também que o siroco, que não pode soprar sem deixar o calor sufocante, tem sobre o suicídio influência análoga.[86] Mas ela não é particular ao calor; o frio violento produz o mesmo efeito. Foi assim que, durante a retirada de Moscou, nosso exército, diz-se, foi castigado por inúmeros suicídios. Não é possível, portanto, invocar esses fatos para explicar por que, regularmente, as mortes voluntárias são mais numerosas no verão do que no outono, e no outono do que no inverno, pois tudo o que se pode concluir daí é que as temperaturas extremas, quaisquer que sejam, favorecem o desenvolvimento do suicídio. De resto, compreende--se que os excessos de qualquer tipo e as mudanças bruscas e violentas que ocorrem no meio físico perturbam o organismo, transtornam o funcionamento normal das funções e determinam, assim, espécies de delírios, durante os quais a ideia do suicídio poderá surgir e se realizar, se nada a contiver. Mas não há nenhuma analogia entre essas perturbações excepcionais e anormais e as variações gradativas pelas quais passa a temperatura ao longo de cada ano. Portanto a questão permanece sem resposta. É na análise dos dados estatísticos que devemos procurar a solução.

Se a temperatura fosse a causa fundamental das oscilações que constatamos, o suicídio deveria normalmente variar como ela. Mas não é o que acontece. As pessoas se matam muito mais na primavera do que no outono, apesar de fazer um pouco mais de frio:

	França		Itália	
	Em mil suicídios anuais, quantos em cada estação	Temperatura média das estações	Em mil suicídios anuais, quantos em cada estação	Temperatura média das estações
Primavera	284	10,2°	297	12,9°
Outono	227	11,1°	196	13,1°

Assim, enquanto o termômetro sobe 0,9° na França e 0,2° na Itália, a quantidade de suicídios diminui 21% no primeiro país e 35% no segundo. Do mesmo modo, na Itália a temperatura do inverno é muito mais baixa do que a do outono (2,3° contra 13,1°), e, no entanto, a mortalidade-suicídio é praticamente a mesma nas duas estações (196 casos numa estação, 194 na outra). Por toda parte, a diferença entre primavera e verão é muito pequena

---

86. Relatamos tais fatos conforme BRIERRE DE BOISMONT, *op. cit.*, p. 60-2.

CAPÍTULO III - O SUICÍDIO E OS FATORES CÓSMICOS | 91

quanto aos suicídios, ao passo que é muito elevada quanto à temperatura. Na França, a diferença é de 78% para uma e apenas de 8% para o outro; na Prússia, é respectivamente de 121% e 4%.

Essa independência em relação à temperatura é ainda mais visível se observamos o movimento dos suicídios não mais por estações, mas por mês. Essas variações mensais estão, com efeito, submetidas à seguinte lei, que se aplica a todos os países da Europa: *A partir do mês de janeiro, inclusive, a evolução do suicídio é regularmente ascendente de mês a mês até por volta de junho, e regressiva a partir desse momento até o fim do ano.* Em geral, 62% das vezes, o máximo ocorre em junho; 25% das vezes, em maio; e 12% das vezes, em julho. O mínimo ocorreu 60% das vezes em dezembro, 22% em janeiro, 15% em novembro e 3% em outubro. Além disso, a maioria das irregularidades mais marcadas é dada por séries pequenas demais para terem grande significado. Nos lugares em que é possível acompanhar o desenvolvimento do suicídio por um longo período de tempo, como na França, vê-se que ele aumenta até junho e diminui em seguida até janeiro, e a distância entre os extremos não é inferior a 90% ou 100%, em média. Portanto, o suicídio não atinge seu apogeu nos meses mais quentes, agosto ou julho, pelo contrário, a partir de agosto, começa a diminuir, e substancialmente. Do mesmo modo, na maioria dos casos ele não chega a seu ponto mais baixo em janeiro, o mês mais frio, mas em dezembro. O quadro XII (ver p. 92) mostra, para cada mês, que a correspondência entre as variações do termômetro e os suicídios não tem nada de regular nem de constante.

Em um mesmo país, meses cuja temperatura é sensivelmente a mesma produzem uma quantidade proporcional de suicídios muito diferente (por exemplo maio e setembro, abril e outubro na França; junho e setembro na Itália etc.). O inverso também é frequente: janeiro e outubro, fevereiro e agosto na França contam uma quantidade semelhante de suicídios, apesar das enormes diferenças de temperatura; é a mesma situação de abril e de julho na Itália e na Prússia. Além disso, os números proporcionais são quase rigorosamente os mesmos para cada mês nesses diferentes países, embora a temperatura mensal seja muito desigual de um país a outro. Assim, maio, cuja temperatura é de 10,47° na Prússia, 14,2° na França e 18° na Itália, produz 104 suicídios na primeira, 105 na segunda e 103 na terceira.[87] Pode-se

---

87. Não é possível constatar muito mais essa constância de números proporcionais, a cujo significado voltaremos mais adiante (livro III, cap. I).

fazer a mesma constatação para quase todos os outros meses. O caso de dezembro é particularmente significativo. Sua participação no total anual de suicídios é rigorosamente a mesma para as três sociedades comparadas (61 suicídios em mil), no entanto, nessa época do ano, o termômetro marca em média 7,9° em Roma, 9,5° em Nápoles, enquanto na Prússia não vai além de 0,67°. Não apenas as temperaturas mensais não são as mesmas, como também evoluem segundo leis diferentes nas diferentes regiões; assim, na França o termômetro sobe mais de janeiro a abril do que de abril a junho, ao passo que na Itália ocorre o inverso. As variações de temperatura e as do suicídio não têm, portanto, nenhuma relação.

Quadro XII[88]

	França (1866-70)		Itália (1883-88)			Prússia (1876-78, 80-82, 85-89)	
	(1)	(2)	(1)		(2)	(1) (1848-77)	(2)
			Roma	Nápoles			
Janeiro	2,4°	68	6,8°	8,4°	69	0,28°	61
Fevereiro	4,0°	80	8,2°	9,3°	80	0,73°	67
Março	6,4°	86	10,4°	10,7°	81	2,74°	78
Abril	10,1°	102	13,5°	14,0°	98	6,79°	99
Maio	14,2°	105	18,0°	17,9°	103	10,47°	104
Junho	17,2°	107	21,9°	21,5°	105	14,05°	105
Julho	18,9°	100	24,9°	24,3°	102	15,22°	99
Agosto	18,5°	82	24,3°	24,2°	93	14,60°	90
Setembro	15,7°	74	21,2°	21,5°	73	11,60°	83
Outubro	11,3°	70	16,3°	17,1°	65	7,79°	78
Novembro	6,5°	66	10,9°	12,2°	63	2,93°	70
Dezembro	3,7°	61	7,9°	9,5°	61	0,60°	61

(1) Temperatura média | (2) Quantos suicídios em cada mês, em mil suicídios anuais

---

88. Nesse quadro, todos os meses foram reduzidos a 30 dias – Os números relativos às temperaturas foram retirados, para a França, do *Annuaire du bureau des longitudes*, e, para a Itália, dos *Annali dell'Ufficio centrale de Meteorologia*.

CAPÍTULO III - O SUICÍDIO E OS FATORES CÓSMICOS | 93

Aliás, se a temperatura tivesse a influência que se supõe, tal influência também deveria ser observada na distribuição geográfica dos suicídios. Os países mais quentes deveriam ser os mais atingidos. A dedução se impõe com tamanha evidência que a própria escola italiana recorre a ela quando pretende demonstrar que a tendência homicida também aumenta com o calor. Lombroso e Ferri empenharam-se em comprovar que, como os assassinatos são mais frequentes no verão do que no inverno, também são mais numerosos no Sul do que no Norte. Infelizmente, quando se trata do suicídio, a prova se volta contra os criminologistas italianos, pois é nos países meridionais da Europa que ele é menos desenvolvido. A Itália conta cinco vezes menos suicídios do que a França; Espanha e Portugal estão praticamente livres dele. No mapa francês dos suicídios, a única mancha branca de alguma extensão é aquela formada pelos departamentos situados ao sul do Loire. Certamente não queremos dizer que essa situação seja realmente um efeito da temperatura, mas, seja qual for a razão, ela constitui um fato inconciliável com a teoria que faz do calor um estimulante do suicídio.[89]

A percepção dessas dificuldades e contradições levou Lombroso e Ferri a modificarem ligeiramente a doutrina da escola, mas sem abandonar seu princípio. Segundo Lombroso, cuja opinião Morselli reproduz, não seria tanto a intensidade do calor que incitaria ao suicídio, mas a chegada das primeiras ondas de calor, o contraste entre o frio que vai embora e a estação quente que começa, e que surpreenderia o organismo no momento em que ainda não está habituado a essa nova temperatura. Mas basta dar uma olhada no quadro XII para verificar que essa explicação é desprovida de qualquer fundamento. Se ela estivesse certa, deveríamos ver a curva que ilustra os movimentos mensais do suicídio permanecer horizontal durante o outono e o inverno, depois subir de repente no exato momento em que chegam as primeiras ondas de calor, fonte de todo o mal, para voltar a descer com a mesma brusquidão assim que o organismo tivesse se adaptado ao tempo quente. Ora, ao contrário, sua progressão é totalmente regular: a subida, enquanto dura, é praticamente a mesma de um mês a outro. Ela sobe

---

89. É verdade que, para esses autores, o suicídio não passaria de uma variedade do homicídio. A ausência de suicídios nos países meridionais, portanto, seria apenas aparente, pois seria compensada por um excedente de homicídios. Veremos mais adiante o que é preciso pensar dessa identificação. Mas, já agora, como não ver que esse argumento volta-se contra seus autores? Se o excesso de homicídios observado nos países quentes compensa a falta de suicídios, como essa mesma compensação não ocorreria também durante a estação quente? Como se explica que essa última seja ao mesmo tempo fértil em homicídios de si próprio e em homicídios de terceiros?

de dezembro a janeiro, de janeiro a fevereiro e de fevereiro a março, ou seja, durante os meses em que as primeiras ondas de calor ainda estão longe, e volta a descer progressivamente de setembro a dezembro, quando os dias quentes já acabaram há tanto tempo que não é possível atribuir essa diminuição a seu desaparecimento. Além disso, em que momento aparecem as primeiras ondas de calor? Convencionou-se, em geral, que começam em abril. De fato, de março a abril, a temperatura sobe de 6,4° para 10,1°, um aumento, portanto, de 57%, ao passo que é apenas de 40% de abril a maio e de 21% de maio a junho. Deveria, então, ser constatada uma alta excepcional de suicídios em abril. Na verdade, o crescimento que se produz então não é superior àquele observado de janeiro a fevereiro (18%). Por fim, como esse crescimento não apenas se mantém, mas continua, embora mais devagar, até junho e até mesmo julho, parece bem difícil imputá-lo à ação da primavera, a menos que prolongássemos essa estação até o fim do verão e excluíssemos dela apenas o mês de agosto.

Além disso, se as primeiras ondas de calor fossem a tal ponto funestas, as primeiras ondas de frio deveriam ter a mesma ação. Também elas surpreendem o organismo, que se desacostumou do frio, e transtornam as funções vitais até que ocorra a readaptação. No entanto, não há, no outono, nenhuma elevação minimamente semelhante à observada na primavera. Assim, não compreendemos como Morselli, depois de ter reconhecido que, segundo sua teoria, a passagem do calor ao frio deve ter os mesmos efeitos que a transição inversa, pôde acrescentar:

> Essa ação das primeiras ondas de frio pode ser verificada ou em nossos quadros estatísticos ou, melhor ainda, na segunda elevação que todas as nossas curvas apresentam no outono, nos meses de outubro e de novembro, isto é, quando a passagem da estação quente à estação fria é mais profundamente sentida pelo organismo humano, e em especial pelo sistema nervoso.[90]

Basta se remeter ao quadro XII (p. 92) para ver que essa afirmação é absolutamente contrária aos fatos. Dos próprios números fornecidos por Morselli, conclui-se que, de outubro a novembro, a quantidade de suicídios não aumenta em quase nenhum país, mas, ao contrário, diminui. Há exceções apenas para Dinamarca, Irlanda e um período da Áustria (1851-54), e nos três casos o aumento é mínimo.[91] Na Dinamarca, eles passam de 68 por mil

---

90. *Op. cit.*, p. 148.

91. Deixamos de lado os números referentes à Suíça. São calculados com base em um único ano (1876), e, por conseguinte, não permitem nenhuma conclusão. Além disso, a alta de outubro a novembro é bem pequena. Os suicídios passam de 83 por mil para 90.

para 71, na Irlanda de 62 para 66, e na Áustria de 65 para 68. Do mesmo modo, em outubro só ocorre aumento em 8 de 30 casos e uma observação, a saber, durante um período da Noruega, um da Suécia, um da Saxônia, um da Baviera, um da Áustria, um do ducado de Baden e dois de Württemberg. Todas as outras vezes há baixa ou estado estacionário. Em suma, 21 vezes em 31, ou 67% das vezes, há diminuição regular de setembro a dezembro.

A continuidade perfeita da curva, tanto na fase progressiva quanto na fase inversa, prova, portanto, que as variações mensais do suicídio não podem resultar de uma crise passageira do organismo, que ocorre uma ou duas vezes por ano, decorrente de uma ruptura de equilíbrio brusca e temporária. Mas essas variações só podem depender de causas que também variem com a mesma continuidade.

IV

Não é impossível perceber desde agora de que natureza são essas causas.

Se comparamos a parte proporcional de cada mês no total de suicídios anuais à duração média do dia no mesmo momento do ano, as duas séries de números obtidas variam exatamente da mesma maneira (ver quadro XIII, p. 96).

O paralelismo é perfeito. O máximo é atingido no mesmo momento em ambos os lados, e o mínimo também; no intervalo, as duas ordens de fatos caminham *pari passu*. Quando os dias se alongam rapidamente, os suicídios aumentam muito (janeiro a abril); quando o aumento de uns diminui, o mesmo acontece com o aumento dos outros (abril a junho). Ocorre a mesma correspondência no período de diminuição. Até mesmo meses diferentes, em que a duração do dia é mais ou menos igual, têm aproximadamente a mesma quantidade de suicídios (julho e maio, agosto e abril).

Uma correspondência tão regular e precisa não pode ser fortuita. Portanto deve haver alguma relação entre a progressão do dia e a do suicídio. Além de essa hipótese resultar imediatamente do quadro XIII, ela permite explicar um fato que já havíamos assinalado. Vimos que, nas principais sociedades europeias, os suicídios distribuem-se rigorosamente da mesma maneira entre as diferentes partes do ano, estações ou meses.[92] As teorias de

---

92. Essa uniformidade nos dispensa de complicar o quadro XIII. Não é necessário comparar as variações mensais do dia às do suicídio em outros países além da França, uma vez que todas são sensivelmente as mesmas em toda parte, contanto que não se comparem países de latitudes demasiado diferentes.

LIVRO I – OS FATORES EXTRASSOCIAIS

Ferri e de Lombroso não podiam explicar de modo algum essa curiosa uniformidade, pois a temperatura é muito diferente nas diferentes regiões da Europa, e nelas evolui de maneira diversa. A duração do dia, ao contrário, é sensivelmente a mesma em todos os países europeus que comparamos.

Quadro XIII

Comparação das variações mensais dos suicídios
com a duração média dos dias na França

	Duração dos dias[93]	Aumento e diminuição	Quantos suicídios por mês, em mil suicídios anuais	Aumento e diminuição
		Aumento		**Aumento**
Janeiro	9h 19'		68	
Fevereiro	10h 56'	de janeiro a abril: 55%	80	de janeiro a abril: 50%
Março	12h 47'		86	
Abril	14h 29'		102	
Maio	15h 48'	de abril a junho: 10%	105	de abril a junho: 5%
Junho	16h 3'		107	
		Diminuição		**Diminuição**
Julho	15h 4'	de junho a agosto: 17%	100	de junho a agosto: 24%
Agosto	13h 25'		82	
Setembro	11h 39'	de agosto a outubro: 27%	74	de agosto a outubro: 27%
Outubro	9h 51'		70	
Novembro	8h 31'	de outubro a dezembro: 17%	66	de outubro a dezembro: 13%
Dezembro	8h 11'		61	

Porém o que termina por demonstrar a realidade dessa relação é o fato de, em qualquer estação, a maior parte dos suicídios ocorrer de dia. Brierre de Boismont analisou os dossiês de 4.595 suicídios ocorridos em Paris de 1834 a 1843. Dos 3.518 casos cujo momento pôde ser determinado, 2.094 foram cometidos de dia, 766 ao anoitecer e 658 à noite. Os suicídios do dia e do anoitecer representam, portanto, quatro quintos da soma total, e, sozinhos, os primeiros representam três quintos.

---

93. A duração indicada é a do último dia do mês.

O departamento de estatísticas prussiano reuniu, sobre esse ponto, maior quantidade de documentos. Referem-se a 11.822 casos ocorridos durante os anos de 1869-72. Eles não fazem mais que confirmar as conclusões de Brierre de Boismont. Como as relações são praticamente as mesmas todo ano, para resumir forneceremos apenas as de 1871 e 1872:

Quadro XIV

	Quantos suicídios em cada momento do dia, em mil suicídios diários			
	1871		1872	
Primeira manhã[94]	35,9	—	35,9	—
Segunda manhã	158,3		159,7	
Meio do dia	73,1	375	71,5	391,9
Tarde	143,6		160,7	
Anoitecer	53,5	—	61,0	—
Noite	212,6	—	219,3	—
Hora desconhecida	322	—	291,9	—
	1.000		1.000	

A preponderância de suicídios diurnos é evidente. Se, portanto, o dia é mais fecundo em suicídios que a noite, é natural que eles se tornem mais numerosos à medida que o dia se torna mais longo.

Mas de onde vem essa influência do dia?

Certamente não é possível, para explicá-la, invocar a ação do sol e da temperatura. Com efeito, os suicídios cometidos no meio do dia, ou seja, no momento de maior calor, são muito menos numerosos do que aqueles do anoitecer ou da segunda manhã. Mais adiante, veremos até que, em pleno meio-dia, ocorre uma diminuição considerável. Descartada essa explicação, resta apenas uma única possível, que é a de que o dia favorece o suicídio porque é o momento em que os negócios estão mais ativos, em que as relações humanas se cruzam e entrecruzam, em que a vida social é mais intensa.

---

94. Esse termo designa a parte do dia imediatamente seguinte ao nascer do sol.

LIVRO I – OS FATORES EXTRASSOCIAIS

As poucas informações que temos sobre o modo como o suicídio se distribui entre as diferentes horas do dia ou entre os diferentes dias da semana confirmam essa interpretação. Eis, segundo 1.993 casos observados por Brierre de Boismont em Paris e 548 casos, referentes a toda a França e reunidos por Guerry, quais seriam as principais oscilações do suicídio nas 24 horas:

Paris		França	
Período	Quantidade de suicídios por hora	Período	Quantidade de suicídios por hora
da meia-noite às 6h	55	da meia-noite às 6h	30
das 6h às 11h	108	das 6h ao meio-dia	61
das 11h ao meio-dia	81	do meio-dia às 14h	32
do meio-dia às 16h	105	das 14h às 18h	47
das 16h às 20h	81	das 18h à meia-noite	38
das 20h à meia-noite	61		

Vê-se que há dois momentos em que o suicídio atinge o ápice: aqueles em que o movimento dos negócios é mais rápido, de manhã e à tarde. Entre esses dois períodos, há um de descanso, em que a atividade geral é momentaneamente suspensa; o suicídio se detém por um instante. É por volta das onze horas em Paris e ao meio-dia no interior que ocorre essa acalmia. Ela é mais intensa e mais prolongada nos departamentos do que na capital, pela simples razão de ser a hora em que os interioranos fazem sua refeição principal; assim, nesses lugares, a suspensão do suicídio é mais acentuada e mais duradoura. Os dados da estatística prussiana, mostrados anteriormente, possibilitariam observações análogas.[95]

De outro lado, Guerry, tendo determinado, para 6.587 casos, o dia da semana em que foram cometidos, obteve a escala que reproduzimos no quadro XV (ver p. 99). Dele se depreende que o suicídio diminui no fim da semana, a partir de sexta-feira. Ora, sabe-se que os preconceitos referen-

---

95. Tem-se outra prova do ritmo de repouso e de atividade pelo qual a vida social passa nos diferentes momentos do dia na maneira como os acidentes variam conforme as horas. Eis como, segundo o departamento de estatísticas da Prússia, eles se distribuiriam:

Horário............................ Acidentes, em média, por hora

das 6h ao meio-dia 1.011

do meio-dia às 14h 686

das 14h às 18h 1.191

das 18h às 19h 979

tes à sexta-feira têm como efeito desacelerar a vida pública. A circulação nas ferrovias é, nesse dia, muito menos ativa que nos outros. As pessoas hesitam em travar relações e fazer negócios nesse dia de mau agouro. No sábado, já à tarde, começa a ocorrer um período de relaxamento; em alguns países, o desemprego é muito grande, talvez a perspectiva do dia seguinte exerça, antecipadamente, uma influência calmante sobre os espíritos. Enfim, no domingo, a atividade econômica cessa por completo. Se manifestações de outro tipo não substituíssem aquelas que desaparecem, se os locais de lazer não se enchessem no momento em que as oficinas, os escritórios e as lojas se esvaziam, poderíamos imaginar que a diminuição do suicídio, no domingo, seria ainda mais acentuada. Nota-se que esse mesmo dia é aquele em que a participação relativa da mulher é a mais alta, é também nesse dia que ela sai mais de casa, onde permanece como que retirada o resto da semana, e envolve-se um pouco na vida coletiva.[96]

QUADRO XV

	Parcela de cada dia, por mil suicídios semanais	Participação proporcional de cada sexo (em %)	
		Homens	Mulheres
Segunda-feira	15,20	69	31
Terça-feira	15,71	68	32
Quarta-feira	14,90	68	32
Quinta-feira	15,68	67	33
Sexta-feira	13,74	67	33
Sábado	11,19	69	31
Domingo	13,57	64	36

96. É notável que esse contraste entre a primeira e a segunda metade da semana seja encontrado no mês. Eis, com efeito, segundo BRIERRE DE BOISMONT, *op. cit.*, p. 424, como 4.595 suicídios parisienses se distribuiriam:

Durante os dez primeiros dias do mês 1.727
— dias seguintes 1.488
— últimos dias 1.380

A inferioridade numérica do último decêndio é ainda maior do que se depreende desses números, pois, devido ao 31º dia, ele contém com frequência 11 dias em vez de 10. Seria possível dizer que o ritmo da vida social reproduz as divisões do calendário, que há como que uma renovação de atividade sempre que se entra num novo período, e uma espécie de languidez à medida que ele chega ao fim.

LIVRO I - OS FATORES EXTRASSOCIAIS

Tudo concorre, portanto, para provar que, se o dia claro é o momento do dia que mais favorece o suicídio, é porque também é aquele em que a vida social está em plena efervescência. Mas então temos um motivo que nos explica como o número de suicídios aumenta à medida que o sol permanece mais tempo acima do horizonte. É porque o mero alongamento dos dias, de certo modo, abre caminho mais amplo para a vida coletiva. O tempo de descanso, então, começa mais tarde e acaba mais cedo. Ela tem mais espaço para se desenvolver. Portanto é necessário que os efeitos que ela implica desenvolvam-se no mesmo momento, e, já que o suicídio é um deles, que ele aumente.

Mas essa primeira causa não é a única. Se a atividade pública é mais intensa no verão do que na primavera, e na primavera mais do que no outono e no inverno, não é apenas porque o plano exterior, no qual ela ocorre, amplia-se ao longo do ano, é porque ela é estimulada por outras razões.

O inverno é, para o campo, uma época de repouso, que vai até a estagnação. Toda a vida é como que interrompida, as relações são raras devido à condição atmosférica e porque a desaceleração dos negócios lhes tira a razão de ser. Os habitantes mergulham em um verdadeiro sono. Mas, na primavera, tudo começa a despertar: tarefas recomeçam, relações são estabelecidas, trocas se multiplicam, ocorrem verdadeiros movimentos populacionais para satisfazer às necessidades do trabalho agrícola. Ora, essas condições particulares da vida rural não deixam de ter grande influência sobre a distribuição mensal dos suicídios, já que o campo entra com mais da metade do número total de mortes voluntárias; na França, de 1873 a 1878, ele era responsável por 18.470 casos, de um total de 36.365. É, portanto, natural, que eles se tornem mais numerosos à medida que a estação fria se afaste. Atingem o máximo em junho ou julho, isto é, na época em que o campo está em plena atividade. Em agosto, tudo começa a se acalmar, e os suicídios diminuem. A diminuição só é rápida a partir de outubro e sobretudo de novembro, talvez porque várias colheitas só ocorram no outono.

As mesmas causas agem, aliás, embora em menor grau, sobre a totalidade do território. Também a vida urbana é mais ativa durante as estações mais quentes. Pelo fato de as comunicações serem, então, mais fáceis, os deslocamentos se dão de modo mais natural e as relações intersociais tornam-se mais numerosas. Eis, com efeito, como se distribuem, por estação, as receitas de nossas grandes ferrovias, apenas para alta velocidade (ano de 1887):[97]

---

97. Segundo o *Bulletin du ministère des Travaux publics.*

Inverno	71,9 milhões de francos
Primavera	86,7 milhões de francos
Verão	105,1 milhões de francos
Outono	98,1 milhões de francos

O movimento interno de cada cidade passa pelas mesmas fases. Durante esse mesmo ano de 1887, o número de viajantes transportados de um ponto de Paris a outro cresceu regularmente de janeiro (655.791 viajantes) a junho (848.831), para diminuir a partir de então até dezembro (659.960), com a mesma constância.[98]

Uma última experiência vai confirmar essa interpretação dos fatos. Se, pelas razões que acabam de ser indicadas, a vida urbana deve ser mais intensa no verão e na primavera do que no resto do ano, todavia a diferença entre as várias estações deve ser menos acentuada do que no campo, pois os negócios comerciais e industriais, os trabalhos artísticos e científicos e as relações mundanas não são suspensos no inverno com a mesma intensidade que a exploração agrícola. Os afazeres dos citadinos podem continuar mais ou menos da mesma forma o ano inteiro. A maior ou menor duração do dia deve ter, sobretudo, pouca influência nos grandes centros, porque a iluminação artificial limita aí mais que em qualquer outro lugar o período de escuridão. Se, portanto, as variações mensais ou sazonais do suicídio dependem da intensidade desigual da vida coletiva, elas devem ser menos pronunciadas nas grandes cidades do que no conjunto do país. Ora, os fatos estão rigorosamente de acordo com nossa dedução. O quadro XVI (ver p. 102) mostra, com efeito, que, se na França, na Prússia, na Áustria e na

---

98. *Ibid.* A todos esses fatos que levam a demonstrar o aumento da atividade social durante o verão, pode-se acrescentar o seguinte: os acidentes são mais numerosos nas épocas mais quentes do que nas outras. Eis como se distribuem na Itália:

	1886	1887	1888
Primavera	1.370	2.582	2.457
Verão	1.823	3.290	3.085
Outono	1.474	2.560	2.780
Inverno	1.190	2.748	3.032

Se, desse ponto de vista, às vezes o inverno vem depois do verão, é unicamente porque as quedas são então mais numerosas devido ao gelo e porque o frio, por si só, produz acidentes especiais. Desconsiderando os acidentes que têm essa origem, as estações classificam-se na mesma ordem que para o suicídio.

LIVRO I – OS FATORES EXTRASSOCIAIS

Dinamarca, há entre o mínimo e o máximo um aumento de 52%, 45% e até mesmo 68%, em Paris, Berlim, Hamburgo etc., essa diferença é em média de 20% a 25%, e chega a diminuir para até 12% (Frankfurt).

QUADRO XVI

*Variações sazonais do suicídio
em algumas grandes cidades, comparadas às do país inteiro*

	Números proporcionais por mil suicídios anuais								
	Paris (1888-92)	Berlim (1882-85-87-89-90)	Hamburgo (1887-91)	Viena (1871-72)	Frankfurt (1867-75)	Genebra (1838-47) (1852-54)	França (1835-43)	Prússia (1869-72)	Áustria (1858-59)
Inverno	218	231	239	234	239	232	201	199	185
Primavera	262	287	289	302	245	288	283	284	281
Verão	277	248	232	211	278	253	306	290	315
Outono	241	232	258	253	238	227	210	227	219
	Números proporcionais de cada estação, expressos em função do número do inverno, reduzido a 100								
	Paris	Berlim	Hamburgo	Viena	Frankfurt	Genebra	França	Prússia	Áustria
Inverno	100	100	100	100	100	100	100	100	100
Primavera	120	*124*	*120*	*129*	102	*124*	140	142	151
Verão	*127*	107	107	90	*112*	109	*152*	*145*	*168*
Outono	100	100,3	103	108	99	97	104	114	118

Vê-se, além disso, que nas grandes cidades, ao contrário do resto da sociedade, em geral é na primavera que ocorre o máximo. Enquanto a primavera é superada pelo verão (Paris e Frankfurt), o avanço dessa última estação é pequeno. É porque, nos centros importantes, durante as estações mais quentes produz-se um verdadeiro êxodo dos principais

CAPÍTULO III - O SUICÍDIO E OS FATORES CÓSMICOS | 103

agentes da vida pública, que, por conseguinte, manifesta uma ligeira tendência à desaceleração.[99]

Em suma, começamos por demonstrar que a ação direta dos fatores cósmicos não podia explicar as variações mensais ou sazonais do suicídio. Vemos agora de que natureza são suas verdadeiras causas e em que direção devem ser buscadas, e esse resultado positivo confirma as conclusões de nossa análise crítica. Se as mortes voluntárias tornam-se mais numerosas de janeiro a julho, não é porque o calor exerce uma influência perturbadora nos organismos, é porque a vida social é mais intensa. Decerto, se ela adquire essa intensidade, é porque a posição do sol na eclíptica, a condição atmosférica etc. permitem-lhe que se desenvolva com mais facilidade do que durante o inverno. Mas não é o meio físico que a estimula diretamente; acima de tudo, não é ele que afeta a evolução dos suicídios. Essa depende de condições sociais.

É verdade que ainda não sabemos como a vida coletiva pode ter essa ação. Mas compreende-se, a partir de agora, que, se ela abarca as causas que fazem a taxa de suicídios variar, essa taxa deve aumentar ou diminuir conforme a vida coletiva seja mais ativa ou menos ativa. Determinar de modo mais preciso quais são essas causas será o objeto do próximo livro.

---

99. Notaremos, ainda, que os números proporcionais das diferentes estações são substancialmente os mesmos nas grandes cidades comparadas, ao mesmo tempo que diferem dos números referentes aos países a que pertencem essas cidades. Assim, encontramos por toda parte essa constância da taxa de suicídios nos meios sociais idênticos. A corrente suicidógena varia do mesmo modo nos diferentes momentos do ano em Berlim, Viena, Genebra, Paris etc. A partir daí, sonda-se tudo o que ela tem de verdade.

CAPÍTULO IV

A imitação[100]

Mas, antes de buscar as causas sociais do suicídio, há um último fator psicológico cuja influência temos de determinar, pela extrema importância que lhe foi atribuída na gênese dos fatos sociais em geral e do suicídio em particular. É a imitação.

Que a imitação é um fenômeno puramente psicológico é algo que decorre com evidência do fato de ela poder ocorrer entre indivíduos que não possuem nenhum vínculo social. Um homem pode imitar outro sem que sejam solidários um do outro ou de um mesmo grupo de que dependem igualmente, e a propagação imitativa não tem, por si só, o poder de solidarizá-los. Um espirro, um movimento coreiforme e um impulso homicida podem se transmitir de uma pessoa a outra sem que haja entre elas nada além de uma aproximação fortuita e passageira. Não é necessário que haja entre elas nenhuma afinidade intelectual ou moral, nem que elas troquem favores, nem sequer que falem a mesma língua, e, depois dessa transferência, elas continuam tão pouco ligadas quanto antes. Em suma, o procedimento pelo qual imitamos nossos semelhantes é também aquele que nos serve para reproduzir os barulhos da natureza, as formas das coisas e os movimentos dos seres. Já que não há nada de social no segundo caso, o mesmo acontece no primeiro. Ele se origina de certas propriedades de nossa vida representativa, que não resultam de nenhuma influência coletiva. Se, portanto, ficasse demonstrado que ele contribui para determinar a taxa de

---

100. *Bibliografia:* LUCAS, *De l'imitation contagieuse*, Paris, 1833 – DESPINE, *De la contagion morale*, 1870; *De l'imitation*, 1871 – MOREAU DE TOURS, Paul, *De la contagion du suicide*, Paris, 1875 – AUBRY, *Contagion du meurtre*, Paris, 1888 – TARDE, *Les lois de l'imitation (passim). Philosophie pénale*, p. 319 ss, Paris: F. Alcan – CORRE, *Crime et suicide*, p. 207 ss.

106 | LIVRO I - OS FATORES EXTRASSOCIAIS

suicídios, disso decorreria que essa depende diretamente, seja em sua totalidade, seja em parte, de causas individuais.

I

Mas, antes de examinar os fatos, convém explicitar o sentido da palavra. Os sociólogos estão tão habituados a empregar os termos sem defini-los, isto é, a não determinar nem circunscrever metodicamente a ordem de coisas de que pretendem falar, que lhes ocorre constantemente de deixar uma mesma expressão estender-se, à sua revelia, do conceito que ela visava ou parecia visar primitivamente a outras noções menos ou mais próximas. Nessas condições, a ideia acaba por adquirir uma ambiguidade que desafia a discussão. Pois, sem contornos definidos, ela pode se transformar quase à vontade, segundo as necessidades da causa e sem que seja possível à crítica prever de antemão todos os diversos aspectos que ela é suscetível de assumir. É particularmente o caso do que se denomina instinto de imitação.

Essa palavra é geralmente empregada para designar, a um só tempo, os três seguintes grupos de fatos:

1º) Acontece de, no seio de um mesmo grupo social no qual todos os elementos estão submetidos à ação de uma mesma causa ou de um conjunto de causas semelhantes, produzir-se entre as diferentes consciências uma espécie de nivelamento, em virtude do qual todo o mundo pensa ou sente em uníssono. Ora, com bastante frequência deu-se o nome de imitação ao conjunto de operações de que resulta esse acordo. A palavra designa, então, a propriedade que têm os estados de consciência, experimentados simultaneamente por algumas pessoas diferentes, de agir uns sobre os outros e de se combinarem entre si para originar um novo estado. Ao empregar a palavra nesse sentido, o que se quer dizer é que essa combinação se deve a uma imitação recíproca de cada um por todos e de todos por cada um.[101] Diz-se que é "nas assembleias tumultuosas de nossas cidades, nos grandes palcos de nossas revoluções"[102] que a imitação assim concebida manifestaria melhor sua natureza. É aí que se veria melhor como homens reunidos podem, pela ação que exercem uns sobre os outros, transformar-se mutuamente.

2º) Deu-se o mesmo nome à necessidade que nos impele a colocar-nos em harmonia com a sociedade de que fazemos parte e, com essa finalida-

---

101. BORDIER, *Vie des sociétés*, Paris, 1887, p. 77 – TARDE, *Philosophie pénale*, p. 321.

102. TARDE, *ibid.*, p. 319-20.

de, a adotar os modos de pensar ou de agir que são comuns à nossa volta. É assim que seguimos modas e costumes, e, como as práticas jurídicas e morais não passam de usos estabelecidos e particularmente inveterados, é assim que quase sempre agimos quando agimos moralmente. Sempre que não vemos as razões da máxima moral a que obedecemos, conformamo-nos a ela unicamente porque tem do seu lado a autoridade social. Nesse sentido, distinguiu-se a imitação dos modos da imitação dos costumes, conforme tomemos por modelos nossos antepassados ou nossos contemporâneos.

3º) Enfim, pode acontecer de reproduzirmos um ato que ocorreu diante de nós ou que chegou a nosso conhecimento unicamente porque aconteceu diante de nós ou porque ouvimos falar dele. Ele não tem, em si, nenhum caráter intrínseco que seja para nós uma razão de reeditá-lo. Não o copiamos nem porque o julgamos útil nem para ficar de acordo com nosso modelo, mas simplesmente para copiá-lo. A representação que dele nos fazemos determina automaticamente os movimentos que o realizam de novo. Assim, bocejamos, rimos ou choramos porque vemos alguém bocejar, rir ou chorar. Também assim passa de uma consciência para a outra. É a macaquice pela macaquice.

Ora, esses três tipos de fatos são muito diferentes uns dos outros.

E, antes de tudo, *o primeiro não pode ser confundido com os seguintes, pois não abarca nenhum caso de reprodução propriamente dita*, mas sínteses *sui generis* de estados diferentes ou, pelo menos, de origens diferentes. A palavra imitação não pode, portanto, servir para designá-lo, a não ser que perca qualquer acepção distinta.

Analisemos, de fato, o fenômeno. Vários homens reunidos são afetados da mesma maneira por uma mesma circunstância e notam essa unanimidade, pelo menos parcial, pela identidade dos sinais pelos quais se manifesta cada sentimento particular. O que acontece, então? Cada um imagina, de modo confuso, o estado em que se encontram à sua volta. Imagens que expressam as diferentes manifestações vindas dos diversos pontos da multidão, com suas nuanças diversas, formam-se nos espíritos. Até aqui, ainda não se produziu nada que possa ser chamado de imitação, houve simplesmente impressões sensíveis, depois sensações, em tudo idênticas àquelas que corpos exteriores determinam em nós.[103] O que acontece em seguida?

---

103. Ao atribuir tais imagens a um *processo* de imitação, pretender-se-ia dizer que são simples cópias dos estados que elas exprimem? Mas antes de tudo seria uma metáfora singularmente grosseira, emprestada da velha e inadmissível teoria das espécies sensíveis. Além do mais, se tomarmos a palavra imitação nesse sentido, será preciso estendê-la a todas as

108 | LIVRO I – OS FATORES EXTRASSOCIAIS

Uma vez despertadas em minha consciência, essas representações variadas vêm se combinar umas com as outras e com aquela que constitui meu sentimento próprio. Assim, forma-se um estado novo, que já não é meu como o era o precedente, que é menos tingido de particularidade, e que uma série de elaborações repetidas, porém análogas à precedente, vai cada vez mais livrar do que ele ainda possa ter de demasiado particular. Tais combinações tampouco podem ser qualificadas de casos de imitação, a menos que se decida chamar assim qualquer operação intelectual pela qual dois ou mais estados de consciência se atraem uns aos outros, em consequência de suas semelhanças, depois se fundem e confundem-se numa resultante que os absorve e se diferencia deles. Decerto, todas as definições de palavras são permitidas. Mas é preciso reconhecer que essa seria particularmente arbitrária e, por conseguinte, só poderia ser fonte de confusão, pois não deixa à palavra nada de sua acepção usual. Em vez de imitação, dever-se-ia dizer, de preferência, criação, já que dessa composição de forças resulta algo novo. Esse procedimento é até mesmo o único pelo qual o espírito tem o poder de criar.

Talvez se diga que essa criação se reduz a aumentar a intensidade do estado inicial. Mas, para começar, uma mudança quantitativa não deixa de ser uma novidade. Além disso, a quantidade das coisas não pode mudar sem que sua qualidade se altere; um sentimento, ao se tornar duas ou três vezes mais violento, muda completamente de natureza. Na verdade, é sabido que o modo como homens reunidos se afetam mutuamente pode transformar um grupo de burgueses inofensivos em um monstro temível. Singular imitação a que produz semelhantes metamorfoses! Se chegou-se ao ponto de se utilizar um termo tão impróprio para designar esse fenômeno, sem dúvida foi porque imaginou-se vagamente cada sentimento individual como modelado aos de outrem. Porém, na realidade, não há aí nem modelos nem cópias. Há penetração, fusão de vários estados no cerne de um outro que deles se distingue: é o estado coletivo.

Não haveria, é verdade, nenhuma impropriedade ao chamar de imitação a causa de que resulta esse estado, se se admitisse que ele tivesse sido inspirado por um líder. Mas, além de essa afirmação nunca ter recebido nem sequer um início de prova, e ser refutada por inúmeros casos em que o chefe é manifestamente produto da multidão, e não sua causa informadora, em todo caso, se essa ação diretiva é real, ela não tem nenhuma relação

---

nossas sensações e a todas as nossas ideias, indistintamente, pois não há nenhuma da qual se possa dizer, em virtude da mesma metáfora, que reproduz o objeto ao qual se refere. A partir daí, toda a vida intelectual torna-se um produto da imitação.

com o que se chamou de imitação recíproca, já que é unilateral; por conseguinte, não falaremos dela agora. Precisamos, antes de tudo, evitar com cuidado as confusões que tanto obscureceram a questão. Da mesma forma, se dissessem que em uma assembleia sempre há indivíduos que aderem à opinião comum, não por um movimento espontâneo, mas porque ela se impõe a eles, enunciar-se-ia uma incontestável verdade. Acreditamos até mesmo que, em tais casos, nunca há consciência individual que não sofra, em maior ou menor grau, essa coerção. Mas, dado que ela tem como origem a força *sui generis* de que são investidas as práticas ou as crenças comuns quando se constituem, essa coerção diz respeito à segunda categoria de fatos que distinguimos. Examinemos, portanto, essa última e vejamos em que sentido ela merece ser chamada de imitação.

No mínimo, ela difere da precedente por implicar uma reprodução. Quando seguimos uma moda ou observamos um costume, fazemos o que outros fizeram e fazem todos os dias. Mas decorre da própria definição que essa repetição não se deve àquilo que se chamou de instinto de imitação, e sim, de um lado, à simpatia que nos leva a não melindrar o sentimento de nossos companheiros para poder aproveitar melhor a convivência, do outro, ao respeito que as maneiras de agir ou de pensar coletivas nos inspiram e à pressão direta ou indireta que a coletividade exerce sobre nós para prevenir as dissidências e cultivar em nós esse sentimento de respeito. O ato não é reproduzido porque ocorreu diante de nós ou chegou a nosso conhecimento e porque gostamos da reprodução em si e por si, mas porque o vemos como obrigatório e, em certa medida, útil. Nós o executamos não porque ele foi executado, pura e simplesmente, mas porque carrega a chancela social e porque temos para com ela uma deferência, à qual, aliás, não podemos faltar sem sérios inconvenientes. Em suma, *agir por respeito ou temor à opinião não é agir por imitação*. Tais atos não se distinguem essencialmente daqueles que planejamos sempre que inovamos. Eles ocorrem, de fato, em virtude de uma característica que lhes é inerente e que nos faz considerar que devem ser feitos. Mas, quando nos insurgimos contra os usos em vez de segui-los, não somos determinados de outro modo; se adotamos uma ideia nova, uma prática original, é porque ela tem qualidades intrínsecas que fazem que, a nossos olhos, deva ser adotada. Com certeza, os motivos que nos determinam não são de mesma natureza nos dois casos, mas o mecanismo psicológico é identicamente o mesmo. Em ambos os casos, entre a representação do ato e a execução intercala-se uma operação intelectual que consiste numa apreensão, clara ou confusa, rápida ou lenta, da característica determinante, seja ela qual for. O modo como nos confor-

110 | LIVRO I - OS FATORES EXTRASSOCIAIS

mamos aos costumes ou aos hábitos de nosso país não tem, portanto, nada de comum[104] com a macaquice maquinal que nos faz reproduzir os movimentos que testemunhamos. Há, entre esses dois modos de agir, toda a distância que separa a conduta racional e deliberada do reflexo automático. A primeira tem suas razões, mesmo que não sejam expressas sob forma de juízos explícitos. O segundo não tem, resulta imediatamente da mera visão do ato, sem nenhum outro intermediário mental.

Por conseguinte, imaginamos a que erros estamos expostos quando reunimos sob um único e mesmo nome duas ordens de fatos tão diferentes. Tomemos cuidado, com efeito: quando se fala de imitação, subentende-se contágio e passa-se com a maior facilidade, não sem razão, aliás, da primeira dessas ideias à segunda. Mas o que há de contagioso no fato de perpetrar um preceito moral, de mostrar deferência para com a autoridade da tradição ou da opinião pública? Acontece que, no momento em que se acredita ter reduzido duas realidades uma à outra, apenas confundiram-se noções muito distintas. Diz-se, em patologia biológica, que uma doença é contagiosa quando ela deve-se, inteiramente ou quase, ao desenvolvimento de um germe que, de fora, introduziu-se no organismo. Mas, de modo inverso, como esse germe só se desenvolveu graças à colaboração ativa do terreno em que se fixou, a palavra contágio torna-se imprópria. Da mesma forma, para que um ato possa ser atribuído a um contágio moral, não basta que sua ideia nos tenha sido inspirada por um ato similar. Além disso, é necessário que ela, uma vez que entre no espírito, se transforme, por si mesma e automaticamente, em movimento. Então há realmente contágio, já que é o ato exterior que, penetrando em nós sob forma de representação, se reproduz por si mesmo. Também há imitação, já que o ato novo é tudo aquilo que é em virtude do modelo de que é cópia. Mas, se a impressão que esse último suscita em nós só consegue produzir seus efeitos graças a nosso consentimento e com a nossa participação, passa a se tratar de contágio apenas por metáfora, e a metáfora é inexata. Pois as causas determinantes de nossa ação são as razões que nos fizeram consentir, e não o exemplo que tivemos diante de nossos olhos. Somos nós seus autores, ainda que não a tenhamos inventado.[105] Por conseguinte, todas essas

---

104. Pode acontecer, decerto, em casos particulares, de um hábito ou uma tradição serem reproduzidos por macaquice.

105. É verdade que às vezes chama-se de imitação tudo aquilo que não é invenção original. Desse ponto de vista, é evidente que quase todos os atos humanos são casos de imitação, pois as invenções propriamente ditas são muito raras. Mas, precisamente porque, então, a palavra imitação designa praticamente tudo, ela já não designa nada de determinado. Uma terminologia dessas só pode ser fonte de confusão.

expressões tantas vezes repetidas, como propagação imitativa ou expansão contagiosa, não são cabíveis e devem ser rejeitadas. Elas desnaturam o fato em vez de explicá-lo, obscurecem a questão em vez de elucidá-la.

Em resumo, se queremos nos entender, não podemos designar por um mesmo nome o *processo* em virtude do qual, no cerne de uma reunião de homens, um sentimento coletivo se elabora, aquele de que resulta nossa adesão às regras comuns ou tradicionais da conduta, enfim aquele que determina os carneiros de Panurgo a se jogarem na água porque um deles começou. Uma coisa é *sentir em comum*, outra coisa é *inclinar-se diante da autoridade da opinião*, outra coisa ainda é, enfim, *repetir automaticamente o que outros fizeram*. Da primeira ordem de fatos, toda reprodução está ausente; na segunda, ela é apenas consequência de operações lógicas,[106] de juízos e de raciocínios, implícitos ou formais, que são o elemento essencial do fenômeno; portanto, não pode servir para defini-lo. Ela só se torna sua essência no terceiro caso. Lá, ela reina: o novo ato é apenas o eco do ato inicial. Não apenas ele o reedita, mas essa reedição não tem razão alguma de ser fora de si mesma, nem outra causa além do conjunto de propriedades que faz de nós, em certas circunstâncias, seres imitativos. Portanto, é aos fatos dessa categoria que devemos reservar exclusivamente o nome imitação se queremos que haja um significado definido, e diremos: *Há imitação quando um ato tem, como antecedente imediato, a representação de um ato semelhante, anteriormente realizado por outrem, sem que, entre essa representação e a execução, se intercale nenhuma operação intelectual, explícita ou implícita, referente às características intrínsecas do ato reproduzido.*

Quando, portanto, nos perguntamos qual é a influência da imitação sobre a taxa de suicídios, é nessa acepção que é preciso empregar a palavra.[107]

---

106. É verdade que se falou de uma imitação lógica (ver TARDE, *Lois de l'imitation*, 1. ed., p. 158); é aquela que consiste em reproduzir um ato porque ele serve a um fim determinado. Mas tal imitação não tem manifestamente nada em comum com a propensão imitativa; os fatos que derivam de uma devem ser cuidadosamente distinguidos daqueles que se devem à outra. Eles não se explicam absolutamente do mesmo modo. De outro lado, como acabamos de mostrar, a imitação-moda e a imitação-costume são tão lógicas quanto as outras, embora tenham, sob alguns aspectos, sua lógica especial.

107. Os fatos imitados devido ao prestígio moral ou intelectual do sujeito, individual ou coletivo, que serve de modelo, entram, antes, na segunda categoria. Pois tal imitação não tem nada de automática, implica um raciocínio: age-se como a pessoa na qual se confiou porque a superioridade que lhe é reconhecida garante a pertinência de seus atos. Temos, para segui-la, as razões que temos para respeitá-la. Assim, não se fez nada para explicar tais atos, quando simplesmente se disse que eles eram imitados. O que importa é saber as causas da confiança ou do respeito que determinaram essa submissão.

112 | LIVRO I - OS FATORES EXTRASSOCIAIS

Se seu sentido não é assim determinado, corre-se o risco de tomar uma expressão puramente verbal por uma explicação. De fato, quando se diz que uma maneira de agir ou de pensar é um fato de imitação pretende-se que a imitação a explique, e por isso acredita-se ter encerrado o assunto quando se pronunciou essa palavra prestigiosa. Ora, ela só tem essa propriedade nos casos de reprodução automática, em que pode constituir, por si mesma, uma explicação satisfatória,[108] pois tudo o que aí acontece é produto do contágio imitativo. Mas, quando seguimos um costume, quando nos conformamos a uma prática moral, é na natureza dessa prática, nas características próprias desses costumes e nos sentimentos que eles nos inspiram que estão as razões de nossa docilidade. Portanto, quando, sobre esse tipo de atos, falam de imitação, na verdade não nos explicam nada; dizem-nos apenas que o fato reproduzido por nós não é novo, ou seja, que ele é reproduzido, mas sem nos explicar de modo algum por que se produziu nem por que o reproduzimos. E muito menos essa palavra pode substituir a análise do *processo* tão complexo de que resultam os sentimentos coletivos e do qual demos anteriormente apenas uma descrição conjectural e aproximada.[109] Eis como o emprego inadequado desse termo pode levar a crer que se resolveram ou adiantaram as questões, quando apenas se conseguiu dissimulá-las a si mesmo.

Também é com a condição de definir assim a imitação que eventualmente se terá o direito de considerá-la um fator psicológico do suicídio. De fato, o que se chamou de imitação recíproca é um fenômeno eminentemente social, pois é a elaboração em comum de um sentimento comum. Do mesmo modo, a reprodução dos usos e das tradições é um efeito de causas sociais, pois se deve ao caráter obrigatório e ao prestígio social de que

---

108. E, ainda assim, como veremos mais adiante, a imitação, sozinha, apenas muito raramente é uma explicação suficiente.

109. Pois é preciso dizer que sabemos apenas vagamente em que ele consiste. Como, exatamente, se produzem as combinações de que resulta o estado coletivo, quais são os elementos envolvidos, como se manifesta o estado dominante – todas essas questões são demasiado complexas para serem resolvidas pela mera introspecção. Todo tipo de experiências e observações, que não são feitas, seriam necessárias. Ainda sabemos muito mal como e segundo que leis até mesmo os estados mentais do indivíduo isolado combinam-se entre si; com maior razão, ainda estamos longe de conhecer o mecanismo das combinações muito mais complicadas que resultam da vida em grupo. A maioria das vezes, nossas explicações não passam de metáforas. Portanto não pensamos em considerar o que dissemos anteriormente uma expressão exata do fenômeno, apenas nos propusemos a mostrar que havia nisso algo diferente da imitação.

são investidas as crenças e as práticas coletivas, pelo único fato de serem coletivas. Por conseguinte, se fosse possível admitir que o suicídio se espalha por alguma dessas vias, seria de causas sociais e não de condições individuais que ele dependeria.

Estando assim definidos os termos do problema, examinemos os fatos.

II

Não há dúvida de que a ideia do suicídio se transmite contagiosamente. Já falamos do corredor onde quinze inválidos enforcaram-se sucessivamente e da célebre guarita do acampamento de Boulogne que, em pouco tempo, foi palco de vários suicídios. Fatos desse gênero foram observados com frequência no exército: no 4º regimento de caçadores em Provins em 1862, no 15º regimento de linha em 1864, no 41º antes em Montpellier depois em Nîmes, em 1868 etc. Em 1813, no vilarejo de Saint-Pierre-Monjau, uma mulher se enforca numa árvore, vários outros fazem o mesmo pouco tempo depois. Pinel relata que um padre se enforcou nas proximidades de Étampes; alguns dias depois, dois outros se mataram, e vários laicos os imitaram.[110] Quando lorde Castelreagh se jogou no Vesúvio, vários de seus companheiros seguiram seu exemplo. A árvore de Tímon, o Misantropo, tornou-se histórica. A frequência desses casos de contágio nas prisões é igualmente afirmada por numerosos observadores.[111]

Todavia, é usual ligar a esse assunto e atribuir à imitação vários fatos que nos parecem ter outra origem. É sobretudo o caso do que às vezes se chamou de suicídios obsidionais. Em *História da guerra dos judeus contra os romanos*,[112] Josefo relata que, durante o assalto de Jerusalém, vários sitiados mataram-se com as próprias mãos. Em particular, quarenta judeus, refugiados num subterrâneo, decidiram se matar, e mataram-se uns aos outros. Os xantos, relata Montaigne, sitiados por Bruto

> precipitaram-se confusamente, homens, mulheres e crianças, em uma sanha tão furiosa de morrer, que não há nada que não se faça para escapar à morte que eles não tenham feito para escapar à vida, de modo que Bruto mal conseguiu salvar um pequeno número deles[113]

---

110. Ver os fatos detalhados em LEGOYT, *op. cit.*, p. 227 ss.

111. Ver fatos semelhantes em ÉBRARD, *op. cit.*, p. 376.

112. III, 26.

113. *Essais* [*Ensaios*], II, 3.

114 | LIVRO I – OS FATORES EXTRASSOCIAIS

Não parece que esses *suicídios em massa* tenham por origem um ou dois casos individuais de que seriam apenas a repetição. Parecem resultar mais de uma decisão coletiva, de um verdadeiro *consenso* social, e não de uma simples propagação contagiosa. A ideia não nasce em uma pessoa em particular para daí se propagar para as outras, ela é elaborada por todo o grupo, que, totalmente imerso em uma situação desesperada, sacrifica-se coletivamente à morte. As coisas acontecem desse mesmo modo sempre que um corpo social, seja qual for, reage em comum sob a ação de uma mesma circunstância. A cumplicidade não muda de natureza ao se estabelecer num arroubo de paixão, ela não seria essencialmente diferente se fosse mais metódica e mais refletida. Portanto há impropriedade quando se fala de imitação.

Poderíamos dizer o mesmo de vários outros fatos do mesmo gênero, Tal como aquele relatado por Esquirol: "Os historiadores", diz,

> asseguram que os peruanos e os mexicanos, desesperados com a destruição de seus cultos..., mataram-se em número tão grande, que ele [o culto] pereceu antes por suas próprias mãos do que pelo ferro e fogo dos bárbaros conquistadores.

De maneira mais geral, para poder incriminar a imitação, não basta constatar que uma quantidade razoável de suicídios acontecem no mesmo momento num mesmo lugar, pois eles podem se dever a um estado geral do meio social, de que resulta uma disposição coletiva do grupo, traduzida sob forma de suicídios múltiplos. Definitivamente, talvez fosse interessante, para esclarecer a terminologia, distinguir as epidemias morais dos contágios morais; essas duas palavras que são empregadas, de modo indiferente, uma pela outra designam, na realidade, dois tipos de coisas muito diferentes. A epidemia é um fato social, produto de causas sociais; o contágio sempre consiste apenas em ricochetes, menos ou mais repetidos, de fatos individuais.[114]

Uma vez admitida essa distinção, ela teria por efeito diminuir a lista de suicídios imputáveis à imitação, contudo é incontestável que eles são muito numerosos. Talvez não haja fenômeno que se transmita por contágio de modo tão fácil. O próprio impulso homicida não tem tanta aptidão para se espalhar. Os casos em que ele se propaga automaticamente são menos frequentes, e, sobretudo, nele o papel da imitação é, em geral, menos pre-

---

114. Veremos mais adiante que em toda sociedade há, desde sempre e normalmente, uma disposição coletiva que se traduz sob forma de suicídios. Essa disposição difere do que propomos chamar de epidemia por ser crônica e constituir um elemento normal do temperamento moral da sociedade. A epidemia também é uma disposição coletiva, mas que se manifesta excepcionalmente, resulta de causas anormais e, na maioria das vezes, passageiras.

ponderante; diríamos que, ao contrário da opinião comum, o instinto de conservação está arraigado com menos força nas consciências do que os sentimentos fundamentais da moralidade, pois ele resiste muito menos à ação das mesmas causas. Mas, reconhecidos esses fatos, a questão que levantamos no início deste capítulo permanece sem resposta. Da constatação de que o suicídio pode se transmitir de indivíduo para indivíduo não decorre *a priori* que essa contagiosidade produza efeitos sociais, ou seja, afete a taxa social de suicídios, único fenômeno que estamos estudando. Por mais incontestável que seja, pode muito bem acontecer de ela ter apenas consequências individuais e esporádicas. As observações precedentes não resolvem, portanto, o problema, mas mostram melhor seu alcance. Se de fato a imitação é, como se disse, uma fonte original e particularmente fecunda de fenômenos sociais, é sobretudo com relação ao suicídio que ela deve dar mostras de seu poder, já que não há fato sobre o qual ela tenha mais ascendência. Assim, o suicídio vai nos oferecer um meio de verificar, por uma experiência decisiva, a realidade dessa virtude maravilhosa atribuída à imitação.

III

Se essa influência existe, é sobretudo na distribuição geográfica dos suicídios que ela deve ser perceptível. Deve-se ver, em certos casos, a taxa característica de um país ou de uma localidade transmitir-se, por assim dizer, às localidades vizinhas. Portanto, é preciso consultar o mapa. Mas é preciso interrogá-lo com método.

Alguns autores acreditaram poder ver a ação da imitação sempre que dois ou vários departamentos limítrofes manifestavam pelo suicídio uma propensão de mesma intensidade. No entanto, essa difusão no interior de uma mesma região pode muito bem se dever ao fato de, nela, certas causas, favoráveis ao desenvolvimento do suicídio, também serem igualmente generalizadas, ao fato de que, nela, o meio social é o mesmo por toda parte. Para ter certeza de que uma tendência ou uma ideia se espalham por imitação, é preciso vê-la sair dos meios em que surgiu para invadir outros que, por si sós, não seriam capazes de suscitá-la. Pois, como mostramos, só há propagação imitativa se o fato imitado, e apenas ele, sem a contribuição de outros fatores, determina automaticamente os fatos que o reproduzem.

Portanto, para determinar a participação da imitação no fenômeno que nos ocupa, é preciso um critério menos simples do que aquele com que tão frequentemente nos contentamos.

Antes de tudo, não pode haver imitação se não há um modelo a ser imitado, não há contágio sem um foco de onde ele emana e no qual, por conseguinte, atinge seu máximo de intensidade. Do mesmo modo, só teremos boas razões para admitir que a propensão ao suicídio se transmite de uma parte a outra da sociedade se a observação revelar a existência de alguns centros de irradiação. Mas por quais sinais os reconheceremos?

Primeiro, eles devem se distinguir de todos os pontos circundantes por uma maior tendência ao suicídio, devemos vê-los destacaram-se no mapa por um tom mais escuro que as regiões ao redor. De fato, como naturalmente a imitação também age ali, ao mesmo tempo que as causas que realmente produzem o suicídio, os casos não podem deixar de ser mais numerosos nesse ponto. Em segundo lugar, para que esses centros possam desempenhar o papel que lhes atribuem, e, por conseguinte, para que se tenha o direito de relacionar à sua influência os fatos que ocorrem em torno deles, é preciso que cada um deles seja, de certo modo, o centro das atenções dos países vizinhos. É evidente que ele não pode ser imitado se não está à vista. Se os olhares estiverem voltados para outros lugares, por mais que ali os suicídios sejam numerosos, será como se não existissem, porque serão ignorados e consequentemente não se reproduzirão. Ora, as populações só podem manter os olhos fixos assim em um ponto que ocupa na vida regional um lugar importante. Em outras palavras, é em torno das capitais e das grandes cidades que os fenômenos de contágio devem ser mais acentuados. Pode-se até esperar, melhor ainda, ao observá-los ali, que, nesse caso, a ação propagadora da imitação seja auxiliada e reforçada por outros fatores, a saber, pela autoridade moral dos grandes centros que às vezes transmite a seus procederes uma força tão grande de expansão. É, portanto, aí que a imitação deve ter efeitos sociais, se ela os produz em algum lugar. Enfim, como, na opinião de todos, a influência do exemplo, em circunstâncias idênticas, enfraquece com a distância, as regiões limítrofes deverão ser tanto mais poupadas quanto mais distantes do foco principal, e vice-versa. Essas são as três condições às quais o mapa de suicídios deve minimamente satisfazer para que seja possível atribuir à imitação, mesmo de modo parcial, a forma que ele assume. No entanto, sempre haverá motivo para procurar saber se essa disposição geográfica não se deve à disposição paralela das condições de existência de que depende o suicídio.

CAPÍTULO IV - A IMITAÇÃO | **117**

Estabelecidas as regras, apliquemo-las.

Os mapas usuais em que, no que diz respeito à França, a taxa de suicídios é expressa apenas por departamentos não são capazes de satisfazer essa pesquisa. Com efeito, eles não permitem observar os possíveis efeitos da imitação onde devem ser mais perceptíveis, a saber, entre as diferentes partes de um mesmo departamento. Além disso, a presença de um distrito muito ou pouco produtivo de suicídios pode aumentar ou abaixar artificialmente a média do departamento e criar, assim, uma descontinuidade aparente entre os outros distritos e aqueles dos departamentos vizinhos, ou então, ao contrário, mascarar uma descontinuidade real. Enfim, a ação das grandes cidades encontra-se, assim, muito encoberta para ser facilmente perceptível. Portanto, elaboramos, especialmente para o estudo dessa questão, um mapa por distritos, que se refere ao período quinquenal 1887-1891. Sua leitura nos forneceu os resultados mais inesperados.[115]

O que chama a atenção, antes de tudo, é, ao Norte, a existência de uma grande mancha, cuja parte principal ocupa o lugar da antiga Île-de-France, mas que penetra, de modo bastante profundo, a Champagne e se estende até a Lorena. Se ela se devesse à imitação, seu foco deveria ser Paris, único centro importante de toda essa região. Na verdade, é à influência de Paris que, em geral, ela é imputada; Guerry dizia até que, partindo de um ponto qualquer da periferia do país (com exceção de Marselha) e dirigindo-se para a capital, é possível ver os suicídios se multiplicarem cada vez mais à medida que nos aproximamos de Paris. Mas, se o mapa por departamentos podia fazer essa interpretação parecer correta, o mapa por distritos retira-lhe todo fundamento. Acontece, com efeito, que o Seine tem uma taxa de suicídios menor que todos os distritos circunvizinhos. Conta apenas 471 suicídios por um milhão de habitantes, enquanto Coulommiers tem 500; Versalhes, 514; Melun, 518; Meaux, 525; Corbeil, 559; Pontoise, 561; e Provins, 562. Até mesmo os distritos champanheses ultrapassam em muito aqueles que têm mais contato com o Seine: Reims tem 501 suicídios; Épernay, 537; Arcis-sur-Aube, 548; Château-Thierry, 623. Já em seu estudo sobre *Le suicide en Seine-et-Marne* [O suicídio em Seine-et-Marne], o dr. Leroy já apontava, surpreso, o fato de o distrito de Meaux contar mais suicídios que o Seine.[116] Eis os números que ele fornece:

---

115. Ver mapa II, p. 118-9.

116. *Op. cit.*, p. 213 – Segundo o mesmo autor, até mesmo os departamentos de Marne e de Seine-et-Marne teriam, em 1865-66, ultrapassado o Seine. O Marne teria, então, contado 1 suicídio para 2.791 habitantes; o Seine-et-Marne, 1 para 2.768; o Seine, 1 para 2.822.

Mapa II – *SUICÍDIOS NA FRANÇA, POR DISTRITOS (1887-1891)*

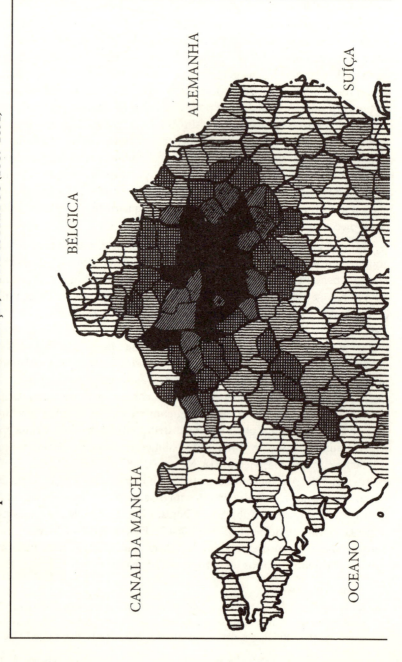

CAPÍTULO IV - A IMITAÇÃO | 119

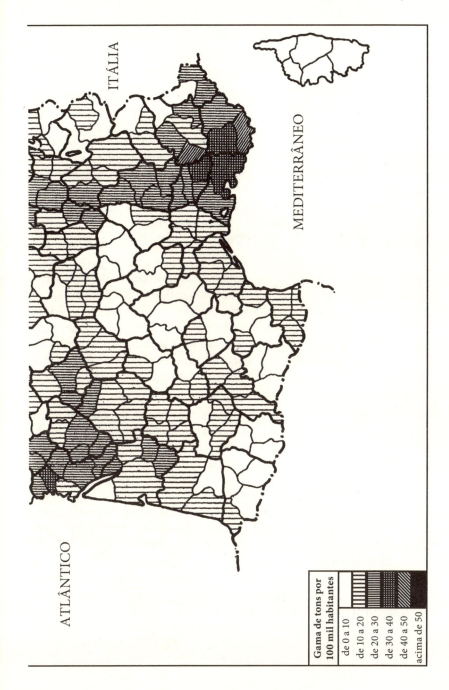

	Período (1851-63)	Período (1865-66)
	1 suicídio por habitantes	
Distrito de Meaux	2.418	2.547
Distrito de Seine	2.750	2.822

E o distrito de Meaux não era o único nessa situação. *O mesmo autor nos apresenta os nomes de 166 comunas do mesmo departamento, onde, naquela época, as pessoas se suicidavam mais do que em Paris.* Estranho foco esse que seria, nesse ponto, inferior aos focos secundários que ele presumivelmente alimenta! No entanto, deixando o Seine de lado, é impossível perceber outro centro de irradiação, pois é ainda mais difícil imaginar Paris gravitando ao redor de Corbeil ou Pontoise.

Um pouco mais ao Norte, nota-se outra mancha, menos uniforme, mas num tom ainda bem escuro: corresponde à Normandia. Se, portanto, ela se devesse a um movimento de expansão por contágio, seria de Rouen, capital da província e cidade particularmente importante, que a mancha deveria partir. Mas os dois pontos dessa região mais assolados pelo suicídio são o distrito de Neufchâtel (509 suicídios) e o de Pont-Audemer (537 por um milhão de habitantes), e eles nem sequer são contíguos. (Por conseguinte, com certeza não é à sua influência que se deve a constituição moral da província).

Exatamente no Sudeste, ao longo da costa do Mediterrâneo, encontramos uma faixa de território, que vai dos limites extremos de Bouches-du-Rhône até a fronteira italiana, onde os suicídios também são muito numerosos. Ali há uma verdadeira metrópole, Marselha, e, na outra extremidade, um grande centro de vida mundana, Nice. Mas os distritos mais afetados são os de Toulon e Forcalquier. Ninguém dirá, contudo, que Marselha vai a reboque deles. Do mesmo modo, na costa oeste, Rochefort é a única a se destacar por uma cor mais escura da massa contínua formada pelas duas Charentes e onde se localiza, no entanto, uma cidade muito maior, Angoulême. De modo mais geral, há uma grande quantidade de departamentos onde não é o distrito sede que está à frente. Em Vosges, é Remiremont e não Épinal; em Haute-Saône é Gray, cidade morta ou quase, e não Vesoul; em Doubs são Dôle e Poligny, e não Besançon; em Gironde não é Bordeaux, mas La Réole e Bazas; em Maine-et-Loire é Saumur e não Angers; em Sarthe, Saint-Calais em vez de Le Mans; em Nord, Avesnes em vez de Lille etc. No entanto, em nenhum desses casos, o distrito, que supera a capital, deixa de incluir a cidade mais importante do departamento.

CAPÍTULO IV - A IMITAÇÃO | **121**

Gostaríamos de poder prosseguir essa comparação, não só de distrito a distrito, mas de comuna a comuna. Infelizmente, um mapa dos suicídios por comuna é impossível de ser elaborado para toda a extensão do país. Mas, em sua interessante monografia, o dr. Leroy executou esse trabalho para o departamento de Seine-et-Marne. Depois de ter classificado todas as comunas desse departamento segundo sua taxa de suicídios, começando por aquelas em que ela é mais elevada, ele encontrou os seguintes resultados:

> La Ferté-sous-Jouarre (4.482 habitantes), a primeira cidade importante da lista, está em 124º lugar; Meaux (10.762 h.) vem em 130º; Provins (7.547 h.), em 135º; Coulommiers (4.628 h.), em 138º. A proximidade das posições dessas cidades na classificação chega a ser curiosa, por sugerir uma mesma influência que impera sobre todas.[117] Laigny (3.468 h.), tão perto de Paris, só ocupa o 219º lugar; Montereau-Faut-Yonne (6.217 h.), o 245º; Fontainebleau (11.939 h.), o 247º. Enfim, Melun (11.170 h.) capital do departamento, só vem na 279ª posição. De outro lado, se examinarmos as 25 comunas que ocupam o topo da lista, veremos que, com exceção de 2, são comunas que têm uma população bem pequena.[118]

Fora da França, podemos fazer constatações idênticas. A parte da Europa em que as pessoas mais cometem suicídio é aquela que abrange a Dina-

---

117. É claro que não pode se tratar de uma influência por contágio. Trata-se de três capitais de distrito, de importância semelhante, e separadas por inúmeras comunas cujas taxas são muito diferentes. Ao contrário, a única coisa que essa proximidade prova é que os grupos sociais de mesma dimensão e colocados em condições de existência análogas o bastante têm uma mesma taxa de suicídios, sem que por isso seja necessário que uns ajam sobre os outros.

118. *Op. cit.*, p. 193-4. A minúscula comuna que está à frente da classificação (Lesche) conta 1 suicídio por 630 habitantes, ou seja 1.587 suicídios por um milhão, quatro a cinco vezes mais que Paris. E não são casos particulares a Seine-et-Marne. Devemos, à gentileza do dr. Legoupils, de Trouville, informações sobre três minúsculas comunas do distrito de Pont-l' Évêque, Villerville (978 h.), Cricqueboeuf (150 h.) e Pennedepie (333 h.). A taxa de suicídios, calculada para períodos que variam de 14 a 25 anos é respectivamente de 429, 800 e 1.081 por um milhão de habitantes.

Sem dúvida, é verdade, em geral, que as grandes cidades contam mais suicídios que as pequenas ou que o campo. Mas a afirmação é verdade apenas *grosso modo* e comporta exceções. Há, além disso, uma maneira de conciliá-la com os fatos precedentes e que parecem contradizê-la. Basta admitir que as grandes cidades, mais do que contribuir para determinar o suicídio, se formam e se desenvolvem sob influência das mesmas causas que determinam o desenvolvimento dele. Nessas condições, é natural que elas sejam numerosas nas regiões fecundas em suicídios, mas sem que tenham o monopólio das mortes voluntárias; raras, ao contrário, nos locais onde as pessoas se matam pouco, sem que o pequeno número de suicídios se deva à sua ausência. Assim, sua taxa média seria, em geral, superior à do campo, podendo, no entanto, ser inferior em alguns casos.

LIVRO I – OS FATORES EXTRASSOCIAIS

marca e a Alemanha central. Ora, nessa ampla área, a região que, de longe, supera todas as outras é o Reino da Saxônia: ele tem 311 suicídios por um milhão de habitantes. O ducado de Saxe-Altenburg vem imediatamente depois (303 suicídios), enquanto Brandemburgo tem apenas 204. No entanto, falta muito para a Alemanha ter os olhos fixos nesses dois pequenos Estados. Não é nem Dresden nem Altenburg que dão o tom a Hamburgo e Berlim. Do mesmo modo, de todas as províncias italianas, Bolonha e Livorno são as que apresentam, proporcionalmente, mais suicídios (88 e 84); Milão, Gênova, Turim e Roma, segundo as médias estabelecidas por Morselli para os anos 1864-1876, vêm muito mais atrás.

Definitivamente, o que todos os mapas nos mostram é que o suicídio, longe de se dispor de modo mais ou menos concêntrico ao redor de alguns focos a partir dos quais diminuiria progressivamente, apresenta-se, ao contrário, em grandes massas até certo ponto homogêneas (mas apenas até certo ponto) e desprovidas de núcleo central. Tal configuração não tem, portanto, nada que denote a influência da imitação. Apenas indica que o suicídio não depende de circunstâncias locais, variáveis de uma cidade a outra, mas que as condições que o determinam são sempre mais gerais. Aqui não há nem imitadores nem imitados, mas identidade relativa nos efeitos, devida a uma identidade relativa nas causas. E isso é facilmente explicado se, como tudo o que precede o fato já previsto, o suicídio depende essencialmente de certas conformações do meio social. Pois esse último conserva em geral a mesma constituição em extensões bastante amplas de território. Portanto, é natural que, por toda parte em que o meio social é o mesmo, ele tenha as mesmas consequências, sem que o contágio tenha nada com isso. Por essa razão, acontece de, a maioria das vezes, na mesma região, a taxa de suicídio se manter mais ou menos no mesmo nível. Mas, de outro lado, como as causas que a produzem nunca podem se distribuir com uma homogeneidade perfeita, é inevitável que, de um ponto a outro, de um distrito ao distrito vizinho, ela às vezes apresente variações maiores ou menores, como as que constatamos.

O que prova que essa explicação tem fundamento é que vemos essa taxa modificar-se bruscamente e por completo sempre que o meio social muda bruscamente. Nunca ele estende suas ações para além de seus limites naturais. Nunca um país, que condições particulares predispõem especialmente ao suicídio, impõe, pelo mero prestígio do exemplo, sua tendência aos países vizinhos, se essas mesmas condições ou outras semelhantes ali não se encontram no mesmo grau. Assim, o suicídio se encontra em estado endêmico na Alemanha, e já pudemos ver com que violência ele a assola; mostraremos mais adiante que o protestantismo é a causa principal dessa predisposição excepcional. No entanto, três regiões constituem exceções à regra geral: são as províncias renanas com a Vestefália, a Baviera e sobretudo a Suábia bávara, enfim a Posnânia. São as únicas da Alemanha que contam menos de 100 suicídios por um milhão de habitantes. No mapa,[119] aparecem como três ilhotas perdidas, e as manchas claras que as representam contrastam com os tons escuros que as cercam. É porque as três são católicas. Assim, a corrente suicidógena tão intensa que circula ao redor delas não consegue penetrá-las, detém-se em suas fronteiras pela única razão de não encontrar, para além delas, as condições favoráveis a seu desenvolvimento. Do mesmo modo, na Suíça todo o Sul é católico, todos os elementos protestantes estão no Norte. Ora, vendo como essas duas regiões se opõem uma à outra no mapa dos suicídios,[120] poderíamos acreditar que elas concernem a sociedades diferentes. Embora confinem de todos os lados e estejam em relação constante, cada uma conserva, do ponto de vista do suicídio, sua individualidade. A média é tão baixa de um lado quanto elevada de outro. Do mesmo modo, no interior da Suíça setentrional, Lucerna, Uri, Unterwalden, Schwyz e Zug, cantões católicos, contam no máximo 100 suicídios por um milhão de habitantes, embora sejam cercados por cantões protestantes que possuem muito mais.

Seria possível tentar outra experiência que confirmaria, acreditamos, as provas precedentes. Um fenômeno de contágio moral só pode ocorrer de duas formas: ou o fato que serve de modelo se transmite de boca em boca, por intermédio do que se chama de voz do povo, ou são os jornais que o propagam. Em geral, culpam-se esses últimos; de fato, não há dúvida de que constituem um poderoso instrumento de difusão. Se, portanto, a imitação tem algo a ver com o desenvolvimento dos suicídios, eles devem variar de acordo com o lugar que os jornais ocupam na atenção do público.

Infelizmente, é bastante difícil determinar esse lugar. Não é a quantidade de periódicos, mas a de leitores que pode permitir calcular a extensão de sua ação. Ora, em um país pouco centralizado, como a Suíça, os jornais podem ser numerosos, porque cada localidade tem o seu, e no entanto,

---

119. Ver mapa III, p. 124-5.

120. Ver o mesmo mapa e, para o detalhamento dos números por cantão, livro II, cap. V, quadro XXVI.

124 | LIVRO I – OS FATORES EXTRASSOCIAIS

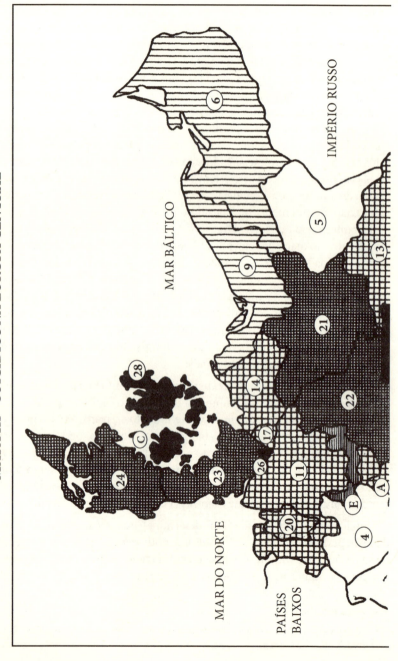

MAPA III – *SUICÍDIOS NA EUROPA CENTRAL*

CAPÍTULO IV - A IMITAÇÃO | 125

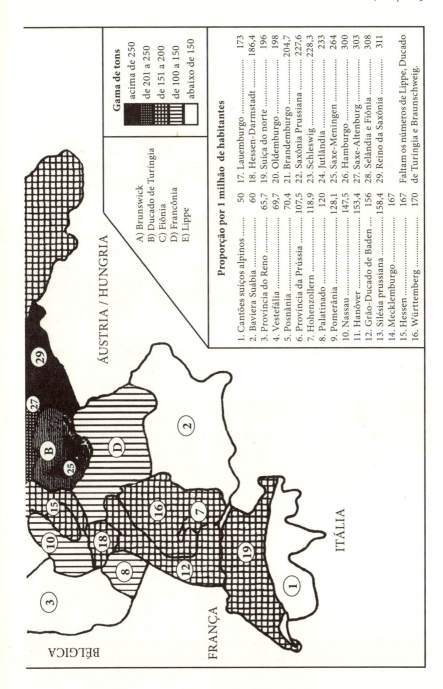

126 | LIVRO I - OS FATORES EXTRASSOCIAIS

como cada um deles é pouco lido, seu poder de propagação é medíocre. Ao contrário, um único jornal como o *Times*, o *New York Herald*, o *Petit Journal* etc. agem sobre um imenso público. E parece que a imprensa não pode ter a influência de que a acusam sem uma certa centralização. Pois, quando uma região tem vida própria, interessa-se menos pelo que acontece além do pequeno horizonte a que se limita sua visão, os fatos distantes passam mais despercebidos e, exatamente por essa razão, são recebidos com menos atenção. Há, assim, menos exemplos que solicitam imitação. É completamente diferente nos lugares em que o nivelamento dos meios locais abre à simpatia e à curiosidade um campo de ação mais amplo, e em que, respondendo a essas necessidades, grandes órgãos concentram, todos os dias, os acontecimentos importantes da região ou das regiões vizinhas para, em seguida, enviar a notícia em todas as direções. Então, ao se acumularem, os exemplos se reforçam mutuamente. Mas compreende-se que é quase impossível comparar a clientela dos diferentes jornais da Europa e sobretudo avaliar o caráter menos ou mais local de suas informações. No entanto, sem que possamos dar, de nossa afirmação, uma prova regular, parece-nos difícil que, quanto a esses dois pontos, a França e a Inglaterra sejam inferiores à Dinamarca, à Saxônia e até mesmo às diferentes regiões da Alemanha. Todavia ali as pessoas se suicidam muito menos. Do mesmo modo, para ficar na França, nada permite supor que se leiam substancialmente menos jornais ao sul do Loire do que ao norte, e sabemos que contraste há entre essas duas regiões quanto ao suicídio. Sem querer dar mais importância do que convém a um argumento que não podemos comprovar com fatos bem definidos, acreditamos contudo que ele se apoia em probabilidades bastante consistentes para merecer alguma atenção.

IV

Em suma, se é certo que o suicídio é contagioso de indivíduo para indivíduo, nunca se vê a imitação propagá-lo de modo que afete a taxa social de suicídios. A imitação pode dar origem a um maior ou menor número de casos individuais, mas não contribui para determinar a propensão desigual que leva as diferentes sociedades, e dentro de cada sociedade os grupos sociais mais particulares, ao assassinato de si mesmo. A irradiação que dela resulta é sempre muito limitada, além de intermitente. Quando atinge um certo grau de intensidade sempre é apenas por um tempo muito curto.

CAPÍTULO IV · A IMITAÇÃO | **127**

Mas há uma razão mais geral que explica por que os efeitos da imitação não são perceptíveis por meio dos números estatísticos. É porque, reduzida a suas meras forças, a imitação não tem nenhuma influência sobre o suicídio. No adulto, exceto em casos muito raros de monoideísmo mais absoluto ou menos, a ideia de um ato não basta para engendrar um ato similar, a menos que ela recaia sobre alguém que, por si mesmo, já seja particularmente inclinado a esse ato. "Sempre observei", escreve Morel, "que a imitação, por maior que seja sua influência, e a impressão causada pelo relato ou pela leitura de um crime excepcional não bastavam para provocar atos similares em indivíduos que fossem perfeitamente sãos de espírito."[121] Do mesmo modo, o dr. Paul Moreau de Tours acreditou poder demonstrar, de acordo com suas observações pessoais, que o suicídio por contágio sempre é encontrado só em indivíduos profundamente predispostos.[122]

É verdade que, como essa predisposição lhe parecia depender essencialmente de causas orgânicas, era-lhe muito difícil explicar alguns casos que não podem ser relacionados a essa origem, a menos que se admitam combinações de causas totalmente improváveis e realmente milagrosas. Como acreditar que os 15 inválidos de que falamos tivessem sido todos atingidos por degenerescência nervosa? E pode-se dizer a mesma coisa dos casos de contágio observados com tanta frequência no exército ou nas prisões. Mas esses casos explicam-se facilmente uma vez que se reconhece que a propensão ao suicídio pode ser criada pelo meio social, pois então tem-se o direito de atribuí-los não a um acaso inexplicável que, dos mais diversos lugares, teria reunido em um mesmo quartel ou em um mesmo estabelecimento penitenciário uma quantidade relativamente considerável de indivíduos portadores da mesma tara mental, mas à ação do meio comum no interior do qual eles vivem. Veremos, de fato, que nas prisões e nos regimentos há um estado coletivo que inclina soldados e detentos ao suicídio tão diretamente quanto a mais violenta das neuroses pode fazê-lo. O exemplo é a causa ocasional que desencadeia o impulso, mas não é ele que o cria, e, se esse impulso não existisse, o exemplo seria inofensivo.

Pode-se, portanto, dizer que, com raríssimas exceções, a imitação não é um fator original do suicídio. Ela apenas torna aparente um estado que é a verdadeira causa geradora do ato e que, provavelmente, sempre encontraria um meio de produzir seu efeito natural, mesmo que a imitação não

---

121. *Traité des maladies mentales*, p. 243.

122. *De la contagion du suicide*, p. 42.

128 | LIVRO I - OS FATORES EXTRASSOCIAIS

interviesse, pois é preciso que a predisposição seja particularmente forte para que baste tão pouca coisa para fazê-la passar ao ato. Portanto, não surpreende que os fatos não tragam a marca da imitação, já que ela não tem ação própria e que a ação que exerce é muito restrita.

Uma observação de interesse prático pode servir de corolário a essa conclusão. Alguns autores, atribuindo à imitação um poder que ela não tem, pediram que a reprodução de suicídios e crimes fosse proibida aos jornais.[123] É possível que essa proibição consiga reduzir de algumas unidades o montante anual desses diferentes atos, mas é muito improvável que possa modificar sua taxa social. A intensidade da predisposição coletiva continuaria a mesma, pois o estado moral dos grupos não mudaria por causa disso. Se, portanto, compararmos as problemáticas e pouquíssimas vantagens que essa medida poderia trazer aos graves inconvenientes que a supressão de toda publicidade judicial acarretaria, compreenderemos que o legislador hesite um pouco em seguir o conselho dos especialistas. Na realidade, o que pode contribuir para o desenvolvimento do suicídio ou do assassinato não é o fato de falar deles, é a maneira como se fala. Nos lugares em que essas práticas são execradas, os sentimentos que elas provocam traduzem-se pelos relatos que delas são feitos e, por conseguinte, neutralizam mais do que estimulam as predisposições individuais. Mas, inversamente, quando a sociedade está moralmente desamparada, o estado de incerteza em que se encontra inspira-lhe pelos atos imorais uma espécie de indulgência que se expressa involuntariamente sempre que se fala disso e que torna sua imoralidade menos sensível. Então o exemplo torna-se realmente temível, não porque seja o exemplo, mas porque a tolerância ou a indiferença social diminuem o distanciamento que ele deveria inspirar.

Mas o que esse capítulo sobretudo mostra é quão pouco fundamentada é a teoria que faz da imitação a fonte eminente de toda vida coletiva. Não há fato tão facilmente transmissível por contágio quanto o suicídio, e no entanto acabamos de ver que essa contagiosidade não produz efeitos sociais. Se, nesse caso, a imitação é tão desprovida de influência social, ela não é suscetível de ter mais influência nos outros; as virtudes que lhe atribuem são, portanto, imaginárias. Ela pode, em um círculo restrito, determinar algumas reproduções de um mesmo pensamento ou de uma mesma ação, mas nunca tem repercussões tão amplas nem tão profundas para atingir e modificar a alma da sociedade. Os estados coletivos, graças à adesão quase unânime e geral-

---

123. Ver sobretudo AUBRY, *Contagion du meurtre*, 1. ed., p. 87.

CAPÍTULO IV - A IMITAÇÃO | **129**

mente secular de que são objeto, são demasiado resistentes para que uma inovação privada possa superá-los. Como um indivíduo, que não é nada mais que um indivíduo,[124] poderia ter força suficiente para moldar a sociedade à sua imagem? Se não tivéssemos chegado a conceber o mundo social de modo quase tão grosseiro quanto o primitivo o faz para o mundo físico, se, contrariando todas as induções da ciência, ainda não tivéssemos chegado a admitir, pelo menos tacitamente e sem nos darmos conta disso, que os fenômenos sociais não são proporcionais a suas causas, nem sequer nos deteríamos em uma concepção que, se é de uma simplicidade bíblica, está ao mesmo tempo em flagrante contradição com os princípios fundamentais do pensamento. Hoje já não se acredita que as espécies zoológicas sejam apenas variações individuais propagadas pela hereditariedade;[125] tampouco é admissível que o fato social seja apenas um fato individual que se generalizou. Mas, sobretudo, o insustentável é que essa generalização possa se dever a algum contágio inquestionável. Temos até o direito de nos surpreender por ainda ser necessário discutir uma hipótese que, além das graves objeções que levanta, nunca recebeu nem sequer um início de demonstração experimental, pois nunca se mostrou, a propósito de uma ordem definida de fatos sociais, que a imitação podia explicá-la, e menos ainda que somente ela podia explicá-la. Limitaram-se a enunciar a proposição em forma de aforismo, apoiando-a em considerações vagamente metafísicas. No entanto, a sociologia só poderá pretender ser considerada uma ciência quando já não for permitido, àqueles que a cultivam, dogmatizar assim, furtando-se tão manifestamente às obrigações regulares da prova.

---

124. Referimo-nos ao indivíduo, pondo de lado tudo o que a confiança ou a admiração coletiva podem lhe acrescentar em termos de poder. É evidente, com efeito, que um funcionário público ou um homem popular, além das forças individuais que recebem ao nascer, encarnam forças sociais que eles devem aos sentimentos coletivos de que são objeto e que lhes permitem ter uma ação sobre a evolução da sociedade. Mas eles têm essa influência apenas por serem algo além de indivíduos.

125. Ver DELAGE, *La structure du protoplasme et les théories de l'hérédité*, Paris, 1895, p. 813 ss.

Livro II
CAUSAS SOCIAIS E TIPOS SOCIAIS

CAPÍTULO I

Métodos para determiná-los

Os resultados do livro precedente não são puramente negativos. Mostramos, com efeito, que há, para cada grupo social, uma tendência específica ao suicídio que não se explica nem pela constituição orgânico-psíquica dos indivíduos nem pela natureza do meio físico. Disso, resulta, por eliminação, que ela deve necessariamente depender de causas sociais e constituir, por si mesma, um fenômeno coletivo; até mesmo alguns fatos que examinamos, sobretudo as variações geográficas e sazonais do suicídio, levaram-nos expressamente a essa conclusão. É essa tendência que agora precisamos estudar com mais atenção.

I

Para isso, o melhor seria, ao que parece, procurar saber, primeiro, se ela é simples e indecomponível ou se consistiria, antes, numa pluralidade de tendências diferentes que a análise pode isolar e que conviria estudar separadamente. Nesse caso, eis como se deve proceder. Como, única ou não, ela só é observável por meio dos suicídios individuais que a manifestam, seria desses últimos que se deveria partir. Observaríamos, portanto, a maior quantidade possível deles, afora, claro, aqueles que se vinculam à alienação mental, e os descreveríamos. Se acontecesse de todos apresentarem as mesmas características essenciais, nós os misturaríamos em uma única e mesma classe; caso contrário, o que parece ser muito mais provável – pois eles são demasiado diversos para não abarcarem diversas variedades –, constituiríamos algumas espécies segundo suas semelhanças e diferenças. Do mesmo modo que teríamos reconhecido tipos distintos, também admitiríamos correntes suicidógenas de que, em seguida, procuraríamos determinar as

LIVRO II – CAUSAS SOCIAIS E TIPOS SOCIAIS

causas e a importância respectiva. É aproximadamente o mesmo método que seguimos em nosso exame sumário do suicídio vesânico.

Infelizmente, uma classificação dos suicídios racionais segundo suas formas ou características morfológicas é impraticável, porque praticamente não existem os documentos necessários. Com efeito, para empreendê-la, seria preciso ter boas descrições de um grande número de casos particulares. Seria preciso saber em que estado psíquico encontrava-se o suicida no momento em que tomou sua decisão, como preparou sua realização, como finalmente executou-a, se estava agitado ou deprimido, calmo ou entusiasmado, ansioso ou irritado etc. Ora, praticamente só temos informações desse tipo para alguns casos de suicídios vesânicos, e foi justamente graças às observações e descrições assim registradas pelos alienistas que foi possível constituir os principais tipos de suicídio de que a loucura é a causa determinante. Quanto aos outros, estamos quase que privados de qualquer informação. Apenas Brierre de Boismont tentou fazer esse trabalho descritivo para 1.328 casos em que o suicida deixara cartas ou escritos, que o autor resumiu em seu livro. Mas, em primeiro lugar, esse resumo é breve demais; depois, as confidências que a própria pessoa nos faz sobre seu estado são, a maioria das vezes, insuficientes, quando não suspeitas. Ela tem uma tendência muito grande a enganar-se sobre si mesma e sobre a natureza de suas disposições: por exemplo, acha que age com sangue-frio, ao passo que está no auge da superexcitação. Enfim, além de não serem objetivas o bastante, essas observações referem-se a uma quantidade muito reduzida de fatos para que se possam tirar delas conclusões precisas. Distinguimos algumas linhas bem vagas de demarcação e saberemos tirar proveito das indicações que se depreendem delas, mas são muito pouco definidas para servirem de base a uma classificação regular. De resto, dada a maneira como se executa a maioria dos suicídios, observações adequadas são quase impossíveis.

Mas podemos alcançar nosso objetivo por outro caminho. Bastará inverter a ordem de nossas pesquisas. Com efeito, só poderá haver tipos diferentes de suicídio se as causas de que eles dependem também forem diferentes. Para que cada um deles tenha uma natureza própria, é preciso que ele também tenha condições de existência que lhe sejam particulares. Um mesmo antecedente ou um mesmo grupo de antecedentes não pode produzir ora uma consequência ora outra, pois, então, a diferença que distingue o segundo do primeiro não teria justificativa, o que seria a negação do princípio de causalidade. Toda distinção específica constatada entre as causas implica, portanto, uma distinção semelhante entre os efeitos. Por conseguinte, podemos cons-

CAPÍTULO I - MÉTODOS PARA DETERMINÁ-LOS | 135

tituir os tipos sociais do suicídio, não classificando-os diretamente segundo suas características previamente descritas, mas classificando as causas que os produzem. Sem nos preocuparmos em saber por que eles se diferenciam uns dos outros, buscaremos de imediato quais são as condições sociais de que dependem; depois agruparemos essas condições conforme suas semelhanças e diferenças em várias classes separadas, e poderemos estar certos de que a cada uma dessas classes corresponderá um tipo determinado de suicídio. Em suma, nossa classificação, em vez de ser morfológica, será, de saída, etiológica. Isso não é, aliás, uma desvantagem, pois penetra-se muito melhor a natureza de um fenômeno quando se sabe sua causa do que quando se conhecem apenas suas características, mesmo que essenciais.

Esse método, é verdade, tem o defeito de postular a diversidade dos tipos sem os discernir diretamente. Ele pode estabelecer sua existência, sua quantidade, mas não suas características distintivas. Mas é possível contornar esse inconveniente, pelo menos em certa medida. Uma vez que a natureza das causas for conhecida, poderemos tentar deduzir daí a natureza dos efeitos, que serão, assim, caracterizados e classificados na mesma ocasião, pela única razão de serem vinculados a suas respectivas origens. É verdade que, se essa dedução não fosse de modo algum guiada pelos fatos, correria o risco de se perder em combinações puramente fantasiosas, mas podemos elucidá-la com a ajuda de algumas informações de que dispomos sobre a morfologia dos suicídios. Essas informações, por si sós, são demasiado incompletas e incertas para poderem nos fornecer um princípio de classificação, mas poderão ser utilizadas quando a estrutura dessa classificação for estabelecida. Tais informações nos mostrarão para que sentido a dedução deverá dirigir-se, e, pelos exemplos que nos fornecerem, teremos certeza de que as espécies assim constituídas dedutivamente não serão imaginárias. Assim, das causas chegaremos aos efeitos, e nossa classificação etiológica se completará com uma classificação morfológica que poderá servir para verificar a primeira, e vice-versa.

Em todos os aspectos, esse método invertido é o único que convém ao problema especial que levantamos. De fato, não devemos perder de vista que aquilo que estamos estudando é a taxa social de suicídios. Os únicos tipos que devem nos interessar são, portanto, aqueles que contribuem para formá-la e em função dos quais ela varia. Ora, não está provado que todas as modalidades individuais da morte voluntária tenham essa propriedade. Há algumas que, mesmo tendo algum grau de generalidade, não estão ligadas, ou não o bastante, ao temperamento moral da sociedade para entrar, na qualidade de elemento característico, na fisionomia especial que cada povo apresenta do ponto de vista do suicídio. Assim, vimos que o alcoolismo não é um fator de que depende a predisposição individual de cada sociedade; no entanto, há evidentemente suicídios alcoólicos, e em grande quantidade. Portanto, não é uma descrição dos casos particulares, mesmo bem feita, que poderá, afinal, nos informar quais são aqueles que têm caráter sociológico. Se queremos saber de que confluências diversas resulta o suicídio tomado como fenômeno coletivo, é sob sua forma coletiva, ou seja, por meio dos dados estatísticos, que precisamos, desde o início, considerá-lo. É a taxa social que precisamos tomar como objeto de análise, é preciso ir do todos às partes. Mas está claro que ela só pode ser analisada em relação às causas diferentes de que depende, pois, em si, as unidades pela adição das quais ela é formada são homogêneas e não se distinguem qualitativamente. Portanto, é a determinação das causas que precisamos focar sem demora, ainda que, em seguida, seja necessário procurar saber como elas repercutem nos indivíduos.

II

Mas como chegar a essas causas?

Nas averiguações judiciais que ocorrem sempre que um suicídio é cometido, anota-se o motivo (problema de família, dor física ou outra, remorso ou bebedeira etc.) que parece ter sido a causa determinante, e, nos relatórios estatísticos de quase todos os países, há um quadro especial onde o resultado desses levantamentos está registrado sob este título: *Motivos presumidos dos suicídios*. Parece, portanto, natural aproveitar esse trabalho já pronto e começar nossa pesquisa pela comparação desses documentos. De fato, eles nos indicam, ao que parece, os antecedentes imediatos dos diferentes suicídios; ora, o método correto, para compreender o fenômeno que estudamos, é voltar primeiro às causas mais próximas, mesmo que depois, se houver necessidade, tenhamos de recuar mais ainda na série de fenômenos.

Mas, como já dizia Wagner há muito tempo, o que se chama de estatística dos motivos de suicídios é, na realidade, uma estatística das opiniões sobre esses motivos, elaboradas pelos agentes, com frequência subalternos, encarregados desse serviço de informações. Sabe-se, infelizmente, que essas averiguações oficiais são frequentemente imprecisas, mesmo quando se re-

CAPÍTULO I - MÉTODOS PARA DETERMINÁ-LOS | 137

ferem a fatos materiais e ostensivos, que qualquer observador consciencioso é capaz de discernir e que não deixam nenhuma margem para opiniões. Entretanto, como se deve desconfiar delas quando têm por objeto não simplesmente registrar um fato consumado, mas também interpretá-lo e explicá-lo! Sempre é um problema difícil determinar a causa de um fenômeno. O pesquisador sempre necessita de todo tipo de observação e experiências para resolver uma única dessas questões. Ora, de todos os fenômenos, as escolhas humanas são os mais complexos. Imagina-se, por conseguinte, o que valem esses juízos improvisados que, a partir de algumas informações registradas de modo apressado, pretendem atribuir uma origem definida a cada caso particular. Assim que se acredita descobrir, entre os antecedentes da vítima, alguns desses fatos que em geral são tidos como capazes de levar ao desespero, julga-se inútil procurar saber mais, e, conforme se suponha que a pessoa recentemente perdeu dinheiro ou passou por problemas familiares ou tem um fraco por bebida, incrimina-se ou sua bebedeira ou seus desgostos domésticos ou suas decepções econômicas. Não é possível basear uma explicação dos suicídios em informações tão suspeitas.

E, mesmo que fossem mais dignas de fé, essas informações não poderiam nos ajudar muito, pois os motivos que são desse modo, com ou sem razão, atribuídos aos suicídios não são suas causas verdadeiras. Isso é provado pelos números proporcionais de casos, imputados pelas estatísticas a cada uma dessas causas presumidas, que permanecem quase identicamente os mesmos, enquanto os números absolutos, ao contrário, apresentam grandes variações. Na França, de 1856 a 1878, o suicídio aumenta cerca de 40%, e, na Saxônia, durante o período de 1854 a 1880, mais de 100% (de 547 para 1.171 casos), mas, nos dois países, cada categoria de motivos mantém, de uma época à outra, a mesma importância respectiva. É o que mostra o quadro XVII (ver p. 138).

Se considerarmos que os números citados não passam, e não podem passar, de aproximações grosseiras e se, por conseguinte, não dermos muita importância a pequenas diferenças, reconheceremos que eles permanecem substancialmente constantes. Mas, para que a parcela de contribuição de cada razão presumida continue proporcionalmente a mesma ao passo que o suicídio dobrou, é preciso admitir que cada uma delas tenha dobrado sua eficácia. Não pode ser em consequência de uma coincidência fortuita que essas razões se tornam ao mesmo tempo duas vezes mais mortais. Portanto, somos obrigados a concluir que todas elas dependem de uma condição mais geral, de que são, no máximo, reflexos menos ou mais fiéis. É ela que faz

138 | LIVRO II – CAUSAS SOCIAIS E TIPOS SOCIAIS

com que tais razões produzam um maior ou menor número de suicídios, e que, por conseguinte, é a verdadeira causa determinante desses últimos. É, portanto, essa condição que devemos identificar, sem nos demorarmos nos efeitos distantes que ela pode ter nas consciências individuais.

QUADRO XVII

Participação de cada categoria de motivos, em 100 suicídios anuais de cada sexo

	Homens		Mulheres	
	1856-60	1874-78	1856-60	1874-78
	França[126]			
Miséria e revés financeiro	13,30	11,79	5,38	5,77
Problema de família	11,68	12,53	12,79	16,00
Amor, ciúme, devassidão, má-conduta	15,48	16,98	13,16	12,20
Problemas diversos	23,70	23,43	17,16	20,22
Doenças mentais	25,67	27,09	45,75	41,81
Remorso, temor de condenação após crime	0,84	—	0,19	—
Outras causas e causas desconhecidas	9,33	8,18	5,51	4
Total	100,00	100,00	100,00	100,00

	Homens		Mulheres	
	1854-78	1880	1854-78	1880
	Saxônia[127]			
Dores físicas	5,64	5,86	7,43	7,98
Problemas domésticos	2,39	3,30	3,18	1,72
Revés financeiro e miséria	9,52	11,28	2,80	4,42
Devassidão, jogo	11,15	10,74	1,59	0,44
Remorso, temor de ações judiciais etc.	10,41	8,51	10,44	6,21
Amor não correspondido	1,79	1,50	3,74	6,20
Problemas mentais, arrebatamento religioso	27,94	30,27	50,64	54,43
Cólera	2,00	3,29	3,04	3,09
Desgosto com a vida	9,58	6,67	5,37	5,76
Causas desconhecidas	19,58	18,58	11,77	9,75
Total	100,00	100,00	100,00	100,00

---

126. Segundo LEGOYT, p. 342.

127. Segundo OETTINGEN, *Moralstatistik*, quadros anexos, p. 110.

CAPÍTULO I - MÉTODOS PARA DETERMINÁ-LOS | **139**

Outro fato, tomado de Legoyt,[128] mostra melhor ainda a que se reduz a ação causal desses diferentes motivos. Não há profissões tão diferentes uma da outra quanto a agricultura e as funções liberais; a vida de um artista, de um cientista, de um oficial, de um magistrado não se parece em nada com a de um agricultor. Podemos, então, dar como certo que as causas sociais do suicídio não são as mesmas para uns e outros. Ora, não apenas são atribuídos às mesmas razões os suicídios dessas duas categorias de indivíduos, mas também a importância respectiva dessas diferentes razões seria quase rigorosamente a mesma em ambas. Eis, com efeito, quais foram, na França, durante os anos 1874-78, as razões centesimais dos principais motivos de suicídio nessas duas profissões:

	Agricultura	Profissões liberais
Perda de emprego, revés financeiro, miséria	8,15	8,87
Problemas de família	14,45	13,14
Desilusão amorosa e ciúme	1,48	2,01
Embriaguez e bebedeira	13,23	6,41
Suicídios de autores de crimes ou delitos	4,09	4,73
Sofrimento físico	15,91	19,89
Doenças mentais	35,80	34,04
Desgosto com a vida, contrariedades diversas	2,93	4,94
Causas desconhecidas	3,96	5,97
Total	100	100

Exceto para a embriaguez e a bebedeira, os índices, sobretudo aqueles de maior valor numérico, diferem muito pouco de uma coluna à outra. Assim, atendo-nos unicamente ao exame dos motivos, poderíamos crer que as causas suicidógenas são, não sem dúvida, de mesma intensidade, mas de mesma natureza nos dois casos. E, no entanto, na realidade, são forças muito diferentes que levam ao suicídio o lavrador e o refinado das cidades. Portanto essas razões que atribuímos ao suicídio ou que o suicida dá a si mesmo para explicar seu ato são, em geral, apenas as causas aparentes. Não só não passam de repercussões individuais de uma situação geral, como também expressam-na de modo muito infiel, já que são as mesmas

---

128. *Op. cit.*, p. 358.

mesmo quando a situação é bem diferente. Pode-se dizer que elas indicam os pontos fracos do indivíduo, aqueles por onde a corrente que vem de fora incitá-lo a se destruir insinua-se com mais facilidade. Mas essas causas aparentes não fazem parte da corrente e, por conseguinte, não podem ajudar-nos a compreendê-la.

Vemos, pois, sem lástima, alguns países, como a Inglaterra e a Áustria, renunciarem a registrar essas pretensas causas de suicídio. Os esforços dos departamentos de estatística devem se concentrar em um sentido totalmente diferente. Em vez de procurar resolver os problemas insolúveis de casuística moral, devem empenhar-se em identificar com mais cuidado os concomitantes sociais do suicídio. Em todo caso, para nós, estabelecemos a regra de não utilizar, em nossas pesquisas, informações tão duvidosas quanto pouco instrutivas; na verdade, os suicidógrafos nunca conseguiram extrair delas nenhuma lei interessante. Portanto, recorreremos a elas apenas acidentalmente, quando nos parecerem ter um significado especial e apresentar garantias particulares. Sem a preocupação de saber sob que formas podem se traduzir nos indivíduos particulares as causas produtoras de suicídio, trataremos diretamente de determinar essas últimas. Para isso, deixando de lado, por assim dizer, o indivíduo como indivíduo, suas motivações e suas ideias, indagaremo-nos imediatamente quais são as situações dos diferentes meios sociais (confissões religiosas, família, sociedade política, grupos profissionais etc.) em função das quais varia o suicídio. Só depois, ao voltar aos indivíduos, procuraremos como essas causas gerais se individualizam para produzir os efeitos homicidas que elas implicam.

CAPÍTULO II

O suicídio egoísta

Antes de tudo, observemos como as diferentes confissões religiosas agem sobre o suicídio.

I

Se dermos uma olhada no mapa dos suicídios europeus, constataremos, à primeira vista, que nos países puramente católicos, como Espanha, Portugal e Itália, o suicídio não é muito desenvolvido, ao passo que está no seu máximo nos países protestantes, na Prússia, na Saxônia e na Dinamarca. As médias seguintes, calculadas por Morselli, confirmam esse primeiro resultado:

Estados	Média de suicídios por 1 milhão de habitantes
Protestantes	190
Mistos (protestantes e católicos)	96
Católicos	58
Católicos gregos	40

Todavia, a inferioridade dos católicos gregos não pode ser atribuída com certeza à religião, pois, como sua civilização é muito diferente daquela das outras nações europeias, essa desigualdade cultural pode ser a causa dessa propensão menor. Mas não é o que ocorre na maioria das sociedades católicas e protestantes. Sem dúvida, nem todas encontram-se no mesmo nível intelectual e moral, no entanto as semelhanças são essenciais o bastante

LIVRO II - CAUSAS SOCIAIS E TIPOS SOCIAIS

para termos alguma razão em atribuir à diferença dos cultos o contraste tão acentuado que elas apresentam do ponto de vista do suicídio.

Entretanto, essa primeira comparação ainda é demasiado sumária. Apesar de incontestáveis semelhanças, os meios sociais nos quais vivem os habitantes desses diferentes países não são identicamente os mesmos. As civilizações da Espanha e de Portugal são bem inferiores à da Alemanha, portanto pode ser que essa inferioridade seja a razão daquela que acabamos de constatar no desenvolvimento do suicídio. Se quisermos evitar essa causa de erro e determinar com mais precisão a influência do catolicismo e a do protestantismo sobre a tendência ao suicídio, é preciso comparar as duas religiões dentro de uma mesma sociedade.

De todos os grandes estados da Alemanha, é a Baviera que conta, e de longe, menos suicídios. Lá eles são quase inexistentes, anualmente apenas 90 por um milhão de habitantes desde 1874, enquanto a Prússia conta 133 (1871-75); o ducado de Baden, 156; Württemberg, 162; e a Saxônia, 300. Ora, também é ali que os católicos são mais numerosos, há 713,2 por mil habitantes. Se, de outro lado, compararmos as diferentes províncias desse reino, veremos que os suicídios estão na razão direta do número de protestantes e na razão inversa da quantidade de católicos (ver quadro a seguir). Não são apenas as relações das médias que confirmam a lei, mas todos os números da primeira coluna são superiores aos da segunda, e aqueles da segunda são superiores aos da terceira, sem que haja nenhuma irregularidade.

Províncias bávaras (1867-75)[129]

Províncias com minoria católica (menos de 50%)	(1)	Províncias com maioria católica (50% a 90%)	(1)	Províncias onde há mais de 90% de católicos	(1)
Palatinado do Reno	167	Baixa Frankônia	157	Alto Palatinado	64
Francônia central	207	Suábia	118	Alta Baviera	114
Alta Francônia	204			Baixa Baviera	49
Média	*192*	**Média**	*135*	**Média**	*75*

(1) Suicídios por 1 milhão de habitantes

---

129. A população com menos de 15 anos foi subtraída.

O mesmo ocorre na Prússia:

Províncias da Prússia (1883-90)

Províncias onde há mais de 90% de protestantes	(1)	Províncias onde há de 89% a 68% de protestantes	(1)	Províncias onde há de 40% a 50% de protestantes	(1)	Províncias onde há de 32% a 28% de protestantes	(1)
Saxônia	309,4	Hanôver	212,3	Prússia Ocidental	123,9	Posen	96,4
Schleswig	312,9	Hessen	200,3	Silésia	260,2	Região do Reno	100,3
Pomerânia	171,5	Brandemburgo e Berlim	296,3	Vestefália	107,5	Hohenzollern	90,1
		Prússia Oriental	171,3				
Média	**264,6**	**Média**	**220,0**	**Média**	**163,6**	**Média**	**95,6**

(1) Suicídios por 1 milhão de habitantes

Mais especificamente, nas 14 províncias assim comparadas há apenas duas irregularidades: a Silésia, que pelo número relativamente grande de suicídios deveria pertencer à segunda categoria, encontra-se apenas na terceira, enquanto, ao contrário, a Pomerânia encontraria lugar mais adequado na segunda coluna do que na primeira.

É interessante a estudar a Suíça desse mesmo ponto de vista, pois, como aí se encontram populações francesas e alemãs, pode-se observar separadamente a influência do culto sobre cada uma dessas raças. Ora, ela é a mesma sobre uma e sobre a outra. Os cantões católicos têm entre quatro e cinco vezes menos suicídios do que os cantões protestantes, seja qual for sua nacionalidade.

	Suicídios por 1 milhão de habitantes		
	Cantões franceses	Cantões alemães	Total dos cantões de todas as nacionalidades
Católicos	83	87	86,7
Mistos	—	—	212,0
Protestantes	453	293	326,3

LIVRO II – CAUSAS SOCIAIS E TIPOS SOCIAIS

A ação do culto é, portanto, tão forte que domina todas as outras.

Além disso, foi possível, em um número bastante grande de casos, determinar diretamente a quantidade de suicídios por um milhão de habitantes de cada população confessional. Eis os números encontrados por diferentes observadores:

QUADRO XVIII

Suicídios nos diferentes países por um milhão de pessoas de cada confissão

		Protestantes	Católicos	Judeus	Nomes dos observadores
Áustria	(1852-59)	79,5	51,3	20,7	Wagner
Prússia	(1849-55)	159,9	49,6	46,4	*Id.*
	(1869-72)	187	69	96	Morselli
	(1890)	240	100	180	Prinzing
Baden	(1852-62)	139	117	87	Legoyt
	(1870-74)	171	136,7	124	Morselli
	(1878-88)	242	170	210	Prinzing
Baviera	(1844-56)	135,4	49,1	105,9	Morselli
	(1884-91)	224	94	193	Prinzing
Würtemberg	(1846-60)	113,5	77,9	65,6	Wagner
	(1873-76)	190	120	60	Nós
	(1881-90)	170	119	142	*Id.*

Assim, em toda parte, sem nenhuma exceção,[130] os protestantes cometem muito mais suicídios do que os fiéis de outros cultos. A diferença oscila entre um mínimo de 20% a 30% e um máximo de 300%. Contra tal unanimidade de fatos concordantes, é inútil invocar, como faz Mayr,[131] o caso único da Noruega e da Suécia, que, embora protestantes, apresentam

---

130. Não temos informações sobre a influência dos cultos na França. No entanto, eis o que diz Leroy em seu estudo sobre Seine-et-Marne: nas comunas de Quincy, Nanteuil-les-Meaux e Mareuil, os protestantes cometem um suicídio para 310 habitantes, os católicos, 1 para 678 (*op. cit.*, p. 203).

131. *Handwoerterbuch der Staatswissenschaften*, Suplemento, t. I, p. 702.

apenas um número médio de suicídios. Antes de tudo, tal como fazíamos a observação no início deste capítulo, essas comparações internacionais não são demonstrativas, a não ser que se refiram a um número bastante grande de países, e mesmo assim não são conclusivas. Há diferenças bastante grandes entre as populações da península escandinava e as da Europa Central para que se possa compreender que o protestantismo não produza exatamente os mesmos efeitos em todas elas. Mas, além disso, se, considerada em si mesma, a taxa de suicídios não é muito grande nesses dois países, ela se apresenta relativamente elevada se levamos em conta a posição modesta que eles ocupam entre os povos civilizados da Europa. Não há razões para crer que eles tenham chegado a um nível intelectual superior ao da Itália – longe disso –, e, no entanto, neles as pessoas se suicidam de duas a três vezes mais (90 a 100 suicídios por um milhão de habitantes, contra 40). O protestantismo não seria a causa desse agravamento relativo? Assim, não apenas o fato não infirma a lei que acaba de ser estabelecida com base em uma quantidade tão grande de observações, mas tende, antes, a confirmá-la.[132]

Quanto aos judeus, sua predisposição ao suicídio sempre é menor que a dos protestantes; em geral, também é inferior, ainda que em menor proporção, à dos católicos. Contudo, acontece de essa última relação se inverter; esses casos de inversão têm ocorrido sobretudo recentemente. Até meados do século, os judeus se matavam menos do que os católicos em todos os países, exceto na Baviera;[133] apenas por volta de 1870 eles começam a perder esse antigo privilégio. Entretanto, é muito raro que eles ultrapassem em muito a taxa dos católicos. Além disso, não se pode perder de vista que os judeus vivem, mais exclusivamente que os outros grupos confessionais, em cidades e de profissões intelectuais. Por essa razão, inclinam-se de modo mais considerável ao suicídio do que os membros dos outros cultos, e isso por motivos alheios à religião que praticam. Se, portanto, apesar dessa influência agravante, a taxa do judaísmo é tão baixa, pode-se crer que, em condições iguais, é, de todas as religiões, aquela em que menos se comete suicídio.

Estabelecidos esses fatos, como explicá-los?

---

132. Resta o caso da Inglaterra, país não católico, em que as pessoas não se matam muito. Será explicado mais adiante, ver p. 150-1.

133. A Baviera ainda é a única exceção: ali os judeus se matam duas vezes mais que os católicos. A situação do judaísmo nessa região tem algo de excepcional? Não seríamos capazes de dizer.

II

Se pensarmos que, em todos os lugares, os judeus encontram-se em quantidade ínfima e que, na maioria das sociedades em que se fizeram as observações precedentes, os católicos são minoria, ficaremos propensos a ver nesse fato a causa que explica a raridade relativa de mortes voluntárias nesses dois cultos.[134] Imagina-se, com efeito, que as confissões menos numerosas, tendo de lutar contra a hostilidade das populações ambientes, sejam obrigadas, para subsistirem, a exercer sobre si mesmas um controle severo e a se sujeitarem a uma disciplina particularmente rigorosa. Para justificar a tolerância, sempre precária, que lhes é concedida, são obrigadas a uma maior moralidade. Afora essas considerações, alguns fatos parecem realmente implicar que esse fator especial tenha alguma influência. Na Prússia, a condição de minoria em que se encontram os católicos é bem pronunciada, pois eles representam apenas um terço da população total. Assim, suicidam-se três vezes menos que os protestantes. A diferença diminui na Baviera, onde dois terços dos habitantes são católicos; as mortes voluntárias entre esses últimos estão para a dos protestantes numa proporção de 100 para 275 ou até mesmo de 100 para 238, dependendo dos períodos. Enfim, no Império Austríaco, que é quase inteiramente católico, não há mais que 155 suicídios protestantes para 100 católicos. Parece, pois, que, quando o protestantismo se torna minoria, sua tendência ao suicídio diminui.

Mas, antes de tudo, o suicídio é objeto de uma indulgência demasiado grande para que o temor da desaprovação – tão fraca – que o atinge possa agir com tal força, mesmo sobre minorias cuja situação obriga a se preocuparem particularmente com o sentimento público. Como é um ato que não lesa ninguém, não se recriminam tanto os grupos mais propensos a ele do que outros e não há o risco de aumentar muito a distância que inspiram, como com certeza aconteceria no caso de uma maior frequência dos crimes e delitos. Além disso, quando a intolerância religiosa é muito intensa, provoca muitas vezes um efeito oposto; em vez de estimular os dissidentes a respeitar mais a opinião, habitua-os a desinteressarem-se dela. Quando alguém se sente à mercê de uma hostilidade irremediável, renuncia a desarmá-la e obstina-se com mais tenacidade nos costumes mais réprobos. Foi o que aconteceu com frequência com os judeus, e, por conseguinte, é improvável que sua excepcional imunidade não tenha outra causa.

---

134. LEGOYT, *op. cit.*, p. 205; OETTINGEN, *Moralstatistik*, p. 654.

CAPÍTULO II - O SUICÍDIO EGOÍSTA | **147**

Em todo caso, essa explicação não é suficiente para explicar a situação respectiva dos protestantes e dos católicos. Pois, se na Áustria e na Baviera, onde o catolicismo tem a maioria, a influência protetora que ele exerce é menor, ainda assim ela é bem considerável. Portanto, não é apenas à sua condição de minoria que se deve essa proteção. De modo mais geral, seja qual for a participação proporcional desses dois cultos no total da população, em toda parte em que foi possível compará-los do ponto de vista do suicídio, verificou-se que os protestantes se matam muito mais do que os católicos. Há até regiões, como o Alto Palatinado e a Alta Baviera, onde a população é quase inteiramente católica (92% e 96%) e onde, contudo, há 300 e 423 suicídios protestantes para 100 católicos. A relação chega a se elevar a 528% na Baixa Baviera, onde a religião reformada não conta nem bem um fiel para cada 100 habitantes. Portanto, apesar de a prudência obrigatória das minorias ter algo a ver com a diferença tão considerável apresentada por essas duas religiões, a maior parte dela com certeza se deve a outras causas.

É na natureza desses dois sistemas religiosos que as encontraremos. No entanto, ambos proíbem o suicídio com a mesma clareza; não apenas infligem-lhe penas morais de extrema severidade, como também ambos ensinam que depois da morte começa uma vida nova em que os homens serão punidos por suas más ações, e o protestantismo elenca o suicídio como uma delas, assim como o catolicismo. Enfim, nos dois cultos essas proibições têm um caráter divino; não são apresentadas como a conclusão lógica de um raciocínio bem feito, sua autoridade é a do próprio Deus. Portanto, se o protestantismo favorece o desenvolvimento do suicídio, não é por tratá-lo de modo diferente do que o faz o catolicismo. Então, se, quanto a esse ponto específico, as duas religiões têm os mesmos preceitos, sua ação desigual sobre o suicídio deve ter como causa alguma das características mais gerais pelas quais elas se diferenciam.

Ora, a única diferença essencial que há entre o catolicismo e o protestantismo é que o segundo admite o livre exame em uma proporção bem maior que o primeiro. Sem dúvida, o catolicismo, pelo único fato de ser uma religião idealista, já dá ao pensamento e à reflexão um espaço maior do que o politeísmo greco-latino ou o monoteísmo judeu. Ele já não se contenta com manobras maquinais, mas é sobre as consciências que aspira a reinar. Portanto, é a elas que se dirige, e, mesmo que exija da razão uma submissão cega, é falando-lhe a linguagem da razão. Também é verdade que o católico recebe sua fé já pronta, sem exame. Nem sequer pode submetê-la

148 | LIVRO II – CAUSAS SOCIAIS E TIPOS SOCIAIS

a uma verificação histórica, já que os textos originais em que se apoia lhe são proibidos. Organiza-se todo um sistema hierárquico de autoridades, e com uma arte maravilhosa, para tornar a tradição invariável. O pensamento católico tem horror a tudo o que seja *variação*. O protestante é em maior grau o autor de sua crença; colocam-lhe a *Bíblia* nas mãos e nenhuma interpretação lhe é imposta. A própria estrutura do culto reformado torna visível essa condição de individualismo religioso. Em nenhum lugar, com exceção da Inglaterra, o clero protestante é hierarquizado; o sacerdote só depende de si mesmo e de sua consciência, como o fiel. É um guia mais instruído do que a maioria dos crentes, mas sem autoridade especial para fixar o dogma. Mas o que melhor comprova que esse livre exame, proclamado pelos fundadores da reforma, não permaneceu na condição de afirmação platônica é a multiplicidade crescente de seitas de todo tipo, que contrasta tão energicamente com a unidade indivisível da Igreja católica.

Chegamos, portanto, a esse primeiro resultado, o de que a propensão do protestantismo ao suicídio deve ter relação com o espírito de livre exame de que é animado essa religião. Esforcemo-nos para compreender direito essa relação. O próprio livre exame não é senão efeito de outra causa. Quando ele surge, quando os homens, depois de durante muito tempo terem recebido sua fé já pronta da tradição, reclamam o direito de eles próprios a forjarem, não é por causa dos atrativos intrínsecos da liberdade de busca, pois ela traz consigo tantas dores quantas alegrias. Mas é porque, a partir de então, necessitam dessa liberdade. Ora, essa necessidade só pode ter uma causa: a crise das crenças tradicionais. Se elas ainda se impusessem com a mesma energia, nem se pensaria em criticá-las, se ainda tivessem a mesma autoridade, não se pediria para verificar a fonte dessa autoridade. A reflexão só se desenvolve se é necessária para se desenvolver, isto é, se várias ideias e sentimentos irrefletidos, que até então bastavam para dirigir a conduta, perdem sua eficácia. Então, ela intervém para preencher o vazio que se fez, mas que ela não fez. Do mesmo modo que se apaga à medida que o pensamento e a ação imobilizam-se em forma de hábitos automáticos, a reflexão só desperta à medida que os hábitos já prontos se desorganizam. Só reivindica seus direitos contra a opinião comum se essa já não tem a mesma força, ou seja, se já não é tão comum quanto antes. Se, portanto, essas reivindicações não ocorrem apenas durante um tempo e em forma de crise passageira, se tornam-se crônicas, se as consciências individuais afirmam de modo constante sua autonomia, é porque elas continuam divididas entre vários sentidos divergentes e porque ainda não se formou uma nova opinião para substituir aquela que já não existe. Se um novo sistema de crenças se constituísse e parecesse a todo o mundo tão indiscutível quanto o antigo, tampouco se pensaria em discuti-lo. Nem sequer seria permitido colocá-lo em discussão, pois ideias partilhadas por uma sociedade inteira obtêm desse assentimento uma autoridade que as torna sacrossantas e as coloca acima de qualquer contestação. Para que elas sejam mais tolerantes, é preciso que já tenham se tornado objeto de uma adesão menos geral e menos integral, que tenham sido enfraquecidas por controvérsias prévias.

Assim, se é correto dizer que o livre exame, uma vez proclamado, multiplica os cismas, é preciso acrescentar que ele os supõe e deles deriva, pois só é reclamado e instituído como princípio para permitir que cismas latentes ou semideclarados se desenvolvam mais livremente. Por conseguinte, se o protestantismo dá mais espaço ao pensamento individual do que o catolicismo, é porque ele conta menos crenças e práticas comuns. Ora, uma reunião religiosa não existe sem um credo coletivo, e é tanto mais una e forte quanto esse credo é mais amplo. Pois ela não une os homens pela troca e reciprocidade de favores, vínculo temporal que envolve e até supõe diferenças, mas que ela é incapaz de formar. Só os socializa associando-os todos a um mesmo corpo de doutrinas, e socializa-os tanto melhor quanto esse corpo de doutrinas é mais amplo e mais solidamente constituído. Quanto mais maneiras de agir e de pensar houver, impregnadas de um caráter religioso, subtraídas, por conseguinte, ao livre exame, mais a ideia de Deus estará presente em todos os detalhes da existência e fará convergir para uma única e mesma finalidade as vontades individuais. Inversamente, quanto mais um grupo confessional entregar ao julgamento de indivíduos, mais está ausente de sua vida e menos coesão e vitalidade ele possui. Chegamos, portanto, à conclusão de que a superioridade do protestantismo do ponto de vista do suicídio decorre do fato de que ele é uma Igreja menos profundamente integrada do que a Igreja católica.

Ao mesmo tempo, a situação do judaísmo encontra-se explicada. De fato, a reprovação com que o cristianismo os perseguiu durante tanto tempo criou entre os judeus sentimentos de solidariedade de uma energia singular. A necessidade de lutar contra uma animosidade geral e a própria impossibilidade de se comunicar livremente com o resto da população obrigaram-nos a se manterem estreitamente próximos uns dos outros. Em consequência, cada comunidade tornou-se uma pequena sociedade, compacta e coerente, que tinha uma consciência muito profunda de si mesma e de sua unidade. Nelas todos pensavam e viviam da mesma maneira, as divergências indivi-

LIVRO II – CAUSAS SOCIAIS E TIPOS SOCIAIS

duais tornaram-se quase impossíveis devido à comunidade de existência e à vigilância contínua e estreita exercida por todos sobre cada um. A Igreja judaica acabou sendo, assim, mais intensamente concentrada do que nenhuma outra, por ter sido abandonada a si mesma pela intolerância de que era objeto. Por conseguinte, por analogia com o que acabamos de observar a respeito do protestantismo, é a essa mesma causa que se deve atribuir a pequena propensão dos judeus ao suicídio, apesar das mais variadas circunstâncias, que deveriam, ao contrário, incliná-los a ele. Sem dúvida, em certo sentido, é à hostilidade que os cerca que eles devem esse privilégio. Mas, se ela tem essa influência, não é por lhes impor uma moralidade mais elevada, e sim por obrigá-los a viver mais estreitamente unidos. É porque a sociedade religiosa à qual pertencem é solidamente cimentada que eles são a tal ponto preservados. Aliás, o ostracismo que os atinge é apenas uma das causas que produzem esse resultado; a própria natureza das crenças judaicas deve contribuir em grande parte para isso. O judaísmo, com efeito, como todas as religiões inferiores, consiste essencialmente num corpo de práticas que regulamentam minuciosamente todos os detalhes da existência e deixam muito pouco espaço para o juízo individual.

III

Vários fatos confirmam essa explicação.

Em primeiro lugar, dentre todos os países protestantes, a Inglaterra é aquele em que o suicídio é menos desenvolvido. De fato, ali contam-se apenas cerca de 80 suicídios por um milhão de habitantes, ao passo que as sociedades reformadas da Alemanha contam de 140 a 400; e contudo o movimento geral de ideias e negócios não parece ser menos intenso na Inglaterra do que em outros lugares.[135] Acontece que, ao mesmo tempo, a Igreja anglicana é mais profundamente integrada do que as outras igrejas protestantes. Habituamo-nos, é verdade, a ver a Inglaterra como a terra clássica da liberdade individual, mas, na realidade, vários fatos mostram que a quantidade de crenças ou práticas comuns e obrigatórias, subtraídas, por conseguinte, ao livre exame dos indivíduos, é maior do que na Alemanha.

---

135. É verdade que a estatística dos suicídios ingleses não é muito exata. Devido às penalidades ligadas ao suicídio, muitos casos são registrados como mortes acidentais. No entanto, tais imprecisões não bastam para explicar a diferença tão considerável entre esse país e a Alemanha.

CAPÍTULO II - O SUICÍDIO EGOÍSTA | **151**

Para começar, na Inglaterra a lei ainda sanciona muitas prescrições religiosas: por exemplo, a lei sobre a observância do domingo, a que proíbe pôr em cena quaisquer personagens das Sagradas Escrituras, a que, ainda recentemente, exigia de todo deputado uma espécie de ato de fé religiosa etc. Em seguida, sabe-se o quanto o respeito às tradições é geral e forte na Inglaterra: é impossível que ele não se estenda às coisas da religião como às outras. Ora, o tradicionalismo muito desenvolvido sempre exclui, em maior ou menor grau, os movimentos próprios do indivíduo. Enfim, de todos os cleros protestantes, o anglicano é o único hierarquizado. Essa organização exterior traduz evidentemente uma unidade interna que não é compatível com um individualismo religioso muito acentuado.

Além disso, a Inglaterra é também o país protestante em que os quadros do clero são mais numerosos. Contavam-se, em 1876, em média 908 fiéis para cada ministro do culto, contra 932 na Hungria, 1.100 na Holanda, 1.300 na Dinamarca, 1.440 na Suíça e 1.600 na Alemanha.[136] Ora, o número de sacerdotes não é um detalhe insignificante e uma característica superficial sem relação com a natureza intrínseca das religiões. Prova disso é que, em toda parte, o clero católico é muito maior que o clero reformado. Há um padre para 267 católicos na Itália, para 419 na Espanha, para 536 em Portugal, para 540 na Suíça, para 823 na França, para 1.050 na Bélgica. É porque o sacerdote é o órgão natural da fé e da tradição e porque, em todos os lugares, o órgão se desenvolve necessariamente na mesma medida da função. Quanto mais intensa a vida religiosa, mais homens são necessários para dirigi-la. Quanto mais dogmas e preceitos cuja interpretação não é abandonada às consciências individuais, mais autoridades competentes para exprimir seu sentido são necessárias; de outro lado, quanto mais numerosas essas autoridades, mais elas controlam de perto o indivíduo e melhor o refreiam. Assim, o caso da Inglaterra, longe de infirmar nossa teoria, é uma verificação dela. Se o protestantismo não produz nesse país os mesmos efeitos produzidos no continente, é porque ali a sociedade religiosa é constituída de modo mais sólido, e, nisso, se aproxima da Igreja católica.

Mas eis uma prova confirmativa mais geral.

O gosto pelo livre exame não pode ser estimulado sem ser acompanhado do gosto pela instrução. A ciência, com efeito, é o único meio de que a livre reflexão dispõe para atingir seus fins. Quando as crenças ou práticas irracionais perdem sua autoridade, é preciso, para encontrar outras, recorrer

---

136. OETTINGEN, *Moralstatistik*, p. 626.

à consciência esclarecida, de que a ciência é apenas a forma mais elevada. No fundo esses dois pendores são indissociáveis e resultam da mesma causa. Em geral, os homens aspiram a se instruir apenas quando se libertam do jugo da tradição, pois, enquanto ela é senhora das inteligências, basta a tudo e não tolera facilmente poder rival. Mas, ao contrário, busca-se a luz assim que o costume obscuro deixa de responder às novas necessidades. Eis por que a filosofia, a forma primeira e sintética da ciência, aparece assim que a religião perde sua ascendência, mas apenas nesse momento; e vemo-la, em seguida, dar progressivamente origem à multiplicidade de ciências particulares, à medida que a própria necessidade que a suscitou vai se desenvolvendo. Se, portanto, não estivermos enganados, se o enfraquecimento progressivo dos prejulgamentos coletivos e costumeiros inclinar ao suicídio e se é daí que vier a predisposição especial do protestantismo, será possível constatar os dois fatos seguintes: 1º) o gosto pela instrução deve ser mais vivo entre os protestantes do que entre os católicos; 2º) visto que denota uma crise das crenças comuns, ele deve, de modo geral, variar como o suicídio. Será que os fatos confirmam essa dupla hipótese?

Se comparamos a França católica à Alemanha protestante apenas pelo topo, isto é, se comparamos unicamente as classes mais altas das duas nações, parece que estamos em condições de sustentar a comparação. Nos grandes centros de nosso país, a ciência não é nem menos prestigiada nem menos difundida do que entre nossos vizinhos; é até mesmo certo que, desse ponto de vista, superamos vários países protestantes. Mas, se nas parcelas eminentes das duas sociedades a necessidade de instrução é igualmente sentida, o mesmo não ocorre nas camadas profundas, e, se essa necessidade atinge nos dois países mais ou menos a mesma intensidade máxima, a intensidade média é menor entre nós. Pode-se dizer a mesma coisa de todas as nações católicas comparadas às nações protestantes. Supondo-se que, para a cultura mais elevada, as primeiras não sejam inferiores às segundas, a situação é totalmente diferente no que concerne à instrução popular. Enquanto, entre os povos protestantes (Saxônia, Noruega, Suécia, Baden, Dinamarca e Prússia), de cada mil crianças em idade escolar (ou seja, de 6 a 12 anos), em média 957 frequentavam a escola durante os anos 1877-1878, entre os povos católicos (França, Áustria-Hungria, Espanha e Itália) elas eram apenas 667, ou seja, 31% a menos. As proporções são as mesmas para os períodos de 1874-75 e 1860-61.[137] O país protestante em que esse número é o

---

137. *Op. cit.*, p. 586.

CAPÍTULO II - O SUICÍDIO EGOÍSTA | **153**

menos elevado, a Prússia, ainda está bem acima da França, que, dos países católicos, é o que está à frente; a primeira conta 897 alunos em mil crianças, a segunda, apenas 766.[138] De toda a Alemanha, a Baviera é a que tem mais católicos; também é ela que tem mais analfabetos. De todas as províncias da Baviera, o Alto Palatinado é uma das mais profundamente católicas, é também aquela em que se encontram mais conscritos que não sabem ler nem escrever (15% em 1871). Mesma coincidência na Prússia para o ducado de Posen e a província da Prússia.[139] Enfim, em todo o reino, em 1871, contavam-se 66 analfabetos em mil protestantes e 152 em mil católicos. A proporção é a mesma para as mulheres dos dois cultos.[140]

É possível objetar, talvez, que a instrução primária não pode servir para medir a situação da instrução geral. Não é porque – como se diz com frequência – um povo conta um menor ou maior número de analfabetos que ele é menos ou mais instruído. Aceitemos essa ressalva, ainda que, a bem dizer, os diversos níveis de instrução talvez sejam mais solidários do que parece e que seja difícil para um deles se desenvolver sem que os outros se desenvolvam ao mesmo tempo.[141] Em todo caso, se o nível da cultura primária reflete apenas de modo imperfeito o nível da cultura científica, ele indica com alguma precisão em que medida um povo, tomado em seu conjunto, sente necessidade do saber. É preciso que ele sinta no mais alto grau essa necessidade, para se esforçar por disseminar seus elementos até as classes mais baixas. Para, desse modo, colocar ao alcance de todos os meios de se instruir, para chegar até o ponto de proscrever legalmente a ignorância, é preciso que ache indispensável à sua própria existência ampliar e esclarecer as consciências. Na verdade, se as nações protestantes deram tanta importância à instrução elementar, é porque julgaram necessário que cada indivíduo fosse capaz de interpretar a *Bíblia*. Ora, o que queremos identificar nesse momento é a intensidade média dessa necessidade, o valor que cada povo dá à ciência, não o valor de seus cientistas e de suas descobertas. Desse ponto de vista específico, a situação do ensino superior e da produção propriamente científica seria um critério ruim, pois nos revelaria

---

138. Em um desses períodos (1877-78), a Baviera ultrapassa ligeiramente a Prússia; mas tal fato ocorre apenas essa única vez.

139. OETTINGEN, *ibid.*, p. 582.

140. MORSELLI, *op. cit.*, p. 223.

141. Além disso, veremos mais adiante, p. 157, que o ensino secundário e o superior são também mais desenvolvidos entre os protestantes do que entre os católicos.

LIVRO II – CAUSAS SOCIAIS E TIPOS SOCIAIS

apenas o que ocorre em uma parcela restrita da sociedade. O ensino popular e geral é um índice mais seguro.

Estando, assim, demonstrada nossa primeira proposição, falta provar a segunda. É verdade que a necessidade de instrução, uma vez que corresponde a um enfraquecimento da fé comum, desenvolve-se como o suicídio? Já o fato de os protestantes serem mais instruídos do que os católicos e se matarem mais é uma primeira suposição. Mas a lei não se verifica apenas quando se compara um desses cultos ao outro; ela também se observa no interior de cada confissão religiosa.

A Itália é inteiramente católica. Ali, a instrução popular e o suicídio distribuem-se exatamente da mesma maneira (ver quadro XIX).

QUADRO XIX[142]

Províncias italianas comparadas quanto à relação entre suicídio e instrução

1º grupo de províncias	Número de contratos (em %) em que os dois cônjuges são alfabetizados	Suicídios por 1 milhão de habitantes	2º grupo de províncias	Cônjuges alfabetizados	Suicídios	3º grupo de províncias	Cônjuges alfabetizados	Suicídios
Piemonte	53,09	35,6	Veneza	19,56	32,0	Sicília	8,98	18,5
Lombardia	44,29	40,4	Emília	19,31	62,9	Abruzos	6,35	15,7
Ligúria	41,15	47,3	Úmbria	15,46	30,7	Puglia	6,81	16,3
Roma	32,61	41,7	Marche	14,46	34,6	Calábria	4,67	8,1
Toscana	24,33	40,6	Campânia	12,45	21,6	Basilicata	4,35	15,0
			Sardenha	10,14	13,3			
Médias	**39,09**	**41,1**	**Médias**	**15,23**	**32,5**	**Médias**	**6,23**	**14,7**

Não só as médias correspondem-se com exatidão, como também a concordância é encontrada nos detalhes. Há apenas uma exceção, a Emília, onde, sob influência de causas locais, os suicídios não têm relação com o grau de instrução. As mesmas observações podem ser feitas na França. Os

---

142. Os números relativos aos cônjuges alfabetizados são extraídos de OETTINGEN, *Moralstatistik* (anexos, quadro 85) e referem-se aos anos 1872-1878; os suicídios, ao período 1864-76.

departamentos em que há mais cônjuges analfabetos são Corrèze, Córsega, Côtes-du-Nord, Dordogne, Finistère, Landes, Morbihan e Haute-Vienne; todos estão relativamente livres de suicídios. De modo mais geral, entre os departamentos em que há mais de 10% de cônjuges que não sabem ler nem escrever, não há nenhum que pertença à região nordeste, zona clássica dos suicídios franceses.[143]

Se comparamos os países protestantes entre si, encontramos o mesmo paralelismo. Cometem-se mais suicídios na Saxônia do que na Prússia; a Prússia tem mais analfabetos que a Saxônia (5,52% contra 1,3% em 1865). A Saxônia até apresenta a particularidade de que sua população escolar é superior ao número legalmente obrigatório. Para cada mil crianças em idade escolar, contavam-se, em 1877-78, 1.031 que frequentavam as aulas, ou seja, muitas continuavam os estudos depois do tempo prescrito. Isso não se repete em nenhum outro país.[144] Enfim, de todos os países protestantes, a Inglaterra é, como sabemos, aquele em que se cometem menos suicídios; é também aquele que, quanto à instrução, mais se aproxima dos países católicos. Em 1865, ainda havia 23% dos soldados da marinha que não sabiam ler e 27% que não sabiam escrever.

Outros fatos podem ser associados aos precedentes e servir para confirmá-los.

As profissões liberais e, de modo mais geral, as classes abastadas são certamente aquelas em que o gosto pela ciência é mais intensamente sentido e em que mais se vive uma vida intelectual. Ora, ainda que a estatística do suicídio por profissões e por classes nem sempre possa ser estabelecida com precisão suficiente, é incontestável que ele é excepcionalmente frequente nas classes mais altas da sociedade. Na França, de 1826 a 1880, as profissões liberais lideram: produzem 550 suicídios por milhão de indivíduos do mesmo grupo profissional, enquanto os domésticos, que vêm imediatamente depois, produzem apenas 290.[145] Na Itália, Morselli isolou as carreiras consagradas exclusivamente ao estudo e descobriu que elas superavam em muito todas as outras, pela magnitude de sua contribuição. Com efeito, ele a estima, para o período de 1868-76, em 482,6 por um milhão de habitantes da mesma profissão; o exército vem em seguida, com 404,1, e a média geral do país é de apenas 32. Na Prússia (anos 1883-90), o corpo dos funcionários

---

143. Ver *Annuaire statistique de la France*, 1892-94, p. 50-1.

144. OETTINGEN, *Moralstatistik*, p. 586.

145. Montante geral da justiça criminal de 1882, p. cxv.

156 | LIVRO II – CAUSAS SOCIAIS E TIPOS SOCIAIS

públicos, recrutado com imenso zelo e que constitui uma elite intelectual, supera todas as outras profissões, com 832 suicídios; os serviços sanitários e o ensino, mesmo vindo muito depois, ainda apresentam números bastante elevados (439 e 301). O mesmo ocorre na Baviera. Se desconsideramos o exército, cuja situação do ponto de vista do suicídio é excepcional, por razões que exporemos mais adiante, os funcionários públicos estão na segunda colocação, com 454 suicídios, e quase alcançam a primeira, pois são superados de muito pouco pelo comércio, cuja taxa é de 465; as artes, a literatura e a imprensa vêm logo atrás, com 416.[146] É verdade que na Bélgica e em Württemberg as classes instruídas parecem menos especialmente afetadas, mas nesses lugares a nomenclatura profissional é imprecisa demais para que se possa dar muita importância a essas duas irregularidades.

Em segundo lugar, vimos que, em todos os países do mundo, a mulher se suicida muito menos que o homem. Mas ela também é muito menos instruída. Essencialmente tradicionalista, ela pauta sua conduta pelas crenças estabelecidas e não tem grandes necessidades intelectuais. Na Itália, durante os anos 1878-79, em dez mil homens casados, havia 4.808 que não conseguiam assinar o contrato de casamento; em dez mil mulheres casadas, havia 7.029.[147] Na França, em 1879, a relação era de 199 maridos e 310 mulheres em mil casamentos. Na Prússia encontramos a mesma diferença entre os dois sexos, tanto entre protestantes quanto entre católicos.[148] Na Inglaterra, ela é bem menor que nos outros países da Europa. Em 1879 contavam-se 138 maridos analfabetos em mil, contra 185 mulheres, e, desde 1851, a proporção permanece substancialmente inalterada.[149] Mas a Inglaterra também é o país em que as mulheres mais se aproximam dos homens no que concerne ao suicídio. Para mil suicídios femininos contavam-se 2.546 suicídios masculinos em 1858-60, 2.745 em 1863-67 e 2.861 em 1872-76, enquanto em qualquer outro lugar[150] a mulher se mata quatro, cinco ou seis vezes menos do que o homem. Enfim, nos Estados Unidos as condições da experiência são quase invertidas, o que a torna particularmente instrutiva. Ao que parece, as mu-

---

146. Ver PRINZING, *op. cit.*, p. 28-31 – É curioso que na Prússia a imprensa e as artes apresentem um número tão trivial (279 suicídios).

147. OETTINGEN, *Moralstatistik* (anexos, quadro 83).

148. MORSELLI, p. 223.

149. OETTINGEN, *ibid.*, p. 577.

150. Com exceção da Espanha. Mas, além da exatidão da estatística espanhola nos deixar céticos, a Espanha não é comparável às grandes nações da Europa Central e setentrional.

lheres negras têm instrução igual e até mesmo superior à de seus maridos. Vários observadores relatam[151] que elas também têm uma considerável predisposição ao suicídio, que às vezes chegaria até a superar aquela das mulheres brancas. Em alguns lugares, a proporção seria de 350%.

Há, no entanto, um caso em que poderia parecer que nossa lei não se verifica.

De todas as confissões religiosas, o judaísmo é aquela em que as pessoas menos se suicidam, contudo não há outra em que a instrução seja mais disseminada. Já sob o aspecto dos conhecimentos elementares, os judeus estão no mínimo no mesmo nível que os protestantes. De fato, na Prússia (1871), para mil judeus de cada sexo, havia 66 homens e 125 mulheres analfabetos; do lado dos protestantes, os números eram quase identicamente os mesmos: 66 homens e 114 mulheres. Mas é sobretudo no ensino secundário e superior que os judeus participam proporcionalmente mais que os membros de outros cultos; é o que provam os seguintes números, que extraímos da estatística prussiana (anos 1875-76).[152]

	Católicos	Protestantes	Judeus
Participação de cada culto por 100 habitantes em geral	33,8	64,9	1,3
Participação de cada culto por 100 alunos do ensino secundário	17,3	73,1	9,6

Levando em conta diferenças populacionais, os judeus frequentam os ginásios, as *Realschulen* etc., cerca de 14 vezes mais do que os católicos e 7 vezes mais do que os protestantes. O mesmo ocorre no ensino superior. De mil jovens católicos que frequentam as instituições de ensino de todos os graus, apenas 1,3 deles está na universidade; de mil protestantes, 2,5 deles frequentam-na; entre os judeus, a proporção se eleva a 16.[153]

Mas, se o judeu encontra uma maneira de ser ao mesmo tempo muito instruído e pouquíssimo inclinado ao suicídio, é porque a curiosidade que ele manifesta tem uma origem muito especial. Constitui-se em uma lei ge-

---

151. BALY e BOUDIN. Citamos de acordo com MORSELLI, p. 225.

152. Segundo Alwin PETERSILIE, "Zur Statistik der höheren Lehranstalten in Preussen", in *Zeitschr. d. preus. stat. Bureau*, 1877, p. 109 ss.

153. *Zeitschr. d. pr. stat. Bureau*, 1889, p. xx.

158 | LIVRO II – CAUSAS SOCIAIS E TIPOS SOCIAIS

ral o fato de as minorias religiosas, para poderem subsistir com mais segurança aos ódios de que são objeto ou simplesmente em consequência de uma espécie de emulação, esforçarem-se para serem superiores em saber às populações que as cercam. É assim que os protestantes mostram tanto mais gosto pela ciência quanto são uma parcela menor da população geral.[154] O judeu procura, pois, se instruir não para substituir seus prejulgamentos coletivos por noções refletidas, mas simplesmente para estar mais bem armado na luta. Para ele, é um meio de compensar a situação desfavorável em que lhe coloca a opinião e, às vezes, a lei. E como, por si só, a ciência não pode fazer nada contra a tradição que conservou todo o seu vigor, o judeu sobrepõe essa vida intelectual à sua atividade costumeira, sem que a primeira abale a segunda. Eis de onde vem a complexidade de sua fisionomia. Primitivo sob certos aspectos, é, sob outros, cerebral e refinado. Alia, assim, as vantagens da rígida disciplina que caracteriza os pequenos grupos de outrora aos benefícios da cultura intensa de que nossas grandes sociedades atuais têm o privilégio. Ele tem toda a inteligência dos modernos sem partilhar sua desesperança.

Se, portanto, nesse caso, o desenvolvimento intelectual não tem relação com o número de mortes voluntárias, é porque não tem nem a mesma origem nem o mesmo significado que em geral tem. Assim, a exceção é apenas aparente, e até mesmo não faz mais que confirmar a lei. De fato, ela prova que, se nos meios instruídos a propensão ao suicídio se agrava, esse agravamento deve-se, como dissemos, ao enfraquecimento das crenças tradicionais e ao estado de individualismo moral que resulta disso, pois ele desaparece quando a instrução tem outra causa e responde a outras necessidades.

---

154. Eis, com efeito, a maneira desigual como os protestantes frequentam as instituições de ensino secundário nas diferentes províncias da Prússia:

Grupo	Proporção da população protestante em relação à população total		Proporção média dos alunos protestantes em relação ao total dos alunos	Diferença entre a segunda e a primeira proporção
1º	de 98,7% a 87,2%	Média 94,6	90,8	– 3,8
2º	de 80% a 50%	Média 70,3	75,3	+ 5
3º	de 50% a 40%	Média 46,4	56	+ 10,4
4º	menos	Média 29,2	61	+ 31,8

Assim, nos lugares em que o protestantismo é a grande maioria, sua população escolar não é proporcional à sua população geral. Assim que a minoria católica aumenta, a diferença entre as duas populações passa de negativa a positiva, e essa diferença positiva torna-se maior à medida que os protestantes tornam-se menos numerosos. Também o culto católico mostra mais curiosidade intelectual nos lugares em que é minoria (ver OETTINGEN, *Moralstatistik*, p. 650).

IV

Deste capítulo depreendem-se duas conclusões importantes.

Em primeiro lugar, vemos por que, em geral, o suicídio progride com a ciência. Não é ela que determina esse avanço, ela é inocente e nada é mais injusto do que acusá-la; o exemplo do judeu é, quanto a isso, convincente. Mas esses dois fatos são produtos simultâneos de uma mesma situação geral que eles traduzem de formas diferentes. O homem procura se instruir e se mata porque a sociedade religiosa de que faz parte perdeu sua coesão, mas ele não se mata porque se instrui. Não é nem mesmo a instrução que ele adquire que desorganiza a religião, mas é porque a religião se desorganiza que surge essa necessidade de instrução. Essa não é buscada como um meio para destruir as opiniões comumente aceitas, mas porque sua destruição começou. Sem dúvida, uma vez que a ciência existe, ela pode combater em seu nome e por sua conta e se colocar como antagonista dos sentimentos tradicionais. Mas seus ataques não surtiriam efeito se esses sentimentos ainda estivessem vivos, ou melhor, nem poderiam se produzir. Não é com demonstrações dialéticas que se erradica a fé; é preciso que ela já esteja profundamente abalada por outras causas para não conseguir resistir ao choque dos argumentos.

No lugar de a ciência ser a fonte do mal, ela é o remédio, e o único de que dispomos. Uma vez que as crenças estabelecidas foram arrastadas pelo curso dos acontecimentos, não é possível restabelecê-las artificialmente, mas só a reflexão pode nos ajudar a nos conduzir na vida. Uma vez que o instinto social esmorece, a inteligência é o único guia que nos resta, e é por meio dela que devemos forjar para nós uma nova consciência. Por mais arriscada que seja a empreitada, não se permitem hesitações, pois não temos escolha. Que aqueles que assistem com inquietação e tristeza à ruína das velhas crenças, que sentem todas as dificuldades desses períodos críticos não acusem a ciência de um mal de que ela não é a causa, mas que, ao contrário, ela procura curar! Que eles evitem tratá-la como inimiga! Ela não tem a influência dissolvente que lhe imputam, mas é a única arma que nos permite lutar contra a dissolução de que ela própria resulta. Proscrevê-la não é uma solução. Não é impondo-lhe silêncio que algum dia restituiremos autoridade às tradições desaparecidas; não faremos nada além de nos tornarmos mais impotentes para substituí-las. É verdade que precisamos evitar, com o mesmo cuidado, ver na instrução um fim que se basta, ao passo que ela é

160 | LIVRO II – CAUSAS SOCIAIS E TIPOS SOCIAIS

apenas um meio. Se não é subjugando artificialmente os espíritos que podemos fazer com que eles esqueçam o gosto pela independência, tampouco basta libertá-los para lhes devolver o equilíbrio. Mas é necessário que empreguem essa liberdade como convém.

Em segundo lugar, vemos por que, de modo geral, a religião tem uma ação profilática sobre o suicídio. Não é, como às vezes se diz, porque ela o condena com menos hesitação que a moral laica, nem porque a ideia de Deus confere a seus preceitos uma autoridade excepcional e que submete as vontades, nem porque a perspectiva de uma vida futura e castigos terríveis que lá aguardam os culpados dão a suas proibições uma sanção mais eficaz que aquelas de que as legislações humanas dispõem. O protestante não acredita menos em Deus e na imortalidade da alma do que o católico. E mais, a religião que tem a menor propensão ao suicídio, ou seja, o judaísmo, é precisamente a única que não o proscreve formalmente e também aquela em que a ideia de imortalidade tem a menor importância. De fato, a *Bíblia* não contém nenhuma disposição que proíba ao homem se matar,[155] e, de outro lado, nela as crenças relativas a uma outra vida são muito imprecisas. Sem dúvida, quanto a ambos os pontos, o ensinamento rabínico preencheu pouco a pouco as lacunas do livro sagrado, mas não tem sua autoridade. Portanto não é à natureza especial das concepções religiosas que se deve a influência benéfica da religião. Se ela protege o homem contra o desejo de se destruir, não é porque lhe prega, com argumentos *sui generis*, o respeito por sua pessoa, e sim porque ela é uma sociedade. O que constitui essa sociedade é a existência de várias crenças e práticas comuns a todos os fiéis, tradicionais e, por conseguinte, obrigatórias. Quanto mais numerosas e sólidas essas situações, mais profundamente integrada é a comunidade religiosa, e maior, também, é a sua virtude protetora. O detalhe dos dogmas e dos ritos é secundário. O essencial é que sejam suscetíveis de alimentar uma vida coletiva de intensidade suficiente. E é por não ter o mesmo grau de consistência das outras que a Igreja protestante não tem, sobre o suicídio, a mesma ação moderadora.

---

155. A única prescrição penal que conhecemos é aquela de que nos fala Flávio Josefo, em sua *História da guerra dos judeus contra os romanos* (III, 25), e ali é simplesmente dito que "os corpos daqueles que voluntariamente se matam ficam insepultos até depois do pôr do sol, embora seja permitido enterrar antes aqueles que foram mortos na guerra". É possível até indagar se essa é uma medida penal.

CAPÍTULO III

O suicídio egoísta
(continuação)

Mas, se a religião só preserva do suicídio porque é, e na medida em que seja, uma sociedade, é provável que outras sociedades produzam o mesmo efeito. Observemos, pois, desse ponto de vista, a família e a sociedade política.

I

Se consultamos apenas os números absolutos, os solteiros parecem se matar menos que as pessoas casadas. Assim, na França, durante o período de 1873-78, houve 16.264 suicídios de pessoas casadas, contra 11.709 suicídios de solteiros. O primeiro desses números está para o segundo como 100 está para 132. Como observa-se a mesma proporção em outros períodos e em outros países, alguns autores outrora sustentaram que o casamento e a vida familiar multiplicam as probabilidades de suicídio. É certo que se, seguindo a concepção corrente, vemos no suicídio antes de tudo um ato de desespero determinado pelas dificuldades da existência, essa opinião tem a seu favor ser bastante plausível. A vida do solteiro, de fato, é mais fácil do que a do homem casado. O casamento não traz todo tipo de incumbências e responsabilidades? Para garantir o presente e o futuro de uma família não é necessário impor-se mais privações e dificuldades do que para prover as necessidades de um homem sozinho?[156] No entanto, por mais evidente que possa parecer, esse raciocínio *a priori* é completamente

---

156. Ver WAGNER, *Die Gesetzmässigkeit* etc., p. 177.

LIVRO II – CAUSAS SOCIAIS E TIPOS SOCIAIS

equivocado, e os fatos só fazem que pareça correto por terem sido mal analisados. Bertillon pai foi o primeiro a demonstrar isso, por meio de um engenhoso cálculo que reproduziremos.[157]

Com efeito, para avaliar de modo adequado os números citados anteriormente, é preciso considerar que um grande número de solteiros tem menos de 16 anos, enquanto as pessoas casadas são mais velhas. Ora, até os 16 anos a tendência ao suicídio é muito pequena, devido unicamente à idade. Na França, contam-se nesse período da vida apenas um ou dois suicídios por um milhão de habitantes, ao passo que no período seguinte já há vinte vezes mais. A presença de um grande número de crianças entre os solteiros abaixa, pois, indevidamente a propensão média desses últimos, pois essa atenuação deve-se à idade e não ao celibato. Se aparentemente eles fornecem um contingente menor ao suicídio não é porque não são casados, mas porque muitos deles ainda nem saíram da infância. Se, portanto, queremos comparar essas duas populações para identificar qual é a influência do estado civil, e apenas essa, precisamos nos livrar desse elemento perturbador e só comparar às pessoas casadas os solteiros com mais de 16 anos, eliminando os outros. Fazendo essa subtração, obtemos que, durante os anos 1863-68, houve, em média, por um milhão de solteiros acima de 16 anos, 173 suicídios, e, por um milhão de casados, 154,5. O primeiro desses números está para o segundo como 112 está para 100.

Portanto, há um agravamento decorrente do celibato, mas é muito maior do que indicam os números precedentes. Com efeito, raciocinamos como se todos os solteiros acima de 16 anos e todas as pessoas casadas tivessem a mesma média de idade. Mas não é assim. Na França, a maioria dos rapazes solteiros, exatamente 58%, tem entre 15 e 20 anos, e a maioria das moças solteiras, exatamente 57%, tem menos de 25 anos. A média de idade dos primeiros é 26,8 anos, e das segundas, 28,4. Diferente disso, a média de idade das pessoas casadas encontra-se entre 40 e 45 anos. De outro lado, eis como o suicídio avança segundo a idade para os dois sexos reunidos:

---

157. Ver verbete *Mariage* [Casamento] in *Dictionnaire encyclopédique des sciences médicales*, 2. série, p. 50 ss. Conferir, quanto a esse ponto, J. BERTILLON (filho), "Les célibataires, les veufs et les divorcés du point de vue du mariage", in *Revue scientifique*, fev. 1879; Do mesmo autor, um artigo no *Bulletin de la Société d'Anthropologie*, 1880, p. 280 ss; e DURKHEIM, "Suicide et natalité", in *Revue philosophique*, nov. 1888.

Faixa etária	Suicídios por 1 milhão de habitantes
De 16 a 21 anos	45,9
De 21 a 30 anos	97,9
De 31 a 40 anos	114,5
De 41 a 50 anos	164,4

Esses números referem-se aos anos 1848-57. Se, portanto, a idade agisse sozinha, a propensão dos solteiros ao suicídio não poderia ser superior a 97,9, e a das pessoas casadas estaria entre 114,5 e 164,4, ou seja, cerca de 140. Os suicídios dos casados estaria para o dos solteiros como 100 está para 69. Os segundos representariam apenas dois terços dos primeiros, mas sabemos que, na verdade, são superiores. A vida familiar tem, então, como resultado, inverter a proporção. Ao passo que, se a associação familiar não fizesse sentir sua influência, as pessoas casadas deveriam, em virtude da idade, se matar 50% mais que os solteiros, elas se matam consideravelmente menos. Pode-se dizer, por conseguinte, que o estado matrimonial diminui aproximadamente pela metade o perigo do suicídio; ou, mais precisamente, resulta do celibato um agravamento expresso pela razão 112/69 = 1,6. Se, portanto, decidirmos representar por 1 a tendência dos casados ao suicídio, será preciso exprimir por 1,6 a dos solteiros com a mesma média de idade.

As proporções são substancialmente as mesmas na Itália. Em consequência de sua idade, os casados (anos 1873-77) deveriam produzir 102 suicídios por um milhão, e os solteiros acima de 16 anos, apenas 77; o primeiro desses números está para o segundo como 100 está para 75.[158] Mas, na verdade, são as pessoas casadas que se matam menos, apenas 71 casos, contra 86 dos solteiros, isto é, 100 para 121. A propensão dos solteiros está, portanto, para a do casados numa relação de 121 para 75, ou seja, 1,6, como na França. Seria possível fazer constatações análogas nos diferentes países. Em todos os lugares, a taxa das pessoas casadas é muito ou pouco inferior à dos solteiros,[159] ao passo que, em virtude da idade, deveria ser mais elevada. Em Württemberg, de 1846 a 1860, esses dois números estavam entre eles como 100 está para 143; na Prússia, de 1873 a 1875, como 100 está para 111.

---

158. Supomos que a média de idade dos grupos seja a mesma que na França. O erro que pode resultar dessa suposição é muito pequeno.

159. Com a condição de considerar os dois sexos reunidos. Mais adiante veremos a importância dessa advertência (livro II, cap. V, § 3).

164 | LIVRO II – CAUSAS SOCIAIS E TIPOS SOCIAIS

Mas, se no estado atual das informações esse método de cálculo é, em quase todos os casos, o único aplicável, se, por conseguinte, é necessário empregá-lo para demonstrar a generalidade do fato, os resultados fornecidos só poderão ser grosseiramente aproximados. Com certeza, ela basta para mostrar que o celibato agrava a tendência ao suicídio, mas dá apenas uma ideia inexata da importância desse agravamento. De fato, para separar a influência da idade daquela do estado civil, tomamos como ponto de referência a relação entre a taxa de suicídios de 30 anos e a de 45 anos. Infelizmente, a influência do estado civil já impregnou essa própria relação, pois o contingente próprio a cada uma dessas duas idades foi calculado para solteiros e casados conjuntamente. Decerto se a proporção de maridos e de rapazes solteiros fosse a mesma nos dois períodos, assim como a de mulheres solteiras e casadas, haveria compensação e a ação da idade sobressairia sozinha. Mas não é o que acontece. Enquanto aos 30 anos os rapazes solteiros são em número um pouco maior que os homens casados (746.111 de um lado, 714.278 do outro, segundo o recenseamento de 1891), aos 45, ao contrário, não passam de uma pequena minoria (333.033 contra 1.864.401 casados); o mesmo ocorre para o outro sexo. Em consequência dessa distribuição desigual, sua grande propensão ao suicídio não produz os mesmos efeitos nos dois casos. Ela eleva muito mais a primeira taxa do que a segunda. Essa última é, portanto, relativamente pequena, e a quantidade com que ela deveria ultrapassar a outra, se a idade agisse sozinha, é artificialmente reduzida. Em outras palavras, a diferença que há, do ponto de vista do suicídio, *e devida unicamente à idade*, entre a população de 25 a 30 anos e aquela de 40 a 45 anos é certamente maior do que mostra essa forma de calcular. Ora, é a economia dessa diferença que constitui quase toda a imunidade de que se beneficiam as pessoas casadas. Essa imunidade, portanto, parece menor do que realmente é.

Esse método chegou até a provocar erros mais graves. Assim, para determinar a influência da viuvez sobre o suicídio, às vezes limitou-se a comparar a taxa própria aos viúvos com a das pessoas de todos os estados civis com a mesma média de idade, cerca de 65 anos. Ora, um milhão de viúvos, em 1863-68, produzia 628 suicídios; um milhão de homens de 65 anos (considerando todos os estados civis reunidos), cerca de 461. Portanto, desses números era possível concluir que, mesmo com idade semelhante, os viúvos se matam substancialmente mais que qualquer outra classe populacional. Foi assim que se propagou o preconceito que faz da viuvez, do ponto de vista do suicídio, a mais desafortunada de todas as condições.[160] Na realidade, se a população de 65 anos não produz mais suicídios, é porque se compõe

---

160. Ver BERTILLON, verbete "Mariage" [Casamento], in *Dict. encycl.*, 2. série, p. 52; MOR-SELLI, p. 348; e CORRE, *Crime et suicide*, p. 472.

CAPÍTULO III - O SUICÍDIO EGOÍSTA *(cont.)* | **165**

quase que inteiramente de casados (997.198 contra 134.238 solteiros). Se, portanto, essa comparação basta para provar que os viúvos se matam mais do que os casados da mesma idade, não é possível inferir daí nada quanto à sua tendência ao suicídio comparada à dos solteiros.

Enfim, quando se comparam apenas as médias, só é possível distinguir *grosso modo* os fatos e suas correlações. Assim, pode muito bem acontecer de, em geral, os casados se matarem menos que os solteiros e, contudo, de em algumas idades essa relação excepcionalmente se inverter; veremos que, de fato, isso ocorre. Porém essas exceções, que podem ser instrutivas para a explicação do fenômeno, não são suscetíveis de ser reveladas pelo método precedente. Também é possível haver, de uma idade a outra, mudanças que, sem levar à inversão completa, são entretanto importantes, e que, consequentemente, convém destacar.

O único meio de evitar esses inconvenientes é determinar a taxa de cada grupo, tomado em separado, para cada idade da vida. Nessas condições, será possível comparar, por exemplo, os solteiros de 25 a 30 anos aos casados e aos viúvos da mesma idade, e do mesmo modo para os outros períodos; assim, a influência do estado civil será isolada de todas as outras, e as variações de qualquer tipo pelas quais possa passar tornar-se-ão visíveis. É, aliás, o método que Bertillon foi o primeiro a aplicar à mortalidade e à nupcialidade. Infelizmente, as publicações oficiais não nos fornecem os elementos necessários a essa comparação,[161] elas nos dão a conhecer, com efeito, a idade dos suicidas, independentemente do estado civil. Pelo que sabemos, a única que seguiu outra prática foi a do grão-ducado de Oldemburgo (incluindo os principados de Lübeck e de Birkenfeld).[162] Para os

---

161. E no entanto o trabalho a ser feito para reunir essas informações, considerável quando é empreendido por um indivíduo, poderia ser efetuado sem grande dificuldade pelos departamentos oficiais de estatística. Fornecem-nos todo tipo de informação sem interesse e nos omitem o único que nos permitiria avaliar, como veremos mais adiante, a situação em que se encontra a família nas diferentes sociedades da Europa.

162. Também há uma estatística sueca, reproduzida no Bulletin de démographie internationale, ano de 1878, p. 195, que dá as mesmas informações. Mas é inutilizável. Antes de tudo, os viúvos são misturados com os solteiros, o que torna a comparação pouco significativa, pois condições tão diferentes devem ser distinguidas. Mas, além disso, achamos que é equivocada. Eis, com efeito, os números fornecidos:

Idade	16 a 25	26 a 35	36 a 45	46 a 55	56 a 65	66 a 75	Mais
Suicídios por 100 mil habitantes de cada sexo, de mesmo estado civil e de mesma idade							
Homens							
Casados	10,51	10,58	18,77	24,08	26,29	20,76	9,48
Não casados (viúvos e solteiros)	5,69	25,73	66,95	90,72	150,08	229,27	333,35

166 | LIVRO II – CAUSAS SOCIAIS E TIPOS SOCIAIS

anos 1871-85, ela nos fornece a distribuição dos suicídios por idade, para cada categoria de estado civil considerada isoladamente. Mas esse pequeno Estado só contou, durante esses quinze anos, 1.369 suicídios. Como não é possível tirar nenhuma conclusão segura de um número tão pequeno de casos, dispusemo-nos a fazer esse trabalho para nosso país, com o auxílio de documentos inéditos, que o Ministério da Justiça possui. Nossa pesquisa referiu-se aos anos de 1889, 1890 e 1891. Classificamos, assim, cerca de 25 mil suicídios. Além de, por si só, tal número ser bastante importante para servir de base a uma indução, asseguramo-nos de que não era necessário ampliar nossas observações para um período mais longo. Com efeito, de um ano a outro, o contingente de cada idade permanece, em cada grupo, substancialmente o mesmo. Portanto, não há motivo para estabelecer as médias segundo um número maior de anos.

Mulheres							
Casadas	2,63	2,76	4,15	5,55	7,09	4,67	7,64
Não casadas	2,99	6,14	13,23	17,05	25,98	51,93	34,69
Quantas vezes mais do que os casados os não casados de mesmo sexo e idade se matam?							
Homens	0,5	12,4	3,5	3,7	5,7	11	37
Mulheres	1,13	2,22	3,18	3,04	3,66	11,12	4,5

Desde o início, esses resultados nos pareceram suspeitos no que concerne ao enorme grau de preservação de que usufruiriam os casados de idades avançadas, de tanto que se distanciam de todos os fatos que conhecemos. Para proceder a uma verificação que julgamos indispensável, pesquisamos os números absolutos de suicídios cometidos por cada faixa etária no mesmo país e durante o mesmo período. São os seguintes, para o sexo masculino:

Idade	16 a 25	26 a 35	36 a 45	46 a 55	56 a 65	66 a 75	Mais
Casados	16	220	567	640	383	140	15
Não casados	283	519	410	269	217	156	56

Ao comparar esses números com os do quadro anterior, podemos reconhecer que foi cometido um erro. Com efeito, de 66 a 75 anos, os casados e não casados produzem quase o mesmo número absoluto de suicídios, ao passo que, por 100 mil habitantes, os primeiros se matariam 11 vezes menos do que os segundos. Para isso, seria preciso que nessa idade houvesse cerca de 10 vezes (exatamente 9,2 vezes) mais homens casados do que não casados, isto é, do que viúvos e solteiros somados. Pela mesma razão, acima de 75 anos, a população casada deveria ser exatamente 10 vezes maior que a outra. Ora, isso é impossível. Nessas idades avançadas, os viúvos são muito numerosos e, somados aos solteiros, estão em número igual ou até mesmo superior aos casados. Presente-se, assim, qual erro provavelmente foi cometido. Devem ter adicionado os suicídios dos solteiros aos dos viúvos, mas dividido o total assim obtido apenas pelo número que representava a população solteira, enquanto os suicídios dos casados foram divididos pelo número que representava a população viúva e a população casada somadas. O que nos leva a acreditar que devem ter procedido assim é que o grau de preservação de que usufruiriam os casados é extraordinário apenas nas idades mais avançadas, ou seja, quando o número de viúvos torna-se bastante importante para distorcer gravemente os resultados do cálculo. E a inverossimilhança atinge seu máximo depois dos 75 anos, isto é, quando os viúvos são muito numerosos.

CAPÍTULO III - O SUICÍDIO EGOÍSTA *(cont.)* | **167**

Os quadros XX e XXI contêm esses diferentes resultados. Para tornar seu significado mais visível, colocamos para cada idade, ao lado do número que exprime a taxa de viúvos e a taxa de casados, o que chamamos de *coeficiente de preservação*, seja dos segundos em relação aos primeiros, seja de ambos em relação aos solteiros. Por esse termo, designamos o número que indica quantas vezes menos, em um grupo, as pessoas se matam, em relação a um outro grupo considerado, na mesma idade. Quando, pois, dizemos

Quadro XX

Grão-Ducado de Oldemburgo

Suicídios cometidos em cada sexo por 10 mil habitantes de cada faixa etária e grupo de estado civil durante o total do período de 1871-85[163]

| | | | | Coeficientes de preservação dos | | |
| | | | | Casados | | Viúvos |
Idades	Solteiros	Casados	Viúvos	Em relação aos solteiros	Em relação aos viúvos	Em relação aos solteiros
Homens						
De 0 a 20	7,2	769,2	—	0,09	—	—
De 20 a 30	70,6	49,0	285,7	1,40	5,8	0,24
De 30 a 40	130,4	73,6	76,9	1,77	1,04	1,69
De 40 a 50	188,8	95,0	285,7	1,97	3,01	0,66
De 50 a 60	263,6	137,8	271,4	1,90	1,90	0,97
De 60 a 70	242,8	148,3	304,7	1,63	2,05	0,79
Mais de 70	266,6	114,2	259,0	2,30	2,26	1,02
Mulheres						
De 0 a 20	3,9	95,2	—	0,04	—	—
De 20 a 30	39,0	17,4	—	2,24	—	—
De 30 a 40	32,2	16,8	30,0	1,92	1,78	1,07
De 40 a 50	52,9	18,6	68,1	2,85	3,66	0,77
De 50 a 60	66,6	31,1	50,0	2,14	1,60	1,33
De 60 a 70	62,5	37,2	55,8	1,68	1,50	1,12
Mais de 70	—	120	91,4	—	1,31	—

---

163. Os números referem-se, portanto, não à média anual, mas ao total dos suicídios cometidos durante esses quinze anos.

Quadro XXI

França (1889-1891)

Suicídios cometidos por mil habitantes
de cada faixa etária e grupo de estado civil – média anual

Idades	Solteiros	Casados	Viúvos	Coeficientes de preservação dos		
				Casados		Viúvos
				Em relação aos solteiros	Em relação aos viúvos	Em relação aos solteiros
Homens						
De 15 a 20	113	500	—	0,22	—	—
De 20 a 25	237	97	142	2,40	1,45	1,66
De 25 a 30	394	122	412	3,20	3,37	0,95
De 30 a 40	627	226	560	2,77	2,47	1,12
De 40 a 50	975	340	721	2,86	2,12	1,35
De 50 a 60	1.434	520	979	2,75	1,88	1,46
De 60 a 70	1.768	635	1.166	2,78	1,83	1,51
De 70 a 80	1.983	704	1.288	2,81	1,82	1,54
Mais de 80	1.571	770	1.154	2,04	1,49	1,36
Mulheres						
De 15 a 20	79,4	33	333	2,39	10	0,23
De 20 a 25	106	53	66	2,00	1,05	1,60
De 25 a 30	151	68	178	2,22	2,61	0,84
De 30 a 40	126	82	205	1,53	2,50	0,61
De 40 a 50	171	106	168	1,61	1,58	1,01
De 50 a 60	204	151	199	1,35	1,31	1,02
De 60 a 70	189	158	257	1,19	1,62	0,77
De 70 a 80	206	209	248	0,98	1,18	0,83
Mais de 80	176	110	240	1,60	2,18	0,79

que o coeficiente de preservação dos casados de 25 anos em relação aos rapazes solteiros é 3, deve-se compreender que, se representamos por 1 a tendência ao suicídio dos casados nesse momento da vida, teremos de representar por 3 a dos solteiros no mesmo período. Naturalmente, quando o coeficiente de preservação desce abaixo de 1, ele se transforma, na realidade, em coeficiente de agravamento.

CAPÍTULO III - O SUICÍDIO EGOÍSTA *(cont.)* | **169**

As leis que se depreendem desses quadros podem ser formuladas assim:

1º) *Os casamentos precoces têm uma influência agravante sobre o suicídio, sobretudo no que concerne aos homens.* É verdade que esse resultado, sendo calculado com base em um número muito pequeno de casos, precisaria ser confirmado; na França, de 15 a 20 anos comete-se praticamente, média anual, um suicídio de casado, exatamente 1,33. No entanto, como tal fato se observa também no Grão-Ducado de Oldemburgo, e até para as mulheres, é pouco provável que seja fortuito. Até mesmo a estatística sueca, que citamos anteriormente,[164] manifesta o mesmo agravamento, pelo menos para o sexo masculino. Ora, se, pelas razões que expusemos, julgamos que essa estatística é inexata para as idades avançadas, não temos nenhum motivo para colocá-la em dúvida para os primeiros períodos da vida, quando ainda não há viúvos. Sabe-se, além disso, que a mortalidade dos casados e das casadas demasiado jovens ultrapassa consideravelmente a dos rapazes e moças solteiros da mesma idade. Mil homens solteiros entre 15 e 20 anos produzem por ano 8,9 mortes, mil homens casados da mesma idade, 51, ou seja, 473% a mais. A diferença é menor para o outro sexo: 9,9 para as casadas, 8,3 para as solteiras; o primeiro desses números está para o segundo como 119 está para 100.[165] Essa maior mortalidade dos jovens casais deve-se evidentemente a razões sociais, pois, se sua causa principal fosse a imaturidade do organismo, ela seria mais acentuada no sexo feminino, em consequência dos riscos próprios ao parto. Tudo parece, portanto, provar que os casamentos prematuros determinam um estado moral cuja ação é nociva, sobretudo sobre os homens.

2º) *A partir dos 20 anos, os casados dos dois sexos beneficiam-se de um coeficiente de preservação em relação aos solteiros.* É superior ao que calculara Bertillon. O índice de 1,6, indicado por esse observador, é antes um mínimo do que uma média.[166]

---

164. Ver anteriormente, nota 162 – Seria possível crer, é verdade, que essa situação desfavorável dos casados de 15 a 20 anos deve-se ao fato de que sua média de idade é superior à dos solteiros do mesmo período. Mas o que prova que há um real agravamento é que a taxa de casados da faixa etária seguinte (20 a 25 anos) é cinco vezes menor.

165. Ver BERTILLON, verbete *Mariage* [Casamento], p. 43 ss.

166. Há apenas uma exceção: as mulheres de 70 a 80 anos, cujo coeficiente desce ligeiramente abaixo de um. O que determina esse recuo é a ação do departamento do Seine. Nos outros departamentos (ver quadro XXII, p. 185), o coeficiente das mulheres dessa idade é superior a um; no entanto, deve-se assinalar que, até mesmo no interior, ele é inferior ao das outras idades.

170 | LIVRO II – CAUSAS SOCIAIS E TIPOS SOCIAIS

Esse coeficiente evolui com a idade. Chega rapidamente a um máximo, que ocorre entre 25 e 30 anos na França, entre 30 e 40 em Oldemburgo; a partir desse momento, ele diminui até o último período da vida, quando às vezes se produz um ligeiro aumento.

3°) *O coeficiente de preservação dos casados em relação aos solteiros varia de acordo com os sexos.* Na França, os homens são favorecidos, e a diferença entre os dois sexos é considerável: para os homens casados, a média é de 2,73, ao passo que, para as mulheres casadas, é apenas de 1,56, ou seja, 43% menor. Mas em Oldemburgo ocorre o inverso: a média para as mulheres é de 2,16, e para os homens de apenas 1,83. Deve-se notar que, ao mesmo tempo, a desproporção é menor: o segundo desses números é apenas 16% inferior ao primeiro. Diremos, pois, que *o sexo mais favorecido no estado matrimonial varia conforme as sociedades, e que a magnitude da diferença entre a taxa dos dois sexos varia segundo a natureza do sexo mais favorecido.* Encontraremos, no percurso, fatos que confirmam essa lei.

4°) *A viuvez diminui o coeficiente dos cônjuges de ambos os sexos, mas, a maioria das vezes, não o suprime completamente.* Os viúvos se matam mais do que as pessoas casadas mas, em geral, menos do que os solteiros. Seu coeficiente chega a subir, em alguns casos, a 1,60 e 1,66. Como o dos casados, ele muda com a idade, mas numa evolução irregular e da qual é impossível identificar a lei.

Assim como para os casados, *o coeficiente de preservação dos viúvos em relação aos solteiros varia de acordo com os sexos.* Na França, os homens são mais favorecidos: seu coeficiente médio é de 1,32, ao passo que para as viúvas, ele desce abaixo de 1 – 0,84 –, ou seja, é 37% menor. Mas em Oldemburgo as mulheres levam vantagem, como para o casamento: têm um coeficiente médio de 1,07, enquanto o dos viúvos fica abaixo de 1 – 0,89 –, ou seja, 17% menor. Como no estado matrimonial, quando a mulher é mais preservada, a diferença entre os sexos é menor do que quando o homem é mais favorecido. Podemos, pois, dizer nos mesmos termos que *o sexo mais favorecido no estado de viuvez varia conforme as sociedades e que a magnitude da diferença entre a taxa dos dois sexos varia segundo a natureza do sexo mais favorecido.*

Estando assim estabelecidos os fatos, devemos procurar explicá-los.

II

A imunidade de que usufruem as pessoas casadas só pode ser atribuída a uma das duas causas seguintes:

Ou ela se deve à influência do meio doméstico. Seria, então, a família que, por sua ação, neutralizaria a propensão ao suicídio ou a impediria de se manifestar.

Ou então se deve ao que podemos chamar de seleção matrimonial. O casamento, com efeito, opera mecanicamente no conjunto da população uma espécie de triagem. Não se casa quem quer; tem poucas chances de conseguir fundar uma família quem não reúne algumas qualidades de saúde, fortuna e moralidade. Aqueles que não as possuem, a menos que haja uma conjunção excepcional de circunstâncias favoráveis, queiram ou não, são, portanto, abandonados à classe dos solteiros, que assim acaba contendo todo o dejeto humano do país. É lá que se encontram os enfermos, os incuráveis, as pessoas demasiado pobres ou notoriamente taradas. Portanto, se essa parcela da população é a tal ponto inferior à outra, é natural que ela manifeste sua inferioridade por uma mortalidade mais elevada, por uma criminalidade mais considerável, enfim, por uma maior propensão ao suicídio. Nessa hipótese, não seria, pois, a família que preservaria do suicídio, do crime e da doença; o privilégio dos casados lhes viria simplesmente do fato de que são admitidos à vida de família apenas aqueles que já apresentam importantes garantias de saúde física e moral.

Bertillon parece ter hesitado entre essas duas explicações e admitido-as conjuntamente. Depois, Letourneau, em *Évolution du mariage et de la famille*[167] [Evolução do casamento e da família], optou categoricamente pela segunda. Recusa-se a ver na superioridade incontestável da população casada uma consequência e uma prova da superioridade do estado matrimonial. Ele teria feito seu julgamento com menos precipitação se não tivesse observado os fatos de modo tão sumário.

Sem dúvida, é bastante plausível que as pessoas casadas tenham, em geral, uma constituição física e moral melhor que a dos solteiros. No entanto, falta muito para que a seleção matrimonial deixe chegar ao casamento apenas a elite da população. É sobretudo improvável que as pessoas sem fortuna e sem posição se casem sensivelmente menos que as outras.

---

167. Paris, 1888, p. 436.

172 | LIVRO II – CAUSAS SOCIAIS E TIPOS SOCIAIS

Como já foi assinalado,[168] geralmente elas têm mais filhos do que as classes abastadas. Se, portanto, o espírito de precaução não cria obstáculos a que aumentem a família para além de toda a prudência, por que as impediria de fundar uma família? Além disso, fatos repetidos provarão na sequência que a miséria não é um dos fatores de que depende a taxa social de suicídios. No que concerne aos enfermos, além de várias razões fazerem passar por cima de suas enfermidades, não está absolutamente provado que é em suas fileiras que, de preferência, se recrutam os suicidas. O temperamento orgânico-psíquico que mais predispõe o homem a se matar é a neurastenia em todas as suas formas. Ora, hoje em dia, a neurastenia é considerada mais uma marca de distinção do que uma tara. Em nossas sociedades refinadas, apaixonadas por coisas da inteligência, os nervosos constituem quase uma nobreza. Apenas os loucos característicos arriscam ver recusado seu acesso ao casamento. Essa eliminação restrita não basta para explicar a importante imunidade das pessoas casadas.[169]

Além dessas considerações um pouco *a priori*, inúmeros fatos demonstram que a situação respectiva dos casados e dos solteiros deve-se a outras causas.

Se fosse um efeito da seleção matrimonial, deveríamos vê-la se revelar assim que essa seleção começasse a operar, ou seja, a partir da idade em que rapazes e moças começassem a se casar. Nesse momento, deveria ser constatada uma primeira diferença, que em seguida aumentaria pouco a pouco, à medida que a triagem se efetuasse, isto é, à medida que as pessoas casadouras se casassem e cessassem de ser misturadas com aquela turba predestinada, por sua natureza, a formar a classe dos solteiros irredutíveis. Enfim, o máximo deveria ser atingido na idade em que o trigo estivesse completamente separado do joio, em que toda a população admissível ao casamento tivesse sido realmente admitida, em que já não houvesse entre os solteiros senão aqueles que estivessem irremediavelmente destinados a essa condição por sua inferioridade física ou moral. Esse momento deve se situar entre 30 e 40 anos; depois disso, quase já não se casa.

Ora, na verdade, o coeficiente de preservação evolui segundo uma lei completamente diferente. No início ele é muitas vezes substituído por um

---

168. J. BERTILLON (filho), artigo citado da *Revue scientifique*.

169. Para rejeitar a hipótese segundo a qual a situação privilegiada dos casados se deveria à seleção matrimonial, às vezes alegou-se o pretenso agravamento que resultaria da viuvez. Mas acabamos de ver que esse agravamento não existe em relação aos solteiros. Os viúvos se matam menos do que os indivíduos não casados. Portanto, o argumento não se sustenta.

CAPÍTULO III - O SUICÍDIO EGOÍSTA (*cont.*) | **173**

coeficiente de agravamento. Os casados muito jovens são mais inclinados ao suicídio do que os solteiros; isso não aconteceria se eles trouxessem em si e de nascença sua imunidade. Em segundo lugar, o máximo é alcançado quase de saída. Já na primeira idade em que a condição privilegiada das pessoas casadas começa a se afirmar (entre 20 e 25 anos), o coeficiente alcança um índice que depois ele praticamente não ultrapassa. Ora, nesse período, há apenas[170] 148 mil homens casados para 1,430 milhão de rapazes solteiros, e 626 mil mulheres casadas para 1,049 milhão de moças solteiras (números redondos). Portanto os solteiros contam, então, entre eles a maior parte daquela elite que dizemos estar designada por suas qualidades congênitas para formar, mais tarde, a aristocracia dos casados; por conseguinte, do ponto de vista do suicídio, a diferença entre as duas classes deveria ser pequena, ao passo que já é considerável. Do mesmo modo, na idade seguinte (entre 25 e 30 anos), dos 2 milhões de casados que devem aparecer entre 30 e 40 anos, há mais de um milhão que ainda não se casou; e, no entanto, em vez de o celibato beneficiar-se da presença deles no grupo, é então que ele faz má figura. Jamais, no que concerne ao suicídio, essas duas parcelas da população se encontram tão distantes uma da outra. Ao contrário, entre 30 e 40 anos, quando a separação está concluída, quando a classe dos casados está com seus quadros praticamente completos, o coeficiente de preservação, em vez de atingir seu apogeu e expressar, com isso, que a seleção conjugal chegou ao fim, sofre uma queda brusca e importante. Passa, para os homens, de 3,20 a 2,77; para as mulheres, a diminuição é ainda mais acentuada, 1,53 em vez de 2,22, ou seja, uma baixa de 32%.

De outro lado, essa triagem, seja como for que se efetue, deve ocorrer tanto às moças quanto aos rapazes, pois as mulheres são recrutadas do mesmo modo que os maridos. Se, portanto, a superioridade moral das pessoas casadas é simplesmente produto da seleção, ela deve ser igual para os dois sexos, e, em consequência, o mesmo deve ocorrer com a imunidade contra o suicídio. Ora, na realidade, na França os maridos estão consideravelmente mais protegidos do que as mulheres casadas. Para os primeiros, o coeficiente de preservação eleva-se a 3,20, desce abaixo de 2,04 apenas uma única vez e oscila, em geral, em torno de 2,80, ao passo que, para as segundas, o máximo não ultrapassa 2,22 (ou, no máximo, 2,39)[171] e o mínimo é inferior

---

170. Esses números referem-se à França e ao recenseamento de 1891.

171. Fazemos essa ressalva porque o coeficiente de 2,39 refere-se ao período de 15 a 20 anos e porque, como os suicídios de mulheres casadas são muito raros nessa idade, o pequeno número de casos que serviu de base ao cálculo torna sua exatidão um pouco duvidosa.

a 1 (0,98). Assim, é no estado matrimonial que, entre nós, no que concerne ao suicídio, a mulher mais se aproxima do homem. Eis, com efeito, qual era, durante os anos 1887-91, a participação de cada sexo nos suicídios de cada categoria de estado civil:

| Idade | Participação de cada sexo | | | |
| | Por 100 suicídios de solteiros de cada idade | | Por 100 suicídios de casados de cada idade | |
	Homens	Mulheres	Homens	Mulheres
De 20 a 25	70	30	65	35
De 25 a 30	73	27	65	35
De 30 a 40	84	16	74	26
De 40 a 50	86	14	77	23
De 50 a 60	88	12	78	22
De 60 a 70	91	9	81	19
De 70 a 80	91	9	78	22
Mais de 80	90	10	88	12

Assim, em cada idade,[172] a participação das mulheres casadas nos suicídios das pessoas casadas é muito superior à participação das moças solteiras nos suicídios dos solteiros. Não é, com certeza, que a mulher casada esteja mais exposta que a solteira; os quadros XX e XXI provam o contrário. Só que, se não perde ao se casar, ela beneficia-se menos que o marido. Mas então, se a imunidade é tão desigual, é porque a vida familiar afeta de modo

---

172. A maioria das vezes, quando se compara assim a situação respectiva dos sexos em duas condições de estado civil diferentes, não se tem o cuidado de eliminar a influência da idade; mas então obtêm-se resultados inexatos. Assim, de acordo com o método usual, veríamos que em 1887-91 houve 21 suicídios de mulheres casadas para 79 de homens casados e 19 suicídios de solteiras para 100 suicídios de solteiros de todas as idades. Esses números dariam uma ideia errada da situação. O quadro aqui apresentado mostra que a diferença entre a participação da casada e a da solteira é, em todas as idades, muito maior. A razão é que a diferença entre os sexos varia com a idade nas duas condições. Entre 70 e 80 anos ela é mais ou menos o dobro do que era aos 20 anos. Ora, a população solteira é quase toda composta de pessoas com menos de 30 anos. Se, portanto, a idade é desconsiderada, a diferença obtida é, na realidade, a que separa solteiros e solteiras por volta dos 30 anos. Mas então, comparando-a à diferença que separa os casados sem distinção de idade, como esses últimos têm em média 50 anos, é em relação aos casados dessa idade que se faz a comparação. Essa será, então, distorcida, e o erro é ainda agravado pelo fato de que a distância entre os sexos não varia da mesma maneira, sob a ação da idade, nos dois grupos. Cresce mais entre os solteiros do que entre as pessoas casadas.

diferente a constituição moral dos dois sexos. O que prova, mesmo que peremptoriamente, que essa desigualdade não tem outra origem é que a vemos surgir e crescer sob a ação do meio doméstico. O quadro XXI mostra, de fato, que no início o coeficiente de preservação mal difere de um sexo para outro (2,93 ou 2 de um lado, 2,40 do outro). Depois, aos poucos, a diferença se acentua, primeiro porque o coeficiente das mulheres casadas cresce menos que o dos maridos até a idade do máximo, e em seguida porque sua diminuição é mais rápida e mais importante.[173] Portanto, se ele evolui à medida que a influência da família se prolonga, é porque depende dela.

O que é mais esclarecedor ainda é que a situação relativa dos sexos quanto ao grau de preservação de que usufruem as pessoas casadas não é a mesma em todos os países. No grão-ducado de Oldemburgo são as mulheres as favorecidas, e encontraremos mais adiante um outro caso da mesma inversão. Entretanto, *grosso modo*, a seleção conjugal é feita em todos os lugares da mesma maneira. É, portanto, impossível que ela seja o fator essencial da imunidade matrimonial, pois, nesse caso, como produziria resultados opostos nos diferentes países? Por outro lado, é bem possível que a família seja, em duas sociedades diferentes, constituída de modo que aja de maneira diferente sobre os sexos. Portanto é na constituição do grupo familiar que deve estar a causa principal do fenômeno que estudamos.

Todavia, por mais interessante que seja esse resultado, ele precisa ser explicitado, pois o meio doméstico é formado de elementos diferentes. Para cada cônjuge, a família inclui: em primeiro, o outro cônjuge e, em segundo, os filhos. Deve-se ao primeiro ou aos segundos a ação salutar que a família exerce sobre a propensão ao suicídio? Em outras palavras, ela é composta de duas associações diferentes: de um lado, há o grupo conjugal, de outro o grupo familiar propriamente dito. Essas duas sociedades não têm nem as mesmas origens, nem a mesma natureza, nem, por conseguinte, ao que tudo indica, os mesmos efeitos. Uma deriva de um contrato e de afinidades eletivas, a outra de um fenômeno natural, a consanguinidade; a primeira liga entre si dois membros de uma mesma geração, a segunda, uma geração à seguinte; esta é tão velha quanto a humanidade, aquela só se organizou numa época relativamente tardia. Visto que diferem a tal ponto, é duvidoso *a priori* que as duas concorram para produzir o fato que buscamos compreender. Em todo caso, se as duas contribuem, não pode ser nem do

---

173. Do mesmo modo, é possível ver no quadro precedente que a participação proporcional das mulheres nos suicídios das pessoas casadas ultrapassa cada vez mais a participação das moças nos suicídios dos solteiros, à medida que a idade avança.

176 | LIVRO II – CAUSAS SOCIAIS E TIPOS SOCIAIS

mesmo modo nem, provavelmente, na mesma medida. É importante, portanto, procurar saber se ambas participam disso e, em caso afirmativo, qual é a participação de cada uma.

Já temos uma prova da eficácia medíocre do casamento pelo fato de a nupcialidade ter mudado pouco desde o início do século, ao passo que o suicídio triplicou. De 1821 a 1830 havia 7,8 casamentos anuais por mil habitantes, 8 de 1831 a 1850, 7,9 em 1851-60, 7,8 de 1861 a 1870, 8 de 1871 a 1880. Durante esse período a taxa de suicídios por milhão de habitantes passava de 54 para 180. De 1880 a 1888, a nupcialidade diminuiu um pouco (7,4 em vez de 8), mas essa baixa não tem relação com o enorme crescimento dos suicídios, que, de 1880 a 1887, aumentaram mais de 16%.[174] Além disso, durante o período 1865-88, a nupcialidade média da França (7,7) é quase igual à da Dinamarca (7,8) e à da Itália (7,6); no entanto esses países são o mais diferentes possível no que concerne ao suicídio.[175]

Mas temos um meio muito mais definitivo de medir exatamente a influência própria à ação conjugal sobre o suicídio: observá-la nos casos em que está reduzida a suas meras forças, ou seja, nos casamentos sem filhos.

Durante os anos 1887-1891, um milhão de casais sem filhos produziu anualmente 644 suicídios.[176] Para saber em que medida o estado matrimonial, por si só e desconsiderando a família, preserva do suicídio, basta comparar esse número àquele produzido pelos solteiros com a mesma média de idade. É essa comparação que nosso quadro XXI permitirá fazer, e esse não será um dos menores favores que ele nos prestará. A média de

---

174. LEGOYT (*op. cit.*, p. 175) e CORRE (*Crime et suicide*, p. 475) acreditaram, contudo, poder estabelecer uma relação entre o movimento dos suicídios e o da nupcialidade. Mas o erro deles decorre, antes de tudo, do fato de terem considerado apenas um período demasiado curto; depois, de terem comparado os anos mais recentes a um ano anormal, 1872, em que a nupcialidade francesa atingiu um número excepcional, que não se via desde 1813, porque era necessário preencher as lacunas causadas pela guerra de 1870 nos quadros da população casada; não é em relação a um ponto de referência como esse que é possível medir os movimentos da nupcialidade. A mesma observação aplica-se à Alemanha e até mesmo a quase todos os países da Europa. Parece que nessa época a nupcialidade recebeu como que uma injeção de ânimo. Notamos uma alta importante e brusca, que se prolonga às vezes até 1873, na Itália, na Suíça, na Bélgica, na Inglaterra e na Holanda. Diríamos que toda a Europa teve de dar sua contribuição para compensar as perdas dos dois países afetados pela guerra. Disso resultou, naturalmente, depois de um tempo, uma baixa enorme que não tem o significado que lhe atribuem (ver OETTINGEN, *Moralstatistik*, anexos, quadros 1, 2 e 3).

175. Segundo LEVASSEUR, *Population française*, t. II, p. 208.

176. Segundo o recenseamento de 1886, p. 123 do *Dénombrement*.

CAPÍTULO III - O SUICÍDIO EGOÍSTA *(cont.)* | **177**

idade dos homens casados era então, como hoje, 46 anos 8 meses e 1/3. Um milhão de solteiros dessa idade comete cerca de *975* suicídios. Ora, 644 está para 975 como 100 está para 150, ou seja, os casados estéreis têm um coeficiente de preservação de apenas *1,5*; matam-se apenas um terço menos que os solteiros da mesma idade. A situação muda totalmente quando há filhos. Um milhão de homens casados com filhos produzia anualmente, durante esse mesmo período, apenas *336* suicídios. Esse número está para *975* como 100 está para 290; ou seja, quando o casamento é fecundo, o coeficiente de preservação quase dobra (*2,90* em vez de 1,5).

A sociedade conjugal, portanto, só tem uma pequena participação na imunidade dos homens casados. Todavia no cálculo precedente consideramos essa participação um pouco maior do que ela é na realidade. Com efeito, supusemos que os casados sem filhos têm média de idade igual à dos casados em geral, ao passo que são certamente mais novos. Pois contam entre eles todos os casados mais jovens, que não têm filhos não porque sejam irremediavelmente estéreis, mas porque, recém-casados, ainda não tiveram tempo de tê-los. Em média, é apenas com 34 anos que o homem tem seu primeiro filho,[177] e contudo é por volta dos 28 ou 29 anos que ele se casa. A parcela da população casada que tem de 28 a 34 anos encontra-se quase toda incluída na categoria de casados sem filhos, o que abaixa a média de idade desses últimos; por conseguinte, estimando-a em 46 anos, com certeza exageramos. Mas, nesse caso, os solteiros aos quais deveríamos compará-los não são aqueles com 46 anos, mas os mais jovens, que, consequentemente, matam-se menos que os precedentes. O coeficiente de 1,5 deve, pois, estar um pouco elevado; se soubéssemos com exatidão a média de idade dos homens casados sem filhos, veríamos que sua propensão ao suicídio aproxima-se mais ainda daquela dos solteiros do que indicam os números precedentes.

O que, aliás, mostra bem a influência restrita do casamento é que os viúvos com filhos encontram-se em uma situação melhor que os casados sem filhos. Os primeiros, com efeito, produzem *937* suicídios por milhão. Sua média de idade é 61 anos 8 meses e 1/3. A taxa dos solteiros com essa mesma idade (ver quadro XXI) compreende-se entre 1.434 e 1.768, isto é, cerca de *1.504*. Esse número está para 937 como 160 está para 100. Os viúvos, quando têm filhos, apresentam, portanto, um coeficiente de preservação de pelo menos *1,6*, superior, então, ao dos casados sem filhos. E, ainda assim, calculando-o dessa forma, antes o atenuamos do que o exageramos, pois os

---

177. Ver *Annuaire statistique de la France*, v. 15, p. 43.

178 | LIVRO II – CAUSAS SOCIAIS E TIPOS SOCIAIS

viúvos que têm família com certeza são mais velhos do que os viúvos em geral. De fato, entre esses últimos incluem-se todos aqueles cujo casamento permaneceu estéril por ter sido prematuramente rompido, ou seja, os mais jovens. Portanto, seria aos solteiros acima de 62 anos (que, em virtude da idade, têm maior tendência ao suicídio) que os viúvos com filhos deveriam ser comparados. É evidente que, dessa comparação, sua imunidade só poderia sair reforçada.[178]

É verdade que esse coeficiente de 1,6 é substancialmente inferior ao dos casados com filhos, 2,9; a diferença para menos é de 45%. Poderíamos, pois, achar que, por si só, a sociedade matrimonial tem mais ação do que lhe atribuímos, já que, quando ela acaba, a imunidade do cônjuge sobrevivente diminui a tal ponto. Mas essa perda é imputável apenas em pequena parte à dissolução do casamento; a prova é que, nos casamentos sem filhos, a viuvez produz efeitos bem menores. Um milhão de viúvos sem filhos produz *1.258* suicídios, número que está para 1.504, contingente dos solteiros de 62 anos, como 100 está para 119. O coeficiente de preservação é portanto, ainda, de cerca de *1,2*, pouco abaixo, então, daquele dos casados também sem filhos, 1,5. O primeiro desses números é apenas 20% inferior ao segundo. Assim, quando a morte de um cônjuge não traz outro resultado além do rompimento do vínculo conjugal, ela não tem repercussões muito grandes sobre a tendência do viúvo ao suicídio. Portanto é preciso que o casamento, enquanto existe, contribua muito pouco para reprimir essa tendência, já que ela não aumenta muito quando ele deixa de existir.

Quanto à causa que torna a viuvez relativamente mais nefasta quando o casamento foi fecundo, deve ser procurada na presença dos filhos. Sem dúvida, num sentido, os filhos ligam o viúvo à vida, mas, ao mesmo tempo, tornam mais aguda a crise pela qual passa. Pois as relações conjugais já não são as únicas afetadas; mas, precisamente porque dessa vez existe uma sociedade doméstica, seu funcionamento é entravado. Falta uma engrenagem essencial, e todo o mecanismo é transtornado. Para restabelecer o equilíbrio abalado, seria preciso que o homem cumprisse uma dupla tarefa e realizasse funções para as quais não foi feito. Eis por que ele perde tantas vantagens de que usufruía durante o casamento. Não é porque deixa de ser casado, é porque a família de que é o chefe desorganiza-se. Não é a morte da esposa que causa essa desordem, mas a da mãe.

---

178. Pela mesma razão, a idade dos homens casados com filhos é superior à dos homens casados em geral, e, consequentemente, o coeficiente de preservação de 2,9 deve ser visto antes como abaixo da realidade.

CAPÍTULO III - O SUICÍDIO EGOÍSTA *(cont.)* | **179**

Mas é sobretudo em relação à mulher que se manifesta com clareza a pouca eficácia do casamento, quando não encontra nos filhos seus complemento natural. Um milhão de mulheres casadas sem filhos produz *221* suicídios; um milhão de solteiras da mesma idade (entre 42 e 43 anos), apenas 150. O primeiro desses números está para o segundo como 100 está para 67; o coeficiente de preservação cai, portanto, para menos de 1, é de *0,67*, ou seja, há, na realidade, agravamento. *Assim, na França, as mulheres casadas sem filhos se matam 50% mais que as solteiras da mesma idade.* Já havíamos constatado que, de modo geral, a mulher casada beneficia-se menos da vida familiar que o marido. Agora vemos qual é a causa: por si só, a sociedade conjugal prejudica a mulher e agrava sua tendência ao suicídio.

Se, no entanto, a maioria das mulheres casadas nos pareceu usufruir de um coeficiente de preservação, é porque os casais estéreis são exceção e porque, consequentemente, na maioria dos casos, a presença de filhos corrige e atenua a ação prejudicial do casamento. Todavia ela é apenas atenuada. Um milhão de mulheres casadas com filhos produz *79* suicídios; comparando esse número ao que exprime a taxa das solteiras de 42 anos, ou seja, *150*, veremos que a mulher casada, mesmo que também seja mãe, beneficia-se de um coeficiente de preservação de *1,89*, 35% menor do que o dos homens casados na mesma condição.[179] Portanto não é possível, no que diz respeito ao suicídio, subscrever essa afirmação de Bertillon: "Quando a mulher entra sob a razão conjugal, ganha mais do que o homem com essa associação, mas perde necessariamente mais do que o homem quando ela sai dessa sociedade".[180]

III

Assim, a imunidade apresentada pelas pessoas casadas em geral deve-se, inteiramente para um sexo e na maior parte para o outro, à ação não da sociedade conjugal, mas da sociedade familiar. Contudo vimos que, mesmo que não haja filhos, os homens no mínimo estão protegidos à razão de 1 a 1,5. Uma economia de 50 suicídios em 150, ou 33%, se está bem abaixo daquela

---

179. Há uma diferença análoga entre o coeficiente dos homens casados sem filhos e o das mulheres casadas sem filhos, no entanto é muito maior. O segundo (0,67) é 66% menor que o primeiro (1,5). A presença de filhos faz que a mulher recupere metade do terreno que perde ao se casar. Ou seja, se ela beneficia-se do casamento menos do que o homem, de outro lado tira maior proveito da família, isto é, dos filhos. É mais sensível que ele à sua ditosa influência.

180. Verbete *Mariage* [Casamento], *Dict. Encycl.*, 2. série, t. V, p. 36.

LIVRO II - CAUSAS SOCIAIS E TIPOS SOCIAIS

que se produz quando a família é completa, não é entretanto uma quantidade desprezível, e é importante compreender qual é a sua causa. Será que se deve aos benefícios especiais que o casamento traria ao sexo masculino, ou seria antes um efeito da seleção matrimonial? Pois, se demonstramos que essa última não tem o papel capital que lhe atribuíram, não está provado que ela não tenha nenhuma influência.

Um fato parece até mesmo, à primeira vista, impor essa hipótese. Sabemos que o coeficiente de preservação dos casados sem filhos sobrevive em parte ao casamento; cai apenas de 1,5 para 1,2. Ora, essa imunidade dos viúvos sem filhos não pode evidentemente ser atribuída à viuvez, que, por si só, não é suscetível de diminuir a propensão ao suicídio, mas, ao contrário, só a fortalece. Ela resulta, portanto, de uma causa anterior e que, contudo, não parece ser o casamento, já que continua a agir mesmo quando ele se dissolve pela morte da mulher. Então, será que ela consistiria em alguma qualidade nativa dos maridos, que a seleção conjugal colocaria em evidência mas não criaria? Como existiria antes do casamento e seria independente dele, seria muito natural que durasse mais do que ele. Se a população de casados é uma elite, o mesmo necessariamente também ocorre com a dos viúvos. É verdade que essa superioridade congênita tem efeitos menores sobre esses últimos, já que estão menos protegidos contra o suicídio. Mas é concebível que o abalo produzido pela viuvez possa neutralizar em parte essa influência preventiva e impedi-la de produzir todos os seus resultados.

Mas, para que essa explicação fosse aceita, seria necessário que fosse aplicável aos dois sexos. Deveríamos, pois, encontrar entre as mulheres casadas pelo menos alguns traços dessa predisposição natural que, em circunstâncias idênticas, as preservaria mais do suicídio do que às solteiras. Ora, já o fato de que, na ausência de filhos, elas se matam mais do que as solteiras da mesma idade é bem pouco conciliável com a hipótese que as supõe dotadas, desde o nascimento, de um coeficiente pessoal de preservação. Contudo ainda seria possível admitir que esse coeficiente existe tanto para a mulher quanto para o homem, mas é totalmente anulado durante o casamento, pela ação funesta que esse último exerce sobre a constituição moral da mulher. Mas, se os efeitos fossem apenas refreados e mascarados pelo tipo de declínio moral que a mulher sofre ao entrar na sociedade conjugal, eles deveriam reaparecer quando essa sociedade se dissolvesse, isto é, na viuvez. Deveríamos ver, então, a mulher, livre do jugo matrimonial que a deprimia, recuperar todas as suas vantagens e afirmar, enfim, sua superioridade nativa sobre aquelas de suas congêneres que não conseguiram ser admitidas ao casamento. Em outras palavras, a viúva sem filhos deveria ter, em relação às solteiras, um coeficiente de preservação que, no mínimo, se aproximasse daquele de que usufrui o viúvo sem filhos. Ora, não é o que ocorre. Um milhão de viúvas sem filhos comete anualmente *322* suicídios; um milhão de solteiras de 60 anos (média de idade das viúvas) produz um número compreendido entre 189 e 204, ou seja, cerca de 196. O primeiro desses números está para o segundo como 100 está para 60. As viúvas sem filhos têm, portanto, um coeficiente menor que 1, isto é, um coeficiente de agravamento, de *0,60*, até ligeiramente inferior ao das casadas sem filhos (0,67). Por conseguinte, não é o casamento que impede essas últimas de manifestar pelo suicídio o distanciamento natural que lhe atribuem.

Talvez respondam que aquilo que impede o completo restabelecimento das afortunadas qualidades, cujas manifestações teriam sido suspensas pelo casamento, é o fato de que a viuvez é para a mulher uma condição ainda pior. De fato, é uma ideia muito generalizada a de que a viúva fica em uma situação mais crítica que o viúvo. Enfatizam-se as dificuldades econômicas e morais contras as quais ela precisa lutar quando é obrigada a prover sozinha a sua existência e, sobretudo, as necessidades de uma família inteira. Chegou-se até a acreditar que essa opinião estivesse demonstrada pelos fatos. De acordo com Morselli,[181] a estatística demonstraria que a mulher em estado de viuvez estaria menos distante do homem quanto à tendência ao suicídio do que durante o casamento; e, como casada, nesse aspecto já se encontra mais próxima do sexo masculino do que quando era solteira, disso resultaria que, para ela, não haveria condição mais detestável. Para provar essa tese, Morselli cita os seguintes números, referentes apenas à França, mas que, com ligeiras variações, podem ser observados entre todos os povos da Europa:

	Participação de cada sexo em 100 suicídios de casados (em %)		Participação de cada sexo em 100 suicídios de viúvos (em %)	
Anos	Homens	Mulheres	Homens	Mulheres
1871	79	21	71	29
1872	78	22	68	32
1873	79	21	69	31
1874	74	26	57	43
1875	81	19	77	23
1876	82	18	78	22

---

181. *Op. cit.*, p. 342

182 | LIVRO II – CAUSAS SOCIAIS E TIPOS SOCIAIS

A participação da mulher nos suicídios cometidos pelos dois sexos no estado de viuvez parece ser, com efeito, muito maior do que nos suicídios de casados. Não é prova de que a viuvez lhe é muito mais penosa do que era o casamento? Se assim for, não será nada surpreendente que, mesmo viúva, os bons efeitos de sua natureza sejam, até mais que antes, impedidos de se manifestar.

Infelizmente, essa pretensa lei baseia-se num erro de fato. Morselli se esqueceu de que, por toda parte, havia duas vezes mais viúvas que viúvos. Na França, em números redondos, há dois milhões de viúvas para apenas um milhão de viúvos. Na Prússia, segundo o recenseamento de 1890, há 450 mil para uns e 1,319 milhão para as outras; na Itália, 571 mil de um lado e 1,322 milhão de outro. Nessas condições, é perfeitamente natural que a contribuição das viúvas seja mais elevada do que a das mulheres casadas, que, evidentemente, são em número igual ao de homens casados. Se quisermos extrair alguma informação dessa comparação, será preciso reduzir as duas populações à igualdade. Mas, se tomarmos essa precaução, encontraremos resultados opostos aos de Morselli. Na média de idade dos viúvos, ou seja, 60 anos, um milhão de mulheres casadas produz 154 suicídios, e um milhão de homens casados, 577. A participação das mulheres é, portanto, de *21%*. Ela diminui consideravelmente na viuvez. Com efeito, um milhão de viúvas produz 210 casos, e um milhão de viúvos 1.017; donde segue que, de 100 suicídios de viúvos dos dois sexos, as mulheres contam apenas *17*. Ao contrário, a participação dos homens sobe de 79% para 83%. Assim, ao passar do casamento à viuvez, o homem perde mais que a mulher, já que não conserva algumas das vantagens que devia à situação conjugal. Não há, pois, nenhuma razão para supor que essa mudança de situação seja menos laboriosa e menos perturbadora para ele do que para ela; o inverso é que é verdadeiro. Sabe-se, além disso, que a mortalidade dos viúvos supera em muito a das viúvas; o mesmo ocorre com sua nupcialidade. A nupcialidade dos primeiros é, em cada idade, três ou quatro vezes maior do que a dos solteiros, ao passo que a das segundas é apenas ligeiramente superior à das solteiras. A mulher pensa com tanta frieza em casar-se de novo quanto o homem o faz com ardor.[182] Seria diferente se sua condição de viúvo lhe fosse tão leve assim e se a mulher, ao contrário, tivesse de suportá-la com tanta dificuldade quando foi dito.[183]

---

182. Ver BERTILLON, "Les célibataires, les veufs" etc., *Rev. scient.*, 1879.

183. Morselli também invoca como prova de sua tese que, depois das guerras, os suicídios de viúvas sofrem um aumento muito maior do que o de solteiras ou casadas. Mas é simplesmente porque

CAPÍTULO III - O SUICÍDIO EGOÍSTA *(cont.)* | **183**

Mas, se não há nada na viuvez que paralise especialmente os dons naturais que a mulher teria unicamente por ser uma eleita do casamento, e se eles não manifestam sua presença por nenhum sinal discernível, faltam motivos para supor que existam. A hipótese da seleção matrimonial não se aplica, portanto, de modo algum ao sexo feminino. Nada autoriza a pensar que a mulher designada para se casar possua uma constituição privilegiada que a proteja em alguma medida contra o suicídio. Por conseguinte, a mesma suposição também tem pouco fundamento no que diz respeito ao homem. O coeficiente de 1,5 de que usufruem os homens casados sem filhos não provém do fato de serem recrutados nas parcelas mais saudáveis da população; só pode ser, pois, efeito do casamento. É preciso admitir que a sociedade conjugal, tão desastrosa para a mulher, é, ao contrário, mesmo na ausência de filhos, benéfica ao homem. Aqueles que entram nela não constituem uma aristocracia de nascença; não trazem, já pronto, para o casamento um temperamento que os afasta do suicídio, mas adquirem-no ao viver a vida conjugal. Pelo menos, se possuem algumas prerrogativas naturais, elas só podem ser muito vagas e indeterminadas, pois não fazem efeito até que sejam dadas algumas outras condições. Tanto é verdade que o suicídio depende, principalmente, não de qualidades congênitas do indivíduo, mas de causas que lhes são exteriores e os dominam!

No entanto, ainda falta resolver uma dificuldade. Se esse coeficiente de 1,5, independente da família, deve-se ao casamento, como se explica que sobreviva a ele e seja encontrado, pelo menos sob uma forma atenuada (1,2), no viúvo sem filhos? Se rejeitamos a teoria da seleção matrimonial que explicava essa persistência, como substituí-la?

Basta supor que os hábitos, os gostos e as tendências contraídos durante o casamento não desaparecem com sua dissolução, e nada é mais natural do que essa hipótese. Se, portanto, o homem casado, mesmo que não tenha filhos, sinta pelo suicídio um distanciamento relativo, é inevitável que conserve algo desse sentimento quando fica viúvo. Porém, como a viuvez é acompanhada de certo abalo moral e, como mostraremos mais adiante, toda ruptura de equilíbrio incita ao suicídio, essas disposições permanecem, mas enfraquecidas. Inversamente, mas pela mesma razão, já que a esposa estéril se mata mais do que se tivesse permanecido soltei-

---

nesse momento a população de viúvas cresce em proporções excepcionais, portanto é natural que produza mais suicídios e que esse aumento persista até que o equilíbrio se restabeleça e que as diferentes categorias de estado civil voltem a seu nível normal.

184 | LIVRO II – CAUSAS SOCIAIS E TIPOS SOCIAIS

ra, ela conserva, uma vez viúva, essa maior inclinação, até mesmo um pouco acentuada pelo transtorno e pela desadaptação que a viuvez sempre traz. Mas, como os efeitos prejudiciais que o casamento tinha sobre ela tornam-lhe essa mudança de condição mais fácil, esse agravamento é muito baixo. O coeficiente reduz-se de apenas alguns centésimos (0,60 em vez de 0,67).[184]

Essa explicação é confirmada pelo fato de ser apenas um caso particular de uma proposição mais geral que pode ser formulada assim: *Em uma mesma sociedade, a tendência ao suicídio, no estado de viuvez, depende, para cada sexo, da tendência ao suicídio que aquele mesmo sexo apresenta no estado matrimonial.* Se o homem casado é consideravelmente preservado, o viúvo também é, ainda que, claro, em menor medida; se o primeiro é debilmente afastado do suicídio, o segundo não o é, ou é muito pouco. Para se certificar da exatidão desse teorema, basta remeter-se aos quadros XX e XXI e às conclusões deles deduzidas. Vimos que um sexo sempre é mais favorecido que o outro no casamento, assim como na viuvez. Ora, aquele que é privilegiado em relação ao outro na primeira dessas condições conserva o privilégio na segunda. Na França, os homens casados têm um coeficiente de preservação maior que as mulheres casadas; o dos viúvos também é mais elevado que o das viúvas. Em Oldemburgo, ocorre o contrário entre as pessoas casadas: a mulher usufrui de uma imunidade maior que o homem. A mesma inversão se reproduz entre viúvos e viúvas.

Mas, como esses dois únicos casos poderiam justamente ser considerados uma prova insuficiente e como, de outro lado, as publicações estatísticas não nos fornecem os elementos necessários para verificar nossa proposição em outros países, recorremos ao seguinte procedimento, para ampliar o campo de nossas comparações: calculamos separadamente a taxa de suicídios,

---

184. Quando há filhos, a redução que os dois sexos sofrem por causa da viuvez é quase a mesma. O coeficiente de maridos com filhos é de 2,9; torna-se de 1,6. O das mulheres, nas mesmas condições, passa de 1,89 a 1,06. A diminuição é de 45% para os primeiros e de 44% para as segundas. É porque, como já dissemos, a viuvez produz dois tipos de efeitos; ela perturba: 1º, a sociedade conjugal; 2º, a sociedade familiar. A primeira perturbação é muito menos sentida pela mulher do que pelo homem, precisamente porque ela se beneficia menos do casamento. Mas, em contrapartida, sente mais a segunda, pois com frequência é mais difícil para ela substituir o marido na direção da família do que é para ele substituí-la nas funções domésticas. Quando, portanto, há filhos, produz-se uma espécie de compensação que faz com que a tendência dos dois sexos ao suicídio varie, devido à viuvez, nas mesmas proporções. Assim, é sobretudo quando não há filhos que a mulher viúva recupera uma parte do terreno perdido no estado matrimonial.

Quadro XXII

Comparação da taxa de suicídios por milhão de habitantes de cada faixa etária e de cada grupo de estado civil no Seine e no interior (1889-1891)

Idades	Homens			Coeficientes de preservação em relação aos solteiros		Mulheres			Coeficientes de preservação em relação às solteiras	
	Solteiros	Casados	Viúvos	Dos casados	Dos viúvos	Solteiras	Casadas	Viúvas	Das casadas	Das viúvas
Interior										
15-20	100	400	—	0,25	—	67	36	375	1,86	0,17
20-25	214	95	153	2,25	1,39	95	52	76	1,82	1,25
25-30	365	103	373	3,54	0,97	122	64	156	1,90	0,78
30-40	590	202	511	2,92	1,15	101	74	174	1,36	0,58
40-50	976	295	633	3,30	1,54	147	95	149	1,54	0,98
50-60	1.445	470	852	3,07	1,69	178	136	174	1,30	1,02
60-70	1.790	582	1.047	3,07	1,70	163	142	221	1,14	0,73
70-80	2.000	664	1.252	3,01	1,59	200	191	233	1,04	0,85
Mais	1.458	762	1.129	1,91	1,29	160	108	221	1,48	0,72
Médias dos coeficientes de preservação				2,88	1,45				1,49	0,78
Seine										
15-20	280	2.000	—	0,14	—	224	—	—	—	—
20-25	487	128	—	3,80	—	196	64	—	3,06	—
25-30	599	298	714	2,01	0,83	328	103	296	3,18	1,10
30-40	869	436	912	1,99	0,95	281	156	373	1,80	0,75
40-50	985	808	1.459	1,21	0,67	357	217	289	1,64	1,23
50-60	1.367	1.152	2.321	1,18	0,58	456	353	410	1,29	1,11
60-70	1.500	1.559	2.902	0,96	0,51	515	471	637	1,09	0,80
70-80	1.783	1.741	2.082	1,02	0,85	326	677	464	0,48	0,70
Mais	1.923	1.111	2.089	1,73	0,92	508	277	591	1,83	0,85
Médias dos coeficientes de preservação				1,56	0,75				1,79	0,93

para cada faixa etária e para cada grupo de estado civil, no departamento do Seine de um lado, e no resto dos departamentos conjuntamente do outro. Os dois grupos sociais, assim isolados um do outro, são bastante diferen-

186 | LIVRO II – CAUSAS SOCIAIS E TIPOS SOCIAIS

tes para que se possa esperar que a comparação seja instrutiva. E de fato a vida familiar age de modo muito diferente sobre o suicídio (ver quadro XXII). Nos departamentos, o homem casado é muito mais preservado do que a mulher casada. O coeficiente do primeiro só fica abaixo de 3 em quatro ocasiões,[185] ao passo que o da mulher nunca chega a 2; a média é, em um caso, 2,88, no outro 1,49. No Seine, é o inverso: o coeficiente para os maridos é, em média, de apenas 1,56, ao passo que para as mulheres casadas é de 1,79.[186] Exatamente a mesma inversão é encontrada entre viúvos e viúvas. No interior, o coeficiente médio dos viúvos é elevado (1,45), e o das viúvas é bem inferior (0,78). No Seine, ao contrário, o segundo é maior, eleva-se a 0,93, próximo de 1, enquanto o outro cai para 0,75. *Assim, seja qual for o sexo favorecido, a viuvez acompanha regularmente o casamento.*

Além do mais, se procurarmos saber segundo qual relação o coeficiente dos casados varia de um grupo social para outro e se fizermos em seguida a mesma pesquisa para os viúvos, encontraremos os surpreendentes resultados a seguir:

$$\frac{\text{Coeficiente dos casados do interior}}{\text{Coeficiente dos casados do Seine}} = \frac{2,88}{1,56} = 1,84$$

$$\frac{\text{Coeficiente dos viúvos do interior}}{\text{Coeficiente dos viúvos do Seine}} = \frac{1,45}{0,75} = 1,93$$

e para as mulheres:

$$\frac{\text{Coeficiente das casadas do interior}}{\text{Coeficiente das casadas do Seine}} = \frac{1,79}{1,49} = 1,20$$

$$\frac{\text{Coeficiente das viúvas do interior}}{\text{Coeficiente das viúvas do Seine}} = \frac{0,93}{0,78} = 1,19$$

---

185. Pode-se ver no quadro XXII que em Paris, assim como no interior, o coeficiente dos homens casados com menos de 20 anos é menor que 1, ou seja, para eles há agravamento. É uma confirmação da lei anteriormente enunciada.

186. Vê-se que, quando o sexo feminino é mais favorecido pelo casamento, a desproporção entre os sexos é bem menor do que quando é o homem o mais beneficiado; nova confirmação de uma observação feita anteriormente.

CAPÍTULO III - O SUICÍDIO EGOÍSTA *(cont.)* | **187**

As relações numéricas são, para cada sexo, semelhantes, com a diferença de apenas alguns centésimos de unidade; para as mulheres a igualdade chega a ser quase absoluta. Assim, quando o coeficiente dos casados eleva-se ou abaixa, o dos viúvos não apenas faz o mesmo, como também aumenta ou diminui exatamente na mesma medida. Essas relações podem até mesmo ser expressas de forma mais comprobatória ainda da lei que enunciamos. Elas implicam, com efeito, que, por toda parte, seja qual for o sexo, a viuvez diminui a imunidade dos casados conforme uma relação constante:

$$\frac{\text{Casados do interior}}{\text{Viúvos do interior}} = \frac{2,88}{1,45} = 1,98 \qquad \frac{\text{Casados do Seine}}{\text{Viúvos do Seine}} = \frac{1,56}{0,75} = 2,0$$

$$\frac{\text{Casadas do interior}}{\text{Viúvas do interior}} = \frac{1,49}{0,78} = 1,91 \qquad \frac{\text{Casadas do Seine}}{\text{Viúvas do Seine}} = \frac{1,79}{0,93} = 1,92$$

O coeficiente dos viúvos é cerca da metade daquele dos casados. Portanto, não há nenhum exagero em dizer que a predisposição dos viúvos ao suicídio depende da predisposição correspondente das pessoas casadas; em outras palavras, a primeira é, em parte, consequência da segunda. Mas, então, já que o casamento, mesmo na ausência de filhos, preserva o marido, não surpreende que o viúvo conserve algo dessa afortunada disposição.

Ao mesmo tempo que resolve a questão que havíamos levantado, esse resultado joga um pouco de luz sobre a natureza da viuvez. Mostra-nos, de fato, que a viuvez não é por si mesma uma condição irremediavelmente ruim. Com frequência acontece de ser melhor que o celibato. A verdade é que a constituição moral dos viúvos e viúvas não tem nada de específico, mas depende daquela das pessoas casadas do mesmo sexo e na mesma região. Aquela é prolongamento dessa. Digam-me como, em determinada sociedade, o casamento e a vida familiar afetam homens e mulheres, e lhes direi como é a viuvez para uns e para outros. Ocorre, portanto, por uma feliz compensação, que, nos casos em que o casamento e a sociedade doméstica estão em boa situação, a crise que a viuvez introduz é mais dolorosa porém as pessoas estão mais preparadas para enfrentá-la; inversamente, ela é menos grave quando a constituição matrimonial e familiar deixa a desejar, mas, em compensação, as pessoas têm menos energia para resistir a ela. Assim, nas sociedades em que o homem tira mais proveito da família do que a mulher, ele sofre mais que ela quando fica sozinho, mas ao mesmo tempo

188 | LIVRO II – CAUSAS SOCIAIS E TIPOS SOCIAIS

tem mais condições de suportar esse sofrimento, porque as influências salutares que recebeu o tornaram mais refratário às resoluções desesperadas.

IV

O quadro seguinte resume os fatos que acabam de ser demonstrados:[187]

Influência da família sobre o suicídio em cada sexo

Homens			Mulheres		
(1)	(2)	(3)	(1)	(2)	(3)
Solteiros de 45 anos	975	—	Solteiras de 42 anos	150	—
Casados com filhos	336	2,9	Casadas com filhos	79	1,89
Casados sem filhos	644	1,5	Casadas sem filhos	221	0,67
Solteiros de 60 anos	1.504	—	Solteiras de 60 anos	196	—
Viúvos com filhos	937	1,6	Viúvas com filhos	186	1,06
Viúvos sem filhos	1.258	1,2	Viúvas sem filhos	322	0,60

(1) Condição | (2) Taxa de suicídios | (3) Coeficiente de preservação em relação aos solteiros

---

187. BERTILLON (artigo citado da *Revue scientifique*) já fornecera a taxa de suicídios para as diferentes categorias de estado civil conforme houvesse filhos ou não. Eis os resultados que ele encontrou (por um milhão):

Homens casados com filhos = 205 suicídios		Viúvos com filhos	= 526
Homens casados sem filhos = 478 suicídios		Viúvos sem filhos	= 1.004
Mulheres casadas com filhos = 45 suicídios		Viúvas com filhos	= 104
Mulheres casadas sem filhos = 158 suicídios		Viúvas sem filhos	= 238

Esses números referem-se aos anos 1861-68. Dado o aumento geral dos suicídios, eles confirmam aqueles que encontramos. Mas, como a ausência de um quadro análogo ao nosso quadro XXI não permitia comparar casados e viúvos aos solteiros de mesma idade, não era possível tirar nenhuma conclusão precisa referente aos coeficientes de preservação. Perguntamo-nos, ademais, se eles se referem ao país inteiro. Com efeito, asseguram-nos, no *Bureau de la Statistique de France* [Departamento de Estatísticas da França] que a distinção entre casados sem filhos e casados com filhos nunca foi feita nos recenseamentos antes de 1886, salvo em 1855 para os departamentos, com exceção do Seine.

CAPÍTULO III - O SUICÍDIO EGOÍSTA (*cont.*) | 189

Depreende-se desse quadro e das observações precedentes que o casamento efetivamente tem sobre o suicídio uma ação protetora que lhe é própria. Mas é muito restrita e, ademais, só se exerce em benefício de um único sexo. Ainda que tenha sido útil estabelecer sua existência – e compreenderemos melhor essa utilidade num dos capítulos seguintes[188] –, não se pode negar que o fator essencial da imunidade das pessoas casadas é a família, isto é, o grupo completo formado por pais e filhos. Sem dúvida, como os cônjuges são seus membros, também contribuem, da parte deles, para produzir esse resultado, mas não como marido ou mulher, e sim como pai ou mãe, como funcionários da associação familiar. Se a morte de um deles aumenta a probabilidade do outro de se matar não é porque os vínculos que os uniam pessoalmente um ao outro foram rompidos, mas porque disso resulta um transtorno da família, cujas consequências o sobrevivente sofre. Deixando para estudar mais adiante a ação especial do casamento, diremos portanto que a sociedade doméstica, assim como a sociedade religiosa, é uma poderosa proteção contra o suicídio.

A preservação é até tanto mais completa quanto a família é mais densa, isto é, contém um número maior de elementos.

Essa proposição já foi enunciada e demonstrada por nós em um artigo da *Revue philosophique* publicado em novembro de 1888. Mas a insuficiência de dados estatísticos que tínhamos então à nossa disposição não nos permitiu demonstrá-la com tanto rigor quanto desejávamos. Com efeito, ignorávamos qual era o efetivo médio dos lares familiares, tanto na França em geral quanto em cada departamento. Portanto, tivemos de supor que a densidade familiar dependia unicamente do número de filhos, e, ainda, como esse número não era indicado pelo censo, tivemos de estimá-lo de maneira indireta, utilizando o que, em demografia, chamamos de aumento fisiológico, ou seja, o excedente anual de nascimentos por mil óbitos. Sem dúvida, essa substituição não era irracional, pois, nos casos em que o aumento é elevado, as famílias, em geral, não podem deixar de ser densas. No entanto, a consequência não é necessária e, com frequência, não se produz. Nos lugares em que os filhos têm o hábito de deixar os pais cedo, seja para emigrar, seja para fundar comunidades à parte, seja por qualquer outro motivo, a densidade da família não tem relação com seu número. Na verdade, a casa pode ficar deserta, por mais fecundo que tenha sido o casal. É o que acontece nos meios cultos, nos quais a criança é enviada muito jovem para fora, a fim de estudar ou completar seus estudos, ou nas regiões miseráveis, onde uma dispersão prematura torna-se necessária, pelas dificuldades

---

188. Ver livro II, cap. V, § 3.

LIVRO II – CAUSAS SOCIAIS E TIPOS SOCIAIS

da vida. Inversamente, apesar de uma natalidade medíocre, a família pode conter um número suficiente ou até elevado de elementos, se os solteiros adultos ou até mesmo os filhos casados continuam morando com os pais e formando uma única e mesma sociedade doméstica. Por todas essas razões, só é possível medir a densidade relativa dos grupos familiares com alguma exatidão se sabemos qual é sua composição efetiva.

O recenseamento de 1886, cujos resultados foram publicados apenas no fim de 1888, informou-nos sobre isso. Se portanto, segundo as indicações que aí encontramos, procurarmos saber qual é a relação que há, nos diferentes departamentos franceses, entre o suicídio e o efetivo médio das famílias, encontraremos os seguintes resultados:

	Suicídios por milhão de habitantes (1878-1887)	Efetivo médio das famílias por 100 lares (1886)
1º grupo (11 departamentos)	De 430 a 380	347
2º grupo (6 departamentos)	De 300 a 240	360
3º grupo (15 departamentos)	De 230 a 180	376
4º grupo (18 departamentos)	De 170 a 130	393
5º grupo (26 departamentos)	De 120 a 80	418
6º grupo (10 departamentos)	De 70 a 30	434

À medida que os suicídios diminuem, a densidade familiar aumenta regularmente.

Se, em vez de comparar médias, analisamos o conteúdo de cada grupo, não encontramos nada que não confirme essa conclusão. De fato, para a França inteira, o efetivo médio é de 39 pessoas para 10 famílias. Se, portanto, procurarmos saber quantos departamentos estão acima ou abaixo da média em cada um desses 6 grupos, veremos que eles são compostos da seguinte forma:

	Em cada grupo, quantos departamentos estão	
	abaixo do efetivo médio (em %)	acima do efetivo médio (em %)
1º grupo	100	0
2º grupo	84	16
3º grupo	60	30
4º grupo	33	63
5º grupo	19	81
6º grupo	0	100

CAPÍTULO III - O SUICÍDIO EGOÍSTA *(cont.)* | **191**

O grupo que conta mais suicídios só inclui departamentos em que o efetivo da família está abaixo da média. Aos poucos, da maneira mais regular possível, a relação começa a se modificar, até a inversão total. No último grupo, em que os suicídios são raros, todos os departamentos têm densidade familiar superior à média.

Os dois mapas (ver p. 192) têm, aliás, a mesma configuração geral. A região em que as famílias são menos densas tem substancialmente os mesmos limites que a zona suicidógena. Ela também ocupa o Norte e o Leste e se estende até a Bretanha, de um lado, e até o Loire, do outro. Ao contrário, no Oeste e no Sul, onde os suicídios são pouco numerosos, a família tem, em geral, um efetivo elevado. Essa relação encontra-se até mesmo em alguns detalhes. Na região setentrional, notam-se dois departamentos que se singularizam por sua predisposição medíocre ao suicídio, o Nord e o Pas-de-Calais, e o fato é ainda mais surpreendente porque o Nord é muito industrializado, e a grande indústria favorece o suicídio. A mesma particularidade é observada no outro mapa. Nesses dois departamentos, a densidade familiar é elevada, enquanto é muito baixa em todos os departamentos vizinhos. No Sul, vemos nos dois mapas a mesma mancha escura formada por Bouches-du-Rhône, Var e Alpes-Maritimes, e, no Oeste, a mesma mancha clara formada pela Bretanha. As irregularidades são exceção e nunca são muito perceptíveis; dada a multiplicidade de fatores que podem afetar um fenômeno tão complexo, uma coincidência tão geral é significativa.

A mesma relação inversa é encontrada na maneira como esses dois fenômenos evoluíram no tempo. Desde 1826, o suicídio não para de aumentar, e a natalidade, de diminuir. De 1821 a 1830 ela ainda era de 308 nascimentos por 10 mil habitantes, durante o período de 1881-88 não passava de 240, e, nesse intervalo, a diminuição foi ininterrupta. Ao mesmo tempo constata-se uma tendência da família de se fragmentar e se dispersar cada vez mais. De 1856 a 1886, o número de lares aumentou de 2 milhões, em números redondos; passou, por uma progressão regular e contínua, de 8.796.276 a 10.662.423. No entanto, nesse mesmo intervalo de tempo, a população aumentou apenas de dois milhões de indivíduos. Portanto, é porque cada família conta um menor número de membros.[189]

Assim, os fatos estão longe de confirmar a concepção generalizada, segundo a qual o suicídio se deveria sobretudo às incumbências da vida, já que, ao contrário, ele diminui à medida que as incumbências aumentam.

---

189. Ver *Dénombrement de 1886*, p. 106.

192 | LIVRO II – CAUSAS SOCIAIS E TIPOS SOCIAIS

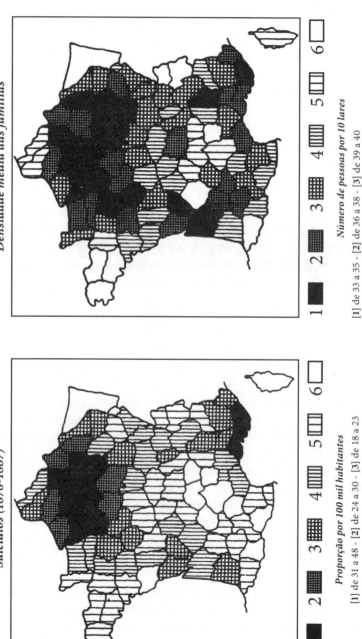

Mapa IV – *SUICÍDIOS E DENSIDADE FAMILIAR*

Suicídios (1878-1887)

Densidade média das famílias

Proporção por 100 mil habitantes

[1] de 31 a 48 - [2] de 24 a 30 - [3] de 18 a 23
[4] de 13 a 17 - [5] de 8 a 12 - [6] de 3 a 7

Número de pessoas por 10 lares

[1] de 33 a 35 - [2] de 36 a 38 - [3] de 39 a 40
[4] de 41 a 43 - [5] de 44 a 45 - [6] de 46 a 49

Média: 39

Eis uma consequência do malthusianismo que não foi prevista por seu inventor. Quando ele recomendava restringir a extensão das famílias, era pensando que essa restrição seria, pelo menos em alguns casos, necessária para o bem-estar geral. Ora, na realidade, tanto é uma fonte de mal-estar que diminui no homem o desejo de viver. Em vez de as famílias densas serem uma espécie de luxo de que podemos nos privar e que apenas o rico deve se permitir, são, ao contrário, o pão de cada dia sem o qual não é possível subsistir. Por mais pobre que sejamos, e até mesmo do simples ponto de vista do interesse pessoal, não há pior investimento do que aquele que consiste em transformar em capital uma parte de sua descendência.

Esse resultado está de acordo com aquele a que havíamos chegado anteriormente. Como se explica, com efeito, que a densidade da família tenha essa influência sobre o suicídio? Para responder a essa questão, não é possível recorrer ao fator orgânico, pois, se a esterilidade absoluta é sobretudo produto de causas fisiológicas, o mesmo não ocorre com a fecundidade insuficiente, que, na maioria das vezes, é voluntária e está ligada a uma certa posição da opinião. Além disso, a densidade familiar, tal como a havíamos calculado, não depende exclusivamente da natalidade; vimos que, nos casos em que os filhos são pouco numerosos, outros elementos podem substituí-los e, de modo inverso, que sua quantidade pode não ter nenhum efeito se não participam efetivamente e com perseverança da vida do grupo. Assim, tampouco é aos sentimentos *sui generis* dos pais por seus descendentes imediatos que deve ser atribuída essa virtude protetora. De resto, esses próprios sentimentos, para serem eficazes, supõem certa situação da sociedade doméstica; não podem ter força se a família está desintegrada. Portanto é porque o modo como ela funciona varia conforme seja mais densa ou menos densa que o número de elementos de que a família se compõe afeta a propensão ao suicídio.

É porque, de fato, a densidade de um grupo não pode diminuir sem que sua vitalidade diminua. Se os sentimentos coletivos têm uma energia particular, é porque a força com que cada consciência individual os experimenta repercute em todas as outras, e vice-versa. A intensidade que eles atingem depende, pois, do número de consciências que os sentem em comum. Eis por que, quanto maior uma multidão, mais suscetíveis de serem violentas são as paixões que aí se desencadeiam. Consequentemente, no interior de uma família pouco numerosa, os sentimentos e recordações comuns não podem ser muito intensos, pois não há consciências o bastante para figurá--los e reforçá-los, partilhando-os. Nela, não é possível constituírem-se sólidas

194 | LIVRO II – CAUSAS SOCIAIS E TIPOS SOCIAIS

tradições que servem de vínculos entre os membros de um mesmo grupo, que até mesmo lhes sobrevivem e ligam as gerações sucessivas umas às outras. Aliás, famílias pequenas são necessariamente efêmeras, e, sem duração, não há sociedade que possa ser consistente. Nelas, não apenas os estados coletivos são fracos, como tampouco podem ser numerosos, pois sua quantidade depende do dinamismo com que as opiniões e impressões são trocadas, circulam de um indivíduo a outro, e, de outro lado, essa troca é tanto mais rápida quanto mais pessoas há para participar dela. Em uma sociedade densa o suficiente, essa circulação é ininterrupta, pois sempre há unidades sociais em contato, ao passo que, se elas são raras, suas relações não podem ser senão intermitentes, e há momentos em que a vida comum é suspensa. Do mesmo modo, quando a família é pouco extensa, sempre há poucos familiares juntos; a vida doméstica é, então, lânguida, e há momentos em que a casa fica deserta.

Dizer que um grupo tem menos vida comum que outro é dizer também que ele é menos profundamente integrado, pois o estado de integração de um agregado social apenas reflete a intensidade da vida coletiva que ali circula. Ele é tanto mais unido e tanto mais resistente quanto as trocas entre seus membros são mais ativas e contínuas. A conclusão à qual havíamos chegado pode, portanto, ser completada assim: do mesmo modo que a família é um poderoso preservativo contra o suicídio, ela preserva ainda melhor se é solidamente constituída.[190]

V

Se as estatísticas não fossem tão recentes, seria fácil demonstrar, utilizando o mesmo método, que essa lei se aplica às sociedades políticas. A história nos mostra, com efeito, que o suicídio, em geral raro nas sociedades jovens,[191] em processo de evolução e concentração, em contrapartida

---

190. Acabamos de empregar a palavra densidade em um sentido um pouco diferente do que, de hábito, lhe damos em sociologia. Em geral, definimos a densidade de um grupo em função não do número absoluto de indivíduos associados (é antes o que chamamos de volume), mas do número de indivíduos que, com volumes iguais, estão efetivamente em relação (ver *Règles de la Méth. sociol.*, p. 139). Mas, no caso da família, a distinção entre o volume e a densidade não interessa, porque, devido às pequenas dimensões do grupo, todos os indivíduos associados estão em relação efetiva.

191. Não confundir as sociedades jovens, destinadas a um desenvolvimento, com as sociedades inferiores; nessas últimas, ao contrário, os suicídios são muito frequentes, como veremos no capítulo seguinte.

multiplica-se à medida que elas se desintegram. Na Grécia e em Roma, ele surge assim que a velha organização da cidade é abalada, e os avanços que ali fez marcam as etapas sucessivas da decadência. Observa-se o mesmo fato no Império Otomano. Na França, às vésperas da Revolução, a desordem que atormentava a sociedade em consequência da decomposição do antigo sistema social traduziu-se por um aumento brusco dos suicídios, de que nos falam os autores da época.[192]

Mas, afora essas informações históricas, a estatística do suicídio, embora quase não remonte para além dos últimos setenta anos, fornece-nos, dessa proposição, algumas provas que têm a vantagem de serem mais precisas que as precedentes.

Já se escreveu que as grandes comoções políticas multiplicavam os suicídios. Mas Morselli já mostrou que os fatos contradizem essa ideia. Todas as revoluções ocorridas na França durante esse século diminuíram o número de suicídios no momento em que elas se produziram. Em 1830, o total de casos, que era de 1.904 em 1829, cai para 1.756, ou seja, uma diminuição brusca de quase 10%. Em 1848, o recuo não é menor: o montante anual passa de 3.647 para 3.301. Depois, durante os anos 1848-49, a crise que acaba de agitar a França espalha-se pela Europa; por toda parte o suicídio se reduz, e a redução é tão mais sensível quanto a crise foi mais grave e mais longa. É o que mostra o quadro a seguir:

	Dinamarca	Prússia	Baviera	Reino da Saxônia	Áustria
1847	345	1.852	217	—	611 (em 1846)
1848	305	1.649	215	398	—
1849	337	1.527	189	328	452

Na Alemanha, a agitação foi muito mais intensa do que na Dinamarca, e a luta mais longa até do que na França, onde, de imediato, constituiu-se um novo governo; assim, a diminuição nos Estados alemães prolonga-se até 1849. Ela é, em relação a esse último ano, de 13% na Baviera, 18% na Prússia; na Saxônia, em apenas um ano, de 1848 a 1849, também é de 18%.

---

192. Eis o que escrevia Helvétius em 1781: "A desordem das finanças e a mudança da constituição do Estado disseminaram uma consternação geral. Os inúmeros suicídios na capital são a triste prova disso." Citamos segundo LEGOYT, p. 30. MERCIER, em seu *Tableau de Paris* (1782), diz que, em 25 anos, o número de suicídios em Paris triplicou.

196 | LIVRO II – CAUSAS SOCIAIS E TIPOS SOCIAIS

Em 1851, o mesmo fenômeno não se reproduz na França, como tampouco em 1852. Os suicídios permanecem estacionários. Mas, em Paris, o golpe de Estado produz o efeito habitual: embora tenha ocorrido em dezembro, o número de suicídios cai de 483 em 1851 para 446 em 1852 (–8%), e, em 1853, mantém-se ainda em 463.[193] Esse fato tenderia a provar que essa revolução governamental abalou muito mais Paris do que o interior, que parece ter ficado quase que indiferente. Aliás, de modo geral, a influência dessas crises sempre é mais sensível na capital do que nos departamentos. Em 1830, em Paris, a redução foi de 13% (269 casos contra 307 no ano anterior e 359 no ano seguinte); em 1848, de 32% (481 casos contra 698).[194]

Simples crises eleitorais, por menos intensas que sejam, às vezes têm o mesmo resultado. Desse modo, na França, o calendário de suicídios traz a marca visível do golpe de Estado parlamentar de 16 de maio de 1877 e da efervescência resultante dele, assim como das eleições que, em 1889, puseram fim à agitação boulangista. Como prova, basta comparar a distribuição mensal dos suicídios durante esses dois anos à dos anos mais próximos.

Mês	1876	1877	1878	1888	1889	1890
Maio	604	649	717	924	919	819
Junho	662	692	682	851	829	822
Julho	625	540	693	825	818	888
Agosto	482	496	547	786	694	734
Setembro	394	378	512	673	597	720
Outubro	464	423	468	603	648	675
Novembro	400	413	415	589	618	571
Dezembro	389	386	335	574	482	475

Durante os primeiros meses de 1877 os suicídios são superiores aos de 1876 (1.945 casos de janeiro a abril, contra 1.784), e a alta persiste em maio e junho. É apenas no fim desse último mês que as Câmaras são dissolvidas, o período eleitoral aberto de fato, se não de direito; é até, provavelmente, o momento em que as paixões políticas estão mais exacerbadas, pois a seguir se acalmam um pouco por efeito do tempo e do cansaço. Assim, em julho, em vez de os suicídios continuarem a superar os do ano anterior,

---

193. Segundo LEGOYT, p. 252.

194. Segundo MASARYCK, *Der Selbstmord*, p. 137.

foram 14% inferiores. Exceto por uma ligeira interrupção em agosto, a baixa continua, embora em menor grau, até outubro. É a época em que a crise acaba. Assim que ela termina, o movimento ascendente, suspenso por um instante, recomeça. Em 1889, o fenômeno é ainda mais acentuado. A Câmara se separa no início de agosto, a agitação eleitoral começa de imediato e dura até o fim de setembro; é quando ocorrem as eleições. Ora, em agosto, produz-se, em relação ao mês correspondente de 1888, uma brusca diminuição de 12%, que se mantém em setembro, mas cessa também repentinamente em outubro, ou seja, assim que a luta é encerrada.

As grandes guerras nacionais têm a mesma influência que as agitações políticas. Em 1866 eclode a guerra entre a Áustria e a Itália, e os suicídios diminuem em 14% nos dois países.

País	1865	1866	1867
Itália	678	588	657
Áustria	1.464	1.265	1.407

Em 1864, foi a vez da Dinamarca e da Saxônia. Nesse último Estado, os suicídios, que eram 643 em 1863, caem para 545 em 1864 (-16%), para voltar a 619 em 1865. Quanto à Dinamarca, como não temos o número de suicídios em 1863, não podemos compará-lo ao de 1864, mas sabemos que o montante desse último ano (411) é o mais baixo desde 1852. E, como em 1865, ele sobre para 451, é muito provável que o número de 411 manifeste uma diminuição importante.

A guerra de 1870-71 teve as mesmas consequências na França e na Alemanha:

País	1869	1870	1871	1872
Prússia	3.186	2.963	2.723	2.950
Saxônia	710	657	653	687
França	5.114	4.157	4.490	5.275

Poderíamos pensar que essa diminuição se deve ao fato de que, em tempo de guerra, uma parte da população civil é arregimentada e que, em um exército em campanha, é muito difícil levar os suicídios em consideração. Mas as mulheres contribuem tanto quanto os homens para essa diminui-

198 | LIVRO II – CAUSAS SOCIAIS E TIPOS SOCIAIS

ção. Na Itália, os suicídios femininos passam de 130 em 1864 para 117 em 1866; na Saxônia, de 133 em 1863 para 120 em 1864 e 114 em 1865 (-15%). No mesmo país, em 1870, a queda não é menos sensível; de 130 em 1869, diminuem para 114 em 1870 e permanecem nesse mesmo nível em 1871; a diminuição é 13% superior à dos suicídios masculinos na mesma época. Na Prússia, enquanto 616 mulheres se mataram em 1869, em 1871 não foram mais que 540 (-13%). Sabe-se, além disso, que os jovens em condições de lutar na guerra fornecem só um pequeno contingente ao suicídio. Apenas seis meses de 1870 foram tomados pela guerra; nessa época e em tempos de paz, um milhão de franceses de 25 a 30 anos teria produzido no máximo uma centena de suicídios,[195] ao passo que, entre 1870 e 1869, a diferença para menos é de 1.057 casos.

Também nos indagamos se esse recuo momentâneo em tempo de crise não decorreria do fato de, estando então a ação da autoridade administrativa paralisada, a constatação dos suicídios se fazer com menos exatidão. Mas inúmeros fatos demonstram que essa causa acidental não basta para explicar o fenômeno. Em primeiro lugar, está sua grande generalização. Ele ocorre tanto entre os vencedores quanto entre os vencidos, tanto entre os invasores como entre os invadidos. Além do mais, quando o abalo é muito forte, seus efeitos chegam a ser sentidos bastante tempo depois de ele acabar. Os suicídios elevam-se lentamente, alguns anos se passam antes que eles voltem a seu nível inicial; isso ocorre até mesmo nos países onde, em tempos normais, eles crescem regularmente todos os anos. Embora omissões parciais sejam, aliás, possíveis e até prováveis nesses momentos de perturbação, a diminuição apontada pelas estatísticas são constantes demais para que possamos atribuir sua causa principal a uma distração passageira do serviço público.

Mas a melhor prova de que estamos em presença não de um erro de contabilidade, mas de um fenômeno de psicologia social é que nem todas as crises políticas ou nacionais têm essa influência. Apenas as que excitam as paixões agem desse modo. Já observamos que nossas revoluções sempre afetaram mais os suicídios de Paris do que aqueles dos departamentos, e, no entanto, a desordem administrativa era a mesma no interior e na capital. Mas esses tipos de acontecimentos sempre interessaram muito menos aos interioranos do que aos parisienses, a cuja ação se deviam e a que assistiam

---

195. De fato, em 1889-91, a taxa anual nessa idade era apenas de 396; a taxa semestral, cerca de 200. Ora, de 1870 a 1890, o número de suicídios em cada idade dobrou.

de perto. Do mesmo modo, enquanto as grandes guerras nacionais, como a de 1870-71, tiveram, tanto na França quanto na Alemanha, uma poderosa ação sobre a evolução dos suicídios, guerras puramente dinásticas, como as da Crimeia ou da Itália, que não mobilizaram profundamente as massas, não tiveram efeitos visíveis. Em 1854, produz-se até uma alta importante (3.700 casos contra 3.415 em 1853). Observa-se o mesmo fato na Prússia por ocasião das guerras de 1864 e 1866. Os números permanecem estacionários em 1864 e sobem um pouco em 1866. É porque essas guerras deviam-se totalmente à iniciativa dos políticos, e não despertaram paixões populares como a de 1870.

Desse mesmo ponto de vista, é interessante notar que, na Baviera, o ano de 1870 não produziu os mesmos efeitos que teve sobre as outras regiões da Alemanha, sobretudo da Alemanha do Norte. Ali, contaram-se mais suicídios em 1870 do que em 1869 (452 contra 425). É só em 1871 que se produz uma ligeira diminuição, que se acentua um pouco em 1872, quando não há mais que 412 casos, o que constitui, ademais, uma baixa de apenas 9% em relação a 1869 e de 4% em relação a 1870. No entanto, a Baviera teve a mesma participação material que a Prússia nos acontecimentos militares; também mobilizou todo o seu exército, e não há razão para que sua desordem administrativa tenha sido menor. Porém ela não teve, nesses acontecimentos, a mesma participação moral. Sabe-se, de fato, que a católica Baviera é, de toda a Alemanha, a região que sempre viveu mais sua própria vida e se mostrou a mais ciosa de sua autonomia. Participou da guerra por vontade de seu rei, mas sem entusiasmo. Portanto resistiu muito mais do que os outros povos aliados ao grande movimento social que agitava então a Alemanha; por isso, seus efeitos só foram sentidos ali mais tarde e com menos intensidade. O entusiasmo só veio depois, e foi moderado. Foi necessário o sopro de glória que se elevou sobre a Alemanha logo após os sucessos de 1870 para aquecer um pouco a Baviera, até então fria e recalcitrante.[196]

A esse fato, podemos comparar o seguinte, que tem o mesmo significado. Na França, durante os anos 1870-71, o suicídio diminuiu apenas nas cidades:

---

196. E, ainda assim, não é certeza que essa diminuição de 1872 tenha tido como causa os acontecimentos de 1870. De fato, fora da Prússia, o recuo dos suicídios quase não foi sentido para além do próprio período da guerra. Na Saxônia, a baixa de 1870, que aliás é de apenas 8%, não se acentua em 1871 e cessa quase que por completo em 1872. No ducado de Baden, a diminuição limita-se a 1870; 1871, com 244 casos, supera 1869 em 10%. Parece, pois, que a Prússia foi a única atingida por uma espécie de euforia coletiva depois da vitória. Os outros Estados foram menos sensíveis à obtenção de glória e poder que resultou da guerra, e, uma vez passada a grande angústia nacional, as paixões sociais voltaram a se acalmar.

	Suicídios por 1 milhão de habitantes	
	população urbana	população rural
1866-69	202	104
1870-72	161	110

As constatações deveriam, contudo, ser mais difíceis no campo do que nas cidades. A verdadeira razão dessa diferença está, portanto, em outro lugar. É que a guerra produziu toda a sua ação moral apenas sobre a população urbana, mais sensível, mais impressionável e, também, mais a par dos acontecimentos do que a população rural.

Esses fatos só admitem, pois, uma explicação. Tanto as grandes comoções sociais quanto as grandes guerras populares avivam os sentimentos coletivos, estimulam o partidarismo tanto quanto o patriotismo, a fé política tanto quanto a fé nacional, e, ao centrar suas atividades num mesmo objetivo, determinam, pelo menos por algum tempo, uma integração mais consistente da sociedade. Não é à crise que se deve a salutar influência cuja existência acabamos de estabelecer, mas sim às lutas de que essa crise é a causa. Como elas obrigam os homens a se aproximarem para enfrentar o perigo comum, o indivíduo pensa menos em si e mais no bem comum. Compreende-se, além disso, que essa integração possa não ser puramente momentânea, mas que às vezes sobreviva às causas que a suscitaram de imediato, sobretudo quando é intensa.

VI

Estabelecemos sucessivamente, portanto, as três proposições seguintes:

1ª. O suicídio varia na razão inversa ao grau de integração da sociedade **religiosa**.

2ª. O suicídio varia na razão inversa ao grau de integração da sociedade **doméstica**.

3ª. O suicídio varia na razão inversa ao grau de integração da sociedade **política**.

Essa comparação demonstra que, se essas diferentes sociedades têm sobre o suicídio uma influência moderadora, não é em consequência de características particulares a cada uma delas, mas em virtude de uma causa comum a todas. Não é à natureza especial dos sentimentos religiosos que a religião deve sua eficácia, visto que as sociedades domésticas e as sociedades políticas, quando são solidamente integradas, produzem os mesmos efeitos; é, aliás, o que já provamos ao estudar diretamente a maneira como as diferentes religiões agem sobre o suicídio.[197] Inversamente, não é aquilo que o vínculo doméstico ou o vínculo político têm de específico que pode explicar a imunidade que conferem, pois a sociedade religiosa tem o mesmo privilégio. A causa só pode ser encontrada em uma mesma propriedade que todos esses grupos sociais possuem, ainda que, talvez, em graus diferentes. Ora, a única que satisfaz a essa condição é que todos são grupos sociais, solidamente integrados. Chegamos, pois, a esta conclusão geral: o suicídio varia na razão inversa ao grau de integração dos grupos sociais de que o indivíduo faz parte.

Mas a sociedade não pode se desintegrar sem que, na mesma medida, o indivíduo seja apartado da vida social, sem que seus fins próprios se tornem preponderantes sobre os fins comuns, sem que sua personalidade, em suma, se incline a se colocar acima da personalidade coletiva. Quanto mais se enfraquecem os grupos aos quais pertence, menos o indivíduo depende deles; mais, em consequência, compete apenas a si mesmo reconhecer outras regras de conduta que não sejam aquelas fundadas em seus interesses privados. Se, portanto, admitirmos chamar de egoísmo esse estado em que o eu individual afirma-se excessivamente diante do eu social e à custa desse último, poderemos dar o nome de egoísta ao tipo particular de suicídio que resulta de uma individuação desmedida.

Mas como o suicídio pode ter tal origem?

Antes de tudo seria possível indicar que, sendo a força coletiva um dos obstáculos que melhor podem refreá-lo, ela não pode diminuir sem que ele se desenvolva. Quando a sociedade é solidamente integrada, mantém os indivíduos sob sua dependência, considera que estão a seu serviço e, por conseguinte, não lhes permite dispor de si mesmos a seu bel-prazer. Portanto se opõe a que eles se furtem, pela morte, aos deveres que têm para com ela. Mas, quando eles se recusam a aceitar como legítima essa subordinação, como ela poderia lhes impor sua supremacia? Ela então já não possui a autoridade necessária para mantê-los em seus postos, caso queiram desertá-lo, e, consciente de sua fraqueza, chega ao ponto de reconhecer-lhes o direito de fazer livremente o que ela já não pode impedir. Visto que se admite que são os donos de seu destino, cabe a eles determinar seu fim. Do lado dos indivíduos, falta alguma razão para suportar com paciência as misérias

---

197. Ver anteriormente, p. 160.

da existência. Pois, quando são solidários de um grupo que amam, para não faltar com interesses ante os quais estão habituados a inclinar os seus, vivem a vida com mais obstinação. O laço que os liga à sua causa comum vincula-os à vida, e, além disso, o objetivo elevado no qual fixam os olhos impede-os de sentir tão intensamente as contrariedades privadas. Enfim, em uma sociedade coerente e vivaz, há, de todos para cada um e de cada um para todos, uma troca contínua de ideias e sentimentos, e como que um mútuo apoio moral, que faz com que o indivíduo, em vez de ser reduzido a suas meras forças, participe da energia coletiva e venha a fortalecer a sua quando ela estiver no fim.

Mas essas razões são apenas secundárias. O individualismo excessivo não tem como resultado somente favorecer a ação das causas suicidógenas; por si só, ele é uma causa desse tipo. Não apenas ele livra de um obstáculo utilmente constrangedor a propensão que leva os homens a se matarem, mas cria integralmente essa propensão e dá origem a um suicídio especial que traz sua marca. É importante compreender bem, pois é isso que constitui a natureza própria do tipo de suicídio que acabamos de distinguir, e é assim que se justifica o nome que lhe demos. O que há, pois, no individualismo que possa explicar esse resultado?

Já se disse algumas vezes que, em virtude de sua constituição psicológica, o homem só consegue viver se se vincula a um objeto que o ultrapassa e que lhe sobrevive, e alegou-se como razão disso uma necessidade que teríamos de não perecer por completo. Dizem que a vida só é tolerável se percebemos nela alguma razão de ser, se ela tem uma finalidade e que valha a pena. O indivíduo, por si só, não é uma finalidade suficiente para sua atividade. Ele é muito pouca coisa. Não é apenas limitado no espaço, como também estreitamente limitado no tempo. Quando, pois, não temos outro objetivo a não ser nós mesmos, não podemos escapar à ideia de que nossos esforços afinal são destinados a se perder no nada, já que é para lá que vamos. Mas temos horror ao aniquilamento. Nessas condições, não se consegue ter coragem para viver, isto é, para agir e lutar, já que, de todo esse trabalho que temos, nada restará. Em suma, o estado de egoísmo estaria em contradição com a natureza humana, e, consequentemente, seria precário demais para poder durar.

Mas, sob essa forma absoluta, a proposição é bastante contestável. Se realmente a ideia de que nosso ser deve acabar fosse tão odiosa, não poderíamos consentir em viver senão sob a condição de nos cegarmos e de

CAPÍTULO III - O SUICÍDIO EGOÍSTA *(cont.)* | **203**

uma parcialidade sobre o valor da vida. Pois, se é possível ocultar, em certa medida, a visão do nada, não podemos impedi-la de existir, o que quer que façamos, ele é inevitável. Podemos estender os limites de algumas gerações, fazer com que nosso nome dure alguns anos ou alguns séculos a mais que nosso corpo, mas sempre chega um momento, muito cedo para o comum dos mortais, em que já não restará nada. Pois os grupos aos quais nos vinculamos a fim de, por seu intermédio, poder prolongar nossa existência também são mortais; também estão destinados a se dissolver, levando consigo tudo o que neles colocamos de nós mesmos. São infinitamente raros aqueles cuja lembrança está intimamente ligada à própria história da humanidade para ter certeza de durar tanto quanto ela. Se, portanto, temos tanta sede de imortalidade, não são perspectivas tão breves que podem saciá-la. Além disso, o que subsiste, assim, de nós? Uma palavra, um som, um sinal imperceptível e, na maioria das vezes, anônimo,[198] nada, em consequência, que se compare à intensidade de nossos esforços e que possa justificá-los a nossos olhos. Na verdade, embora a criança seja naturalmente egoísta e não sinta a menor necessidade de perpetuar-se, e embora o velho, nesse como em tantos outros aspectos, seja com frequência uma criança, nenhum dos dois deixa de dar tanto valor à vida quanto o adulto, ou até mais; vimos, de fato, que o suicídio é muito raro nos quinze primeiros anos e que tende a diminuir durante o período extremo da vida. O mesmo ocorre com o animal, cuja constituição psicológica só difere em graus daquela do homem. Portanto, é improvável que a vida seja possível apenas sob a condição de ter, fora de si mesma, sua razão de ser.

E, de fato, há toda uma ordem de funções que só interessam ao indivíduo; são aquelas necessárias à manutenção da vida física. Visto que são feitas unicamente para esse objetivo, são tudo o que devem ser quando ele é atingido. Por conseguinte, em tudo o que lhes concerne, o homem pode agir racionalmente sem precisar oferecer-se fins que o ultrapassem. Elas servem para algo unicamente porque lhe servem. É por isso que, se o homem não tem outras necessidades, basta a si mesmo e pode viver feliz sem ter nenhum outro objetivo além de viver. Porém esse não é o caso do civilizado que chega à idade adulta. Nele há uma multiplicidade de ideias, sentimentos e práticas que não têm relação com as necessidades orgânicas.

---

198. Não estamos falando do prolongamento ideal de existência que a crença na imortalidade da alma traz consigo, pois: 1º) não é isso que pode explicar por que a família ou o vínculo com a sociedade política nos preservam do suicídio; e 2º) não é nem mesmo essa crença que constitui a influência profilática da religião; como mostramos anteriormente.

204 | LIVRO II – CAUSAS SOCIAIS E TIPOS SOCIAIS

A arte, a moral, a religião, a fé política e a própria ciência não têm o papel de reparar o desgaste dos órgãos nem de manter seu bom funcionamento. Não foi por solicitação do meio cósmico que toda essa vida suprafísica despertou e se desenvolveu, mas por solicitação do meio social. Foi a ação da sociedade que suscitou em nós esses sentimentos de simpatia e solidariedade que nos inclinam para o outro; foi ela que, moldando-nos à sua imagem, nos impregnou dessas crenças religiosas, políticas e morais que governam nossa conduta; foi para poder desempenhar nosso papel social que trabalhamos para ampliar nossa inteligência, e também é a sociedade que, ao nos transmitir a ciência de que ela é a depositária, nos fornece os instrumentos desses desenvolvimento.

Pelo próprio fato de essas formas superiores da atividade humana terem uma origem coletiva, elas têm um fim de mesma natureza. Como derivam da sociedade, é também a ela que se remetem; ou antes são a própria sociedade encarnada e individualizada em cada um de nós. Mas, então, para que tenham, a nossos olhos, uma razão de ser, é preciso que o objeto a que visam não nos seja indiferente. Portanto, apenas podemos prezar umas se prezamos a outra, ou seja, a sociedade. Ao contrário, quanto mais nos sentimos desvinculados dessa última, mais, também, nos desvinculamos dessa vida de que ela é ao mesmo tempo fonte e finalidade. Por que essas regras da moral, esses preceitos do direito, que nos obrigam a todo tipo de sacrifícios, esses dogmas que nos constrangem, se não há fora de nós nenhum ser a quem servem e de quem sejamos solidários? Por que a ciência? Se não tem outra utilidade a não ser aumentar nossas chances de sobrevida, ela não vale o sacrifício que custa. O instinto cumpre melhor esse papel; os animais são prova disso. Por que havia necessidade de substituí-lo por uma reflexão mais hesitante e mais sujeita a erro? Mas por que, sobretudo, o sofrimento? Mal positivo para o indivíduo, se é em relação apenas a esse que deve se estimar o valor das coisas, o sofrimento não traz compensação e torna-se ininteligível. Para o fiel firmemente ligado à sua fé, para o homem intensamente envolvido nos laços de uma sociedade familiar ou política, o problema não existe. Por si mesmos e sem refletir, eles vinculam o que são e o que fazem, um à sua Igreja ou a seu Deus, símbolo vivo dessa mesma Igreja, o outro à sua família, um outro ainda à sua pátria ou a seu partido. Em seus próprios sofrimentos, veem apenas meios de servir à glorificação do grupo a que pertencem, e dedicam-lhe isso. É assim que o cristão chega a ponto de amar e procurar a dor para melhor manifestar seus desprezo pela carne e se aproximar mais ainda de seu modelo divino. Mas, à medida que o

CAPÍTULO III - O SUICÍDIO EGOÍSTA *(cont.)* | **205**

crente duvida, isto é, sente-se menos solidário da confissão religiosa de que participa e se emancipa dela, à medida que a família e a cidade tornam-se estranhas ao indivíduo, ele torna-se para si mesmo um mistério, e então não pode escapar à irritante e angustiante questão: para quê?

Em outras palavras, se, como se diz com frequência, o homem é duplo, é porque ao homem físico acrescenta-se o homem social. Esse último supõe necessariamente uma sociedade que ele exprime e serve. Se, ao contrário, ela se desagrega e já não a sentimos viva e ativa ao redor e acima de nós, o que há de social em nós se encontra desprovido de qualquer fundamento objetivo. Não é mais que uma combinação artificial de imagens ilusórias, uma fantasmagoria que um pouco de reflexão basta para fazer sumir; nada, por conseguinte, que possa servir de fim a nossos atos. E, no entanto, esse homem social é tudo para o homem civilizado; é ele quem determina o valor da existência. Disso resulta que nos faltam as razões de viver, pois a única vida a que podemos nos vincular já não corresponde a nada na realidade, e a única que ainda está fundada no real já não responde às nossas necessidades. Por termos sido iniciados em uma existência mais elevada, aquela com que se contentam a criança e o animal já não consegue nos satisfazer, e eis que também a primeira nos escapa e nos deixa desamparados. Portanto, já não há nada a que nossos esforços possam se ligar, e temos a sensação de que eles se perdem no vazio. Eis em que sentido é verdade dizer que nossa atividade precisa de um objeto que a ultrapasse. Não é que ele nos seja necessário para nos manter na ilusão de uma imortalidade impossível; é que ele está implicado em nossa constituição moral e não pode, mesmo que em parte, se esquivar sem que, na mesma medida, ela perca suas razões de ser. Não é necessário mostrar que, em tal estado de abalo, as mínimas causas de desalento podem facilmente dar origem a resoluções desesperadas. Se a vida não vale a pena ser vivida, tudo se torna pretexto para livrar-se dela.

Mas não é tudo. Essa indiferença não se produz apenas nos indivíduos isolados. Um dos elementos constitutivos de todo temperamento nacional consiste em certo modo de estimar o valor da existência. Há um humor coletivo, assim como há um humor individual, que inclina os povos à tristeza ou à alegria, que lhes faz ver as coisas com cores alegres ou tristes. E a sociedade é a única em condições de fazer um julgamento global sobre o valor da vida humana, para o qual o indivíduo não é competente, pois ele conhece apenas a si mesmo e seu pequeno horizonte; sua experiência é, pois, restrita demais para poder servir de base a uma apreciação geral. Ele pode muito bem achar que sua vida não tem objetivo, mas não pode dizer nada que se aplique aos outros. A sociedade, ao contrário, pode, sem sofisma, generalizar o sentimento que tem de si mesma, de seu estado de saúde e de doença. Pois os indivíduos participam muito intimamente de sua vida para que ela possa estar doente sem que eles sejam afetados. O sofrimento dela torna-se necessariamente o sofrimento deles. Por ser o todo, o mal que ela sente transmite-se às partes de que é feita. Mas, então, ela não pode se desintegrar sem ter consciência de que as condições regulares da vida geral são transtornadas na mesma medida. Por ser o fim ao qual se subordina a melhor parte de nós mesmos, a sociedade não pode sentir que lhe escapamos sem perceber, ao mesmo tempo que nossa atividade permanece sem finalidade. Visto que somos obra sua, ela não pode estar ciente de sua decadência sem sentir que, a partir de então, essa obra já não serve para nada. Assim, formam-se correntes de depressão e de desencantamento que não emanam de nenhum indivíduo em particular, mas que exprimem o estado de desagregação em que se encontra a sociedade. O que elas traduzem é o afrouxamento dos vínculos sociais, uma espécie de astenia coletiva, de mal-estar social, da mesma forma que a tristeza individual, quando é crônica, traduz a seu modo o mau estado orgânico do indivíduo. Então surgem sistemas metafísicos e religiosos que, reduzindo esses sentimentos obscuros a fórmulas, empreendem mostrar aos homens que a vida não tem sentido e que atribuir-lhe algum é enganar a si mesmo. E constituem-se novas morais que, erigindo o fato em direito, recomendam o suicídio, ou pelo menos encaminham para ele, recomendando viver o menos possível. No momento em que se produzem, parece que essas novas morais foram inventadas integralmente por seus autores, e esses últimos são acusados do desalento que pregam. Na realidade elas são mais efeito do que causa: apenas simbolizam, em linguagem abstrata e de uma forma sistemática, a miséria fisiológica do corpo social.[199] E, como essas correntes são coletivas, têm, em consequência dessa origem, uma autoridade que faz com que se imponham ao indivíduo e o incitem com mais força ainda no sentido para o qual já o inclina o estado de desamparo moral que a desintegração da sociedade suscitou diretamente nele. Assim, no momento em que ele se liberta excessivamente do meio social, ainda sofre sua influência. Por mais individualizado que cada um seja, sempre há algo que permanece coletivo: a depressão e a melancolia que resultam dessa individuação exagerada. Comunga-se na tristeza quando já não há nada mais a comungar.

---

199. E eis por que é injusto acusar esses teóricos da tristeza de generalizar impressões pessoais. Eles são o eco de um estado geral.

CAPÍTULO III - O SUICÍDIO EGOÍSTA *(cont.)* | **207**

Esse tipo de suicídio merece, portanto, o nome que lhe demos. O egoísmo não é um mero fator auxiliar, é sua causa geradora. Se, nesse caso, o vínculo que liga o homem à vida afrouxa, é porque o vínculo que o liga à sociedade também afrouxou. Quanto aos incidentes da vida privada, que parecem inspirar imediatamente o suicídio e são considerados suas condições determinantes, na realidade são apenas causas ocasionais. Se o indivíduo cede ao menor choque das circunstâncias, é porque o estado em que se encontra a sociedade fez dele uma presa na medida para o suicídio.

Vários fatos confirmam essa explicação. Sabemos que o suicídio é excepcional entre as crianças e que diminui entre os velhos que chegam aos últimos limites da vida; é que, em ambos, o homem físico tende a voltar a ser o homem inteiro. A sociedade ainda está ausente do primeiro, que ela não teve tempo de moldar à sua imagem; ela começa a se retirar do segundo, ou, o que dá na mesma, ele se retira dela. Por conseguinte, eles se bastam mais. Tendo menos necessidade de se completar com algo além de si mesmos, também estão menos expostos a não ter o que é necessário para viver. A imunidade do animal tem as mesmas causas. Do mesmo modo, veremos no próximo capítulo que, se as sociedades inferiores praticam um suicídio que lhes é próprio, aquele de que acabamos de falar é mais ou menos completamente ignorado por elas. É porque, sendo nelas a vida social muito simples, as predisposições sociais dos indivíduos têm o mesmo caráter e, por conseguinte, precisam de pouca coisa para se satisfazerem. Com facilidade, encontram, fora, um objetivo ao qual se vincular. Para onde quer que vá, o primitivo, se pode levar consigo seus deuses e sua família, tem tudo aquilo que sua natureza social exige.

Eis, enfim, a razão pela qual a mulher pode, com mais facilidade que o homem, viver isolada. Quando vemos a viúva suportar sua condição muito melhor que o viúvo e procurar o casamento com menos paixão, somos levados a crer que essa aptidão para se privar da família é um sinal de superioridade; dizemos que as faculdades afetivas da mulher, sendo muito intensas, encontram facilmente utilidade fora do círculo doméstico, ao passo que sua dedicação nos é indispensável para nos ajudar a suportar a vida. Na realidade, se ela tem esse privilégio, é porque sua sensibilidade é antes rudimentar do que muito desenvolvida. Como ela vive mais do que o homem fora da vida coletiva, a vida coletiva penetra-a menos: a sociedade lhe é menos necessária porque a mulher é menos impregnada de sociabilidade. Ela tem apenas poucas necessidades orientadas para esse lado, e as satisfaz com pouco esforço. Com algumas práticas de devoção e alguns animais para cuidar, a solteirona preenche sua vida. Se ela permanece tão fielmente ligada às tradições religiosas e se, em consequência, encontra nelas uma útil proteção contra o suicídio, é porque essas formas sociais muito simples satisfazem a todas as suas exigências. O homem, ao contrário, sente-se em dificuldades. Seu pensamento e sua atividade, à medida que se desenvolvem, extrapolam cada vez mais essas estruturas arcaicas. Mas, então, ele precisa de outras. Porque é um ser social mais complexo, só pode se manter em equilíbrio se encontra fora mais pontos de apoio, e, porque seu equilíbrio moral depende de mais condições, também se abala com mais facilidade.

CAPÍTULO IV

O suicídio altruísta[200]

Na ordem da vida, nada é desmedidamente bom. Uma característica biológica só pode realizar os fins aos quais deve servir com a condição de não ultrapassar certos limites. É o caso dos fenômenos sociais. Se, como acabamos de ver, uma individuação excessiva leva ao suicídio, uma individuação insuficiente produz os mesmos efeitos. Quando o homem está apartado da sociedade, ele se mata facilmente; também se mata quando está profundamente integrado a ela.

I

Às vezes se diz[201] que as sociedades inferiores desconheciam o suicídio. Nesses termos, a afirmação é inexata. É verdade que o suicídio egoísta, tal como acabamos de constituí-lo, não parece ser frequente nessas sociedades, mas há um outro que nelas se encontra em estado endêmico.

Bartholin, em seu livro *De causis contemptae mortis a Danis*, relata que os guerreiros dinamarqueses consideravam vergonhoso morrer na cama,

---

200. *Bibliografia:* STEINMETZ, "Suicide among primitive Peoples", in *American Anthropologist*, jan. 1894; WAITZ, *Anthropologie der Naturvoelker, passim* – "Suicides dans les armées", in *Journal de la société de statistique*, 1874, p. 250. MILLAR, "Statistic of military suicide", in *Journal of the statistical society*, Londres, jun. 1874; MESNIER, *Du suicide dans l'armée*, Paris, 1881; BOURNET, *Criminalité en France et en Italie*, p. 83 ss; ROTH, "Die Selbstmorde in der K. u. K. Armee, in der Iahren 1873-80, in *Statistische Monatschrift*, 1892; ROSENFELD, "Die Selbstmorde in der Preussischen Armee", in *Militarwochenblatt*, 1894, 3es Beiheft; Do mesmo autor, "Der Selbstmord in der K. u. K. oest erreischischen Heere", in *Deutsche Worte*, 1893; e ANTONY, "Suicide dans l'année allemande", in *Arch. de méd. et de phar. militaire*, Paris, 1895.

201. OETTINGEN, *Moralstatistik*, p. 762.

de velhice ou doença, e se suicidavam para escapar a essa ignomínia. Do mesmo modo, os godos acreditavam que aqueles que morriam de morte natural estavam fadados a apodrecer eternamente em antros repletos de animais venenosos.[202] Nos limites das terras dos visigodos havia um rochedo alto, chamado de *Rocha dos antepassados*, do qual os velhos se precipitavam quando estavam fartos da vida. Encontra-se o mesmo costume entre os trácios, os hérulos etc. Sílvio Itálico diz dos celtas espanhóis:

> É uma nação pródiga de seu sangue e muito inclinada a apressar a morte. Assim que o celta ultrapassa os anos da força florescente, ele suporta com impaciência a passagem do tempo e se recusa a conhecer a velhice; o fim de seu destino está em suas mãos.[203]

Assim, atribuíam uma morada de delícias àqueles que se matavam e um subterrâneo horrível àqueles que morriam de doença ou de decrepitude. Por muito tempo, conservou-se o mesmo costume na Índia. Talvez não houvesse essa complacência com o suicídio nos Vedas, mas certamente ela era muito antiga. A propósito do suicídio do brâmane Calano, Plutarco diz: "Ele sacrificou a si mesmo, como era o costume dos sábios do país";[204] e Quinto Cúrcio:

> Há entre eles um tipo de homens selvagens e grosseiros aos quais dão o nome de sábios. A seus olhos é uma glória predispor o dia da morte, e eles se queimam vivos assim que a duração da vida ou da doença começa a atormentá-los. Esperar a morte é, segundo eles, a desonra da vida; assim, não prestam nenhuma homenagem aos corpos que a velhice destruiu. O fogo seria conspurcado se não recebesse o homem ainda respirando.[205]

Fatos semelhantes são apontados em Fiji,[206] Novas Hébridas, Manga etc.[207] Em Queos, os homens que ultrapassavam determinada idade se reuniam em um festim solene, em que, com a cabeça coroada de flores, alegremente tomavam cicuta.[208] As mesmas práticas aconteciam entre os trogloditas[209] e os séricos, conhecidos no entanto por sua moralidade.[210]

---

202. Citado segundo BRIERRE DE BOISMONT, p. 23.

203. *Punica*, I, 225 ss.

204. *Vie d'Alexandre*, CXIII.

205. VIII, p. 9.

206. Ver WYATT GILL, *Myths and songs of the South Pacific*, p. 163.

207. FRAZER, *Golden Bough*, t. I, p. 216 ss.

208. ESTRABÃO, § 486 – ELIEN, V. H. 337.

209. DIODORO DA SICÍLIA, III, 33, §§ 5 e 6.

210. POMPÔNIO MELA, III, p. 7.

CAPÍTULO IV · O SUICÍDIO ALTRUÍSTA | **211**

Afora os velhos, sabe-se que, entre esses mesmos povos, com frequência as viúvas são obrigadas a se matar quando seus maridos morrem. Essa prática bárbara é tão inveterada nos costumes hinduístas que ela persiste apesar dos esforços dos ingleses. Em 1817, 706 viúvas se suicidaram apenas na província de Bengala, e, em 1821, contam-se 2.366 na Índia inteira. Em outros lugares, quando um príncipe ou um chefe morre, seus servidores não podem sobreviver a ele. Era o caso na Gália. Os funerais dos chefes, diz Henri Martin, eram hecatombes sangrentas, queimavam-se solenemente suas roupas, suas armas, seus cavalos, seus escravos favoritos, aos quais juntavam-se os devotos que não haviam morrido no último combate.[211] Um devoto jamais devia sobreviver a seu chefe. Entre os achantis, quando o rei morre, seus oficiais têm a obrigação de morrer.[212] Observadores encontraram o mesmo costume no Havaí.[213]

Portanto, o suicídio é certamente muito frequente entre os povos primitivos. Mas apresenta características muito particulares. Todos os fatos que acabam de ser relatados encaixam-se, com efeito, em uma das três categorias seguintes:

1º) suicídios de homens que chegaram ao limite da velhice ou acometidos por alguma doença;

2º) suicídios de mulheres quando os maridos morrem;

3º) suicídios de clientes ou servidores quando morrem seus chefes.

Ora, em todos esses casos, se o homem se mata não é porque ele se arroga esse direito, mas, o que é bem diferente, é *porque tem esse dever*. Se ele falta a essa obrigação, é punido pela desonra e também, a maioria das vezes, por castigos religiosos. Sem dúvida, quando nos falam de velhos que se matam, somos levados, de início, a acreditar que a causa disso esteja na lassidão ou nos sofrimentos comuns nessa idade. Mas, se realmente esses suicídios não tivessem outra origem, se o indivíduo se matasse unicamente para se livrar de uma vida insuportável, ele não seria obrigado a fazê-lo; nunca se é obrigado a usufruir de um privilégio. Ora, vimos que, se ele persiste em viver, a estima pública abandona-o; aqui, as honras habituais dos funerais lhe são recusadas; ali, uma vida horrível supostamente o espera além do túmulo. A sociedade o pressiona para levá-lo a se destruir. Decerto ela também in-

---

211. *Histoire de France*, I, 81. Conferir CÉSAR, *De Bello Gallico*, VI, 19.

212. Ver SPENCER, *Sociologie*, t. II, p. 146.

213. Ver JARVES, *History of the Sandwich Islands*, 1843, p. 108.

212 | LIVRO II – CAUSAS SOCIAIS E TIPOS SOCIAIS

tervém no suicídio egoísta, mas sua intervenção não se faz do mesmo modo nos dois casos. Em um, ela se contenta em falar com o homem de uma forma que o afaste da existência; no outro, prescreve-lhe formalmente que saia dela. Ali, no máximo sugere ou aconselha; aqui, obriga e determina as condições e as circunstâncias que tornam essa obrigação exigível.

Assim, é para fins sociais que ela impõe esse sacrifício. Se o cliente não deve sobreviver a seu chefe ou os servidores a seu príncipe, é porque a constituição da sociedade implica, entre devotos e patrões, entre oficiais e rei, uma dependência tão estreita que exclui qualquer ideia de separação. É preciso que o destino de um seja o dos outros. Os súditos devem seguir seu senhor onde quer que ele vá, até mesmo para o além-túmulo, assim como suas roupas e suas armas; se fosse possível conceber que as coisas acontecessem de outro modo, a subordinação social não seria tudo aquilo que deve ser.[214] Ocorre o mesmo com a mulher em relação ao marido. Quanto aos velhos, se são obrigados a não esperar a morte, é provavelmente, pelo menos em grande número de casos, por razões religiosas. Com efeito, é no chefe da família que se presume que resida o espírito que a protege. De outro lado, é admitido que um Deus que habita um corpo alheio participe da vida desse último, passe pelas fases de saúde e doença e envelheça ao mesmo tempo. Portanto a idade não pode diminuir as forças de um sem que o outro também enfraqueça, sem que o grupo, por conseguinte, encontre-se ameaçado em sua existência, já que estaria protegido apenas por uma divindade sem vigor. Eis por que, no interesse comum, o pai é obrigado a não esperar o extremo limite da vida para transmitir a seus sucessores o depósito precioso de que ele tem a guarda.[215]

Essa descrição basta para determinar de que dependem esses suicídios. Para que a sociedade possa, assim, forçar alguns de seus membros a se matar, é preciso que a personalidade individual não tenha quase nenhuma importância. Pois, assim que ela começa a se constituir, o direito de viver é o primeiro a lhe ser reconhecido; pelo menos ele é suspenso apenas em circunstâncias muito excepcionais, como a guerra. Mas, por sua vez, essa ínfima individuação só pode ter uma única causa. Para que o indivíduo tenha

---

214. É provável que também haja, no fundo dessas práticas, a preocupação de impedir o espírito do morto de voltar à terra para buscar suas coisas e os seres que lhe são próximos. Mas essa preocupação já implica que servidores e clientes sejam estreitamente subordinados ao senhor, que sejam inseparáveis dele e que, além disso, para evitar os infortúnios da persistência do espírito nessa terra, devam se sacrificar pelo interesse comum.

215. Ver FRAZER, *Golden Bough*, *loc. cit.* e *passim*.

CAPÍTULO IV - O SUICÍDIO ALTRUÍSTA | 213

tão pouco espaço na vida coletiva, é preciso que ele seja quase totalmente absorvido no grupo, e, por conseguinte, que esse seja profundamente integrado. Para que as partes tenham tão pouca existência própria, é preciso que o todo forme uma massa compacta e contínua. E, de fato, mostramos alhures que essa coesão maciça é exatamente a de sociedades em que se observam as práticas precedentes.[216] Como elas contêm apenas poucos elementos, todo mundo vive a mesma vida, tudo é comum a todos: ideias, sentimentos, ocupações. Ao mesmo tempo, porque o grupo é pequeno, ele está próximo de cada um e consegue, desse modo, não perder ninguém de vista; disso decorre que a vigilância coletiva é constante, estende-se a todos e previne com mais facilidade as divergências. Faltam, pois, os meios para o indivíduo constituir para si um entorno especial, ao abrigo do qual possa desenvolver sua natureza e constituir uma fisionomia exclusivamente sua. Indistinto de seus companheiros, por assim dizer, ele não passa de uma parte *aliquot* do todo, sem valor por si só. Sua pessoa tem tão pouco valor que os atentados dirigidos contra ela por particulares são objeto apenas de uma repressão relativamente indulgente. Portanto, é muito natural que ele esteja ainda menos protegido contra as exigências coletivas e que a sociedade, pela menor razão, não hesite em lhe exigir que dê fim a uma vida que ela considera tão pouco.

Estamos, pois, em presença de um tipo de suicídio que se distingue do anterior por características bem definidas. Enquanto esse se deve a um excesso de individuação, aquele tem como causa uma individuação demasiado rudimentar. Um decorre do fato de a sociedade, desagregada em determinados pontos ou até em seu conjunto, deixar o indivíduo lhe escapar; o outro, do fato de ela mantê-lo demasiado estritamente sob sua dependência. Visto que chamamos de *egoísmo* o estado em que se encontra o eu quando vive sua vida pessoal e obedece apenas a si próprio, a palavra *altruísmo* exprime com exatidão o estado contrário, aquele em que o eu não se pertence, em que ele se confunde com algo que não é ele próprio, em que o polo de sua conduta se encontra fora dele, a saber, em um dos grupos de que faz parte. Por isso, chamaremos de *suicídio altruísta* aquele que resulta de um altruísmo intenso. Mas, por além disso ele apresentar a característica de ser realizado como um dever, é importante que a terminologia adotada exprima essa particularidade. Daremos, pois, o nome de *suicídio altruísta obrigatório* ao tipo assim constituído.

---

216. Ver *Division du travail social* [*Da divisão do trabalho social*], *passim*.

214 | LIVRO II – CAUSAS SOCIAIS E TIPOS SOCIAIS

A reunião desses dois adjetivos é necessária para defini-lo, pois nem todo suicídio altruísta é necessariamente obrigatório. Também há aqueles que não são expressamente impostos pela sociedade, mas que têm caráter mais facultativo. Ou seja, o suicídio altruísta é uma espécie que compreende diversas variedades. Acabamos de determinar uma delas; vejamos as outras.

Nessas mesmas sociedades de que acabamos de falar ou em outras do mesmo gênero, observam-se com frequência suicídios cujo motivo imediato e aparente é dos mais fúteis. Tito Lívio, César e Valério Máximo nos falam, não sem surpresa e admiração, da tranquilidade com a qual os bárbaros da Gália e da Germânia se matavam.[217] Havia celtas que se comprometiam a se deixar matar em troca de vinho ou dinheiro.[218] Outros procuravam não recuar nem diante das chamas do incêndio nem diante das ondas do mar.[219] Os viajantes modernos observaram práticas semelhantes em uma infinidade de sociedades inferiores. Na Polinésia uma pequena ofensa muitas vezes basta para determinar um homem ao suicídio.[220] O mesmo ocorre entre os índios da América da Norte; basta uma briga conjugal ou um gesto de ciúme para que um homem ou uma mulher se matem.[221] Entre os dakotas, entre os creeks, o menor desapontamento leva com frequência a resoluções desesperadas.[222] É conhecida a facilidade com que os japoneses abrem sua própria barriga pela razão mais insignificante. Há até relatos da prática de uma espécie de estranho duelo, em que os adversários lutam não com habilidade para atingirem-se mutuamente, mas com destreza para abrir sua barriga com as próprias mãos.[223] Mencionam-se fatos análogos na China, na Cochinchina, no Tibete e no reino de Sião.

Em todos esses casos, o homem se mata sem ser expressamente obrigado a se matar. No entanto, esses suicídios não são de natureza diferente do suicídio obrigatório. Se a opinião não os impõe de modo formal, não deixa de lhes ser favorável. Como não ter apego à vida é uma virtude, até

---

217. CÉSAR, *Guerre des Gaules*, VI, p. 14 – VALÉRIO MÁXIMO, VI, p. 11-2 – PLÍNIO, *Hist. nat.*, IV, p. 12.

218. POSIDÔNIO, XXIII, *ap.* ATHEN. DEIPNO, IV, p. 154.

219. ELIEN, XII, p. 23.

220. WAITZ, *Anthropologie der Naturvoelker*, t. VI, p. 115.

221. *Ibid.*, t. III, 1ᵉ Hœlfte, p. 102.

222. Mary EASTMAN, *Dacotah*, p. 89, 169 – LOMBROSO, *L'Uomo delinquente*, 1884, p. 51.

223. LISLE, *op. cit.*, p. 333.

CAPÍTULO IV · O SUICÍDIO ALTRUÍSTA | 215

mesmo a virtude por excelência, louva-se aquele que renuncia à ela à menor solicitação das circunstâncias ou até por simples bravata. Uma gratificação social está ligada ao suicídio, que, por isso, é encorajado, e a recusa dessa recompensa tem, ainda que em menor grau, os mesmos efeitos que uma punição propriamente dita. O que se faz num caso para escapar ao opróbrio é feito no outro para conquistar mais estima. Para quem está habituado desde a infância a não dar importância à vida e a desprezar aqueles que a valorizam em excesso, é inevitável se desfazer dela pelo menor pretexto. Decide-se sem dificuldade por um sacrifício que custa tão pouco. Essas práticas estão ligadas, portanto, assim como o suicídio obrigatório, àquilo que existe de mais fundamental na moral das sociedades inferiores. Por elas só poderem se manter se o indivíduo não tiver interesses próprios, é preciso que ele seja condicionado à renúncia e a uma abnegação irrestritas; daí originam-se esses suicídios, em parte espontâneos. Assim como aqueles que a sociedade prescreve de modo mais explícito, eles se devem ao estado de impessoalidade ou, como dissemos, de altruísmo, que pode ser visto como a característica moral do primitivo. Por essa razão, também lhes daremos o nome de altruístas, e se, para destacar melhor o que têm de especial, devemos acrescentar que são *facultativos*, é preciso simplesmente entender por essa palavra que eles são menos expressamente exigidos pela sociedade do que quando são estritamente obrigatórios. Essas duas variedades são até tão estreitamente aparentadas que é impossível determinar onde uma começa e a outra acaba.

Enfim, há outros casos em que o altruísmo leva ao suicídio de maneira mais direta e com mais violência. Nos exemplos precedentes, ele só determinava o homem a se matar com o concurso das circunstâncias. Era necessário que a morte fosse imposta pela sociedade como um dever ou que algum ponto de honra estivesse em jogo ou, pelo menos, que algum acontecimento desagradável acabasse de depreciar a existência aos olhos da vítima. Mas chega a acontecer de o indivíduo se sacrificar unicamente pela alegria do sacrifício, porque a renúncia, em si e sem razão particular, é considerada louvável.

A Índia é a terra clássica desses tipos de suicídio. Já sob a influência do bramanismo, o hindu se matava com facilidade. É verdade que as leis de Manu recomendam o suicídio com algumas restrições. É preciso que o homem já tenha atingido certa idade, que tenha deixado pelo menos um filho. Mas, uma vez preenchidas essas condições, ele não tem o que fazer da vida. "O brâmane, que se libertou de seu corpo por uma das práticas utilizadas pelos

216 | LIVRO II – CAUSAS SOCIAIS E TIPOS SOCIAIS

grandes santos, sem tormento e sem temor, é admitido com honra na morada de Brahma."[224] Embora com frequência se tenha acusado o budismo de ter levado esse princípio a consequências extremas e de ter erigido o suicídio em prática religiosa, na verdade ele sobretudo o condenou. Sem dúvida, ensinava que o supremo desejável era anular-se no nirvana, mas essa suspensão do ser pode e deve ser obtida nesta vida e não há necessidade de manobras violentas para realizá-la. Todavia a ideia de que o homem deve fugir à existência está a tal ponto no espírito da doutrina e tão conforme às aspirações do espírito hindu que a encontramos sob formas diferentes nas principais seitas originadas do budismo ou que se constituíram ao mesmo tempo que ele. É o caso do jainismo. Apesar de um dos livros cânones da religião jainista reprovar o suicídio, acusando-o de exaltar a vida, inscrições coletadas em inúmeros santuários demonstram que, sobretudo entre os jainistas do Sul, o suicídio religioso foi uma prática bastante frequente.[225] O fiel deixava-se morrer de fome.[226] No hinduísmo, o costume de procurar a morte nas águas do Ganges ou de outros rios sagrados era muito difundido. As inscrições nos mostram reis e ministros que se preparam para acabar assim seus dias,[227] e garante-se que no início do século essas superstições ainda não haviam desaparecido completamente.[228] Entre os bhils havia um rochedo do alto do qual precipitavam-se por devoção, para sacrificar-se a Shiva;[229] em 1822, um oficial ainda assistiu a um desses sacrifícios. A história dos fanáticos que em massa deixam-se esmagar pelas rodas do ídolo Jaggarnat tornou-se clássica.[230] Charlevoix já observara ritos do mesmo tipo no Japão: "Nada é mais comum", diz,

> do que ver, ao longo das costas marítimas, barcas repletas de fanáticos que se precipitam na água carregados de pedras, ou que furam suas barcas e deixam-se afundar pouco a pouco, entoando louvores a seus ídolos. Um grande número de espectadores os segue com os olhos e exalta às alturas seu valor e lhes pede, antes de desaparecerem, a bênção. Os sectários de Amida fazem-se encerrar e

---

224. *Lois de Manou*, VI, p. 32 (tradução do francês de LOISELEUR).

225. BARTH, *The religions of India*, Londres, 1891, p. 146.

226. BÜHLER, *Über die Indische Secte der Jaïna*, Viena, 1887, p. 10, 19 e 37.

227. BARTH, *op. cit.*, p. 279.

228. HEBER, *Narrative of a Journey through the Upper Provinces of India*, 1824-25, cap. XII.

229. FORSYTH, *The Highlands of Central India*, Londres, 1871, p. 172-5.

230. Ver BURNELL, *Glossary*, 1866, na palavra *Jagarnnath*. A prática quase desapareceu; no entanto, em nossos dias ainda se observaram casos isolados. Ver STIRLING, *Asiat. Resch.*, t. XV, p. 324.

CAPÍTULO IV - O SUICÍDIO ALTRUÍSTA | **217**

emparedar em cavernas onde mal têm espaço para sentar e onde podem respirar apenas por um respiradouro. Lá, deixam-se tranquilamente morrer de fome. Outros sobem ao topo de rochedos muito elevados, no alto dos quais há minas de enxofre, de onde, de vez em quando, saem chamas. Eles não param de invocar seus deuses, pedem que aceitem o sacrifício de sua vida e que se elevem algumas dessas chamas. Assim que uma delas é lançada, veem-na como um sinal do consentimento dos deuses e se jogam de cabeça no fundo do abismo... A memória desses pretensos mártires é muito venerada.[231]

Não há suicídios cujo caráter altruísta seja mais marcado. Com efeito, em todos esses casos, vemos o indivíduo aspirar a se despojar de todo o seu ser pessoal para se abismar nessa outra coisa que ele considera sua verdadeira essência. Pouco importa o nome com o qual a designe, é nela e apenas nela que ele crê existir, e é para ser que ele tende tão energicamente a se confundir com ela. É, pois, porque considera não ter existência própria. A impessoalidade é, aqui, levada a seu máximo; o altruísmo está em estado agudo. Mas, poderão dizer, esses suicídios não provêm simplesmente do fato de o homem achar a vida triste? Está claro que, quando alguém se mata com tanta espontaneidade, não tem muito apego à vida, de que faz, por conseguinte, uma representação mais ou menos melancólica. Mas, quanto a isso, todos os suicídios são parecidos. No entanto, seria um grave erro não fazer nenhuma distinção entre eles, pois nem sempre essa representação tem a mesma causa, e, consequentemente, apesar das aparências, não é a mesma nos diferentes casos. Enquanto o egoísta é triste porque não vê nada de real no mundo além do indivíduo, a tristeza do altruísta intemperante vem, ao contrário, de que o indivíduo lhe parece destituído de toda realidade. Um não tem apego à vida porque, não percebendo nenhum objetivo pelo qual possa se interessar, sente-se inútil e sem razão de ser; o outro, porque tem um objetivo, mas situado fora dessa vida, que lhe aparece, então, como um obstáculo. Assim, a diferença das causas também se encontra nos efeitos, e a melancolia de um é de natureza totalmente diferente da melancolia do outro. A do primeiro é feita de um sentimento de lassidão incurável e de um abatimento sombrio, exprime um declínio completo da atividade, que, não podendo ser empregada de modo útil, entra em colapso. A do segundo, ao contrário, é feita de esperança; pois se deve, justamente, ao fato de que, para além dessa vida, são vislumbradas perspectivas mais belas. Chega até a implicar o entusiasmo e os arroubos de uma fé impaciente de se satisfazer e que se afirma por atos de grande energia.

---

231. *Histoire du Japon*, t. II.

De resto, por si só, a maneira menos ou mais sombria como um povo concebe a existência não basta para explicar a intensidade de sua inclinação ao suicídio. O cristão não representa sua passagem nesta terra sob um aspecto mais alegre do que o sectário de Jina. Vê nela apenas um tempo de provações dolorosas; também ele julga que sua verdadeira pátria não é desse mundo, e entretanto sabemos a aversão ao suicídio que o cristianismo professa e inspira. É porque as sociedades cristãs dão ao indivíduo um espaço bem maior que as sociedades anteriores. Elas lhe atribuem deveres pessoais a serem executados, dos quais é proibido esquivar-se; é apenas conforme a maneira como se desincumbiu da função que lhe cabe neste mundo que ele é admitido ou não às alegrias do além, e tais alegrias, assim como as obras que dão direito a elas, são também pessoais. Assim, o individualismo moderado que existe no espírito do cristianismo impediu-o de favorecer o suicídio, apesar de suas teorias sobre o homem e seu destino.

Os sistemas metafísicos e religiosos que servem de estrutura lógica a essas práticas morais rematam a prova de que essa é sua origem e seu significado. Há muito tempo, de fato, observa-se que elas coexistem em geral com crenças panteístas. Sem dúvida, o jainismo, como o budismo, é ateu, mas o panteísmo não é necessariamente teísta. O que o caracteriza essencialmente é a ideia de que aquilo que há de real no indivíduo é estranho à sua natureza, que a alma que o anima não é sua alma e que, por conseguinte, não há existência pessoal. Ora, esse dogma está na base das doutrinas hinduístas; já é encontrado no bramanismo. Inversamente, nos lugares em que o princípio dos seres não se confunde com eles, mas é concebido sob forma individual, ou seja, entre os povos monoteístas como os judeus, os cristãos, os maometanos, ou politeístas como os gregos e os latinos, essa forma do suicídio é excepcional. Nunca é encontrada aí na condição de prática ritual. É, portanto, porque entre ela e o panteísmo há provavelmente uma relação. Qual?

Não se pode admitir que tenha sido o panteísmo que produziu o suicídio. Não são ideias abstratas que conduzem os homens, e não seria possível explicar o desenvolvimento da história pela ação de puros conceitos metafísicos. Tanto para os povos como para os indivíduos, as representações têm, antes de tudo, a função de exprimir uma realidade que não constroem; ao contrário, provêm dela, e, se depois servem para modificá-la, é sempre numa medida muito restrita. As concepções religiosas são produtos, e não produtoras, do meio social, e se, uma vez formadas, reagem sobre as causas que as engendraram, essa reação não pode ser muito profunda. Se, portanto, o que constitui o panteísmo é uma negação mais radical ou menos radical de toda individualidade, tal religião pode se formar apenas no seio de uma sociedade em que, na verdade, o indivíduo não tem nenhuma importância, ou seja, está quase totalmente perdido no grupo. Pois os homens só podem imaginar o mundo à imagem do pequeno mundo social em que vivem. O panteísmo religioso não é, pois, mais que uma consequência e como que um reflexo da organização panteística da sociedade. Por conseguinte, também é nessa última que está a causa desse suicídio particular que se apresenta por toda parte conectado ao panteísmo.

Eis, então, constituído um segundo tipo de suicídio que, por sua vez, engloba três variedades: o suicídio altruísta obrigatório, o suicídio altruísta facultativo e o suicídio altruísta agudo, do qual o suicídio místico é o modelo perfeito. Sob essas diferentes formas, ele contrasta da maneira mais impressionante com o suicídio egoísta. Um está ligado à rude moral que desconsidera tudo aquilo que interessa apenas ao indivíduo, o outro é solidário da ética refinada que eleva tanto a personalidade humana que ela já não consegue se subordinar a nada. Portanto, há entre eles toda a distância que separa os povos primitivos das nações mais cultas.

Entretanto, ainda que as sociedades inferiores sejam, por excelência, o terreno do suicídio altruísta, ele também é encontrado em civilizações mais recentes. Em especial, podemos classificar sob essa rubrica a morte de diversos mártires cristãos. São, de fato, suicidas todos os neófitos que, se não se matavam com as próprias mãos, deixavam-se voluntariamente matar. Se eles mesmos não se suicidavam, buscavam a morte com determinação e agiam de modo que ela se tornasse inevitável. Ora, para que haja suicídio, basta que o ato do qual a morte deve necessariamente resultar tenha sido realizado pela vítima com conhecimento de causa. De outro lado, a paixão entusiasta com a qual os fiéis da nova religião iam ao encontro do último suplício mostra que, naquele momento, eles haviam alienado completamente sua personalidade em proveito da ideia da qual se constituíram servidores. É provável que as epidemias de suicídio que, várias vezes, desolaram os monastérios durante a Idade Média e que parecem ter sido determinadas por excesso de fervor religioso fossem de mesma natureza.[232]

Em nossas sociedades contemporâneas, como a personalidade individual está cada vez mais livre da personalidade coletiva, tais suicídios não podem ser muito disseminados. Seria possível dizer, sem dúvida, seja dos solda-

---

232. Chamou-se de acédia o estado moral que determinava esses suicídios. Ver BOURQUELOT, *Recherches sur les opinions et la législation en matière de mort volontaire pendant le Moyen Âge.*

220 | LIVRO II – CAUSAS SOCIAIS E TIPOS SOCIAIS

dos que preferem a morte à humilhação da derrota – como o comandante
Beaurepaire e o almirante Villeneuve –, seja dos desafortunados que se matam
para evitar uma vergonha à sua família, que eles cedem a motivos altruístas.
Pois, se tanto uns quanto outros renunciam à vida, é porque há algo que amam
mais do que a si mesmos. Mas são casos isolados que só ocorrem excepcionalmente.[233] Entretanto ainda hoje há entre nós um meio especial em que o
suicídio altruísta se encontra em estado crônico: o exército.

II

É fato geral em todos os países da Europa que a predisposição dos militares ao suicídio é muito superior à da população civil da mesma idade. A
diferença para mais varia entre 25% e 900% (ver quadro XXIII).

QUADRO XXIII

*Comparação entre suicídios militares e suicídios civis
nos principais países da Europa*

		Suicídios por		Coeficiente de agravamento dos soldados em relação aos civis
		1 milhão de soldados	1 milhão de civis da mesma idade	
Áustria	(1876-90)	1.253	122	10
Estados Unidos	(1870-84)	680	80	8,5
Itália	(1876-90)	407	77	5,2
Inglaterra	(1876-90)	209	79	2,6
Württemberg	(1846-58)	320	170	1,92
Saxônia	(1847-58)	640	369	1,77
Prússia	(1876-90)	607	394	1,50
França	(1876-90)	333	265	1,25

A Dinamarca é o único país em que o contingente das duas populações
é substancialmente o mesmo, 388 para um milhão de civis e 382 para um

---

233. É provável que os suicídios tão frequentes entre os homens da Revolução se devessem,
pelo menos em parte, a um estado de espírito altruísta. Naqueles tempos de lutas internas
e de entusiasmo coletivo, a personalidade individual perdera valor. Os interesses da pátria
ou do partido estavam acima de tudo. A multiplicidade de execuções capitais provém, decerto,
da mesma causa. Matava-se outrem tão facilmente quanto a si próprio.

milhão de soldados durante os anos 1845-56. Porém os suicídios de oficiais não estão incluídos nesse número.[234]

À primeira vista, esse fato surpreende ainda mais porque muitas causas pareceriam dever preservar o exército do suicídio. Para começar, os indivíduos que o compõem representam, do ponto de vista físico, a fina flor do país. Selecionados com cuidado, não têm taras orgânicas graves.[235] Além disso, o espírito de corpo, a vida em comum deveria ter aqui a influência profilática que ela exerce em outras áreas. Como se explica, então, um agravamento tão considerável?

Como os simples soldados nunca se casaram, incriminou-se o celibato. Mas, antes de tudo, o celibato não deveria ter, no exército, consequências tão funestas quanto na vida civil, pois, como acabamos de dizer, o soldado não é um solitário. É membro de uma sociedade solidamente constituída e que é suscetível de substituir, em parte, a família. Mas, seja como for, há um meio de isolar esse fator. Basta comparar os suicídios dos soldados aos dos solteiros da mesma idade; o quadro XXI (p. 168), cuja importância vemos novamente, permite essa comparação. Durante os anos 1888-91, contaram-se, na França, *380* suicídios por um milhão do efetivo; na mesma época, os rapazes solteiros de 20 a 25 anos produziam apenas *237*. Para 100 suicídios de solteiros civis havia, portanto, 160 suicídios militares, o que dá um coeficiente de agravamento de 1,6, totalmente independente do celibato.

Se contamos à parte os suicídios de suboficiais, esse coeficiente é ainda maior. Durante o período 1867-74, um milhão de suboficiais produzia uma média anual de *993* suicídios. Segundo um recenseamento feito em 1866, eles tinham uma média de idade de pouco mais de 31 anos. Ignoramos, é verdade, qual era então o número de suicídios de solteiros de 30 anos; os quadros que elaboramos referem-se a uma época bem mais recente (1889-91) e são os únicos que existem; mas, tomando como ponto de referência os números que nos fornecem, o erro que cometeremos não poderá ter outro efeito senão reduzir o coeficiente de agravamento dos suboficiais a menos do que realmente era. De fato, uma vez que o número de suicídios quase dobrou de um desses períodos ao outro, a taxa de solteiros da idade considerada certamente aumen-

---

234. Os números relativos aos suicídios militares são extraídos ou de documentos oficiais ou de WAGNER (*op. cit.*, p. 229 ss); os números referentes aos suicídios civis, de documentos oficiais, das indicações de Wagner, ou de Morselli. Para os Estados Unidos, supusemos que a média de idade no exército era, como na Europa, de 20 a 30 anos.

235. Nova prova da ineficácia do fator orgânico em geral e da seleção matrimonial em particular.

222 | LIVRO II – CAUSAS SOCIAIS E TIPOS SOCIAIS

tou. Por conseguinte, comparando os suicídios dos suboficiais, de 1867-74, aos dos rapazes solteiros de 1889-91, poderemos atenuar, mas não agravar, a má influência da profissão militar. Portanto, se apesar desse erro encontrarmos contudo um coeficiente de agravamento, teremos certeza não apenas de que ele é real mas também de que é substancialmente mais importante do que parecerá segundo o cálculo. Ora, em 1889-91, um milhão de solteiros de 31 anos produzia um número de suicídios compreendido entre 394 e 627, ou seja, cerca de *510*. Esse número está para 993 como 100 está para 194, o que implica um coeficiente de agravamento de 1,94, que podemos quase aumentar para 4 sem medo de superar a realidade.[236]

Enfim, o corpo de oficiais produziu, em média, de 1862 a 1878, *430* suicídios por um milhão de indivíduos. Sua média de idade, que não variou muito, era em 1866 de 37 anos e 9 meses. Como muitos deles são casados, não é aos solteiros dessa idade que se deve compará-los, mas ao total da população masculina, solteiros e casados somados. Ora, aos 37 anos, em 1863-68, um milhão de homens de qualquer estado civil produzia apenas um pouco mais de *200* suicídios. Esse número está para 430 como 100 está para 215, o que dá um coeficiente de agravamento de 2,15, que não depende em nada do casamento nem da vida familiar.

Esse coeficiente, que conforme os diferentes graus da hierarquia varia de 1,6 a quase 4, só pode, evidentemente, ser explicado por causas próprias à condição militar. É verdade que só estabelecemos diretamente sua existência para a França, faltam-nos os dados necessários para isolar a influência do celibato nos outros países. Mas, como o exército francês revela-se ser, na Europa, justamente o menos atingido pelo suicídio, com a única exceção da Dinamarca, pode-se ter certeza de que o resultado precedente é geral, e até mesmo que ele deve ser ainda mais acentuado nos outros Estados europeus. A que causa atribuí-lo?

Pensou-se no alcoolismo, que, diga-se, grassa com mais violência no exército do que na população civil. Mas, de início, se, como mostramos, o alcoolismo não tem influência definida sobre a taxa de suicídios em geral,

---

236. Durante os anos 1867-74, a taxa de suicídios é de cerca de 140; em 1889-91, é de 210 a 220, isto é, um aumento de quase 60%. Se a taxa dos solteiros cresceu na mesma medida, e não há razão para que tenha sido de outra maneira, ela teria sido durante o primeiro desses períodos apenas de 319, o que aumentaria para 3,11 o coeficiente de agravamento dos suboficiais. Se não falamos de suboficiais depois de 1874, é porque, a partir daquele momento, houve cada vez menos suboficiais de carreira.

não pode ter influência maior sobre a taxa de suicídios militares em particular. Em seguida, os poucos anos que dura o serviço militar, três anos na França e dois anos e meio na Prússia, não bastam para constituir um número suficientemente grande de alcoólatras inveterados que possa explicar assim o enorme contingente que o exército fornece ao suicídio. Enfim, até mesmo de acordo com os observadores que atribuem a maior influência ao alcoolismo, apenas um décimo dos casos lhe seria imputável. Por conseguinte, ainda que os suicídios alcoólicos fossem duas e até três vezes mais numerosos entre os soldados do que entre os civis, o que não está demonstrado, continuaria havendo um excedente considerável de suicídios militares para os quais seria necessário procurar outra origem.

A causa que se invocou com mais frequência foi a aversão ao serviço militar. Essa explicação está de acordo com a concepção corrente que atribui o suicídio às dificuldades da existência, pois os rigores da disciplina, a ausência de liberdade, a privação de todo conforto fazem com que haja tendência a considerar a vida de caserna particularmente intolerável. A bem dizer, parece haver muitas outras profissões mais rudes e que, no entanto, não reforçam a inclinação ao suicídio. Pelo menos, o soldado tem a garantia de ter uma cama e alimentação suficiente. Mas, seja qual for a validade dessas considerações, os fatos seguintes demonstram a insuficiência dessa explicação simplista:

1º) É lógico admitir que a aversão ao ofício deve ser muito mais pronunciada nos primeiros anos de serviço militar e que diminui à medida que o soldado se acostuma à vida de caserna. Depois de algum tempo, deve se produzir uma aclimatação, seja por efeito da habituação, seja porque os sujeitos mais refratários desertaram ou se mataram; e essa aclimatação é tanto mais completa quanto mais se prolonga a permanência no serviço militar. Portanto, se era a mudança de hábitos e a impossibilidade de se acostumar à nova existência que determinavam a inclinação especial dos soldados para o suicídio, deveríamos ver o coeficiente de agravamento diminuir à medida que passassem mais tempo nas armas. Porém não é o que ocorre, como prova o quadro apresentado a seguir (p. 224).

Na França, em menos de 10 anos de serviço militar, a taxa de suicídios quase triplicou, ao passo que, para os solteiros civis, ela passa, nesse mesmo tempo, somente de 237 a 394. Nos exércitos ingleses da Índia, ela se torna, em 20 anos, oito vezes maior; nunca a taxa de civis avança tão rápido. É prova de que o agravamento próprio do exército não se localiza nos primeiros anos.

	Exército francês			Exército inglês	
Serviço militar	Suboficiais e soldados Suicídios anuais por 100 mil indivíduos (1862-69)	Idade		Suicídios por 100 mil indivíduos	
				Na metrópole	Na Índia
Com menos de um	28	20 a 25 anos		20	13
De 1 a 3 anos	27	25 a 30 anos		39	39
De 3 a 5 anos	40	30 a 35 anos		51	84
De 5 a 7 anos	48	35 a 40 anos		71	103
De 7 a 10 anos	76	—		—	—

Parece que o mesmo ocorre na Itália. Não temos, é verdade, os números proporcionais relacionados ao efetivo de cada contingente. Mas os números brutos são substancialmente os mesmos para cada ano de serviço: 15,1 para o primeiro, 14,8 para o segundo e 14,3 para o terceiro. Ora, é certo que o efetivo diminui de ano em ano, devido a mortes, reformas, licenças etc. Portanto, os números absolutos só poderiam se manter no mesmo nível com o considerável aumento dos números proporcionais. Entretanto não é improvável que, em alguns países, haja, no início do serviço militar, vários suicídios que realmente se devam à mudança de vida. Com efeito, há relatos de que, na Prússia, os suicídios são excepcionalmente numerosos durante os seis primeiros meses. Do mesmo modo, na Áustria, em 100 mil suicídios, há 156 cometidos durante os três primeiros meses,[237] o que decerto é um número bem importante. Mas esses fatos não são nada inconciliáveis com os precedentes. Pois é bem possível que, afora o agravamento temporário que ocorre durante esse período de perturbação, haja outro, que se deva a outras causas e que aumente conforme uma lei análoga àquela que observamos na França e na Inglaterra. Ademais, na própria França, a taxa do segundo e do terceiro ano é ligeiramente inferior à do primeiro, o que, no entanto, não impede a progressão ulterior.[238]

---

237. Ver o artigo de ROTH, em *Stat. Monatschrift*, 1892, p. 200.

238. Não temos, para a Prússia e para a Áustria, o efetivo por ano de serviço, o que nos impede de estabelecer os números proporcionais. Na França, afirmou-se que, se pouco depois da guerra os suicídios militares diminuíram, era porque o serviço se tornara menos longo (5 anos em vez de 7). Mas essa diminuição não se manteve, e, a partir de 1882, os números voltaram a subir consideravelmente. De 1882 a 1889, eles voltaram ao nível de antes da guerra, oscilando entre 322 e 424 por milhão, e isso apesar de o serviço militar ter passado por uma nova redução, de 5 para 3 anos.

CAPÍTULO IV · O SUICÍDIO ALTRUÍSTA | **225**

2º) A vida militar é muito menos difícil, a disciplina é menos rude para os oficiais e suboficiais do que para os simples soldados. O coeficiente de agravamento das duas primeiras categorias deveria, então, ser inferior ao da terceira. Mas ocorre o contrário: já o demonstramos para a França; o mesmo fato é encontrado em outros países. Na Itália, os oficiais apresentavam, durante os anos 1871-75, uma média anual de 565 casos para um milhão, enquanto a tropa contava apenas 230 (Morselli). Para os suboficiais, a taxa é ainda maior, ultrapassa mil para um milhão. Na Prússia, enquanto os simples soldados cometem apenas 560 suicídios para um milhão, os suboficiais fornecem 1.140. Na Áustria há um suicídio de oficial para nove suicídios de simples soldados, ao passo que há, evidentemente, muito mais que nove homens de tropa por oficial. Do mesmo modo, embora não haja um suboficial para dois soldados, há um suicídio de suboficiais para 2,5 de soldados.

3º) A aversão à vida militar deveria ser menor entre aqueles que a escolhem livremente e por vocação. Os engajados voluntários e os reengajados deveriam, pois, apresentar uma tendência menor ao suicídio. Mas, ao contrário, ela é excepcionalmente considerável.

Anos 1875-78	Taxa de suicídios por 1 milhão	Média de idade provável	Taxa dos solteiros civis da mesma idade (1889-91)	Coeficiente de agravamento
Engajados voluntários	670	25 anos	Entre 237 e 394, ou seja, 315	2,12
Reengajados	1.300	30 anos	Entre 394 e 627, ou seja, 510	2,54

Pelas razões que expusemos, esses coeficientes, calculados em relação aos solteiros de 1889-91, certamente estão abaixo da realidade. A intensidade da propensão que os reengajados manifestam é sobretudo notável, já que eles permanecem no exército depois de ter experimentado a vida militar.

Assim, os membros do exército mais atingidos pelo suicídio são também aqueles que têm mais vocação para a carreira, que estão mais habituados a suas exigências e menos expostos aos aborrecimentos e inconvenientes que ela pode ter. É, portanto, porque o coeficiente de agravamento especial a essa profissão tem como causa não a repugnância que ela inspira, mas, ao contrário, o conjunto de condições, hábitos adquiridos ou predisposições naturais que constituem o espírito militar. Ora, a primeira qualidade do soldado é uma espécie de impessoalidade que não é encontrada, no mesmo grau, em nenhuma parte na vida civil. É preciso que ele seja treinado para fazer pouco caso de sua pessoa, já que deve estar pronto a sacrificá-la assim que receber uma ordem para tal. Até mesmo fora dessas circunstâncias excepcionais, em tempos de paz e na prática cotidiana da profissão, a disciplina exige que ele obedeça sem discutir e até, às vezes, sem compreender. Mas, para isso, é necessário uma abnegação intelectual que não é compatível com o individualismo. É preciso ter muito pouco apego à sua individualidade para se conformar tão docilmente a impulsos exteriores. Em suma, o soldado tem o princípio de sua conduta fora de si mesmo, o que é característico do estado de altruísmo. De todas as partes de que são feitas nossas sociedades modernas, o exército é, aliás, aquele que mais lembra a estrutura das sociedades inferiores. Ele também consiste em um grupo maciço e compacto que enquadra firmemente o indivíduo e o impede de fazer movimento próprio. Já que essa constituição moral é o terreno natural do suicídio altruísta, temos fortes razões para supor que o suicídio militar tem esse mesmo caráter e provém da mesma origem.

Assim se explicaria por que o coeficiente de agravamento aumenta com a duração do serviço; é porque essa aptidão à renúncia e esse gosto pela impessoalidade se desenvolvem depois de um adestramento mais prolongado. Da mesma forma, como o espírito militar é necessariamente maior entre os reengajados e os graduados do que entre os simples soldados, é natural que os primeiros sejam mais especialmente inclinados ao suicídio do que os segundos. Essa hipótese permite até mesmo compreender a singular superioridade que os suboficiais têm, quanto a esse aspecto, sobre os oficiais. Se eles se matam mais, é porque não há função que exija no mesmo grau o hábito da submissão e da passividade. Por mais disciplinado que seja o oficial, ele deve ter, em certa medida, capacidade de iniciativa, ele tem um campo de ação mais extenso, consequentemente uma individualidade mais desenvolvida. As condições favoráveis ao suicídio altruísta são, portanto, realizadas de modo menos completo nele do que no suboficial; tendo um sentimento mais vivo do que vale sua vida, ele é menos inclinado a se desfazer dela.

Não apenas essa explicação dá conta dos fatos anteriormente expostos, como, além disso, é confirmada pelos fatos seguintes.

1º) Deduz-se do quadro XXIII que o coeficiente de agravamento militar é tanto maior quanto o conjunto da população civil tem menor propensão ao suicídio, e vice-versa. A Dinamarca é a terra clássica do suicídio, lá os soldados se matam tanto quanto o resto dos habitantes. Os Estados mais fecundos em suicídios são, em seguida, a Saxônia, a Prússia e a França; neles, o exército não é muito atingido, o coeficiente de agravamento varia aí entre 1,25 e 1,77. Ao contrário, ele é bem considerável para Áustria, Itália, Estados Unidos e Inglaterra, países em que os civis se matam muito pouco. Rosenfeld, no artigo já citado, procedeu a uma classificação dos principais países da Europa, do ponto de vista do suicídio militar, sem pretender, aliás, tirar dessa classificação nenhuma conclusão teórica, e chegou aos mesmos resultados. Eis, com efeito, em que ordem ele posiciona os diferentes Estados com os coeficientes que calculou:

	Coeficiente de agravamento dos soldados em relação aos civis de 20-30 anos	Taxa da população civil por 1 milhão
França	1,3	150 (1871-75)
Prússia	1,8	133 (1871-75)
Inglaterra	2,2	73 (1876)
Itália	Entre 3 e 4	37 (1874-77)
Áustria	8,0	72 (1864-72)

Com exceção de que a Áustria deveria vir antes da Itália, a inversão é absolutamente regular.[239]

Ela se observa de maneira ainda mais impressionante no interior do Império Austro-Húngaro. Os corpos do exército com coeficiente de agravamento mais elevado são aqueles que estão de guarnição nas regiões em que os civis gozam de maior imunidade, e vice-versa (ver quadro na página seguinte).

Há apenas uma exceção, a do território de Innsbruck, onde a taxa de civis é pequena e o coeficiente de agravamento é apenas médio.

Do mesmo modo, na Itália, Bolonha é, de todos os distritos militares, aquele em que os soldados menos se matam (180 suicídios por um milhão) e também aquele em que os civis mais se matam (89,5). Puglia e Abruzos, ao contrário, contam muitos suicídios militares (370 e 400 por um milhão) e apenas 15 ou 16 suicídios civis. Podemos fazer observações semelhantes para a França. O governo militar de Paris, com 260 suicídios por um milhão, está

---

239. É possível indagar se a enormidade do coeficiente de agravamento militar na Áustria não provém do fato de que os suicídios do exército são recenseados com mais precisão do que os da população civil.

228 | LIVRO II – CAUSAS SOCIAIS E TIPOS SOCIAIS

bem abaixo do corpo do exército da Bretanha, com 400. E até, em Paris, o coeficiente de agravamento deve ser insignificante, já que, no departamento do Seine, um milhão de solteiros de 20 a 25 anos produz 214 suicídios.

Territórios militares	Coeficiente de agravamento dos soldados em relação aos civis com mais de 20 anos		Suicídios de civis com mais de 20 anos, por 1 milhão	
Viena (Baixa e Alta Áustria, Salzburgo)	1,42	—	660	—
Brünn (Morávia e Silésia)	2,41	Média 2,46	580	Média 480
Praga (Boêmia)	2,58		620	
Innsbruck (Tirol, Vorarlberg)	2,41		240	
Zara (Dalmácia)	3,48	Média 3,82	250	Média 283
Graz (Steiermarck, Caríntia, Carníola)	3,58		290	
Cracóvia (Galícia e Bukovina)	4,41		310	

Tais fatos provam não apenas que as causas do suicídio militar são diferentes, mas também que estão na razão inversa daquelas que mais contribuem para determinar os suicídios civis. Ora, nas grandes sociedades europeias, esses últimos se devem sobretudo à individuação excessiva que acompanha a civilização. Os suicídios militares devem, portanto, depender da disposição contrária, a saber, de uma individuação precária ou daquilo que chamamos de estado de altruísmo. Na verdade, os povos em que o exército é mais inclinado ao suicídio são também os menos avançados e cujos costumes mais se aproximam daqueles que se observam em sociedades inferiores. O tradicionalismo, antagonista por excelência do espírito individualista, é muito mais desenvolvido na Itália, na Áustria e até mesmo na Inglaterra, do que na Saxônia, na Prússia e na França. É mais intenso em Zara e na Cracóvia do que em Graz e Viena, na Puglia do que em Roma ou Bolonha, na Bretanha do que no Seine. Como preserva do suicídio egoísta, compreende-se sem dificuldade que, nos lugares em que o tradicionalismo ainda é forte, a população civil conte poucos suicídios. Porém ele só tem essa influência profilática se permanece moderado. Se ultrapassa certo grau de intensidade, ele próprio torna-se uma fonte original de suicídios. Mas o

CAPÍTULO IV - O SUICÍDIO ALTRUÍSTA | **229**

exército, como sabemos, tende necessariamente a exagerá-lo, e está tanto mais exposto a exceder a medida quanto sua ação própria é mais ajudada e reforçada pela ação do entorno. A educação que ele dá tem efeitos tanto mais violentos quanto se revela ser mais conforme às ideias e aos sentimentos da população civil, pois nesse caso nada o detém. Ao contrário, quando o espírito militar é contínua e energicamente criticado pela moral pública, ele não consegue ser tão forte quanto nos casos em que tudo contribui para inclinar o jovem soldado na mesma direção. Compreende-se, pois, por que, nos países em que o estado de altruísmo é suficiente para proteger, em certa medida, o conjunto da população, o exército o leva a tal ponto que ele se torna a causa de um notável agravamento.[240]

2º) Em todos os exércitos, são as tropas de elite que têm o coeficiente de agravamento mais elevado.

	Média de idade real ou provável	Suicídios por 1 milhão		Coeficiente de agravamento
Corpos especiais de Paris	De 30 a 35	570 (1862-78)	2,45	Em relação à população civil masculina, de 35 anos, de todos os estados civis[241]
Gendarmaria	De 30 a 35	570 (1873)	2,45	
Veteranos (afastados em 1872)	De 45 a 55	2.860	2,37	Em relação aos solteiros da mesma idade, anos 1889-91

Como esse último número foi calculado em relação aos solteiros de 1889-91, ele é muito pequeno, entretanto é bem superior ao das tropas comuns. Do mesmo modo, no exército da Argélia, tido como a escola das virtudes militares, o suicídio apresentou, durante o período 1872-78, o dobro da mortalidade que, na mesma época, as tropas estacionadas na França forneceram (570 suicídios por um milhão, contra 280). Por outro lado, os corpos menos atingidos são os pontoneiros, a engenharia, os enfermeiros, funcionários administrativos, ou seja, aqueles cujo caráter militar é menos acentuado. Também na Itália, enquanto o exército, em geral, durante os anos de 1878-81 apresentava apenas 430 casos por um milhão, os *bersaglieri* apresentavam 580, os carabineiros 800, as escolas militares e os batalhões de instrução 1.010.

---

240. Notaremos que o estado de altruísmo é inerente à região. O corpo do exército da Bretanha não é composto unicamente de bretões, mas sofre a influência do estado moral ambiente.

241. Porque os gendarmes e os guardas municipais são, com frequência, casados.

230 | LIVRO II – CAUSAS SOCIAIS E TIPOS SOCIAIS

Ora, o que distingue as tropas de elite é o grau intenso que nelas alcança o espírito de abnegação e de renúncia militar. O suicídio no exército varia, portanto, como esse estado moral.

3º) Uma última prova dessa lei é que em todos os lugares o suicídio militar está em declínio. Na França, em 1862, havia 630 casos por um milhão; em 1890 não há mais que 280. Afirmou-se que essa diminuição se devia às leis que reduziram a duração do serviço militar. Mas esse movimento regressivo é muito anterior à nova lei sobre o recrutamento. Ele é contínuo desde 1862, com exceção de uma alta bastante importante de 1882 a 1888.[242] Encontramo-lo, aliás, em toda parte. Os suicídios militares passaram, na Prússia, de 716 por um milhão, em 1877, para 457 em 1893; em toda a Alemanha, de 707 em 1877 para 550 em 1890; na Bélgica, de 391 em 1885 para 185 em 1891; na Itália, de 431 em 1876 para 389 em 1892. Na Áustria e na Inglaterra a diminuição é pouco perceptível, mas não há aumento (1.209, em 1892, no primeiro desses países; e 210 no segundo, em 1890, em vez de 1.277 e 217 em 1876).

Ora, se nossa explicação tem fundamento, é exatamente isso que devia acontecer. De fato, é incontestável que, nesse mesmo período, produziu-se em todos esses países um recuo do espírito militar. Com ou sem razão, esses hábitos de obediência passiva, de submissão absoluta, em suma, de impessoalismo, se nos permitirem esse barbarismo, estão cada vez mais em contradição com as exigências da consciência pública. Consequentemente tais hábitos perderam terreno. Para satisfazer as novas aspirações, a disciplina tornou-se menos rígida, oprimindo menos o indivíduo.[243] Por outro lado, é espantoso que, nessas mesmas sociedades e nesse mesmo período, os suicídios civis não pararam de aumentar. É mais uma prova de que a causa de que eles dependem é de natureza contrária à causa que determina, de modo mais geral, a inclinação específica dos soldados.

Tudo prova, portanto, que o suicídio militar não é senão uma forma do suicídio altruísta. Evidentemente, não estamos dizendo que todos os casos particulares que ocorrem nos regimentos têm esse caráter e essa origem.

---

242. Essa alta é demasiado considerável para ser acidental. Se notamos que ela ocorreu exatamente no momento em que se iniciava o período das empreitadas coloniais, temos boas razões para indagar se as guerras que provocaram não teriam determinado um reavivamento do espírito militar.

243. Não estamos querendo dizer que os indivíduos sofriam essa opressão e se matavam porque sofriam com ela. Eles se matavam mais porque eram menos individualizados.

CAPÍTULO IV - O SUICÍDIO ALTRUÍSTA | 231

Ao vestir a farda, o soldado não se torna um homem completamente novo; os efeitos da educação que recebeu, da vida que levou até então não desaparecem como que por encanto; além disso, ele não está tão separado do resto da sociedade a ponto de não participar da vida coletiva. Pode, pois, acontecer que o suicídio que ele comete seja algumas vezes civil, por suas causas e sua natureza. Mas, uma vez eliminados esses casos esparsos, sem ligação entre si, sobra um grupo compacto e homogêneo, que abrange a maioria dos suicídios cujo palco é o exército e que depende desse estado de altruísmo sem o qual não há espírito militar. É o suicídio das sociedades inferiores que sobrevive entre nós porque a moral militar é, por sua vez, em certos aspectos, um resquício da moral primitiva.[244] Sob a influência dessa predisposição, o soldado se mata pela menor contrariedade, pelas razões mais fúteis, por uma recusa de licença, por uma repreensão, por uma punição injusta, por uma interrupção na promoção, por um caso de questão de honra, por um acesso de ciúme passageiro ou até, simplesmente, porque outros suicídios aconteceram diante dele ou chegaram a seu conhecimento. Eis, com efeito, de onde provêm os fenômenos de contágio observados com frequência nos exércitos, e de que demos exemplos anteriormente. São inexplicáveis se o suicídio depende essencialmente de causas individuais. Não é concebível admitir que o acaso tenha justamente reunido em determinado regimento, em determinado ponto do território, um número tão grande de indivíduos predispostos ao homicídio de si mesmo pela constituição orgânica. De outro lado, é ainda mais inadmissível que tal propagação imitativa possa ocorrer sem haver nenhuma predisposição. Mas tudo pode ser facilmente explicado quando se reconhece que a carreira das armas desenvolve uma constituição moral que inclina extremamente o homem a se desfazer de sua vida. Pois é natural que essa constituição seja encontrada, em graus diversos, na maioria daqueles que estão no serviço militar ou que passaram por ele; e, como ela é, para os suicídios, um terreno eminentemente favorável, é preciso pouca coisa para concretizar a propensão a se matar que ela encerra; para isso, basta o exemplo. Por essa razão, ele se espalha como um rastilho de pólvora entre sujeitos assim preparados para segui-lo.

---

244. O que não quer dizer que ela deva, a partir de agora, desaparecer. Esses resquícios têm razão de ser, e é natural que uma parte do passado subsista no presente. A vida é feita de tais contradições.

III

Agora é possível compreender melhor por que interessava dar uma definição objetiva do suicídio e permanecer fiel a ela.

Pelo fato de o suicídio altruísta, mesmo apresentando traços característicos do suicídio, se aproximar, sobretudo em suas manifestações mais surpreendentes, de algumas categorias de atos que nos habituamos a honrar com nossa estima e até com nossa admiração, com frequência recusou-se considerá-lo um homicídio de si mesmo. Lembremo-nos que, para Esquirol e Falret, a morte de Catão e a dos girondinos não eram suicídios. Mas então, se os suicídios que têm como causa visível e imediata o espírito de renúncia e de abnegação não merecem essa qualificação, ela tampouco conviria àqueles que resultam da mesma disposição moral, ainda que de maneira menos aparente; pois os segundos não diferem dos primeiros senão por algumas nuanças. Se o habitante das ilhas Canárias que se precipita no abismo para honrar seu Deus não é um suicida, como dar esse nome ao sectário de Jina que se mata para entrar no nada; ao primitivo que, sob influência do mesmo estado mental, renuncia à existência por uma leve ofensa que sofreu ou simplesmente para manifestar seu desprezo pela vida; ao falido que prefere não sobreviver à sua desonra; enfim, aos numerosos soldados que todos os anos engrossam o contingente de mortes voluntárias? Pois todos esses casos têm em sua origem o mesmo estado de altruísmo que também é a causa do que poderíamos chamar de suicídio heroico. Colocaremos somente eles na condição de suicídios e excluiremos apenas aqueles cujo motivo é particularmente puro? Mas, antes de tudo, segundo quais critérios faremos a divisão? Quando um motivo deixa de ser bastante louvável para que o ato que ele determina possa ser qualificado de suicídio? Depois, ao separar radicalmente essas duas categorias de fatos uma da outra, condenamo-nos a ignorar sua natureza. Pois é no suicídio altruísta obrigatório que as características essenciais do tipo são mais acentuadas. As outras variedades não passam de formas derivadas. Desse modo, ou desconsideraremos um grupo importante de fenômenos instrutivos, ou então, se não os rejeitarmos todos, além do fato de que só poderemos fazer entre eles uma escolha arbitrária, ficaremos impossibilitados de perceber a origem comum à qual se vinculam aqueles que selecionarmos. Esses são os perigos aos quais estamos expostos quando colocamos a definição de suicídio na dependência dos sentimentos subjetivos que ele inspira.

CAPÍTULO IV - O SUICÍDIO ALTRUÍSTA | 233

Além disso, nem mesmo as razões de sentimento com as quais acreditamos justificar essa exclusão são fundadas. Apoiamo-nos no fato de que os motivos que originam alguns suicídios encontram-se, sob uma forma ligeiramente diferente, na base de atos que todo o mundo vê como morais. Mas é diferente com o suicídio egoísta? O sentimento de autonomia individual não tem sua moralidade, como o sentimento contrário? Se esse é condição de alguma coragem, se fortalece os corações até mesmo a ponto de endurecê-los, o outro os amolece e abre-os à piedade. Se, nos lugares em que reina o suicídio altruísta, o homem está sempre pronto a dar sua vida, em compensação ele tampouco tem em grande conta a vida do outro. Ao contrário, nos lugares em que ele eleva tanto a personalidade individual que não percebe nenhuma finalidade que a supere, respeita-a nos outros. O culto que tem por ela faz com que ele sofra por tudo que possa diminuí-la, até mesmo em seus semelhantes. Uma maior simpatia pelo sofrimento humano sucede às devoções fanáticas dos tempos primitivos. Cada espécie de suicídio é, portanto, apenas a forma exagerada ou desviada de uma virtude. Mas a maneira como eles afetam a consciência moral não os diferencia o bastante para que tenhamos o direito de fazer deles gêneros separados.

CAPÍTULO V

O suicídio anômico

Mas a sociedade não é somente um objeto que atrai para si, com intensidade desigual, os sentimentos e a atividade dos indivíduos. Ela também é um poder que os regula. Há uma relação entre a maneira como se exerce essa ação reguladora e a taxa social de suicídios.

I

É fato sabido que as crises econômicas têm uma influência agravante sobre a propensão ao suicídio.

Em Viena, em 1873, irrompe uma crise financeira que atinge seu auge em 1874; imediatamente o número de suicídios se eleva. De 141 em 1872, eles sobem para 153 em 1873 e 216 em 1874, um aumento de 51% em relação a 1872 e de 41% em relação a 1873. O que prova que essa catástrofe é a única causa desse aumento é que ele é sobretudo perceptível no momento em que a crise está em estado agudo, isto é, durante os quatro primeiros meses de 1874. De 1º de janeiro a 30 de abril, contaram-se 48 suicídios em 1871, 44 em 1872 e 43 em 1873; em 1874, houve 73. O aumento é de 70%. A mesma crise, que irrompeu na mesma época em Frankfurt am Main, produziu ali os mesmos efeitos. Nos anos anteriores a 1874, lá cometiam-se em média 22 suicídios por ano; em 1874, houve 32, ou seja, 45% a mais.

Não nos esquecemos do famoso *crash* ocorrido na Bolsa de Paris durante o inverno de 1882. Suas consequências foram sentidas não somente em Paris, mas em toda a França. De 1874 a 1886, o aumento médio anual é de apenas 2%; em 1882, é de 7%. Além do mais, ele não se distribui de modo igual entre os diferentes momentos do ano, mas ocorre sobretudo durante os três primeiros meses, ou seja, no instante preciso em que o *crash* se produziu. A esse único trimestre referem-se 59% do aumento total. Essa elevação deve-se de tal modo a circunstâncias excepcionais que não somente não a encontramos em 1861, como desaparece em 1883, ainda que nesse último ano haja, no total, um pouco mais de suicídios que no ano anterior:

	1881	1882	1883
Ano total	6.741	7.213 (+ 7%)	7.267
Primeiro trimestre	1.589	1.770 (+ 11%)	1.604

Essa relação não se constata apenas em alguns casos excepcionais: é a regra. O número de falências é um barômetro que reflete com sensibilidade suficiente as variações pelas quais passa a vida econômica. Quando, de um ano para outro, elas se tornam bruscamente mais numerosas, podemos ter certeza de que ocorreu alguma grave perturbação. De 1845 a 1869 houve, em três ocasiões, elevações repentinas, sintomas de crises. Ao passo que, durante esse período, o aumento anual da quantidade de falências é de 3,2%, em 1847 é de 26%, em 1854 é de 37%, e em 1861 é de 20%. Ora, nesses três momentos, constata-se igualmente uma elevação excepcionalmente rápida no número de suicídios. Enquanto, durante esses 24 anos, o aumento médio anual não passa de 2%, ele é de 17% em 1847, 8% em 1854, e 9% em 1861.

Mas a que se deve a influência dessas crises? Será porque, ao causar a diminuição do Tesouro Público, elas aumentam a miséria? Será porque a vida se torna mais difícil que se renuncia à ela com mais facilidade? A explicação seduz pela simplicidade; além disso, está de acordo com a concepção corrente do suicídio. Mas é refutada pelos fatos.

Com efeito, se as mortes voluntárias aumentassem porque a vida se torna mais rude, deveriam diminuir sensivelmente quando a abastança aumentasse. Ora, se quando o preço dos alimentos de primeira necessidade se eleva excessivamente ocorre o mesmo com os suicídios, não se constata que eles caiam para baixo da média no caso contrário. Na Prússia, em 1850, a cotação do trigo desce ao nível mais baixo que ela atingiu durante todo o período de 1848-81; era de 6,91 marcos por 50 quilos; no entanto, nesse mesmo momento, os suicídios passam de 1.527, patamar em que estavam

CAPÍTULO V - O SUICÍDIO ANÔMICO | 237

em 1849, para 1.736, ou seja, um aumento de 13%, e continuam a subir durante os anos de 1851, 1852 e 1853, ainda que o preço baixo persista. Em 1858-59, ocorre uma nova baixa no preço, no entanto os suicídios se elevam de 2.038 em 1857 para 2.126 em 1858, e 2.146 em 1859. De 1863 a 1866, os preços, que atingiram 11,04 marcos em 1861, caem progressivamente até 7,95 marcos em 1864, e permanecem bem moderados durante todo o período; nesse mesmo tempo os suicídios aumentam em 17% (2.112 em 1862, 2.845 em 1866).[245] Observam-se fatos análogos na Baviera. Segundo uma curva construída por Mayr[246] para o período de 1835-61, foi durante os anos de 1857-58 que o preço do centeio esteve mais baixo; ora, os suicídios, que em 1857 eram apenas 286, sobem para 329 em 1858, depois para 387 em 1859. O mesmo fenômeno já ocorrera durante os anos de 1848-50: o trigo, naquela época, estivera com o preço muito baixo, como em toda a Europa. Entretanto, apesar de uma diminuição ligeira e provisória, devida aos acontecimentos políticos, e de que já falamos, os suicídios se mantiveram no mesmo nível. Eram 217 em 1847, ainda houve 215 em 1848, e se, em 1849, eles diminuíram um pouco para 189, em 1850 voltaram a subir e chegaram a 250.

O crescimento da miséria determina tão pouco o crescimento dos suicídios que até mesmo crises ditosas, cujo efeito é aumentar bruscamente a prosperidade de um país, agem sobre o suicídio como desastres econômicos.

A conquista de Roma por Vítor Emanuel em 1870, fundando definitivamente a unidade da Itália, foi para esse país o ponto de partida de um movimento de renovação que o está transformando em uma das grandes potências da Europa. O comércio e a indústria receberam um enorme impulso e transformações ocorreram com extraordinária rapidez. Enquanto, em 1876, 4.459 caldeiras a vapor, com potência total de 54 mil cavalos, satisfaziam às necessidades industriais, em 1887 o número de máquinas era de 9.983, e sua potência, elevada a 167 mil cavalos, triplicou. Naturalmente, a quantidade de produtos aumentou durante o mesmo período, na mesma proporção.[247] As trocas acompanharam a progressão; não apenas a marinha mercante, as vias de comunicação e de transporte se desenvolveram, mas também a quantidade de coisas e pessoas transportadas dobrou.[248] Como

---

245. Ver STARCK, *Verbrechen und Verg. in Preussen*, Berlim, 1884, p. 55.

246. *Die Geseizmässigkeit in Gesellschaftsleben*, p. 345.

247. Ver FORNASARI DI VERCE, *La criminalita e le ricende economiche d'Italia*, Turim, 1894, p. 77-83.

248. *Ibid.*, p. 108-17.

238 | LIVRO II - CAUSAS SOCIAIS E TIPOS SOCIAIS

essa superatividade geral acarreta uma elevação dos salários (estima-se em 35% o aumento de 1873 a 1889), a situação material dos trabalhadores melhora, ainda mais que, no mesmo momento, o preço do pão está em queda.[249] Enfim, segundo os cálculos de Bodio, a riqueza privada teria passado de 45 bilhões e meio, em média, durante o período de 1875-80, a 51 bilhões durante os anos de 1880-85 e a 54 bilhões e meio em 1885-90.[250]

Ora, paralelamente a esse renascimento coletivo, constata-se um aumento excepcional no número de suicídios. De 1866 a 1870, eles permaneceram mais ou menos constantes; de 1871 a 1877, aumentaram de 36%. Havia em:

Ano	Suicídios por 1 milhão	Ano	Suicídios por 1 milhão
1864-70	29	1874	37
1871	31	1875	34
1872	33	1876	36,5
1873	36	1877	40,6

E, desde então, o movimento continuou. O número total, que era de 1.139 em 1877, passou para 1.463 em 1889, ou seja, um novo aumento de 28%.

Na Prússia, fenômeno semelhante ocorreu duas vezes. Em 1866 esse reino passa por uma primeira ampliação. Anexa várias províncias importantes ao mesmo tempo que se torna chefe da Confederação do Norte. Essa obtenção de glória e poder é imediatamente acompanhada de uma brusca alta dos suicídios. Durante o período 1856-60, houve, média anual, 123 suicídios por um milhão, e apenas 122 nos anos de 1861-65. No quinquênio 1866-70, apesar da baixa que ocorreu em 1870, a média aumenta para 133. Em 1867, ano seguinte à vitória, o suicídio atingiu o nível mais alto desde 1816 (1 suicídio por 5.432 habitantes, ao passo que, em 1864, havia apenas um caso para 8.379).

Logo depois da guerra de 1870, produziu-se uma nova transformação ditosa. A Alemanha unificou-se e colocou-se totalmente sob a hegemonia da Prússia. Uma enorme indenização de guerra colabora para aumentar

---

249. *Ibid.*, p. 86-104.

250. O aumento é menor no período de 1885-90, devido a uma crise financeira.

o Tesouro Público; o comércio e a indústria ganham impulso. Jamais o avanço do suicídio foi tão rápido. De 1875 a 1886, ele aumenta de 90%, passando de 3.278 casos para 6.212.

Quando as exposições universais têm êxito, são consideradas um acontecimento afortunado na vida de uma sociedade. Elas estimulam os negócios, levam mais dinheiro para o países e considera-se que aumentam a prosperidade pública, sobretudo na própria cidade em que acontecem. No entanto, não é impossível que, enfim, resultem em uma elevação considerável do número de suicídios. É o que parece sobretudo ter ocorrido no caso da exposição de 1878. O aumento foi, naquele ano, o mais elevado que se produziu de 1874 a 1886. Foi de 8%, consequentemente, superior àquele determinado pelo *crash* de 1882. E o que não permite supor que essa recrudescência tenha alguma outra causa além da exposição é que 86% desse aumento ocorreram exatamente durante os seis meses que ela durou.

Em 1889, o mesmo fato não se reproduziu para o conjunto da França. Mas é possível que a crise boulangista, pela influência depressiva que exerceu no movimento dos suicídios, tenha neutralizado os efeitos contrários da exposição. O certo é que em Paris, e embora as ações políticas desencadeadas devam ter tido a mesma ação que no resto do país, as coisas ocorreram como em 1878. Durante os 7 meses da exposição, os suicídios aumentaram de quase 10%, exatamente 9,66%, ao passo que, no resto do ano, permaneceram abaixo do nível em que estavam em 1888 e do que depois alcançaram em 1890.

Período	1888	1889	1890
Os sete meses que correspondem à exposição	517	567	540
Os outros cinco meses	319	311	356

Podemos nos perguntar se, sem o boulangismo, a alta não teria sido mais pronunciada.

Mas o que demonstra ainda melhor que a adversidade econômica não tem a influência agravante que muitas vezes lhe atribuíram é que ela produz antes o efeito contrário. Na Irlanda, onde o camponês leva uma vida tão difícil, as pessoas se matam muito pouco. A miserável Calábria não conta,

240 | LIVRO II – CAUSAS SOCIAIS E TIPOS SOCIAIS

por assim dizer, suicídios; a Espanha tem dez vezes menos suicídios que a França. Pode-se até mesmo dizer que a miséria protege. Nos diferentes departamentos franceses os suicídios são tanto mais numerosos quanto há mais pessoas que vivem de renda.

Departamentos em que se cometem, por 100 mil habitantes (1878-1887)	Número médio de pessoas que vivem de renda, por mil habitantes em cada grupo de departamentos (1886)
De 48 a 43 suicídios (5 departamentos)	127
De 38 a 31 suicídios (6 departamentos)	73
De 30 a 24 suicídios (6 departamentos)	69
De 23 a 18 suicídios (15 departamentos)	59
De 17 a 13 suicídios (18 departamentos)	49
De 12 a 8 suicídios (26 departamentos)	49
De 7 a 3 suicídios (10 departamentos)	42

A comparação dos mapas confirma a das médias (ver mapa V, na página seguinte).

Se, portanto, as crises industriais ou financeiras aumentam os suicídios, não é porque empobrecem, já que crises de prosperidade produzem o mesmo resultado; é porque são crises, ou seja, perturbações da ordem coletiva.[251] Toda ruptura de equilíbrio, mesmo que resulte em uma abastança maior e em um aumento da vitalidade geral, compele à morte voluntária. Sempre que graves reestruturações se produzem no corpo social, quer se devam a um repentino movimento de crescimento, quer a um cataclismo inesperado, o homem se mata mais facilmente. Como é possível? Como aquilo que se considera melhorar a existência pode afastar dela?

Para responder a essa questão, é necessário fazer algumas considerações preliminares.

---

251. Para provar que a melhora do bem-estar diminui os suicídios, já se tentou demonstrar que, quando a emigração, válvula de escape da miséria, é amplamente praticada, os suicídios diminuem (ver LEGOYT, p. 257-9). Mas há inúmeros casos em que, em vez dessa inversão, constata-se um paralelismo entre esses dois fenômenos. Na Itália, de 1876 a 1890, a quantidade de emigrantes passou de 76 por 100 mil habitantes a 335, número que chegou a ser superado de 1887 a 1889. No mesmo período, os suicídios não pararam de aumentar.

CAPÍTULO V - O SUICÍDIO ANÔMICO | 241

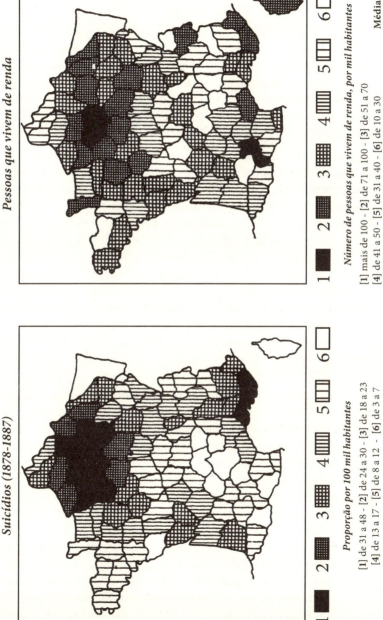

242 | LIVRO II – CAUSAS SOCIAIS E TIPOS SOCIAIS

II

Um ser vivo qualquer só pode ser feliz e até mesmo viver se suas necessidades são compatíveis com seus meios. Caso contrário, se elas exigem mais do que lhes pode ser dado ou simplesmente outra coisa, serão continuamente frustradas e não poderão funcionar sem dor. Ora, um movimento que não consegue se produzir sem dor tende a não se reproduzir. Tendências que não são satisfeitas se atrofiam, e, como a tendência a viver é a resultante de todas as outras, ela não pode se manter firme se as outras fraquejam.

No animal, pelo menos em condições normais, esse equilíbrio se estabelece com uma espontaneidade automática, porque ele depende de condições puramente materiais. Tudo o que o organismo exige é que as quantidades de substância e de energia, empregadas regularmente para viver, sejam periodicamente substituídas por quantidades equivalentes; é que a restituição seja igual ao gasto. Quando o vazio que a vida abriu em suas próprias reservas está preenchido, o animal fica satisfeito e não pede mais nada. Sua reflexão não é bastante desenvolvida para imaginar outras finalidades além daquelas implicadas em sua natureza física. De outro lado, como o trabalho exigido de cada órgão depende do estado geral das forças vitais e das necessidades do equilíbrio orgânico, o gasto, por sua vez, se pauta pela restituição, e o equilíbrio se realiza por si mesmo. Os limites de um também são os do outro; ambos estão igualmente inscritos na própria constituição do ser vivo, que não tem como ultrapassá-los.

Mas esse não é o caso do homem, porque a maioria de suas necessidades não depende, ou não no mesmo grau, do corpo. A rigor, ainda é possível considerar determinável a quantidade de alimentos materiais necessários para a subsistência física de uma vida humana, ainda que a determinação seja menos estrita que no caso precedente e a margem mais aberta para livres combinações do desejo; pois, além do mínimo indispensável, com o qual a natureza está pronta a se satisfazer quando procede de modo instintivo, a reflexão, mais aguçada, permite vislumbrar condições melhores, que aparecem como fins desejáveis e que solicitam a atividade. Contudo pode-se admitir que os apetites desse tipo cedo ou tarde encontram limites que não podem ultrapassar. Mas como fixar a quantidade de bem-estar, conforto e luxo que um ser humano pode buscar legitimamente? Nem na constituição orgânica nem na constituição psicológica do homem encontra-se algo que marque um termo a tais disposições. O funcionamento da vida individual

CAPÍTULO V - O SUICÍDIO ANÔMICO | **243**

não exige que elas se detenham em determinado ponto e não em outro; a prova é que, desde o início da história, elas se desenvolveram incessantemente, que satisfações cada vez mais completas lhes foram oferecidas e que, no entanto, a saúde média não se debilitou. Sobretudo, como estabelecer a maneira como elas devem variar conforme as condições, as profissões, a importância relativa dos serviços etc.? Não há sociedade em que elas sejam igualmente satisfeitas nos diferentes níveis da hierarquia social. Entretanto, em seus traços essenciais, a natureza humana é substancialmente a mesma em todos os cidadãos. Portanto não é ela que pode atribuir às necessidades o limite variável que lhes seria necessário. Por conseguinte, visto que dependem apenas do indivíduo, elas são ilimitadas. Por si só, desconsiderando todo poder exterior que a regula, nossa sensibilidade é um abismo sem fundo que nada consegue preencher.

Mas, então, se nada vem limitá-la de fora, ela só pode ser para si mesma uma fonte de tormento. Pois desejos ilimitados são insaciáveis por definição, e não é sem razão que a insaciabilidade é vista como sinal de morbidez. Já que nada os contém, eles ultrapassam sempre e infinitamente os meios de que dispõem; nada, portanto, consegue acalmá-los. Uma sede inextinguível é um suplício perpetuamente renovado. Diz-se, é verdade, que é próprio da atividade humana desenrolar-se sem termo estabelecido e propor-se fins que ela não consegue alcançar. Mas é impossível perceber como tal estado de indeterminação se concilia mais com as condições da vida mental do que com as exigências da vida física. Seja qual for o prazer que o homem experimente em agir, em se mover, em fazer esforço, é necessário que sinta que seus esforços não são vãos e que, ao caminhar, ele avança. Ora, não se avança quando não se caminha em direção a nenhum objetivo ou, o que dá no mesmo, quando o objetivo em direção ao qual se caminha está no infinito. Como a distância que nos separa dele permanece sempre a mesma, seja qual for o caminho que tenhamos feito, é como se tivéssemos nos agitado esterilmente no mesmo lugar. Nem mesmo os olhares que lançamos para trás e o sentimento de orgulho que podemos sentir ao ver o espaço já percorrido podem causar algo além de uma ilusória satisfação, já que nem por isso o espaço a ser percorrido diminuiu. Perseguir um fim inacessível por hipótese é, pois, condenar-se a um perpétuo estado de descontentamento. Sem dúvida, acontece de o homem esperar excessivamente, e, ainda que descabida, a esperança tem suas alegrias. Pode ocorrer, então, que ela o encoraje por algum tempo, mas não consegue sobreviver indefinidamente às repetidas decepções da experiência. Ora, o que o futuro pode

244 | LIVRO II – CAUSAS SOCIAIS E TIPOS SOCIAIS

dar mais do que o passado, já que sempre será impossível chegar a um estado em que possamos ficar e já que nem sequer podemos nos aproximar do ideal vislumbrado? Assim, quanto mais temos, mais queremos ter, pois as satisfações recebidas só fazem estimular as necessidades, em vez de acalmá-las. Dirão que, por si só, a ação é agradável? Mas, antes de tudo, com a condição de que se esteja cego o bastante para não sentir sua inutilidade. Depois, para que esse prazer seja sentido e venha a temperar e encobrir um pouco a inquietação dolorosa que ele acompanha, é preciso, pelo menos, que esse movimento sem fim evolua sempre à vontade e sem ser estorvado por nada. Porém, se ele for entravado, a inquietação ficará sozinha com o mal-estar que traz consigo. Seria um milagre se nunca surgisse algum obstáculo intransponível. Nessas condições, estamos ligados à vida por um fio muito tênue e que, a cada instante, pode se romper.

Para que as coisas ocorram de modo diferente, é preciso, antes de tudo, que as paixões sejam limitadas. Só então, elas poderão ser harmonizadas com as faculdades e, consequentemente, ser satisfeitas. Mas, uma vez que não há nada no indivíduo que possa fixar-lhes um limite, esse deve necessariamente vir de alguma força externa ao indivíduo. É necessário que uma força reguladora desempenhe para as necessidades morais o mesmo papel que o organismo desempenha para as necessidades físicas. Significa que essa força só pode ser moral. Foi o despertar da consciência que veio romper o estado de equilíbrio no qual dormitava o animal; portanto, apenas a consciência pode fornecer os meios de reequilibrá-lo. A coerção material não teria nenhum efeito nesse caso; não é com forças físico-químicas que se consegue modificar corações. Visto que os apetites não são automaticamente refreados por mecanismos fisiológicos, eles só se detêm diante de um limite que reconhecem como justo. Os homens não consentiriam em limitar seus desejos se acreditassem ter boas razões para ultrapassar o limite que lhes é atribuído. Mas, pelas razões que levantamos, eles não podem ditar essa lei de justiça a si mesmos. Devem, portanto, recebê-la de uma autoridade que respeitam e diante da qual inclinam-se espontaneamente. Apenas a sociedade, seja diretamente e em seu conjunto, seja por intermédio de algum de seus órgãos, está em condições de desempenhar esse papel moderador, pois é o único poder moral superior ao indivíduo, e cuja superioridade esse aceita. Apenas ela tem a autoridade necessária para fazer justiça e marcar às paixões o ponto além do qual não devem ir. Apenas ela, ainda, pode avaliar que gratificação deve ser oferecida em perspectiva a cada ordem de funcionários, atendendo ao interesse comum.

CAPÍTULO V - O SUICÍDIO ANÔMICO | 245

E, de fato, em cada momento da história, há na consciência moral das sociedades um sentimento obscuro daquilo que valem respectivamente os diferentes serviço sociais, da remuneração relativa devida a cada um deles e, por conseguinte, da medida de conforto que convém à média dos trabalhadores de cada profissão. As diferentes funções são como que hierarquizadas na opinião pública, e um determinado coeficiente de bem-estar é atribuído a cada uma conforme a posição ocupada na hierarquia. Segundo os lugares-comuns há, por exemplo, certa maneira de viver vista como o limite superior que o trabalhador pode propor-se nos esforços que faz para melhorar sua existência, e um limite inferior abaixo do qual dificilmente se tolera que ele desça, se não cometeu nenhuma falta grave. Ambos são diferentes para o trabalhador da cidade e do campo, para o doméstico e para o jornaleiro, para o empregado de comércio e para o funcionário público etc. Do mesmo modo, recrimina-se o rico que vive como pobre, mas ele também é recriminado se busca com excesso os requintes do luxo. Os economistas protestam em vão: será sempre um escândalo para o sentimento público que um particular possa empregar em consumos absolutamente supérfluos uma enorme quantidade de riquezas, e parece até mesmo que essa intolerância só diminui nas épocas de perturbação moral.[252] Há, portanto, uma verdadeira regulamentação que, por nem sempre ter uma forma jurídica, não deixa de fixar, com precisão relativa, o máximo de bem-estar que cada classe da sociedade pode legitimamente procurar obter. De resto, a escala assim estabelecida não tem nada de imutável. Ela muda conforme a renda coletiva aumente ou diminua e de acordo com as mudanças ocorridas nas ideias morais da sociedade. Assim, aquilo que tem caráter de luxo para uma época, deixa de ter para outra; o bem-estar, que, durante muito tempo, era outorgado a uma classe apenas a título excepcional e supererrogatório, acaba sendo visto como rigorosamente necessário e de estrita equidade.

Sob tal pressão, cada um, em sua esfera, percebe vagamente o ponto extremo até aonde podem ir suas ambições, e não aspira a nada além. Se, pelo menos respeita a regra e é dócil à autoridade coletiva, ou seja, se tem uma constituição moral sã, ele sente que não convém exigir mais. Um objetivo e um termos são, assim, fixados às paixões. Sem dúvida, essa determinação não tem nada de rígido nem de absoluto. O ideal econômico atribuído a cada categoria de cidadãos também está contido entre determinados limites

---

252. Essa reprovação é, hoje em dia, inteiramente moral e não parece suscetível de ser sancionada juridicamente. Não achamos que um restabelecimento qualquer de leis suntuárias seja desejável ou possível.

no interior dos quais os desejos podem mover-se com liberdade. Mas ele não é ilimitado. É essa limitação relativa e a moderação que dela resulta que deixam os homens contentes com sua sorte, estimulando-os com comedimento a torná-la melhor; e é esse contentamento médio que origina o sentimento de alegria calma e ativa; o prazer de existir e de viver, que, tanto para as sociedades quanto para os indivíduos, é característica de saúde. Cada um, pelo menos em geral, está então em harmonia com sua condição e deseja apenas aquilo que pode legitimamente esperar como recompensa normal de sua atividade. De resto, nem por isso o homem está condenado a uma espécie de imobilidade. Ele pode procurar adornar sua existência; mas as tentativas que faz nesse sentido podem não ter êxito sem o deixar desesperado. Pois, como ele ama o que tem e não coloca toda sua paixão na busca do que não tem, as novidades às quais lhe acontece de aspirar podem não atender a seus desejos e a suas esperanças sem que tudo lhe falte a um só tempo. Ele permanece com o essencial. O equilíbrio de sua felicidade é estável porque é definido, e algumas decepções não são suficientes para abalá-lo.

Todavia, de nada serviria que cada um considerasse justa a hierarquia das funções tal como é estabelecida pela opinião se, ao mesmo tempo, não se considerasse igualmente justa a maneira como essas funções se recrutam. O trabalhador não estará em harmonia com sua função social se não estiver convencido de que é mesmo aquela que ele deve ter. Se ele acredita ter boas razões para ocupar outra função social, o que ele tem não pode satisfazê-lo. Portanto não basta que o nível médio das necessidades seja, para cada condição, regulado pelo sentimento público, é preciso também que outra regulamentação, mais precisa, fixe o modo como as diferentes condições devem se abrir aos indivíduos. E, com efeito, não há sociedade em que tal regulamentação não exista. Ela varia conforme a época e o lugar. Outrora, ela fazia do nascimento o princípio quase exclusivo da classificação social; hoje, a única desigualdade nativa que se mantém é a que resulta da fortuna hereditária e do mérito. Mas, sob essas formas diversas, tem em toda parte o mesmo objeto. Em toda parte também, ela só é possível se é imposta aos indivíduos por uma autoridade que os ultrapassa, isto é, pela autoridade coletiva. Pois ela não pode se estabelecer sem exigir de uns ou de outros e, de modo mais geral, de uns e de outros sacrifícios e concessões, em nome do interesse público.

É verdade que alguns pensaram que essa pressão moral se tornaria inútil quando a situação econômica deixasse de ser transmitida hereditariamente. Diziam que, uma vez abolida a herança, cada um entraria na vida com os

CAPÍTULO V · O SUICÍDIO ANÔMICO | **247**

mesmos recursos, se a luta entre os competidores se iniciasse em condições de perfeita igualdade, ninguém poderia achar os resultados injustos. Todos sentiriam espontaneamente que as coisas seriam como deveriam ser.

Efetivamente, não há dúvida de que, quanto mais nos aproximarmos dessa igualdade ideal, menos a coerção social será necessária. Mas é só uma questão de grau. Pois sempre haverá uma hereditariedade que subsistirá: a dos dons naturais. A inteligência, o gosto, o valor científico, artístico, literário, industrial, a coragem, a habilidade manual são forças que cada um recebe ao nascer, como o proprietário nato recebe seu capital, como o nobre, outrora, recebia seu título e sua função. Ainda será necessário, então, uma disciplina moral para fazer os menos favorecidos pela natureza aceitarem sua situação inferior, que devem ao acaso de seu nascimento. Será que chegaremos a ponto de reclamar que a partilha seja igual para todos e que não se dê nenhuma vantagem aos mais úteis e aos mais merecedores? Mas, então, seria necessário uma disciplina muito mais enérgica para fazer esses últimos aceitarem um tratamento simplesmente igual ao dos medíocres e incapazes.

Porém essa disciplina, assim como a precedente, só será útil se for considerada justa pelos povos submetidos a ela. Quando ela já não se mantém senão por hábito e pela força, a paz e a harmonia só subsistem na aparência; o espírito de inquietação e o descontentamento são latentes; os apetites, superficialmente contidos, não tardam a se desencadear. Foi o que aconteceu em Roma e na Grécia quando as crenças nas quais repousava a velha organização do patriciado e da plebe foram abaladas, em nossas sociedades modernas quando os preconceitos aristocráticos começaram a perder sua antiga ascendência. Mas essa situação de transtorno é excepcional: só ocorre quando a sociedade atravessa alguma crise patológica. Normalmente, a ordem coletiva é reconhecida como equitativa pela grande maioria das pessoas. Quando dizemos que é necessário uma autoridade para impô-la aos indivíduos, não estamos querendo dizer de modo algum que a violência é o único meio de estabelecê-la. Por essa regulamentação ser destinada a conter as paixões individuais, é preciso que emane de um poder que domine os indivíduos, mas também é preciso que esse poder seja obedecido por respeito e não por temor.

Assim, não é verdade que a atividade humana possa ser livre de freios. Não há nada no mundo que possa usufruir de tal privilégio. Pois todo ser, sendo parte do universo, é relativo ao resto do universo; sua natureza e a maneira como ele a manifesta não dependem, pois, apenas dele mesmo,

248 | LIVRO II – CAUSAS SOCIAIS E TIPOS SOCIAIS

mas dos outros seres, que, por conseguinte, o contêm e o regulam. Desse ponto de vista, há apenas diferenças de graus e de formas entre o mineral e o sujeito pensante. O que o homem tem de característico é que o freio ao qual está submetido não é físico, mas moral, isto é, social. Ele recebe sua lei não de um meio material que se lhe impõe brutalmente, mas de uma consciência superior à sua e cuja superioridade ele sente. Pelo fato de a maior e melhor parte de sua vida ultrapassar o corpo, ele escapa ao jugo do corpo, mas sofre o da sociedade.

Entretanto, quando a sociedade é transtornada, seja por crises dolorosas, seja por transformações ditosas mas demasiado repentinas, ela é provisoriamente incapaz de exercer essa ação; e é daí que vêm essas bruscas ascensões da curva dos suicídios, cuja existência demonstramos anteriormente.

De fato, nos casos de desastres econômicos, produz-se como que uma desclassificação que lança bruscamente alguns indivíduos em uma situação inferior à que ocupavam até então. É preciso, portanto, que eles diminuam suas exigências, restrinjam suas necessidades e aprendam a se conter ainda mais. Perdem-se todos os frutos da ação social no que lhes concerne; sua educação moral tem de ser refeita. Ora, não é em um instante que a sociedade pode curvá-los a essa vida nova e ensiná-los a exercer sobre eles essa contenção suplementar a que não estão acostumados. Disso resulta que eles não estão ajustados à condição que lhes é feita e cuja própria perspectiva lhes é intolerável; donde os sofrimentos que os afastam de uma existência diminuída antes mesmo que eles a experimentem.

Mas não é diferente se a crise tem por origem um brusco aumento de poder e de fortuna. Então, com efeito, como as condições de vida mudam, a escala segundo a qual se regulavam as necessidades já não pode permanecer a mesma; pois ela varia de acordo com os recursos sociais, já que determina, *grosso modo*, a parcela que cabe a cada categoria de produtores. A graduação é abalada, mas, por outro lado, uma nova graduação não pode ser improvisada. É preciso tempo para que homens e coisas sejam novamente classificados pela consciência pública. Enquanto as forças sociais, assim colocadas em liberdade, não voltarem a encontrar o equilíbrio, seus respectivos valores permanecerão indeterminados e, por conseguinte, inexistirá regulamentação por algum tempo. Já não se sabe o que é possível e o que não é, o que é justo e o que é injusto, quais são as reivindicações e esperanças legítimas e quais são desmedidas. Consequentemente, não há nada que não se pretenda. Por menos profundo que seja esse abalo, ele atinge

CAPÍTULO V - O SUICÍDIO ANÔMICO | **249**

até os princípios que presidem à repartição dos cidadãos entre os diferentes empregos. Pois, como as relações entre as diversas partes da sociedade necessariamente se modificaram, as ideias que exprimem essas relações já não podem continuar sendo as mesmas. Determinada classe, que a crise favoreceu de modo mais particular, já não está disposta à mesma resignação, e, em consequência disso, o espetáculo de sua fortuna maior desperta, ao redor e abaixo dela, todo tipo de cobiça. Assim, os apetites, que deixam de ser contidos por uma opinião desorientada, já não sabem onde estão os limites diante dos quais devem se deter. Além disso, nesse mesmo momento, eles estão em um estado de eretismo natural pelo simples fato de que a vitalidade geral está mais intensa. Porque a prosperidade aumentou, os desejos estão exaltados. O butim mais rico que lhes é oferecido estimula-os, torna-os mais exigentes, mais hostis a qualquer regra, exatamente no momento em que as regras tradicionais perderam autoridade. O estado de desregramento ou de *anomia* é, portanto, reforçado pelo fato de que as paixões estão menos disciplinadas no exato instante em que elas precisariam de uma disciplina mais austera.

Mas, então, suas próprias exigências fazem com que seja impossível satisfazê-las. As ambições superexcitadas vão sempre além dos resultados obtidos, quaisquer que sejam eles, pois elas não são advertidas de que não devem ir mais longe. Portanto, nada as contenta, e toda essa agitação alimenta a si mesma perpetuamente sem chegar a nenhuma satisfação. Sobretudo, como essa corrida para um butim tangível não pode proporcionar nenhum outro prazer além da própria corrida – se é que é um prazer –, se ocorre de ela ser entravada, fica-se de mãos vazias. Ora, acontece que ao mesmo tempo a luta se torna mais violenta e mais dolorosa, tanto porque é menos regrada como porque as competições são mais ardentes. Todas as classes estão em confronto porque já não há classificação estabelecida. Portanto, o esforço é mais considerável no momento em que ele se torna mais improdutivo. Como, em tais condições, a vontade de viver não fraquejaria?

Essa explicação é confirmada pela singular imunidade de que usufruem os países pobres. Se a pobreza protege contra o suicídio é porque, por si só, constitui um freio. Não importa o que façamos, os desejos, em certa medida, são obrigados a contar com os meios; o que possuímos serve, em parte, de ponto de referência para determinar o que gostaríamos de ter. Por conseguinte, quanto menos possuímos, menos somos levados a ampliar ilimitadamente o círculo de nossas necessidades. A impotência, ao nos obrigar à moderação, habitua-nos a ela, além de que, onde a mediocridade é geral,

250 | LIVRO II – CAUSAS SOCIAIS E TIPOS SOCIAIS

nada vem excitar o desejo. A riqueza, ao contrário, pelos poderes que confere, dá a ilusão de que dependemos apenas de nós mesmos. Diminuindo a resistência que as coisas nos opõem, somos induzidos a acreditar que elas podem ser indefinidamente vencidas. Ora, quanto menos nos sentimos ilimitados, mais qualquer limitação parece insuportável. Não é, portanto, sem razão que tantas religiões celebraram os benefícios e o valor moral da pobreza. É porque ela é, de fato, a melhor escola para ensinar o homem a se conter. Ao nos obrigar a exercer sobre nós uma constante disciplina, ela nos prepara para aceitar docilmente a disciplina coletiva, ao passo que a riqueza, ao exaltar o indivíduo, sempre arrisca despertar o espírito de rebelião, que é a própria fonte da imoralidade. Sem dúvida, não é uma razão para impedir a humanidade de melhorar sua condição material. Mas, mesmo que o perigo moral engendrado por qualquer aumento de bem-estar não seja irremediável, convém não perdê-lo de vista.

<h1 style="text-align:center">III</h1>

Se, como nos casos precedentes, a anomia sempre se produzisse por acessos intermitentes e sob forma de crises agudas, ela poderia perfeitamente, de vez em quando, fazer variar a taxa social de suicídios; ela não seria um fator regular e constante. Mas há uma esfera da vida social em que a anomia está atualmente em estado crônico: o mundo do comércio e da indústria.

Há um século, com efeito, o progresso econômico tem consistido, sobretudo, em desvincular as relações industriais de toda regulamentação. Até recentemente, todo um sistema de poderes morais tinha por função discipliná-las. Em primeiro lugar, havia a religião, cuja influência se fazia sentir sobre os operários e sobre os patrões, sobre os pobres e sobre os ricos. Ela consolava os primeiros e ensinava-os a se contentar com sua sina, pregando que a ordem social é providencial, que a parte de cada classe foi fixada diretamente por Deus, e fazendo-os esperar de um mundo vindouro justas compensações às desigualdades deste. Ela moderava os segundos, lembrando-lhes que os interesses terrestres não são a coisa mais importante para o homem, que devem estar subordinados a outros, mais elevados, e, por conseguinte, que não merecem ser perseguidos sem regra e sem medida. O poder temporal, de seu lado, pela supremacia que exercia sobre as funções econômicas, pela situação relativamente subalterna em que as mantinha, refreava seu impulso. Enfim, no próprio cerne do mundo dos negócios, as corporações de ofícios, ao regulamentar os salários, o preço dos produtos e a própria produção, fixavam indiretamente o nível médio das rendas, pelo qual, por força das circunstâncias, se pautam, em parte, as necessidades. Ao descrever essa organização, não pretendemos, de resto, propô-la como modelo. É evidente que, sem transformações profundas, ela não é conveniente às sociedades atuais. Tudo o que constatamos é que ela existia, tinha efeitos úteis, e que hoje nada a substitui.

Com efeito, a religião perdeu a maior parte de seu império. O poder governamental, em vez de ser o regulador da vida econômica, tornou-se seu instrumento e seu servidor. As escolas mais opostas, economistas ortodoxos e socialistas extremos, colocam-se de acordo para reduzi-lo ao papel de intermediário, mais ou menos passivo, entre as diferentes funções sociais. Uns querem fazer dele apenas o guardião dos contratos individuais; os outros lhe deixam como tarefa a responsabilidade de manter a contabilidade coletiva, isto é, de registrar as demandas dos consumidores, transmiti-las aos produtores, inventariar a renda total e distribuí-la segundo uma fórmula estabelecida. Mas tanto uns quanto outros lhe recusam qualquer competência para subordinar o resto dos órgãos sociais e fazê-los convergir para uma finalidade que os domine. Os dois lados declaram que as nações devem ter como único ou principal objetivo a prosperidade industrial; é o que está implicado no dogma do materialismo econômico, que serve igualmente de base a esses sistemas, aparentemente opostos. E, como essas teorias apenas exprimem a situação da opinião, a indústria, em vez de continuar a ser vista como um meio para um fim que a ultrapassa, tornou-se o fim supremo dos indivíduos e das sociedades. Mas, então, os apetites que mobiliza acabaram se libertando de toda autoridade que os limitava. Essa apoteose do bem-estar, ao santificá-los, por assim dizer, colocou-os acima de toda lei humana. Parece que há uma espécie de sacrilégio em refreá-los. Por isso, até mesmo a regulamentação puramente utilitária que o próprio mundo industrial exercia sobre eles, por intermédio das corporações, não conseguiu se manter. Enfim, esse arrebatamento dos desejos foi agravado pelo próprio desenvolvimento da indústria e pela extensão quase indefinida do mercado. Quando o produtor só podia escoar seus produtos na vizinhança imediata, a modicidade do ganho possível não podia superexcitar demasiadamente a ambição. Mas agora, que ele pode quase pretender ter como cliente o mundo inteiro, como, diante dessas perspectivas ilimitadas, as paixões ainda aceitariam que as limitassem como outrora?

252 | LIVRO II – CAUSAS SOCIAIS E TIPOS SOCIAIS

Eis a causa da efervescência que reina nessa parte da sociedade, mas que, daí, estendeu-se ao resto. É porque o estado de crise e de anomia é constante e, por assim dizer, normal. De alto a baixo da escala, as cobiças são suscitadas, sem que saibam onde se depositar. Nada pode acalmá-las, já que o fim para que tendem está infinitamente além de tudo aquilo que elas podem alcançar. O real parece não ter valor quando comparado ao que as imaginações febris vislumbram como possível; portanto, afastamo-nos do real, mas para em seguida nos afastarmos do possível, quando, por sua vez, ele se torna real. Temos sede de coisas novas, de prazeres ignorados, de sensações inominadas, mas que perdem todo sabor assim que são conhecidos. A partir daí, quando sobrevém o mínimo revés, não temos forças para suportá-lo. Toda essa febre diminui, e percebemos o quanto esse tumulto era estéril e que essas sensações novas, indefinidamente acumuladas, não conseguiram constituir um sólido capital de felicidade do qual possamos viver nos dias difíceis. O sábio, que sabe desfrutar dos resultados obtidos sem sentir perpetuamente necessidade de substituí-los por outros, encontra aí motivos para se agarrar à vida quando chega a hora das contrariedades. Mas o homem que sempre esperou tudo do futuro, que viveu com os olhos fixos no futuro, não tem nada em seu passado que o reconforte contra as amarguras do presente; pois para ele o passado não foi senão uma série de etapas atravessadas com impaciência. O que lhe permitia fechar os olhos a si mesmo era que ele sempre esperava encontrar mais além a felicidade que ainda não encontrara até então. Mas, quando se detém em sua marcha, vê que já não há nada, nem atrás nem diante dele, em que possa pousar o olhar. De resto, o cansaço basta, por si só, para produzir o desencanto, pois é difícil não sentir, com o tempo, a inutilidade de uma perseguição sem fim.

Podemos até nos perguntar se não é sobretudo esse estado moral que hoje torna as catástrofes econômicas tão fecundas em suicídios. Nas sociedades em que está submetido a uma disciplina sensata, o homem se submete com mais facilidade às adversidades. Habituado a se constranger e a se conter, o esforço necessário para se impor um pouco mais de aperto custa-lhe relativamente pouco. Mas, quando por si mesmo, todo limite é odioso, como uma limitação mais estrita não pareceria insuportável? A impaciência febril em que vivemos não nos inclina à resignação. Quando temos como único objetivo ultrapassar incessantemente o ponto a que chegamos, é doloroso ser lançado para trás. Ora, essa mesma desorganização que caracteriza nossa situação econômica abre a porta a todas as aventuras. Como as imaginações estão ávidas de novidades e nada as regula, elas tateiam ao acaso. Necessariamente, os fracassos crescem com os riscos, e, assim, as crises se multiplicam no momento em que se tornam mais funestas.

E, no entanto, essas disposições são tão inveteradas que a sociedade habituou-se a elas e acostumou-se a vê-las como normais. Repete-se à exaustão que é da natureza do homem ser um eterno insatisfeito e ir sempre adiante sem trégua nem descanso, rumo a um fim indeterminado. A paixão pelo infinito é diariamente apresentada como uma marca de distinção moral, ao passo que ela só pode se produzir no cerne de consciências desregradas e que erigem em regra o desregramento de que sofrem. A doutrina do progresso, apesar de tudo e o mais rápido possível, tornou-se um dogma. Mas também, paralelamente a essas teorias que celebram os benefícios da instabilidade, vemos aparecerem outras, que, generalizando a situação de que derivam, declaram a vida ruim, acusam-na de ser mais fértil em dores do que em prazeres e de só seduzir o homem com atrativos enganadores. E, como é no mundo econômico que essa desordem está no apogeu, também é nele que faz mais vítimas.

QUADRO XXIV

Suicídios por um milhão de pessoas de cada profissão

	Comércio	Transportes	Indústria	Agricultura	Carreiras liberais[253]
França[254] (1878-87)	440	—	340	240	300
Suíça (1876)	664	1.514	577	304	558
Itália (1866-76)	277	152,6	80,4	26,7	618[255]
Prússia (1883-90)	754	—	456	315	832
Baviera (1884-91)	465	—	369	153	454
Bélgica (1776-90)	421	—	160	160	100
Württemberg (1873-78)	273	—	190	206	—
Saxônia (1878)	341,59			71,17	—

---

253. Quando a estatística distingue vários tipos de carreiras liberais, indicamos, como ponto de referência, aquela em que a taxa de suicídios é mais elevada.

254. De 1826 a 1880, as funções econômicas parecem menos atingidas (ver *Compte rendu* de 1880); mas será que a estatística das profissões era exata?

255. Esse índice só é atingido pelas pessoas da área de Letras.

As funções industriais e comerciais estão, com efeito, entre as que mais contribuem com o suicídio (ver quadro XXIV). Elas estão quase no nível das carreiras liberais, e às vezes até as superam; sobretudo são substancialmente mais atingidas que a agricultura. É porque a indústria agrícola é aquela em que os antigos poderes reguladores mais fazem sentir ainda sua influência e em que a febre dos negócios menos penetrou. É ela que lembra melhor o que era outrora a constituição geral da ordem econômica. E a diferença seria ainda mais acentuada se, entre os suicídios da indústria, fosse feita a distinção entre patrões e operários, pois são provavelmente os primeiros os mais afetados pelo estado de *anomia*. A enorme taxa da população rentista (720 por um milhão) mostra bem que são os mais afortunados os que mais sofrem. É porque tudo o que obriga à subordinação atenua os efeitos desse estado. As classes inferiores têm, pelo menos, seu horizonte limitado por aquelas que lhes são sobrepostas, e, exatamente por isso, seus desejos são mais definidos. Mas aqueles que só tem o vazio acima de si são quase obrigados a nele se perder, se não há força que os retenha.

Portanto a anomia é, em nossas sociedades modernas, um fator regular e específico de suicídios; é uma das fontes na qual se alimenta o contingente anual. Estamos, por conseguinte, em presença de um novo tipo que deve ser distinguido dos outros. Ele difere dos outros por depender não da maneira como os indivíduos são vinculados à sociedade, mas pelo modo como ela os regulamenta. O suicídio egoísta provém do fato de os homens já não perceberem razão de ser na vida; o suicídio altruísta, do fato de essa razão lhes parecer estar fora da própria vida; o terceiro tipo de suicídio, cuja existência acabamos de constatar, decorre do fato de sua atividade ser desregrada e de eles sofrerem com isso. Devido à sua origem, daremos a esse último tipo o nome de *suicídio anômico*.

Certamente, esse suicídio e o suicídio egoísta têm relações de parentesco. Ambos originam-se do fato de que a sociedade não está suficientemente presente aos indivíduos. Mas a esfera da qual ela está ausente não é a mesma nos dois casos. No suicídio egoísta ela faz falta à atividade propriamente coletiva, deixando-a, assim, desprovida de objeto e de significado. No suicídio anômico, é às paixões propriamente individuais que ela faz falta, deixando-as, assim, sem freio que as modere. Disso resulta que, apesar de suas relações, esses dois tipos permanecem independentes um do outro. Podemos remeter à sociedade tudo o que há de social em nós, e não saber limitar nossos desejos; sem sermos egoístas, podemos viver no estado de anomia, e vice-versa. Assim, não é nos mesmos meios sociais que esses dois tipos de suicídio recrutam sua principal clientela; um tem como terreno preferido as carreiras intelectuais, o mundo pensante; o outro, o mundo industrial ou comercial.

IV

Mas a anomia econômica não é a única que pode engendrar o suicídio.

Os suicídios que ocorrem quando se abre a crise da viuvez, e de que já falamos,[256] devem-se, com efeito, à anomia doméstica resultante da morte de um dos cônjuges. Produz-se, então, um transtorno familiar, cuja influência o sobrevivente sofre. Ele não se adapta à nova situação que se impõe a ele e, por isso, se mata mais facilmente.

Mas há uma outra variedade do suicídio anômico na qual devemos nos deter por mais tempo, tanto por ser mais crônica quanto por servir para elucidar a natureza e as funções do casamento.

Nos *Annales de démographie internationale* (setembro de 1882), Bertillon publicou um notável trabalho sobre o divórcio, ao longo do qual demonstrou a seguinte proposição: em toda a Europa, o número de suicídios varia como o de divórcios e de separações de corpos.

Se compararmos os diferentes países desse duplo ponto de vista, já constatamos esse paralelismo (ver quadro XXV, p. 256). Não apenas a relação entre as médias é evidente, mas a única pequena irregularidade um pouco marcada é a dos Países Baixos, onde os suicídios não estão no nível dos divórcios.

A lei se verifica com mais rigor ainda quando comparamos não países diferentes, mas províncias diferentes de um mesmo país. Na Suíça, principalmente, a coincidência entre essas duas ordens de fenômenos é impressionante (ver quadro XXVI, p. 257). São os cantões protestantes que contam mais divórcios; também são eles que contam mais suicídios. Em seguida, vêm os cantões mistos, de ambos os pontos de vista, e apenas depois os cantões católicos. No interior de cada grupo, observam-se as mesmas semelhanças. Entre os cantões católicos, Solothurn e Appenzell Innerrhoden distinguem-se pela quantidade elevada de divórcios; também se distinguem pelo número de suicídios. Friburgo, ainda que católico e francês, tem uma quantidade razoável de divórcios e de suicídios. Entre os cantões protestantes alemães, não há nenhum que tenha tantos divórcios quanto Schaffhausen; Schaffhausen também lidera quanto ao número de suicídios. Enfim, os cantões mistos, com exceção de Argóvia, classificam-se exatamente da mesma maneira quanto aos dois aspectos.

---

256. Ver anteriormente, p. 178.

Quadro XXV

Comparação dos Estados europeus do duplo ponto de vista do divórcio e do suicídio

	Divórcios anuais por mil casamentos	Suicídios por 1 milhão de habitantes
I – Países em que os divórcios e as separações de corpos são raras		
Noruega	0,54 (1875-80)	73
Rússia	1,6 (1871-77)	30
Inglaterra e Gales	1,3 (1871-79)	68
Escócia	2,1 (1871-81)	—
Itália	3,05 (1871-73)	31
Finlândia	3,9 (1875-79)	30,8
Médias	2,07	46,5
II – Países em que os divórcios e as separações de corpos têm uma frequência média		
Baviera	5,0 (1881)	90,5
Bélgica	5,1 (1871-80)	68,5
Países Baixos	6,0 (1871-80)	35,5
Suécia	6,4 (1871-80)	81
Baden	6,5 (1874-79)	156,6
França	7,5 (1871-79)	150
Württemberg	8,4 (1876-78)	162,4
Prússia	—	133
Médias	6,4	109,6
III – Países em que os divórcios e as separações são frequentes		
Reino da Saxônia	26,9 (1876-80)	299
Dinamarca	38 (1871-80)	258
Suíça	47 (1876-80)	216
Médias	37,3	257

Quadro XXVI

Comparação dos cantões suíços
do ponto de vista dos divórcios e dos suicídios

	Divórcios e separações em mil casamentos	Suicídios por 1 milhão		Divórcios e separações em mil casamentos	Suicídios por 1 milhão
I – CANTÕES CATÓLICOS					
Franceses e italianos					
Ticino	7,6	57	**Friburgo**	15,9	119
Valais	4,0	47			
Médias	5,8	50	**Médias**	15,9	119
Alemães					
Uri	—	60	**Solothurn**	37,7	205
Unterwalden (Obwalden)	4,9	20	**Appenzell Inn**	18,9	158
Unterwalden (Nidwalden)	5,2	1	**Zug**	14,8	8,7
Schwyz	5,6	70	**Lucerna**	13,0	100
Médias	3,9	37,7	**Médias**	21,1	137,5
II – CANTÕES PROTESTANTES					
Franceses					
Neuchâtel	42,4	560	**Vaud**	43,5	352
Alemães					
Berna	47,2	229	**Schaffhausen**	106,0	602
Basileia-cidade	34,5	323	**Appenzell Aus**	100,7	213
Basileia-campo	33,0	288	**Glarus**	83,1	127
			Zurique	80,0	288
Médias	38,2	280	**Médias**	92,4	307
III – CANTÕES MISTOS QUANTO À RELIGIÃO					
Argóvia	40,0	195	**Genebra**	70,5	360
Grisões	30,9	116	**St. Gallen**	57,6	179
Médias	36,9	155	**Médias**	64,0	269

258 | LIVRO II – CAUSAS SOCIAIS E TIPOS SOCIAIS

A mesma comparação feita entre os departamentos franceses dá o mesmo resultado. Classificando-os em oito categorias conforme a importância de sua mortalidade-suicídio, constatamos que os grupos assim formados posicionam--se na mesma ordem quanto aos divórcios e separações de corpos:

	Suicídios por 1 milhão	Média de divórcios e separações por mil casamentos
1º grupo (5 departamentos)	Menos de 50	2,6
2º grupo (18 departamentos)	De 51 a 75	2,9
3º grupo (15 departamentos)	De 76 a 100	5,0
4º grupo (19 departamentos)	De 101 a 150	5,4
5º grupo (10 departamentos)	De 151 a 200	7,5
6º grupo (9 departamentos)	De 201 a 250	8,2
7º grupo (4 departamentos)	De 251 a 300	10,0
8º grupo (5 departamentos)	Mais de 300	12,4

Demonstrada essa relação, procuremos explicá-la.

Mencionaremos apenas a título de informação a explicação que Bertillon propôs sumariamente. Segundo esse autor, os números de suicídios e de divórcios variam paralelamente porque ambos dependem de um mesmo fator: a maior ou menor frequência de pessoas desequilibradas. De fato, diz ele, há tanto mais divórcios em um país quanto mais há cônjuges insuportáveis. Ora, esses últimos se recrutam entre os instáveis, os indivíduos com caráter malformado e mal ponderado, que esse mesmo temperamento predispõe igualmente ao suicídio. O paralelismo ocorreria não porque a instituição do divórcio tem, por si mesma, uma influência sobre o suicídio, mas porque essas duas ordens de fatos derivam de uma mesma causa, que elas exprimem de modo diferente. Mas é arbitrariamente e sem provas que assim se vincula o divórcio a certas taras psicopáticas. Não há nenhuma razão para supor que na Suíça há 15 vezes mais desequilibrados do que na Itália e de 6 a 7 vezes mais do que na França, contudo os divórcios são, no primeiro desses países, 15 vezes mais frequentes do que no segundo e cerca de 7 vezes mais frequentes do que no terceiro. Além do mais, no que concerne ao suicídio, sabemos como as condições puramente individuais estão longe de conseguir explicá-lo. De resto, tudo o que se segue acabará de demonstrar a insuficiência dessa teoria.

CAPÍTULO V - O SUICÍDIO ANÔMICO | 259

Não é nas predisposições orgânicas das pessoas, mas na natureza intrínseca do divórcio que é preciso buscar a causa dessa extraordinária relação. Quanto a isso, uma primeira proposição pode ser estabelecida: em todos os países para os quais temos as informações necessárias, os suicídios de divorciados são incomparavelmente superiores em quantidade aos apresentados pelas outras parcelas da população.

	Suicídios por 1 milhão de							
	Solteiros com mais de 15 anos		Casados		Viúvos		Desquitados	
	Homens	Mulheres	Homens	Mulheres	Homens	Mulheres	Homens	Mulheres
Prússia (1887-89)	360	120	430	90	1.471	215	1.875	290
Prússia (1883-90)	388	129	498	100	1.552	194	1.952	328
Baden (1885-93)	458	93	460	85	1.172	171	1.328	—
Saxônia (1847-58)	—	—	481	120	1.242	240	3.102	312
Saxônia (1876)	555,18		821	146			3.252	389
Württemberg (1846-60)	—	—	226	52	530	97	1.298	281
Württemberg (1873-92)	251		218		405		796	

Assim, os divorciados dos dois sexos se matam entre três e quatro vezes mais do que as pessoas casadas, ainda que sejam mais jovens (40 anos, na França, contra 46 anos), e consideravelmente mais do que os viúvos, apesar do agravamento resultante, para esses últimos, da idade avançada. Por que isso acontece?

Sem dúvida, a mudança de regime moral e material, consequência do divórcio, tem algo a ver com esse resultado. Mas não basta para explicá-lo. Com efeito, a viuvez também é um transtorno completo da existência; chega a ter, em geral, consequências muito mais dolorosas, já que não foi desejada pelos cônjuges, ao passo que, na maioria das vezes, o divórcio é para eles uma libertação. Entretanto os divorciados, que devido à idade deveriam se matar duas vezes menos do que os viúvos, matam-se mais, em todos os lugares, e até duas vezes mais em alguns países. Esse agravamento, que pode ser representado por um coeficiente compreendido entre 2,5 e 4, não depende absolutamente de sua mudança de situação.

260 | LIVRO II – CAUSAS SOCIAIS E TIPOS SOCIAIS

Para encontrar suas causas, voltemos a uma das proposições que havíamos estabelecido anteriormente. Vimos no terceiro capítulo deste livro que, para uma mesma sociedade, a tendência dos viúvos ao suicídio dependia da tendência correspondente das pessoas casadas. Se os segundos são imensamente preservados, os primeiros desfrutam de uma imunidade menor, sem dúvida, mas ainda considerável, e o sexo que o casamento preserva mais também é aquele mais preservado no estado de viuvez. Em suma, quando a sociedade conjugal é desfeita pela morte de um dos cônjuges, os efeitos que ela tinha em relação ao suicídio continuam a ser em parte sentidos no sobrevivente.[257] Nesse caso, não seria legítimo supor que o mesmo fenômeno ocorre quando o casamento é rompido não pela morte mas por um ato jurídico, e que o agravamento que os divorciados sofrem é uma consequência não do divórcio mas do casamento ao qual colocaram fim? O agravamento deve estar ligado a determinada constituição matrimonial, cuja influência os cônjuges continuam a sofrer, mesmo separados. Se têm uma violenta propensão ao suicídio, é porque já eram intensamente inclinados a ele quando viviam juntos, e justamente por causa de sua vida em comum.

Admitida essa proposição, a correspondência entre divórcios e suicídios torna-se explicável. De fato, entre os povos em que o divórcio é frequente, essa constituição *sui generis* do casamento de que ele é solidário deve ser necessariamente muito generalizada, pois não é especial aos casais predestinados à uma dissolução. Se neles atinge seu máximo de intensidade, ela deve ser encontrada nos outros ou na maior parte dos outros, embora em menor grau. Pois, do mesmo modo que onde há muitos suicídios há muitas tentativas de suicídio, e que a mortalidade não pode aumentar sem que ao mesmo tempo aumente a morbidade, deve haver muitos casais relativamente próximos do divórcio nos lugares em que há muitos divórcios efetivos. O número desses últimos não pode, portanto, aumentar sem que se desenvolva e que se generalize na mesma medida a situação familiar que predispõe ao suicídio, e, consequentemente, é natural que esses dois fenômenos variem no mesmo sentido.

Além de essa hipótese estar em conformidade com tudo o que foi anteriormente demonstrado, ela é suscetível de uma prova direta. Com efeito, se ela tiver fundamento, as pessoas casadas deverão ter, nos países em que os divórcios são numerosos, uma menor imunidade contra o suicídio, em

---

257. Ver anteriormente, p. 184.

CAPÍTULO V - O SUICÍDIO ANÔMICO | 261

relação aos lugares em que o casamento é indissolúvel. É efetivamente o que resulta dos fatos, pelo menos *no que diz respeito aos homens casados*, como mostra o quadro XXVII (ver página seguinte). A Itália, país católico que desconhece o divórcio, é também aquele em que o coeficiente de preservação dos homens casados é o mais elevado; o coeficiente é menor na França, onde as separações de corpos sempre foram mais frequentes, e o vemos diminuir à medida que passamos a sociedades em que o divórcio é mais amplamente praticado.[258]

Não conseguimos obter o número de divórcios do grão-ducado de Oldemburgo. No entanto, dado que é um país protestante, podemos crer que são frequentes, sem contudo serem excessivos, pois a minoria católica é bastante importante. Portanto ele deve estar, desse ponto de vista, mais ou menos no mesmo nível que Baden e Prússia. Ele também se classifica na mesma posição do ponto de vista da imunidade de que desfrutam os casados; 100 mil solteiros com mais de 15 anos produzem anualmente 52 suicídios, 100 mil casados cometem 66. O coeficiente de preservação para esses últimos é, pois, de 0,79, portanto muito diferente daquele observado nos países católicos, em que o divórcio é raro ou desconhecido.

---

258. Se só comparamos, desse ponto de vista, esses poucos países, é porque, para os outros, as estatísticas misturam os suicídios de homens casados com os de mulheres casadas, e veremos mais adiante por que é necessário distingui-los.

Mas não devemos concluir, desse quadro, que na Prússia, em Baden e na Saxônia os casados se matam realmente mais do que os solteiros. Não podemos perder de vista que esses coeficientes foram estabelecidos independentemente da idade e de sua influência sobre o suicídio. Ora, como os homens de 25 a 30 anos, média de idade dos solteiros, se matam cerca de duas vezes menos que os homens de 40 a 45 anos, média de idade dos casados, esses desfrutam de uma imunidade até nos países em que o divórcio é frequente; mas neles ela é menor do que em outros lugares. Para podermos dizer que neles é nula, seria necessário que a taxa dos casados, desconsiderando a idade, fosse duas vezes maior que a dos solteiros, o que não é o caso. De resto, essa omissão não afeta em nada a conclusão à qual chegamos. Pois a média de idade dos casados varia pouco, apenas dois ou três anos, de um país para outro, e, de outro lado, a lei segundo a qual a idade age sobre o suicídio é a mesma em todo lugar. Por conseguinte, ao desconsiderar a ação desse fator, diminuímos o valor absoluto dos coeficientes de preservação, mas, como os diminuímos por toda parte segundo a mesma proporção, não alteramos seu valor relativo, que é o que nos importa. Pois não procuramos avaliar em valor absoluto a imunidade dos casados em cada país, mas classificar os diferentes países do ponto de vista dessa imunidade. Quanto às razões que nos determinaram a tal simplificação, foi antes de tudo para não complicar o problema inutilmente, mas também porque não temos em todos os casos os elementos necessários para calcular exatamente a ação da idade.

262 | LIVRO II – CAUSAS SOCIAIS E TIPOS SOCIAIS

QUADRO XXVII

Influência do divórcio sobre a imunidade dos cônjuges

Países	Suicídios por 1 milhão de pessoas		Coeficiente de preservação dos casados em relação aos solteiros
	Solteiros com mais de 15 anos	Casados	
Em que o divórcio não existe:			
Itália (1884-88)	145	88	1,64
França (1863-68)[259]	273	245,7	1,11
Em que o divórcio é amplamente praticado:			
Baden (1885-93)	458	460	0,99
Prússia (1883-90)	388	498	0,77
Prússia (1887-89)	364	431	0,83
Em que o divórcio é muito frequente:[260]			
Saxônia (1879-80): Em 100 suicídios de todos os estados civis	27,5	52,5	0,63
Saxônia (1879-80): Em 100 habitantes masculinos de todos os estados civis	42,10	52,47	

A França proporciona uma oportunidade de fazer uma observação que confirma as precedentes, ainda melhor porque com mais rigor. Os divórcios são muito mais frequentes no Seine do que no resto do país. Em 1885 o número de divórcios ali pronunciados era de 23,99 para 10 mil casais regulares, enquanto, para toda a França, a média não passava de 5,65. Ora, basta nos remetermos ao quadro XXII para constatarmos que o coeficiente de preservação dos casados é sensivelmente menor no Seine do que no interior.

---

259. Tomamos esse período distante porque o divórcio não existia de modo algum então. A lei de 1884, que o restabeleceu, não parece, aliás, ter produzido até agora efeitos sensíveis sobre os suicídios de casados; seu coeficiente de preservação não variou substancialmente em 1888-92; uma instituição não produz efeitos em tão pouco tempo.

260. Para a Saxônia, temos apenas os números relativos aqui mencionados, tomados de Oettingen; eles bastam para nosso objeto. Encontraremos em LEGOYT (p. 171) outros documentos que provam igualmente que, na Saxônia, os casados têm uma taxa mais elevada que os solteiros. O próprio Legoyt constata-o com surpresa.

CAPÍTULO V - O SUICÍDIO ANÔMICO | **263**

De fato, ele só chega a 3 uma única vez, para o período de 20 a 25 anos; e ainda assim a exatidão do índice é duvidosa, pois ele é calculado com base num pequeno número de casos, visto que anualmente há apenas um suicídio de casados com essa idade. A partir dos 30 anos, o coeficiente não ultrapassa 2, na maioria dos casos está abaixo disso e torna-se até inferior a 1 entre os 60 e 70 anos. Em média, é de 1,73. Nos departamentos, ao contrário, ele é, em 5 de 8 vezes, superior a 3; em média, é de 2,88, ou seja, 1,66 vez maior que no Seine.

Eis mais uma prova de que o número elevado de suicídios nos países em que o divórcio é generalizado não se deve a nenhuma predisposição orgânica, particularmente à frequência de pessoas desequilibradas. Pois, se essa fosse a verdadeira causa, seus efeitos deveriam ser sentidos tanto sobre os solteiros quanto sobre os casados. Ora, na verdade, esses últimos é que são os mais afetados. É, pois, porque a origem do mal se encontra, como supusemos, em alguma particularidade, seja do casamento seja da família. Resta decidir entre essas duas últimas hipóteses. A menor imunidade dos casados deve-se à situação da sociedade doméstica ou à situação da sociedade matrimonial? É o espírito familiar que não é tão bom ou o laço conjugal que não é tudo o que deveria ser?

Um primeiro fato que torna improvável a primeira explicação é que, entre os povos em que o divórcio é mais frequente, a natalidade é alta, por conseguinte a densidade do grupo familiar é bastante elevada. Sabemos que, quando a família é densa, o espírito familiar é, em geral, forte. Portanto, temos boas razões para crer que é na natureza do casamento que se encontra a causa do fenômeno.

E de fato, se ela fosse imputável à constituição da família, as mulheres casadas também deveriam estar menos protegidas do suicídio nos países em que o divórcio é um hábito corrente do que nos lugares em que ele é pouco praticado, pois elas são tão afetadas quanto o marido pela má situação das relações domésticas. Ora, ocorre exatamente o contrário. O coeficiente de preservação das mulheres casadas aumenta à medida que o dos homens casados diminui, ou seja, à medida que os divórcios são mais frequentes, e vice-versa. Quanto maior a frequência e a facilidade com que se rompe o vínculo conjugal, mais a mulher é favorecida em relação ao marido (ver quadro XXVIII, na página seguinte).

A inversão entre as duas séries de coeficientes é notável. Nos países em que o divórcio não existe, a mulher é menos preservada que seu marido;

264 | LIVRO II – CAUSAS SOCIAIS E TIPOS SOCIAIS

mas sua inferioridade é maior na Itália do que na França, onde o laço matrimonial sempre foi mais frágil. Por outro lado, quando o divórcio é praticado (Baden), o marido é menos preservado do que a mulher, e a vantagem dela cresce regularmente à medida que os divórcios se desenvolvem.

QUADRO XXVIII

Influência do divórcio sobre a imunidade das mulheres casadas[261]

	Suicídios por 1 milhão de		Coeficiente de preservação de		(1)	(2)
	Solteiras com mais de 16 anos	Casadas	Mulheres casadas	Homens casados		
Itália	21	22	0,95	1,64	1,72	—
França	59	62,5	0,96	1,11	1,15	—
Baden	93	85	1,09	0,99	—	1,10
Prússia	129	100	1,29	0,77	—	1,67
– (1887-89)	120	90	1,33	0,83	—	1,60
Saxônia Em 100 suicídios de todos os estados civis	35,3	42,6	—	—	—	—
Saxônia Em 100 habitantes de todos os estados civis	37,97	49,74	1,19	0,63	—	1,73

(1) Em quantas vezes o coeficiente dos homens casados ultrapassa o das mulheres casadas? | (2) Em quantas vezes o coeficiente das mulheres casadas ultrapassa o dos homens casados?

Da mesma maneira que anteriormente, o grão-ducado de Oldemburgo comporta-se, desse ponto de vista, como os outros países da Alemanha, em que o divórcio tem uma frequência média. Um milhão de solteiras apresentam 203 suicídios; um milhão de casadas, 156; essas têm um coeficiente de preservação igual a 1,3, muito superior ao dos homens casados, que era de apenas 0,79. O primeiro é 1,64 vez maior do que o segundo, mais ou menos como na Prússia.

A comparação do Seine com os outros departamentos franceses confirma essa lei de maneira flagrante. No interior, onde as pessoas se divorciam

---

261. Os períodos são os mesmos do quadro XXVII.

menos, o coeficiente médio das mulheres casadas não passa de 1,49; ele representa, então, apenas a metade do coeficiente médio dos homens casados, que é de 2,88. No Seine, a relação é inversa. A imunidade dos homens é de apenas 1,56, e até mesmo de 1,44, se deixamos de lado os números duvidosos referentes ao período de 20 a 25 anos; a imunidade das mulheres é de 1,79. Ali, a situação da mulher em relação ao marido é, portanto, duas vezes melhor do que nos departamentos.

É possível fazer a mesma constatação se comparamos as diferentes províncias da Prússia:

Províncias em que há, por 100 mil casados,					
de 810 a 405 divorciados	Coeficiente de preservação das mulheres casadas	de 371 a 324 divorciados	Coeficiente de preservação das mulheres casadas	de 229 a 116 divorciados	Coeficiente de preservação das mulheres casadas
Berlim	1,72	Pomerânia	1	Posen	1
Brandemburgo	1,75			Hessen	1,44
		Silésia	1,18	Hanôver	0,90
Prússia Oriental	1,50	Prússia Ocidental	1	País Renano	1,25
Saxônia	2,08	Schleswig	1,2	Vestefália	0,80

Todos os coeficientes do primeiro grupo são consideravelmente superiores aos do segundo, e é no terceiro que se encontram os mais baixos. A única anomalia é a de Hessen, onde, por razões desconhecidas, as mulheres casadas desfrutam de uma imunidade bastante importante, ainda que ali os divorciados sejam pouco numerosos.[262]

Apesar da convergência das provas, submetamos essa lei a uma última verificação. Em vez de comparar a imunidade dos homens casados com a imunidade das mulheres casadas, procuraremos saber de que maneira, diferente conforme o país, o casamento modifica a situação respectiva dos sexos quanto ao suicídio. Essa comparação constitui o objeto do quadro XXIX (na página seguinte). Vemos que, nos países em que o divórcio não existe ou foi estabelecido há pouco tempo, a mulher participa em proporção maior nos suicídios dos casados do que no suicídio dos solteiros. Significa que o casa-

---

262. Tivemos de classificar essas províncias segundo o número de divorciados recenseados, já que não conseguimos o número de divórcios anuais.

LIVRO II - CAUSAS SOCIAIS E TIPOS SOCIAIS

mento favorece mais o homem casado do que a mulher casada, e a situação desfavorável dessa última é mais acentuada na Itália do que na França. O excedente médio da participação proporcional das mulheres casadas sobre a das solteiras é, com efeito, duas vezes maior no primeiro desses países do que no segundo. Quando se passa para os povos em que a instituição do divórcio funciona amplamente, produz-se o fenômeno inverso. É a mulher que ganha terreno por causa do casamento, e o homem que perde; e o benefício que ela obtém é maior na Prússia do que em Baden, e maior na Saxônia do que na Prússia. Ele atinge seu máximo no país em que os divórcios, por seu lado, têm sua frequência máxima.

QUADRO XXIX

*Participação proporcional de cada sexo nos suicídios
de cada categoria de estado civil em diferentes países da Europa*

	Em 100 suicídios de solteiros, há: solteiros/solteiras	Em 100 suicídios de casados, há: casados/casadas	Excedente médio, por país, da participação das	
			casadas sobre a das solteiras	solteiras sobre a das casadas
Itália				
1871	87 / 13	79 / 21	6,2	—
1872	82 / 18	78 / 22		
1873	86 / 14	79 / 21		
1884-88	85 / 15	79 / 21		
França				
1863-66	84 / 16	78 / 22	3,6	—
1867-71	84 / 16	79 / 21		
1888-91	81 / 19	81 / 19		
Baden				
1869-73	84 / 16	85 / 15	—	1
1885-93	84 / 16	85 / 15		
Prússia				
1873-75	78 / 22	83 / 17	—	5
1887-89	77 / 23	83 / 17		
Saxônia				
1866-70	77 / 23	84 / 16	—	7
1879-90	80 / 22	86 / 14		

CAPÍTULO V · O SUICÍDIO ANÔMICO | **267**

Podemos, então, considerar como acima de qualquer contestação a seguinte lei: *O casamento favorece tanto mais a mulher do ponto de vista do suicídio quanto o divórcio é mais praticado, e vice-versa.*

Dessa proposição depreendem-se duas consequências.

A primeira é que os homens casados contribuem sozinhos para a elevação da taxa de suicídios observada nas sociedades em que os divórcios são frequentes, já que as mulheres casadas, ao contrário, nelas matam-se menos do que em outros lugares. Se, portanto, o divórcio não pode se desenvolver sem que a situação moral da mulher melhore, é inadmissível que ele esteja ligado a uma má situação da sociedade doméstica, capaz de agravar a propensão ao suicídio; pois esse agravamento deveria se produzir tanto para a mulher quanto para o marido. Um enfraquecimento do espírito familiar não pode ter efeitos tão opostos sobre os dois sexos, não pode favorecer a mãe e afetar de modo tão grave o pai. Consequentemente, é na situação do casamento, e não na constituição da família, que se encontra a causa do fenômeno que estudamos. E, com efeito, é bem possível que o casamento aja em sentido inverso sobre o marido e sobre a mulher. Pois, se como pais eles têm o mesmo objetivo, como cônjuges seus interesses são diferentes e, com frequência, antagônicos. Portanto pode muito bem acontecer de, em algumas sociedades, determinada particularidade da instituição matrimonial beneficiar um e prejudicar o outro. Tudo o que precede tende a provar que esse é precisamente o caso do divórcio.

Em segundo lugar, a mesma razão nos obriga a rejeitar a hipótese segundo a qual a má situação do casamento, de que divórcios e suicídios são solidários, consistiria simplesmente em uma maior frequência das discussões domésticas; pois, tanto quanto o enfraquecimento do laço familiar, tal causa não pode resultar no aumento da imunidade da mulher. Se o número de suicídios, nos lugares em que o divórcio é usual, dependesse realmente da quantidade de desentendimentos conjugais, a mulher deveria padecer disso tanto quanto o marido. Não há nada aí que seja suscetível de preservá-la de modo excepcional. Tal hipótese se sustenta ainda menos porque, na maioria das vezes, o divórcio é pedido pela mulher contra o marido (na França, 60% das vezes para os divórcios e 83% das vezes para as separações de corpos).[263] É porque os problemas do casal são, na maior parte dos casos, imputáveis

---

263. LEVASSEUR, *Population française*, t. II, p. 92. Conferir BERTILLON, *Annales de Dem. Inter.*, 1880, p. 460 – Na Saxônia, os pedidos intentados pelos homens são tão numerosos quanto os que provêm das mulheres.

ao homem. Mas, então, seria incompreensível que, nos países em que há muitos divórcios, o homem se matasse mais porque faz sua mulher sofrer mais, e que a mulher, ao contrário, se matasse menos porque o marido a faz sofrer mais. Além disso, não está provado que a quantidade de divergências conjugais aumente como a dos divórcios.[264]

Descartada essa hipótese, resta apenas uma possível. É necessário que a própria instituição do divórcio, pela ação que exerce sobre o casamento, determine ao suicídio.

E, de fato, o que é o casamento? Uma regulamentação das relações entre os sexos, que se estende não apenas aos instintos físicos que esse comércio mobiliza, mas também aos sentimentos de todo tipo, que a civilização aos poucos introduziu na base dos apetites materiais. Pois o amor é, para nós, um fato muito mais mental do que orgânico. O que o homem busca na mulher não é simplesmente a satisfação do desejo sexual. Se essa disposição natural foi o germe de toda a evolução sexual, ela progressivamente complicou-se com sentimentos estéticos e morais, numerosos e variados, e hoje já não é mais que o mínimo elemento do processo total e denso ao qual deu origem. Sob a influência desses elementos intelectuais, ela parcialmente se libertou do corpo e como que se intelectualizou. São tanto razões morais quanto solicitações físicas que a suscitam. Assim, ela já não tem a periodicidade regular e automática que apresenta no animal. Uma excitação psíquica pode a qualquer momento despertá-la: ela é de todas as estações. Mas precisamente porque essas diversas inclinações, assim transformadas, não são diretamente colocadas sob a dependência de necessidades orgânicas, uma regulamentação social lhes é indispensável. Já que não há nada no organismo que as detenha, é preciso que sejam contidas pela sociedade. Essa é a função do casamento. Ele regula toda a vida passional, e o casamento monogâmico mais estritamente que qualquer outro. Pois, ao obrigar o homem a se vincular a uma única mulher, sempre a mesma, atribui à necessidade de amar um objeto rigorosamente definido, e fecha o horizonte.

É essa determinação que constitui o estado de equilíbrio moral de que o marido se beneficia. Por não poder, sem faltar a seus deveres, buscar outras satisfações além daquelas que lhe são assim permitidas, ele limita a elas seus desejos. A salutar disciplina à qual está submetido considera seu dever encontrar a felicidade em sua condição, e, exatamente por isso, fornece-lhe os meios para tanto. Além disso, se sua paixão é obrigada a

---

264. BERTILLON, *Annales* etc., 1882, p. 175 ss.

CAPÍTULO V - O SUICÍDIO ANÔMICO | **269**

não variar, o objeto ao qual ela se fixa é obrigado a não lhe faltar, pois a obrigação é recíproca. Se suas fruições são definidas, elas estão asseguradas, e essa certeza consolida seu equilíbrio mental. A situação do solteiro é completamente diferente. Como pode legitimamente fixar-se ao que lhe agrada, ele aspira a tudo e nada o contenta. Esse mal do infinito, que a anomia carrega consigo por toda parte, pode tanto atingir essa parte de nossa consciência quanto qualquer outra; frequentemente ele assume uma forma sexual, descrita por Musset.[265] A partir do momento em que nada nos detém, não somos capazes de deter a nós mesmos. Além dos prazeres que experimentamos, imaginamos e queremos outros; se acontece de termos percorrido quase todo o círculo de possibilidades, sonhamos com o impossível; temos sede do que não existe.[266] Como a sensibilidade não se exasperaria nessa perseguição sem fim? Para que ela chegue a esse ponto, nem sequer é necessário que tenhamos multiplicado infinitamente as experiências amorosas e vivido como Don Juan. A existência medíocre do solteiro comum basta para tanto. Incessantemente, esperanças novas são despertadas e frustradas, deixando atrás de si uma impressão de cansaço e desencanto. Como, de resto, o desejo poderia se fixar, já que não está seguro de poder conservar o que o atrai? Pois a anomia é dupla. Do mesmo modo que o sujeito não se entrega definitivamente, ele não possui nada a título definitivo. A incerteza quanto ao futuro, somada à sua própria indeterminação, condena-o, pois, a uma perpétua mobilidade. De tudo isso, resulta um estado de transtorno, de agitação e de descontentamento que necessariamente aumenta as chances de suicídio.

Ora, o divórcio implica um enfraquecimento da regulamentação matrimonial. Nos lugares em que está estabelecido, sobretudo nos lugares em que o direito e os costumes facilitam sua prática de modo excessivo, o casamento já não é senão uma forma enfraquecida de si mesmo, é um casamento menor. Não pode, portanto, no mesmo grau, produzir seus efeitos úteis. O limite que ele colocava ao desejo já não tem a mesma fixidez; podendo ser mais facilmente abalado e deslocado, ele contém de modo menos enérgico a paixão, e essa, em consequência, tende a se disseminar mais além. Resigna-se com menos facilidade à condição que lhe é imposta. A calma, a tranquilidade moral que constituía a força do homem casado é, portanto, menor; ela dá lugar, em certa medida, a um estado de inquietação que

---

265. Ver *Rolla*, e em *Namouna* o retrato de Don Juan.

266. Ver o monólogo de Fausto na peça de Goethe.

impede o homem de se ater ao que tem. Além disso, ele é tanto menos levado a se vincular ao presente quanto seu desfrute não lhe está totalmente assegurado; o futuro é menos garantido. Não é possível ser vigorosamente contido por um vínculo que pode ser, a cada instante, rompido, seja de um lado seja de outro. Não podemos evitar de pousar nosso olhar para além do ponto em que estamos quando não sentimos terra firme sob os pés. Por essas razões, nos países em que o casamento é consideravelmente moderado pelo divórcio, é inevitável que a imunidade do homem casado seja menor. Como, sob tal regime, ele se aproxima do solteiro, não pode deixar de perder algumas de suas vantagens. Por conseguinte, o número total de suicídios aumenta.[267]

Mas essa consequência do divórcio é especial ao homem; não atinge a mulher casada. De fato, as necessidades sexuais da mulher têm um caráter menos mental, porque, de modo geral, sua vida mental é menos desenvolvida. Tais necessidades estão em relação mais imediata com as exigências do organismo, seguem-nas mais do que as ultrapassam e nelas encontram, por conseguinte, um freio eficaz. Porque é um ser mais instintivo do que o homem, para encontrar a calma e a paz a mulher só tem de seguir seus instintos. Uma regulamentação social tão estrita quanto a do casamento, e sobretudo do casamento monogâmico, não lhe é, portanto, necessária. Tal disciplina, mesmo quando é útil, não deixa de ter seus inconvenientes. Ao fixar para sempre a condição conjugal, impede de sair dela, aconteça o que acontecer. Ao limitar o horizonte, fecha as saídas e proíbe todas as esperanças, ainda que legítimas. O homem também sofre com essa imutabilidade, mas, para ele, o mal é amplamente compensado pelos benefícios que obtém de outro lado. Além disso, os costumes lhe concedem alguns privilégios que lhe permitem atenuar, em certa medida, o rigor do regime. Para a mulher, ao contrário, não há nem compensação nem atenuação. Para ela, a monogamia é de observância estrita, sem moderação de nenhum tipo, e, de outro lado, o casamento não lhe é útil, pelo menos não no mesmo grau, para limitar seus desejos, já naturalmente limitados, e ensiná-la a se contentar com sua sina; mas impede-a de mudá-lo se ele se torna intolerá-

---

267. Mas, dizem alguns, nos lugares em que o divórcio não modera o casamento, a obrigação estritamente monogâmica não arrisca a provocar o desencanto? Sim, sem dúvida, esse resultado se produzirá necessariamente, se o caráter moral da obrigação já não for sentido. O que importa, de fato, não é apenas que a regulamentação exista, mas que seja aceita pelas consciências. Caso contrário, se ela deixa de ter autoridade moral e só se mantém por inércia, já não desempenha papel útil. Atrapalha sem servir para muita coisa.

vel. Para ela, a regra é, portanto, um constrangimento sem vantagens. Por conseguinte, tudo o que a flexibiliza e a alivia só faz melhorar a situação da mulher casada. Eis por que o divórcio a protege e também por que ela recorre a ele de bom grado.

Portanto, é o estado de anomia conjugal, produzido pela instituição do divórcio, que explica o desenvolvimento paralelo dos divórcios e dos suicídios. Consequentemente, esses suicídios de homens casados, que nos países em que há muitos divórcios elevam o número de mortes voluntárias, constituem uma variedade do suicídio anômico. Eles não provêm do fato de, nessas sociedades, haver mais maus maridos ou mais más mulheres, portanto mais casais infelizes. Resultam de uma constituição moral *sui generis*, que, por sua vez, tem como causa um enfraquecimento da regulamentação matrimonial; é essa constituição, adquirida durante o casamento, que, sobrevivendo a ele, produz a excepcional tendência ao suicídio manifestada pelos divorciados. De resto, não estamos querendo dizer que o enfraquecimento da regra seja causado integralmente pelo estabelecimento legal do divórcio. O divórcio sempre é proclamado para consagrar uma situação dos costumes que lhe era anterior. Se, pouco a pouco, a consciência pública não tivesse chegado a julgar que a insolubilidade do vínculo conjugal não fosse justificada, o legislador nem sequer teria pensado em aumentar sua fragilidade. A anomia matrimonial pode, então, existir na opinião sem ainda estar inscrita na lei. Mas, de outro lado, apenas quando assume uma forma legal é que ela pode produzir todas as suas consequências. Enquanto o direito matrimonial não é modificado, pelo menos ele serve para conter materialmente as paixões; acima de tudo, opõe-se a que o gosto pela anomia ganhe terreno, pelo simples fato de reprová-la. Por isso, ela só tem efeitos característicos e facilmente observáveis nos lugares em que se tornou uma instituição jurídica.

Ao mesmo tempo que essa explicação dá conta tanto do paralelismo observado entre os divórcios e os suicídios[268] quanto das variações inversas apresentadas pela imunidade dos homens casados e pela das mulheres casadas, ela é confirmada por vários outros fatos:

---

268. Já que, nos lugares em que a imunidade dos homens casados é menor, a das mulheres casadas é mais elevada, poderíamos nos perguntar por que não se estabelece compensação. Mas, dado que a participação da mulher na quantidade total de suicídios é muito pequena, a diminuição dos suicídios femininos não tem relevância no geral e não compensa o aumento dos suicídios masculinos. Por isso, o divórcio é, por fim, acompanhado de uma elevação do número geral de suicídios.

LIVRO II – CAUSAS SOCIAIS E TIPOS SOCIAIS

1º) É só sob o regime do divórcio que pode haver uma verdadeira instabilidade matrimonial, pois apenas ele rompe completamente o casamento, ao passo que a separação de corpos não faz senão suspender parcialmente alguns de seus efeitos, sem devolver aos cônjuges sua liberdade. Se, portanto, essa anomia especial agrava realmente a propensão ao suicídio, os divorciados devem ter uma predisposição bem superior àquela dos separados. É, com efeito, o que se depreende do único documento sobre isso que conhecemos. Segundo um cálculo de Legoyt,[269] na Saxônia, durante o período de 1847-1856, um milhão de divorciados teria apresentado, por ano, uma média de 1.400 suicídios, e um milhão de separados apenas 176. Essa última taxa chega a ser inferior à dos homens casados (318).

2º) Se a tendência tão acentuada dos solteiros deve-se em parte à anomia sexual em que vivem de maneira crônica, é sobretudo no momento em que o sentimento sexual se encontra mais efervescente que o agravamento que sofrem deve ser mais perceptível. E, de fato, de 20 a 45 anos, a taxa de suicídios de solteiros cresce muito mais rápido do que depois; ao longo desse período ela quadruplica, ao passo que, de 45 anos à idade máxima (depois dos 80 anos), ela apenas dobra. Mas, do lado das mulheres, não se verifica a mesma aceleração; de 20 a 45 anos, a taxa das solteiras nem chega a dobrar, passa apenas de 106 para 171 (ver quadro XXI, p. 168). O período sexual não afeta, portanto, a evolução dos suicídios femininos. É o que realmente deve acontecer se, como admitimos, a mulher não é muito sensível a essa forma de anomia.

3º) Enfim, vários dos fatos estabelecidos no capítulo III deste mesmo livro encontram uma explicação na teoria que acaba de ser exposta, e, exatamente por isso, podem servir para verificá-la.

Vimos então que, por si só e independentemente da família, o casamento, na França, conferia ao homem um coeficiente de preservação igual a 1,5. Sabemos agora a que corresponde esse coeficiente. Representa as vantagens que o homem obtém da influência reguladora que o casamento exerce sobre ele, da moderação que impõe a suas propensões, e do bem-estar moral que dele resulta. Mas, ao mesmo tempo, constatamos que, nesse mesmo país, a condição da mulher casada era, ao contrário, agravada, enquanto a presença de filhos não vinha corrigir os efeitos prejudiciais que, para ela, o casamento traz. Acabamos de enunciar as razões disso. Não é que o homem seja, por natureza, um ser egoísta e ruim, cujo papel, no casamento, seria

---

269. *Op. cit.*, p. 171.

CAPÍTULO V - O SUICÍDIO ANÔMICO | **273**

fazer a mulher sofrer. É porque, na França, onde até recentemente o casamento não era enfraquecido pelo divórcio, a regra inflexível que ele impunha à mulher era, para ela, um jugo muito pesado e desvantajoso. De modo mais geral, eis a que se deve esse antagonismo entre os sexos, que faz com que o casamento não os favoreça da mesma forma:[270] é que seus interesses são opostos; um precisa de restrição, e o outro, de liberdade.

Parece, aliás, que o homem, em certo momento da vida, é afetado pelo casamento da mesma maneira que a mulher, embora por outras razões. Se, como mostramos, os homens casados demasiado jovens se matam muito mais do que os solteiros da mesma idade, sem dúvida é porque suas paixões são então por demais tumultuosas e confiantes em si mesmas para poderem se submeter a uma regra tão severa. Eles a veem, então, como um obstáculo insuportável contra o qual seus desejos se chocam e se desfazem. Por isso é provável que o casamento só produz todos os seus efeitos benéficos quando a idade vem acalmar um pouco o homem e fazê-lo sentir a necessidade de uma disciplina.[271]

Enfim, vimos também no capítulo III que, quando o casamento favorece mais a mulher casada do que o homem casado, a diferença entre os dois sexos é sempre menor do que quando ocorre o inverso.[272] É prova de que, mesmo nas sociedades em que a situação matrimonial é totalmente favorável à mulher, ela lhe é menos benéfica do que é ao homem, nos casos em que esse último é mais favorecido. A mulher pode sofrer, se ela lhe é contrária, mais do que beneficiar-se se é conveniente a seus interesses. É porque ela

---

270. Ver anteriormente, p. 177.

271. É até mesmo provável que o casamento, por si só, comece a produzir efeitos profiláticos só mais tarde, depois dos 30 anos. Com efeito, até então, os casados sem filhos apresentam anualmente, em números absolutos, a mesma quantidade de suicídios que os casados com filhos, a saber, 6,6 de 20 a 25 anos para ambos, 33 de um lado e 34 de outro de 25 a 30 anos. É evidente, contudo, que os casamentos fecundos são, mesmo nesse período, muito mais numerosos que os casamentos estéreis. A tendência desses últimos ao suicídio deve, então, ser muito maior do que a dos casais com filhos; por conseguinte, deve ser muito próxima, quanto à intensidade, da tendência dos solteiros. Infelizmente, quanto a isso, apenas podemos formular hipóteses, pois, como o recenseamento não fornece, para cada idade, a população dos casais sem filhos, distinta da dos casais com filhos, é impossível calcular separadamente a taxa de uns e a de outros para cada período da vida. Podemos apenas dar os números absolutos, tais quais os levantamos no Ministério da Justiça para os anos de 1889-91. Reproduzimo-los em um quadro especial no fim da obra. Essa lacuna do recenseamento é das mais lamentáveis.

272. Ver anteriormente, p. 170 e 186.

274 | LIVRO II – CAUSAS SOCIAIS E TIPOS SOCIAIS

precisa menos da situação matrimonial. É o que supõe a teoria que acaba de ser exposta. Os resultados que obtivemos anteriormente e aqueles que decorrem deste capítulo coincidem, então, e são mutuamente verificáveis.

Chegamos, assim, a uma conclusão bem distante da ideia que habitualmente se faz do casamento e de seu papel. Ele é visto como tendo sido instituído pensando na mulher, e para proteger sua fragilidade contra os caprichos masculinos. A monogamia, em particular, com frequência é apresentada como um sacrifício que o homem teria feito de seus instintos polígamos para valorizar e melhorar a condição da mulher no casamento. Na verdade, sejam quais forem as causas históricas que o determinaram a se impor tal restrição, é ele quem mais se beneficia dela. A liberdade à qual renunciou não seria para ele senão fonte de tormentos. A mulher não tinha as mesmas razões para fazer tais concessões, e, desse ponto de vista, podemos dizer que, ao se submeter à mesma regra, foi ela quem se sacrificou.[273]

---

273. Vemos, pelas considerações precedentes, que há um tipo de suicídio que se opõe ao suicídio anômico, assim como opõem-se entre si o suicídio egoísta e o suicídio altruísta. É aquele que resulta de um excesso de regulamentação; aquele que cometem as pessoas cujo futuro está impiedosamente cerceado, cujas paixões são violentamente reprimidas por uma disciplina opressiva. É o suicídio dos casados demasiado jovens, da mulher casada sem filhos. Para ficar completo, deveríamos, então, constituir um quarto tipo de suicídio. Mas ele tem tão pouca importância hoje, e, afora os casos que acabamos de citar, é tão difícil de encontrar exemplos dele que nos parece inútil nos determos nisso. No entanto, poderia haver um interesse histórico. Não seria a esse tipo que estariam ligados os suicídios de escravos, que dizem ser frequentes sob certas condições (ver CORRE, *Le crime en pays créoles*, p. 48), todos aqueles, em suma, que podem ser atribuídos às intemperanças do despotismo material ou moral? Para tornar tangível o caráter inelutável e inflexível da regra sobre a qual nada podemos, e por oposição à expressão "anomia" que acabamos de empregar, poderíamos chamá-lo de *suicídio fatalista*.

CAPÍTULO VI

Formas individuais
dos diferentes tipos de suicídio

Depreende-se agora um resultado de nossa pesquisa: não há um suicídio, mas suicídios. Sem dúvida, o suicídio sempre é próprio de um homem que prefere a morte à vida. Mas as causas que o determinam não são de mesma natureza em todos os casos: às vezes até são opostas entre si. Ora, é impossível que a diferença de causas não se encontre também nos efeitos. Podemos, portanto, ter certeza de que há vários tipos de suicídio qualitativamente distintos uns dos outros. Porém não basta ter demonstrado que essas diferenças devem existir, deveria ser possível discerni-las diretamente pela observação e saber em que consistem. Gostaríamos de ver as características dos suicídios particulares reunirem-se em classes distintas, correspondentes aos tipos que acabam de ser distinguidos. Desse modo, acompanharíamos a diversidade das correntes suicidógenas desde suas origens sociais até suas manifestações individuais.

Essa classificação morfológica, que não era possível no início desse estudo, pode ser tentada agora que uma classificação etiológica fornece sua base. Com efeito, só temos de tomar como ponto de referência os três tipos de fatores que acabamos de atribuir ao suicídio e procurar saber se as propriedades distintivas que ele assume ao se realizar nos indivíduos podem derivar deles e de que maneira. Decerto não é possível deduzir assim todas as particularidades que ele é suscetível de apresentar, pois deve haver algumas que dependem da natureza própria da pessoa. Cada suicida imprime a seu ato uma marca pessoal que exprime seu temperamento, as condições especiais em que se encontra, e que, consequentemente, não pode ser explicada pelas causas sociais e gerais do fenômeno. Mas essas, por sua vez, devem imprimir aos suicídios que determinam uma tonalidade *sui generis* uma marca especial que as exprime. É essa marca coletiva que deve ser encontrada.

LIVRO II – CAUSAS SOCIAIS E TIPOS SOCIAIS

De outro lado, é certo que essa operação só pode ser feita com uma exatidão aproximada. Não temos condições de fazer uma descrição metódica de todos os suicídios diariamente executados pelos homens ou cometidos ao longo da história. Podemos apenas levantar as características mais gerais e mais marcantes, sem que sequer tenhamos critério objetivo para efetuar essa seleção. Além disso, para os vincular às causas de que parecem derivar, não podemos proceder senão dedutivamente. Tudo o que poderemos fazer será mostrar que eles estão logicamente nelas implicados, sem que nem sempre o raciocínio possa receber uma confirmação experimental. Mas temos consciência de que uma dedução que não é verificada por nenhuma experiência é sempre suspeita. Entretanto, mesmo com tais restrições, essa pesquisa está longe de ser inútil. Mesmo que se veja aí apenas um meio de ilustrar com exemplos os resultados precedentes, ela ainda teria a vantagem de lhes dar um caráter mais concreto, associando-os mais estreitamente aos dados da observação sensível e aos detalhes da experiência cotidiana. Além disso, permitirá introduzir um pouco de distinção nessa massa de fatos que em geral se confundem, como se fossem separados apenas por nuanças, quando existem entre eles nítidas diferenças. Acontece com o suicídio o mesmo que com a alienação mental. Para o vulgo, essa consiste em um estado único, sempre igual, suscetível de se diversificar apenas exteriormente, dependendo das circunstâncias. Para o alienista a palavra designa, em contrapartida, uma pluralidade de tipos nosológicos. Da mesma forma, em geral imagina-se todo suicida como um melancólico para quem a existência é um peso. Na realidade, os atos pelos quais um homem renuncia à vida classificam-se em tipos diferentes, cujo significado moral e social não é de modo algum o mesmo.

I

Há uma primeira forma de suicídio que a Antiguidade certamente conheceu, mas que se desenvolveu sobretudo nos dias de hoje: o *Raphaël* de Lamartine representa seu tipo ideal. O que a caracteriza é um estado de languidez melancólica que enfraquece as motivações da ação. Os negócios, as funções públicas, o trabalho útil, até mesmo os deveres domésticos, só inspiram na pessoa indiferença e repulsão. Desagrada-lhe sair de si mesma. Em compensação, o pensamento e a vida interior ganham tudo o que a atividade perde. Ao se desviar daquilo que a cerca, a consciência retrai-se, considera-se seu próprio e único objeto e se atribui como princi-

CAPÍTULO VI - FORMAS INDIVIDUAIS DOS DIFERENTES TIPOS DE SUICÍDIO | 277

pal tarefa observar-se e analisar-se. Mas, por essa extrema concentração, só aprofunda o fosso que a separa do resto do universo. A partir do momento em que o indivíduo interessa-se a tal ponto por si mesmo, só pode se afastar ainda mais de tudo o que não é ele e consagrar, ao reforçá-lo, o isolamento em que vive. Não é não vendo nada a não ser si mesmo que se encontram razões para se apegar a algo além de si. Todo movimento, num sentido, é altruísta, pois é centrífugo e lança o ser para fora de si mesmo. A reflexão, ao contrário, tem algo de pessoal e de egoísta, pois só é possível se o sujeito se separa do objeto e afasta-se dele para voltar-se a si mesmo, e ela é tanto mais intensa quanto essa meditação sobre si é mais completa. Só é possível agir misturando-se ao mundo; para pensá-lo, ao contrário, é preciso deixar de ser confundido com ele, para poder contemplá-lo de fora; com mais razão ainda, isso é necessário para pensar sobre si mesmo. Portanto, aquele cuja atividade integral transforma-se em pensamento interior torna-se insensível a tudo que o rodeia. Se ama, não é para se doar, para se unir, em uma união fecunda, a outro ser além dele; é para meditar sobre seu amor. Suas paixões são apenas aparentes, pois são estéreis. Dissipam-se em vãs combinações de imagens, sem produzir nada que lhes seja exterior.

Mas, de outro lado, toda vida interior tira do exterior sua matéria-prima. Podemos pensar apenas objetos ou a maneira como os pensamos. Não podemos refletir sobre nossa consciência em um estado de indeterminação pura; dessa forma, ela é impensável. Ora, ela só se determina afetada por algo além de si mesma. Se, portanto, ela se individualiza além de certo ponto, se separa-se de modo demasiado radical dos outros seres, homens ou coisas, deixa de se comunicar com as próprias fontes em que deveria normalmente se alimentar, e já não há nada a que ela possa se aplicar. Ao criar o vazio ao seu redor, criou o vazio em si, e já não lhe resta nada sobre o que refletir a não ser sua própria miséria. Seu único objeto de meditação passa a ser o nada que existe nela e a tristeza que é consequência disso. Compraz-se nessa tristeza e abandona-se a ela com uma espécie de alegria doentia, que Lamartine, que a conhecia, descreveu maravilhosamente pela boca de seu herói: "A languidez de todas as coisas a meu redor era", diz ele,

> uma maravilhosa consonância com minha própria languidez. Ela a aumentava, deleitando-a. Eu mergulhava em abismos de tristeza. Mas essa tristeza era viva, repleta o bastante de pensamentos, de impressões, de comunicações com o infinito, de claro-escuro em minha alma para que eu não desejasse me subtrair a ela. Doença do homem, mas doença cujo próprio sentimento é um atrativo em vez de ser uma dor, e na qual a morte parece com um voluptuoso desvanecimento no infinito. Eu estava decidido, doravante, a me entregar inteiro a

LIVRO II – CAUSAS SOCIAIS E TIPOS SOCIAIS

ela, a me isolar de toda sociedade que pudesse me desviar dela, e a me envolver no silêncio, na solidão e na frieza, no meio do mundo que lá encontraria; meu isolamento espiritual era uma mortalha por meio da qual eu já não queria ver os homens, mas apenas a natureza e Deus.[274]

Mas não é possível permanecer em contemplação diante do vazio, sem ser progressivamente atraído por ele. Por mais que o condecoremos com o nome de infinito, nem por isso ele muda de natureza. Quando sentimos tanto prazer em não existir, só podemos satisfazer completamente nossa propensão renunciando completamente a existir. Eis o que há de exato no paralelismo que Hartmann acredita observar entre o desenvolvimento da consciência e o enfraquecimento da vontade de viver. É porque a ideia e o movimento são, de fato, duas forças antagônicas que avançam no sentido inverso uma da outra, e o movimento é a vida. Dizem que pensar é impedir-se de agir; é, portanto, na mesma medida, impedir-se de viver. Por isso, o reinado absoluto não pode se estabelecer nem sobretudo se manter; pois é a morte. Mas isso não quer dizer, como crê Hartmann, que a realidade seja, por si mesma, intolerável, a não ser que esteja encoberta pela ilusão. A tristeza não é inerente às coisas; não nos vem do mundo e pelo simples fato de que o pensamos. É produto de nosso próprio pensamento. Somos nós que a criamos integralmente, mas para isso é preciso que nosso pensamento seja anormal. Se a consciência às vezes causa a infelicidade do homem, é apenas quando atinge um desenvolvimento doentio, quando, insurgindo-se contra sua própria natureza, ela se coloca como um absoluto e procura em si mesma sua própria finalidade. Trata-se tão pouco de uma descoberta tardia, da conquista derradeira da ciência, que poderíamos perfeitamente emprestar do estado de espírito estoico os principais elementos de nossa descrição. O estoicismo também prega que o homem deve se desligar de tudo o que lhe é exterior para viver de si mesmo e por si mesmo. Porém, como a vida fica, então, sem razão, a doutrina conclui pelo suicídio.

Essas mesmas características se encontram no ato final que é a consequência lógica desse estado moral. O desfecho não tem nada de violento nem de precipitado. O paciente escolhe sua hora e medita seu plano muito tempo antes. Nem mesmo os meios lentos lhe desagradam. Uma melancolia calma e que, às vezes, não é destituída de suavidade, marca seus últimos momentos. Ele se analisa até o fim. É o caso do negociante, de que fala Falret,[275] que se retira para uma floresta pouco frequentada e lá se deixa

---

274. *Raphaël*, Hachette, p. 6.

275. *Hypocondrie et suicide*, p. 316.

CAPÍTULO VI - FORMAS INDIVIDUAIS DOS DIFERENTES TIPOS DE SUICÍDIO | 279

morrer de fome. Durante uma agonia que durou cerca de três semanas, escreveu regularmente um diário com suas impressões, e que chegou até nós. Outro asfixia-se aspirando com a boca o carvão que deve matá-lo, e escreve aos poucos suas observações: "Não pretendo", ele escreve, "mostrar mais coragem ou covardia; quero apenas empregar os poucos momentos que me restam para descrever as sensações que sentimos quando nos asfixiamos, e a duração do sofrimento."[276] Outro, antes de se deixar levar ao que chama de "inebriante perspectiva do repouso", constrói um aparelho complicado, destinado a consumar seu fim sem que o sangue se espalhe pelo assoalho.[277]

Percebe-se facilmente como essas particularidades diversas estão ligadas ao suicídio egoísta. Não há dúvida de que elas são sua consequência e sua expressão individual. A indolência para a ação e o desinteresse melancólico resultam do estado de individuação exagerada pelo qual definimos esse tipo de suicídio. Se o indivíduo se isola, é porque os laços que o uniam aos outros seres se afrouxaram ou se romperam, é porque a sociedade, nos pontos de contato entre ambos, não está solidamente integrada. Esses vazios que separam as consciências e as tornam estranhas umas às outras decorrem precisamente do afrouxamento da trama social. Enfim, o caráter intelectual e meditativo desses tipos de suicídios explica-se sem dificuldade, se temos em mente que o suicídio egoísta vem necessariamente acompanhado de um grande desenvolvimento da ciência e da inteligência refletida. Com efeito, é evidente que, em uma sociedade em que a consciência é normalmente obrigada a ampliar seu campo de ação, ela também fica mais exposta a exceder os limites habituais que não pode ultrapassar sem destruir a si mesma. Um pensamento que questiona tudo, se não for bastante firme para carregar o peso de sua ignorância, correrá o risco de colocar a si mesmo em xeque e de se abismar na dúvida. Pois, se ele não consegue descobrir os valores que podem ter para a existência as coisas sobre as quais se interroga – e seria espantoso se encontrasse um meio de penetrar tão rápido tantos mistérios –, recusará a eles toda realidade; até mesmo o simples fato de levantar o problema já indica que o pensamento está inclinado a soluções negativas. Porém, ao mesmo tempo, ele se esvaziará de todo conteúdo positivo e, não encontrando mais nada diante de si que lhe resista, já não poderá senão se perder no vazio dos devaneios interiores.

---

276. BRIERRE DE BOISMONT, *Du suicide*, p. 198.

277. *Ibid.*, p. 194.

280 | LIVRO II - CAUSAS SOCIAIS E TIPOS SOCIAIS

Contudo essa forma elevada do suicídio egoísta não é a única; há uma outra, mais comum. A pessoa, em vez de meditar sua situação com tristeza, resigna-se alegremente a ela. Tem consciência de seu egoísmo e das consequências que dele resultam logicamente, mas aceita-os de antemão e dispõe-se a viver como a criança ou o animal, com a única diferença de que se dá conta do que está fazendo. Portanto, atribui a si mesma, como única tarefa, satisfazer suas necessidades pessoais, até mesmo simplificando-as, para tornar a satisfação mais garantida. Sabendo que não pode esperar nada além, não solicita nada mais, disposta, se impedida de atingir esse único fim, a se desfazer de uma existência a partir de então sem razão. É o suicídio epicurista. Pois Epicuro não ordenava a seus discípulos apressar a morte, aconselhava, ao contrário, que vivessem enquanto encontrassem nisso algum interesse. Todavia, como ele sentia que, se não temos outro objetivo, estamos a todo instante expostos a já não possuir nenhum, e que o prazer sensível é um vínculo muito frágil para ligar o homem à vida, exortava-os a estarem sempre prontos para abandoná-la, ao menor chamado das circunstâncias. Nesse caso, portanto, a melancolia filosófica e contemplativa é substituída por um sangue-frio cético e desiludido, particularmente sensível à hora do desfecho. O paciente atenta contra si sem ódio, sem cólera, mas também sem aquela satisfação mórbida com que o intelectual saboreia seu suicídio. Ele é destituído, mais ainda que esse último, de paixão. Não se surpreende com o desfecho a que chegou; é um acontecimento que previa como mais ou menos próximo. Assim, não se dedica a longos preparativos; conforme sua vida anterior, busca apenas diminuir a dor. É principalmente o caso dos boas-vidas que, quando chega o momento inevitável em que já não conseguem prosseguir com sua existência fácil, matam-se com uma tranquilidade irônica e uma espécie de simplicidade.[278]

Quando constituímos o suicídio altruísta, multiplicamos bastante os exemplos para não precisarmos descrever longamente as formas psicológicas que o caracterizam. Elas opõem-se àquelas assumidas pelo suicídio egoísta, assim como o altruísmo a seu contrário. O que distingue o egoísta que se mata é uma depressão geral que se manifesta seja por uma languidez melancólica, seja pela indiferença epicurista. O suicídio altruísta, ao contrário, por ter como origem um sentimento violento, implica um certo dispêndio de energia. No caso do suicídio obrigatório, essa energia é posta a serviço da razão e da vontade. A pessoa se mata porque sua consciência

---

278. Encontram-se exemplos em BRIERRE DE BOISMONT, p. 494 e 506.

CAPÍTULO VI - FORMAS INDIVIDUAIS DOS DIFERENTES TIPOS DE SUICÍDIO | **281**

ordena; ela se submete a um imperativo. Assim, seu ato tem como nota dominante a firmeza serena dada pelo sentimento de dever cumprido; a morte de Catão e a do comandante Beaurepaire são seus tipos históricos. Alhures, quando o altruísmo está em estado agudo, o movimento tem algo de mais passional e de mais irrefletido. É um arroubo de fé e de entusiasmo que precipita o homem na morte. Esse entusiasmo ora é alegre ora é sombrio, conforme a morte seja concebida como um meio de se unir à uma divindade adorada ou como um sacrifício expiatório, destinado a acalmar uma força temível e que se acredita que seja hostil. O fervor religioso do fanático que se deixa esmagar com beatitude sob o carro de seu ídolo não se parece com o do monge tomado por acédia nem com o remorso do criminoso que dá fim a seus dias para expiar seu delito. Mas, sob as diversas nuanças, os traços essenciais do fenômeno permanecem os mesmos. É um suicídio ativo, que, consequentemente, contrasta com o suicídio depressivo de que tratamos anteriormente.

Esse caráter é até mesmo encontrado nos suicídios mais simples do primitivo ou do soldado que se matam porque uma leve ofensa manchou sua honra ou para provar sua coragem. A facilidade com a qual são executados não deve ser confundida com o sangue-frio desiludido do epicurista. A disposição a sacrificar a vida não deixa de ser uma tendência ativa, apesar de ela estar profundamente arraigada para agir com a desenvoltura e a espontaneidade do instinto. Um caso que pode ser visto como o modelo desse gênero nos é relatado por Leroy. Trata-se de um oficial que, depois de ter, uma primeira vez e sem sucesso, tentado se enforcar, prepara-se para repetir o ato mas toma o cuidado, previamente, de registrar por escrito suas últimas impressões: "Estranho destino, o meu!", escreve.

> Acabo de me pendurar, desmaiei, a corda arrebentou, caí sobre o braço esquerdo... Os novos preparativos estão prontos, logo vou repetir meu gesto, mas antes vou fumar um último cachimbo; será o último, espero. Não criei dificuldades a primeira vez, as coisas foram relativamente bem; espero que da segunda vez também seja assim. Estou tão calmo quanto se estivesse tomando um trago de manhã. É bastante extraordinário, concordo, contudo é assim. É tudo verdade. Vou morrer uma segunda vez, com a consciência tranquila.

Não há, sob essa tranquilidade, nem ironia, nem ceticismo, nem aquela espécie de crispação involuntária que o boa-vida que se mata nunca consegue dissimular completamente. A calma é perfeita; nenhum traço de esforço, o ato vem naturalmente porque todas as predisposições ativas do sujeito lhe preparam os caminhos.

282 | LIVRO II – CAUSAS SOCIAIS E TIPOS SOCIAIS

Enfim, há uma terceira espécie de suicidas, que se opõem aos primeiros porque seu ato é essencialmente passional, e aos segundos porque a paixão que os inspira e que domina a cena final é de natureza totalmente diferente. Não é o entusiasmo, a fé religiosa, moral ou política, nem nenhuma das virtudes militares; é a cólera e tudo aquilo que, em geral, acompanha a decepção. Brierre de Boismont, que analisou escritos deixados por 1.507 suicidas, considerou que um enorme número deles exprimia antes de tudo um estado de irritação e de lassidão exasperada. Ora são blasfêmias e recriminações violentas contra a vida em geral, ora são ameaças e queixas contra uma pessoa em particular, a quem o indivíduo imputa a responsabilidade por seus infortúnios. A esse grupo evidentemente vinculam-se os suicídios que são como que o complemento de um homicídio prévio: o homem se mata depois de ter matado aquele que acusa de ter estragado sua vida. Em nenhum outro tipo, a exasperação do suicida é mais manifesta, já que ela se afirma não somente por palavras, mas por atos. O egoísta que se mata nunca se deixa levar a tal violência. Sem dúvida, também acontece de ele reclamar da vida, mas de modo mais dolente. Ela o oprime, mas não o irrita por contrariedades agudas. Ele a acha vazia, mas não dolorosa. Ela não o interessa, mas não lhe inflige sofrimentos positivos. O estado de depressão em que se encontra nem mesmo lhe permite arrebatamentos. Quanto aos do altruísta, têm sentido totalmente diferente. Por definição, de certa forma, ele sacrifica a si mesmo, e não seus semelhantes. Estamos, portanto, diante de uma forma psicológica distinta das anteriores.

Ora, ela parece estar implicada na natureza do suicídio anômico. De fato, movimentos que não são regrados não se ajustam nem uns aos outros nem às condições às quais devem responder; portanto não podem deixar de se entrechocarem dolorosamente. Seja progressiva seja regressiva, a anomia, libertando as necessidades da medida conveniente, abre a porta às ilusões e, por conseguinte, às decepções. Um homem que é bruscamente lançado a uma condição inferior à qual estava acostumado, não pode deixar de se exasperar ao sentir lhe escapar uma situação que ele acreditava dominar, e sua exasperação naturalmente se volta contra a causa, seja qual for, real ou imaginária, à qual atribui sua ruína. Se ele se reconhecer como autor responsável pela catástrofe, é consigo mesmo que ficará furioso; caso contrário, será com outra pessoa. No primeiro caso, haverá apenas suicídio; no segundo, o suicídio poderá ser precedido de homicídio ou de alguma outra manifestação violenta. Mas o sentimento é o mesmo nos dois casos; apenas o ponto de aplicação varia. É sempre em um acesso de cólera que a pessoa atenta contra si, tenha ou não atentado anteriormente contra algum de seus semelhantes. Esse transtorno de todos os seus hábitos produz nela um estado de superexcitação aguda que tende necessariamente a se aliviar por atos destrutivos. O objeto sobre o qual descarregam-se as forças passionais assim suscitadas é, em suma, secundário. É o acaso das circunstâncias que determina o sentido para o qual elas se dirigem.

O mesmo ocorre sempre que, em vez de degradar-se, o indivíduo é levado, ao contrário, mas sem regra e sem medida, a se superar perpetuamente. Ora, com efeito, ele deixa escapar o objetivo que se acreditava capaz de alcançar, mas que, na realidade, excedia suas forças; é o suicídio dos incompreendidos, tão frequente nas épocas em que já não há classificação reconhecida. Ora, depois de ter conseguido, durante um tempo, satisfazer todos os seus desejos e seu gosto pela mudança, ele topa com uma resistência que não pode vencer, e se desfaz com impaciência de uma existência na qual, a partir de então, se encontra em dificuldades. É o caso de Werther, aquele coração turbulento, como ele mesmo se chama, louco pelo infinito, que se mata por uma desilusão amorosa, e de todos os artistas que, depois de serem cumulados de sucesso, suicidam-se por causa de uma vaia, de uma crítica um pouco severa, ou porque sua popularidade para de crescer.[279]

Há ainda outros que, sem motivos para se queixar dos homens ou das circunstâncias, acabam, por si mesmos, cansando-se de uma busca sem desfecho possível, em que seus desejos se irritam em vez de se satisfazerem. Então, atacam a vida em geral e acusam-na de tê-los enganado. Porém a vã agitação à qual se entregaram deixa atrás de si uma espécie de esgotamento que impede as paixões frustradas de se manifestarem com a mesma violência que nos casos precedentes. Elas como que se desgastaram com o tempo e, assim, tornaram-se menos capazes de reagir com energia. A pessoa cai em uma espécie de melancolia, que, em alguns aspectos, lembra aquela do egoísta intelectual, mas não tem seu encanto langoroso. O que domina é uma repulsa mais ou menos irritada contra a existência. Já era esse estado de espírito que Sêneca observava em seus contemporâneos, ao mesmo tempo que o suicídio que dele resultava. "O mal que nos atormenta",[280] diz,

> não está nos lugares em que estamos, está em nós. Não temos forças para suportar o que quer que seja, somos incapazes de sofrer dor, de sentir prazer, impacientes com tudo. Quantas pessoas invocam a morte quando, depois de terem

---

279. Ver casos em BRIERRE DE BOISMONT, p. 187-9.

280. *De tranquillitate animi*, II, *sub fine*. Conferir Carta XXIV.

experimentado todas as mudanças, veem-se de volta às mesmas sensações, sem poder sentir nada de novo.

Hoje em dia, um dos tipos em que talvez melhor encarnou esse gênero de espírito foi o René, de Chateaubriand. Enquanto Raphaël é um meditativo que se abisma em si mesmo, René é um insatisfeito. "Acusam-me", exclama dolorosamente,

de ter gostos inconstantes, de nunca poder desfrutar por muito tempo da mesma quimera, de ser vítima de uma imaginação que se apressa em chegar ao fundo de meus prazeres como se estivesse sobrecarregada com sua duração; acusam-me de sempre ir além do objetivo que posso atingir: ai! Busco apenas um bem desconhecido cujo instinto me persegue. *É culpa minha se encontro limites por toda parte, se o que é finito não tem para mim nenhum valor?*[281]

Essa descrição termina de mostrar as relações e as diferenças entre o suicídio egoísta e o suicídio anômico, que nossa análise sociológica já nos permitira perceber.[282] Os suicidas de ambos os tipos sofrem do que chamamos de mal do infinito. Mas esse mal não assume a mesma forma nos dois casos. Lá, é a inteligência refletida que é afetada e se hipertrofia além da medida; aqui é a sensibilidade que se superexcita e se desregula. Em um, o pensamento, de tanto se retrair, já não tem objeto; no outro, a paixão, deixando de reconhecer limites, já não tem finalidade. O primeiro se perde no infinito da contemplação, o segundo, no infinito do desejo.

Assim, até mesmo a fórmula psicológica do suicida não tem a simplicidade que comumente acreditamos. Não o definimos quando dissemos que está cansado da existência, desencantado com a vida etc. Na realidade, há espécies bem diferentes de suicidas, e essas diferenças são visíveis na maneira como se executa o suicídio. Assim, é possível classificar atos e agentes em determinada quantidade de espécies: tais espécies correspondem, em seus traços essenciais, aos tipos de suicídios que constituímos anteriormente segundo a natureza das causas sociais de que dependem. Elas são como que seus prolongamentos no interior dos indivíduos.

Todavia convém acrescentar que nem sempre elas se apresentam, na vida real, no estado de isolamento e de pureza. Mas acontece com frequência de combinarem-se entre si, dando origem a espécies compostas; características que pertencem a várias delas encontram-se conjuntamente em um mesmo suicídio. A razão disso é que as diferentes causas sociais do suicídio

---

281. *René*, Paris: Vialat, 1849, p. 112.

282. Ver anteriormente, p. 254.

CAPÍTULO VI - FORMAS INDIVIDUAIS DOS DIFERENTES TIPOS DE SUICÍDIO | 285

podem agir simultaneamente sobre um mesmo indivíduo e nele mesclar seus efeitos. Assim, doentes são atormentados por delírios de natureza diferente, que se emaranham uns nos outros, mas que, convergindo para o mesmo sentido apesar da diversidade de suas origens, tendem a determinar um mesmo ato. Reforçam-se mutuamente. Do mesmo modo, também vemos febres muito diversas coexistirem em um mesmo sujeito e contribuírem, cada uma de seu lado e a seu modo, para elevar a temperatura do corpo.

Há, em particular, dois fatores do suicídio que têm entre si uma afinidade especial: o egoísmo e a anomia. Com efeito, sabemos que, em geral, eles são dois aspectos diferentes da mesma situação social, portanto não é surpreendente que se encontrem em um mesmo indivíduo. É até mesmo quase inevitável que o egoísta tenha alguma tendência ao desregramento; pois, como está afastado da sociedade, ela não tem influência suficiente sobre ele para poder regulá-lo. Se, no entanto, seus desejos em geral não se exasperam, é porque a vida passional é, nele, lânguida, pois ele está completamente voltado para si mesmo e o mundo exterior não o atrai. Mas pode acontecer que ele não seja nem um egoísta completo nem um puro agitado. Pode-se vê-lo, então, representar simultaneamente os dois personagens. Para preencher o vazio que sente em si, procura novas sensações; é verdade que coloca nisso menos ardor do que o apaixonado propriamente dito, mas também se cansa mais rápido, e essa lassidão volta a relegá-lo a si mesmo e reforça sua melancolia original. Inversamente, o desregramento não deixa de ter um germe de egoísmo, pois não seríamos contrários a todo freio social se fôssemos profundamente socializados. Mas, quando a ação da anomia é preponderante, esse germe não pode se desenvolver; pois, ao lançar o homem para fora de si mesmo, ela o impede de se isolar em si mesmo. Mas, se é menos intensa, ela pode deixar o egoísmo produzir alguns de seus efeitos. Por exemplo, o limite com o qual se defronta o insatisfeito pode levá-lo a retrair-se e a buscar na vida interior um derivativo para suas paixões frustradas. Mas, como ali não encontra nada a que possa apegar-se, a tristeza que lhe causa esse espetáculo não pode senão determiná-lo a voltar a se afastar de si e aumenta, por conseguinte, sua inquietação e seu descontentamento. Assim produzem-se suicídios mistos, em que o abatimento alterna com a agitação; o sonho, com a ação; os arrebatamentos do desejo, com as meditações do melancólico.

A anomia também pode se associar ao altruísmo. Uma mesma crise pode transtornar a existência de um indivíduo, romper o equilíbrio entre ele e seu meio e, ao mesmo tempo, colocar suas disposições altruístas em um estado que o incite ao suicídio. É, em especial, o caso daquilo que chamamos de suicídios obsidionais. Se os judeus, por exemplo, se mataram em massa no momento da tomada de Jerusalém, foi ao mesmo tempo porque a vitória dos romanos, fazendo deles súditos e tributários de Roma, ameaçava transformar o gênero de vida a que estavam acostumados, e porque amavam em demasia sua cidade e seu culto para sobreviver ao provável aniquilamento de ambos. Do mesmo modo, acontece com frequência de um homem arruinado se matar tanto por não querer viver em uma situação inferior, quanto para poupar seu nome e sua família da vergonha da falência. Se oficiais e suboficiais se suicidam facilmente no momento em que são obrigados a se reformar, é tanto por causa da repentina mudança que ocorrerá em seu modo de vida quanto por causa de sua predisposição geral a considerar muito pouco a sua vida. As duas causas agem na mesma direção. Disso resultam suicídios em que ou a exaltação passional ou a firmeza corajosa do suicídio altruísta alia-se ao descontrole exasperado produzido pela anomia.

Enfim, também o egoísmo e o altruísmo, os dois opostos, podem unir sua ação. Em determinadas épocas, em que a sociedade desagregada já não pode servir de objetivo às atividades individuais, há entretanto indivíduos ou grupos de indivíduos que, mesmo sofrendo a influência dessa situação geral de egoísmo, aspiram a outra coisa. Mas, sentindo que fugir e ir infinitamente de prazeres egoístas em prazeres egoístas não é um bom meio, e que satisfações fugazes, mesmo que incessantemente renovadas, nunca são capazes de aplacar sua inquietação, eles buscam um objeto duradouro ao qual possam se vincular com constância e que dê sentido à sua vida. Porém, como não há nada de real a que se ligar, só podem se satisfazer construindo integralmente uma realidade ideal que possa desempenhar esse papel. Portanto criam pelo pensamento um ser imaginário de que se constituem servidores e ao qual se dedicam de uma maneira tanto mais exclusiva quanto se desapegam de tudo o mais, até mesmo de si próprios. É nele que colocam todas as razões de ser que atribuem, já que nada mais tem valor a seus olhos. Vivem, assim, uma existência dupla e contraditória: individualistas em relação a tudo o que diz respeito ao mundo real, são de um altruísmo imoderado quanto a tudo o que concerne a esse objeto ideal. Tanto uma disposição quanto a outra levam ao suicídio.

Essas são as origens, e essa é a natureza do suicídio estoico. Agora há pouco, mostrávamos como ele reproduz alguns traços essenciais do suicídio egoísta; mas pode ser considerado sob um aspecto totalmente dife-

CAPÍTULO VI - FORMAS INDIVIDUAIS DOS DIFERENTES TIPOS DE SUICÍDIO | **287**

rente. Se o estoico professa uma absoluta indiferença por tudo aquilo que ultrapassa os limites da personalidade individual, se exorta o indivíduo a se bastar a si mesmo, ao mesmo tempo coloca-o em uma situação de estreita dependência em relação à razão universal e chega até a reduzi-lo a ser apenas o instrumento pelo qual ela se realiza. Combina, portanto, estas duas concepções antagônicas: o individualismo moral mais radical e um panteísmo intemperante. Assim, o suicídio que ele comete é ao mesmo tempo apático, como o do egoísta, e executado como um dever, tal qual o do altruísta.[283] Encontram-se nele a melancolia de um e a energia ativa do outro, nele o egoísmo se mistura ao misticismo. É, aliás, essa mistura que distingue o misticismo próprio às épocas de decadência, tão diferentes, apesar das aparências, daquele observado nos povos jovens e em formação. Esse resulta do arroubo coletivo, que conduz em um mesmo sentido as vontades particulares, e da abnegação, com a qual os cidadãos esquecem-se de si para colaborar com a obra comum; o outro não é senão um egoísmo consciente de si mesmo e de seu vazio, que se esforça para se superar, mas consegue apenas aparente e artificialmente.

II

A priori, poderíamos crer que há alguma relação entre a natureza do suicídio e o gênero de morte escolhido pelo suicida. Com efeito, parece bastante natural que os meios que emprega para executar sua decisão dependam dos sentimentos que o animam, e, por conseguinte, expressam-nos. Assim, poderíamos ficar tentados a utilizar as informações fornecidas pelas estatísticas quanto a esse ponto para caracterizar com mais precisão, de acordo com suas formas exteriores, os diferentes tipos de suicídios. Mas as pesquisas que empreendemos em relação a isso nos forneceram apenas resultados negativos.

No entanto, certamente são causas sociais que determinam essas escolhas, pois a frequência relativa dos diferentes modos de suicídio permanece invariável durante bastante tempo para uma mesma sociedade, ao passo que varia sensivelmente de uma sociedade para outra, como mostra o quadro seguinte:

---

283. SÊNECA celebra o suicídio de Catão como o triunfo da vontade humana sobre as coisas (ver *De Prov.*, 2, 9 e *Ep.*, 71, 16).

Quadro XXX

Proporção dos diferentes gêneros de morte, por mil suicídios
(somados os dois sexos)

Países e anos		Estrangu-lamento e enforcamento	Submersão	Armas de fogo	Precipitação de local elevado	Veneno	Asfixia
França	(1872)	426	269	103	28	20	69
	(1873)	430	298	106	30	21	67
	(1874)	440	269	122	28	23	72
	(1875)	446	294	107	31	19	63
Prússia	(1872)	610	197	102	6,9	25	3
	(1873)	597	217	95	8,4	25	4,6
	(1874)	610	162	126	9,1	28	6,5
	(1875)	615	170	105	9,5	35	7,7
Inglaterra	(1872)	374	221	38	30	91	—
	(1873)	366	218	44	20	97	—
	(1874)	374	176	58	20	94	—
	(1875)	362	208	45	—	97	—
Itália	(1874)	174	305	236	106	60	13,7
	(1875)	173	273	251	104	62	31,4
	(1876)	125	246	285	113	69	29
	(1877)	176	299	238	111	55	22

Assim, cada povo tem seu gênero de morte preferido, e a ordem de suas preferências dificilmente muda. Chega a ser mais constante que o número total de suicídios; os acontecimentos que, às vezes, modificam momentaneamente o segundo nem sempre afetam o primeiro. E mais: as causas sociais são tão preponderantes que a influência dos fatores cósmicos não parece apreciável. Assim, os suicídios por submersão, contrariando as suposições, não variam de uma estação a outra segundo uma lei especial. De fato, eis como era sua distribuição mensal, na França, durante o período de 1872-78, comparada à dos suicídios em geral:

Participação de cada mês por mil suicídios anuais

	Janeiro	Fevereiro	Março	Abril	Maio	Junho	Julho	Agosto	Setembro	Outubro	Novembro	Dezembro
De todo tipo	75,8	66,5	84,8	97,3	103,1	109,9	103,5	86,3	74,3	74,1	65,2	59,2
Por submersão	73,5	67	81,9	94,4	106,4	117,3	107,7	91,2	71	74,3	61	54,2

Raramente, durante as estações mais quentes, os suicídios por submersão aumentam um pouco mais que os outros; a diferença é insignificante. No entanto, o verão pareceria dever favorecê-los excepcionalmente. Já foi dito, é verdade, que a submersão era menos empregada no Norte do que no Sul, e atribuíram tal fato ao clima.[284] Mas, em Copenhague, durante o período de 1845-56, esse modo de suicídio era tão frequente quanto na Itália (281 casos 00/00 em vez de 300). Em São Petersburgo, durante os anos 1873-74, não havia suicídio mais praticado que esse. A temperatura, portanto, não constitui obstáculo para esse tipo de morte.

Porém as causas sociais de que dependem os suicídios em geral diferem daquelas que determinam o modo como são executados, pois não é possível estabelecer nenhuma relação entre os tipos de suicídio que distinguimos e os modos de execução mais comuns. A Itália é um país basicamente católico, em que a cultura científica era, até tempos recentes, bem pouco desenvolvida. Portanto, é muito provável que lá os suicídios altruístas sejam mais frequentes do que na França e na Alemanha, já que estão um pouco na razão inversa do desenvolvimento intelectual; várias razões, que encontraremos mais adiante nesta obra, confirmarão essa hipótese. Por conseguinte, como ali o suicídio por armas de fogo é muito mais frequente do que nos países do centro da Europa, poderíamos crer que esse tipo tem alguma relação com o estado de altruísmo. Poderíamos até mesmo apontar, em apoio a essa suposição, que também é o gênero de suicídio preferido pelos soldados. Infelizmente, acontece que, na França, são as classes mais intelectuais, escritores, artistas, funcionários públicos, que mais se matam dessa maneira.[285] Do mesmo modo, poderia parecer que o suicídio melan-

---

284. MORSELLI, p. 445-6.

285. Ver LISLE, *op. cit.*, p. 94.

LIVRO II – CAUSAS SOCIAIS E TIPOS SOCIAIS

cólico encontra no enforcamento sua expressão natural. Ora, na verdade, é no campo que se recorre mais a ele, e no entanto a melancolia é um estado de espírito mais especialmente urbano.

As causas que incitam o homem a se matar não são, portanto, as mesmas que o persuadem a se matar de determinada maneira e não de outra. Os motivos que determinam sua escolha são de outra natureza. Antes de tudo, é o conjunto de usos e disposições de todo tipo que colocam a seu alcance determinado instrumento de morte e não outro. Seguindo sempre a linha da menor resistência enquanto um fator contrário não intervém, ele tende a empregar o meio de destruição que está mais imediatamente à mão e que uma prática diária lhe tornou familiar. É por isso que, por exemplo, mais nas grandes cidades do que no campo as pessoas se matam jogando-se do alto de um lugar elevado: as casas são mais altas. Do mesmo modo, à medida que o chão se cobre de trilhos, generaliza-se o hábito de procurar a morte deixando-se atropelar por um trem. O quadro que ilustra a participação relativa dos diferentes modos de suicídio no total das mortes voluntárias traduz, pois, em parte, a situação da técnica industrial, da arquitetura mais disseminada, dos conhecimentos científicos etc. À medida que o uso da energia elétrica se difunde, os suicídios com o auxílio de dispositivos elétricos também se tornam mais frequentes.

Mas talvez a causa mais eficaz seja a dignidade relativa que cada povo e, no interior de cada povo, cada grupo social atribui aos diferentes gêneros de morte. De fato, está muito longe de todos eles serem colocados no mesmo plano. Há alguns considerados mais nobres, outros repudiados como vulgares e aviltantes; e a maneira como são classificados pela opinião muda de acordo com as comunidades. No exército, a decapitação é considerada uma morte infamante; em outros lugares, é o enforcamento. Eis como é possível que o suicídio por estrangulamento seja muito mais generalizado no campo do que nas cidades, e nas cidades pequenas mais do que nas grandes. É porque há algo de violento e grosseiro que melindra a brandura dos hábitos urbanos e o culto que as classes esclarecidas têm pela pessoa humana. Talvez essa repulsão também se deva ao caráter desonroso que causas históricas vincularam a esse gênero de morte, e que os refinados das cidades sentem com uma vivacidade que a sensibilidade mais simples do homem do campo não comporta.

A morte escolhida pelo suicida é, portanto, um fenômeno completamente estranho à própria natureza do suicídio. Por mais estreitamente próximos

CAPÍTULO VI - FORMAS INDIVIDUAIS DOS DIFERENTES TIPOS DE SUICÍDIO | 291

que possam parecer esses dois elementos de um mesmo ato, na realidade eles são independentes um do outro. Pelo menos, não há entre eles senão relações externas de justaposição. Pois, ainda que ambos dependam de causas sociais, as situações sociais que eles expressam são bem diferentes. O primeiro não tem nada a nos informar sobre o segundo; concerne a um estudo totalmente diferente. Por isso, mesmo que seja costume tratar extensamente disso a propósito do suicídio, não nos deteremos por mais tempo. Não acrescenta nada aos resultados obtidos pelas pesquisas precedentes e resumidos no quadro seguinte:

Classificação etiológica e morfológica dos tipos sociais de suicídio

Formas individuais que assumem			
Caráter fundamental		Variedades secundárias	
Tipos elementares	Suicídio egoísta	Apatia	Melancolia indolente com complacência por si mesma.
			Sangue-frio desiludido do cético.
	Suicídio altruísta	Energia passional ou voluntária	Com sentimento calmo do dever.
			Com entusiasmo místico.
			Com coragem tranquila.
	Suicídio anômico	Irritação repulsa	Recriminações violentas contra a vida em geral.
			Recriminações violentas contra uma pessoa em particular (homicídio-suicídio).
Tipos mistos	Suicídio ego-anômico		Mistura de agitação e de apatia, de ação e de devaneio.
	Suicídio anômico-altruísta		Efervescência exasperada.
	Suicídio ego-altruísta		Melancolia moderada por certa firmeza moral.

Essas são as características gerais do suicídio, ou seja, as que resultam imediatamente de causas sociais. Ao se individualizar nos casos particulares, elas se complicam de nuanças variadas conforme o temperamento pessoal da vítima e as circunstâncias especiais em que ela se encontra. Mas, sob a diversidade das combinações que assim se produzem, sempre é possível encontrar essas formas fundamentais.

Livro III
DO SUICÍDIO COMO FENÔMENO SOCIAL EM GERAL

CAPÍTULO I

O elemento social
do suicídio

Agora que conhecemos os fatores em função dos quais varia a taxa social de suicídios, podemos especificar a natureza da realidade à qual essa taxa corresponde, e que exprime numericamente.

I

As condições individuais das quais poderíamos, *a priori*, supor que o suicídio depende são de dois tipos.

Há, primeiro, a situação exterior em que se situa o agente. Ora os homens que se matam passaram por problemas familiares ou tiveram seu orgulho ferido, ora sofreram com a miséria ou com a doença, ora ainda se recriminam por alguma falta moral etc. Mas vimos que tais particularidades individuais não podem explicar a taxa social de suicídios, pois ela varia em proporções consideráveis, ao passo que as diversas combinações de circunstâncias, que servem assim de antecedentes imediatos aos suicídios particulares, conservam mais ou menos a mesma frequência relativa. Portanto, elas não são as causas determinantes dos atos a que precedem. O papel importante que às vezes desempenham na deliberação não é uma prova de sua eficácia. Sabemos, com efeito, que as deliberações humanas, tais como as percebe a consciência refletida, com frequência não passam de pura forma e têm como objetivo apenas corroborar uma resolução já tomada por razões que a consciência desconhece.

Aliás, as circunstâncias consideradas causadoras do suicídio porque o acompanham com frequência são quase infinitas. Um se mata na abastança, e outro na pobreza; um era infeliz na vida conjugal, e outro acabava de desfazer, pelo divórcio, um casamento que o deixava infeliz. Aqui, um soldado renuncia à vida depois de ser punido por uma falta que não cometeu; ali, um criminoso cujo crime permaneceu impune atenta contra si. Os fatos mais diversos e até mesmo mais contraditórios da vida podem igualmente servir de pretextos ao suicídio. Isso significa que nenhum deles é sua causa específica. Será que pelo menos podemos atribuir essa causalidade às características comuns a todos? Mas será que existem? No máximo, podemos dizer que elas consistem em contrariedades, infortúnios, mas sem que seja possível determinar qual a intensidade que a dor deve atingir para ter essa trágica consequência. Não há decepção na vida, por mais insignificante que seja, da qual se possa dizer de antemão que nunca é capaz de tornar a existência intolerável; tampouco há alguma que necessariamente tenha esse efeito. Vemos homens resistirem a desgraças terríveis, enquanto outros se suicidam depois de pequenos aborrecimentos. E, além disso, mostramos que as pessoas que mais sofrem não são aquelas que mais se matam. É antes a prosperidade excessiva que arma o homem contra si mesmo. É nas épocas e nas classes em que a vida é menos rude que se desfazem dela com mais facilidade. Pelo menos, se realmente ocorre de a situação pessoal da vítima ser a causa eficiente de sua resolução, tais casos certamente são muito raros, e, por conseguinte, não é possível explicar desse modo a taxa social de suicídios.

Assim, aqueles mesmos que atribuíram mais influência às condições individuais buscaram-nas menos nesses incidentes exteriores do que na natureza intrínseca do indivíduo, isto é, em sua constituição biológica e entre os concomitantes físicos de que depende. O suicídio foi, então, apresentado como o produto de determinado temperamento, como um episódio da neurastenia, submetido à ação dos mesmos fatores que ela. Mas não descobrimos nenhuma relação imediata e constante entre a neurastenia e a taxa social de suicídios. Chega até a acontecer de esses dois fatos variarem na razão inversa um do outro, e de um estar em seu mínimo no mesmo momento e nos mesmos lugares em que o outro está em seu apogeu. Tampouco encontramos relações definidas entre o movimento dos suicídios e as condições do meio físico que passam por ter maior ação sobre o sistema nervoso, como a raça, o clima e a temperatura. É porque, se o neuropata pode, em determinadas condições, manifestar alguma disposição para o suicídio, não necessariamente está predestinado a se matar; e a ação dos fatores cósmicos não basta para determinar nesse sentido preciso as tendências gerais de sua natureza.

CAPÍTULO I · O ELEMENTO SOCIAL DO SUICÍDIO | **297**

Os resultados que obtivemos foram totalmente diferentes quando, deixando de lado o indivíduo, buscamos na natureza das sociedades as causas da inclinação que cada uma delas tem ao suicídio. Do mesmo modo que as relações dos suicídios com os fatos de ordem biológica e de ordem física eram equívocos e suspeitos, elas são imediatas e constantes com certas situações do meio social. Dessa vez finalmente estávamos diante de leis verdadeiras, que nos permitiram tentar uma classificação metódica dos tipos de suicídios. As causas sociológicas assim determinadas até mesmo nos explicaram as convergências diversas que com frequência foram atribuídas à influência de causas materiais, e nas quais se quis ver uma prova dessa influência. Se a mulher se mata muito menos do que o homem, é porque ela está muito menos envolvida do que ele na vida coletiva; portanto sente com menos intensidade sua ação boa ou má. O mesmo ocorre com o velho e com a criança, embora por outras razões. Enfim, se o suicídio aumenta de janeiro a junho, para diminuir em seguida, é porque a atividade social passa pelas mesmas variações sazonais. Portanto é natural que os diferentes efeitos que ela produz sejam submetidos ao mesmo ritmo e, por conseguinte, sejam mais acentuados durante o primeiro desses dois períodos: ora, o suicídio é um deles.

De todos esses fatos, decorre que a taxa social de suicídios só se explica sociologicamente. É a constituição moral da sociedade que fixa a cada instante o contingente das mortes voluntárias. Existe, pois, para cada povo, uma força coletiva, de energia determinada, que impele os homens a se matar. Os movimentos que o paciente realiza, e que, à primeira vista, parecem exprimir apenas seu temperamento pessoal, são, na realidade, a sequência e o prolongamento de uma situação social que eles manifestam exteriormente.

Assim, encontra-se resolvida a questão que nos fizemos no início deste trabalho. Não é metaforicamente que se diz de cada sociedade humana que ela tem uma inclinação mais pronunciada ou menos pronunciada ao suicídio: a expressão tem fundamento na natureza das coisas. Cada grupo social realmente tem, para esse ato, uma propensão coletiva que lhe é própria e da qual derivam as propensões individuais, não sendo ela o resultado dessas últimas. O que a constitui são as correntes de egoísmo, de altruísmo e de anomia que atormentam a sociedade considerada, com suas consequências, que são as tendências à melancolia langorosa ou à renúncia ativa ou à lassidão exasperada. São essas tendências da coletividade que, penetrando os indivíduos, os determinam a se matar. Quanto aos fatos privados que, em geral, são considerados as causas próximas do suicídio, eles têm como

298 | LIVRO III – DO SUICÍDIO COMO FENÔMENO SOCIAL EM GERAL

única ação aquela que lhe atribuem as disposições morais da vítima, eco do estado moral da sociedade. Para explicar a si mesma seu distanciamento da existência, a pessoa ataca as circunstâncias que a cercam de modo mais imediato; ela acha a vida triste porque está triste. Sem dúvida, em um sentido, sua tristeza lhe vem de fora, mas não desse ou daquele incidente de sua trajetória, e sim do grupo de que faz parte. Eis por que não há nada que possa servir de causa ocasional ao suicídio. Tudo depende da intensidade com a qual as causas suicidógenas agiram sobre o indivíduo.

II

Além disso, por si só, a constância da taxa social de suicídios bastaria para demonstrar a exatidão dessa conclusão. Se, por método, acreditamos dever postergar até agora o problema, na verdade ele não comporta outra solução.

Quando Quételet apontou, dirigindo-se aos filósofos,[286] a surpreendente regularidade com a qual alguns fenômenos sociais se repetem durante períodos de tempo idênticos, acreditou poder explicá-la por sua teoria do homem médio, que, aliás, continua sendo a única explicação sistemática dessa notável propriedade. Segundo ele, há em cada sociedade um tipo determinado, que a maioria dos indivíduos reproduz com maior ou menor exatidão, e do qual apenas a minoria tende a se afastar sob influência de causas perturbadoras. Há, por exemplo, um conjunto de características físicas e morais que a maioria dos franceses apresenta, mas que não são encontradas no mesmo grau nem da mesma maneira nos italianos ou nos alemães, e vice-versa. Como, por definição, essas características são, de longe, as mais comuns, os atos que delas derivam são também os mais numerosos; eles constituem a grande maioria. Aqueles, ao contrário, determinados por

---

286. Em especial, em suas duas obras: *Sur l'homme et le développement de ses facultés* ou *Essai de physique sociale*, v. 2, Paris, 1835, e *Du système social et des lois qui le régissent*, Paris, 1848. Embora Quételet tenha sido o primeiro a tentar explicar cientificamente essa regularidade, não foi o primeiro a observá-la. O verdadeiro fundador da estatística moral é o pastor SÜSSMILCH, em sua obra *Die Göttliche Ordnung in den Veränderungen des menschlichen Geschlechts, aus der Geburt, dem Tode und der Fortpflanzung desselben erwiesen*, v. 3, 1742.

Ver, sobre essa mesma questão: WAGNER, *Die Gesetzmässigkeit* etc., primeira parte; DROBISCH, *Die Moralische Statistik und die menschliche Willensfreiheit*, Leipzig, 1867 (sobretudo p. 1-58); MAYR, *Die geseizmässigkeit im Gesellschaftsleben*, Munique, 1877; OETTINGEN, *Moralstatistik*, p. 90 ss.

CAPÍTULO I - O ELEMENTO SOCIAL DO SUICÍDIO | **299**

propriedades divergentes são relativamente raros, assim como tais proprie-dades. De outro lado, sem ser absolutamente imutável, esse tipo geral varia entretanto muito mais lentamente do que um tipo individual, pois é muito mais difícil para uma sociedade mudar em massa do que para um ou alguns indivíduos em particular. Essa constância se transmite naturalmente aos atos que decorrem dos atributos característicos de tal tipo; os primeiros perma-necem inalterados em dimensão e em qualidade, ao passo que os segundos não mudam, e, como essas mesmas maneiras de agir também são as mais utilizadas, é inevitável que a constância seja a lei geral das manifestações da atividade humana captada pela estatística. O estatístico, com efeito, con-tabiliza todos os fatos de mesma espécie que ocorrem no interior de dada sociedade. Portanto, já que a maioria deles permanece invariável enquanto o tipo geral da sociedade não muda, e já que, de outro lado, muda com dificuldade, os resultados dos recenseamentos estatísticos devem necessa-riamente permanecer os mesmos durante séries bastante longas de anos consecutivos. Quanto aos fatos que derivam das características particulares e dos acidentes individuais, eles não são determinados, é verdade, à mesma regularidade; por isso a constância nunca é absoluta. Mas são exceção; por isso a invariabilidade é a regra, enquanto a mudança é excepcional.

A esse tipo geral, Quételet deu o nome de *tipo médio*, porque é obtido quase exatamente ao se tomar a média aritmética dos tipos individuais. Por exemplo, se, depois de ter determinado todas as alturas em determinada sociedade, faz-se a soma e divide-se pelo número de indivíduos medidos, o resultado a que se chegará exprime, com grau de aproximação bastante sa-tisfatório, a altura mais geral. Pois pode-se admitir que os desvios para mais e os desvios para menos, os anões e os gigantes, sejam em número quase igual. Portanto compensam-se uns aos outros, anulam-se mutuamente e, por conseguinte, não afetam o quociente.

A teoria parece muito simples. Mas, antes de tudo, só poderá ser consi-derada uma explicação se permitir compreender por que o tipo médio se realiza na maioria dos indivíduos. Para que permaneça idêntico enquanto os indivíduos mudam, é preciso que, em algum sentido, seja independen-te deles; contudo também é preciso que haja alguma via pela qual possa insinuar-se neles. A questão, é verdade, deixa de existir se admitimos que ele se confunde com o tipo étnico. Pois os elementos constitutivos da raça, tendo suas origens fora do indivíduo, não estão submetidos às mesmas va-riações que ele; entretanto é nele e apenas nele que se realizam. Portanto, é perfeitamente concebível que eles penetrem os elementos propriamente

300 | LIVRO III – DO SUICÍDIO COMO FENÔMENO SOCIAL EM GERAL

individuais e até lhes sirvam de base. Porém, para que essa explicação pudesse convir ao suicídio, seria preciso que a tendência que leva o homem a se matar dependesse estreitamente da raça; ora, sabemos que os fatos contrariam essa hipótese. Poderíamos dizer que o estado geral do meio social, sendo o mesmo para a maioria dos indivíduos, afeta quase todos da mesma maneira e, em consequência, imprime-lhes em parte uma mesma fisionomia? Mas o meio social é essencialmente feito de ideias, crenças, hábitos e tendências comuns. Para que esses fatores possam impregnar assim os indivíduos, é preciso que, de alguma maneira, existam independentemente deles; então nos aproximamos da solução que propusemos. Pois admite-se implicitamente que há uma tendência coletiva ao suicídio, de que procedem as tendências individuais, e a questão resume-se em saber em que ela consiste e como age.

Mas não é só isso; de qualquer modo que se explique a generalidade do homem médio, essa concepção não tem, de modo algum, a propriedade de explicar a regularidade com a qual se reproduz a taxa social de suicídios. Com efeito, por definição, as únicas características que esse tipo pode abranger são as que se encontram na maioria da população. Ora, o suicídio é próprio de uma minoria. Nos países em que ele é mais desenvolvido, contam-se no máximo 300 ou 400 casos por um milhão de habitantes. A energia que o instinto de conservação mantém na média dos homens o exclui radicalmente; o homem médio não se mata. Mas, então, se a propensão a se matar é uma raridade e uma anomalia, é completamente estranha ao tipo médio, e, por conseguinte, um conhecimento mesmo que profundo desse último, bem longe de nos ajudar a compreender por que o número de suicídios é constante para uma mesma sociedade, nem sequer pode explicar por que há suicídios. Definitivamente, a teoria de Quételet baseia-se em uma observação inexata. Ele considerava estabelecido que a constância só se observa nas manifestações mais gerais da atividade, mas ela se encontra, e no mesmo grau, nas manifestações esporádicas, que só ocorrem em pontos isolados e raros do campo social. Ele acreditava ter respondido a todos os desideratos mostrando como, a rigor, era possível tornar inteligível a invariabilidade do que não é excepcional; mas também a exceção tem sua invariabilidade, que não é inferior a nenhuma outra. Todo o mundo morre; todo organismo vivo é constituído de modo que não possa não se dissolver. Por outro lado, há pouquíssimas pessoas que se matam; na imensa maioria dos homens não há nada que os incline ao suicídio. E contudo a taxa de suicídios é ainda mais constante do que a de mortalidade geral. Portanto,

CAPÍTULO I - O ELEMENTO SOCIAL DO SUICÍDIO | 301

é porque não há entre a difusão de uma característica e sua permanência a estreita solidariedade admitida por Quételet.

Aliás, os resultados aos quais leva seu próprio método confirmam essa conclusão. Em virtude de seu princípio, para calcular a intensidade de uma característica qualquer do tipo médio, seria preciso dividir a soma dos fatos que a manifestam no interior da sociedade considerada pelo números de indivíduos aptos a reproduzi-los. Assim, em um país como a França, onde durante muito tempo não houve mais que 150 suicídios por um milhão de habitantes, a intensidade média da tendência ao suicídio seria expressa pela razão $150/1.000.000 = 0,00015$; e na Inglaterra, onde há só 80 casos para a mesma população, essa razão seria apenas de $0,00008$. Haveria, pois, no indivíduo médio uma propensão a se matar dessa grandeza. Mas tais números são praticamente iguais a zero. Uma inclinação pequena está tão distante do ato que pode ser vista como nula. Não tem força suficiente para, sozinha, poder determinar um suicídio. Portanto não é a generalidade de tal tendência que pode esclarecer por que tantos suicídios são cometidos anualmente em uma ou outra dessas sociedades.

E, ainda assim, essa avaliação é infinitamente exagerada. Quételet só chegou a ela atribuindo arbitrariamente à média dos homens uma certa afinidade com o suicídio e estimando a energia dessa afinidade segundo manifestações que não se observam no homem médio, mas apenas em um pequeno número de indivíduos excepcionais. O anormal foi, assim, utilizado para determinar o normal. Quételet acreditava, é verdade, escapar à objeção assinalando que os casos anormais, ocorrendo tanto em um sentido quanto no sentido contrário, compensam-se e anulam-se mutuamente. Mas essa compensação só acontece para características que, em graus diversos, encontram-se em todo o mundo, como a altura por exemplo. É possível pensar, de fato, que a quantidade de pessoas excepcionalmente altas é quase igual à quantidade de pessoas excepcionalmente baixas. A média dessas alturas exageradas deve ser, portanto, aproximadamente igual à altura mais comum; por conseguinte, essa é a única que se depreende do cálculo. Mas é o contrário que ocorre quando se trata de um fato excepcional por natureza, como a tendência ao suicídio; nesse caso, o procedimento de Quételet não pode senão introduzir artificialmente no tipo médio um elemento que está fora da média. Sem dúvida, como acabamos de ver, ele só é encontrado em um estado de extrema diluição, precisamente porque o número dos indivíduos entre os quais é fracionado é bem superior ao que deveria ser. Mas se o erro é pouco importante, nem por isso deixa de existir.

302 | LIVRO III - DO SUICÍDIO COMO FENÔMENO SOCIAL EM GERAL

Na realidade, o que a razão calculada por Quételet expressa é simplesmente a probabilidade de um homem, que pertence a um grupo social determinado, se matar ao longo do ano. Se, para uma população de 100 mil pessoas, há anualmente 15 suicídios, podemos concluir daí que há 15 chances em 100 mil de uma pessoa qualquer se suicidar durante essa mesma unidade de tempo. Mas essa probabilidade não nos fornece absolutamente a medida da tendência média ao suicídio, nem pode servir para provar que essa tendência existe. O fato de que tantos indivíduos em cem se matam não implica que os outros estejam expostos a isso em um grau qualquer e não pode nos informar nada a respeito da natureza e da intensidade das causas que determinam ao suicídio.[287]

Assim, a teoria do homem médio não resolve o problema. Portanto, voltemos a ele e vejamos bem como ele se coloca. Os suicidas são uma ínfima minoria espalhada pelos quatro cantos do mundo; cada um executa seu ato separadamente, sem saber que outros fazem o mesmo da parte deles; porém, enquanto a sociedade não muda, o número de suicidas permanece igual. É preciso, pois, que todas essas manifestações individuais, por mais independentes que pareçam ser umas das outras, sejam na verdade produto de uma mesma causa ou de um mesmo grupo de causas que dominam os indivíduos. Pois, senão, como explicar que, todo ano, todas essas vontades particulares, que se ignoram mutuamente, acabem, em mesmo número, desembocando no mesmo fim? Elas não agem, pelo menos não em geral, umas sobre as outras; não há entre elas nenhum pacto; entretanto tudo acontece como se executassem uma mesma palavra de ordem. Portanto, isso significa que, no meio comum que as envolve, há alguma força que inclina todas elas no mesmo sentido e cuja intensidade maior ou menor produz o número maior ou menor de suicídios particulares. Ora, os efeitos

---

287. Essas considerações fornecem uma prova a mais de que a raça não pode explicar a taxa social de suicídios. O tipo étnico, com efeito, também é um tipo genérico, engloba apenas características comuns a uma massa considerável de indivíduos. O suicídio, ao contrário, é um fato excepcional. A raça não tem, portanto, nada que baste para determinar o suicídio; caso contrário ele teria uma generalidade que, na verdade, não tem. Seria possível dizer que, se, de fato, nenhum desses elementos que constituem a raça pode ser visto como causa suficiente do suicídio, ela pode contudo, segundo o que é, tornar os homens mais acessíveis ou menos acessíveis à ação das causas suicidógenas? Mas, ainda que os fatos verificassem essa hipótese, o que não ocorre, seria preciso, pelo menos, reconhecer que o tipo étnico é um fator de eficácia bem medíocre, já que sua suposta influência seria impedida de se manifestar na quase totalidade dos casos e só seria percebida muito excepcionalmente. Em suma, a raça não pode explicar como, em um milhão de pessoas que pertencem todas à mesma raça, há no máximo 100 ou 200 que se matam a cada ano.

CAPÍTULO I · O ELEMENTO SOCIAL DO SUICÍDIO | 303

pelos quais essa força se revela não variam segundo os meios orgânicos e cósmicos, mas exclusivamente segundo a situação do meio social. Portanto, isso quer dizer que ela é coletiva. Em outras palavras, cada povo tem coletivamente uma tendência ao suicídio que lhe é própria e da qual depende a importância do tributo que ele paga à morte voluntária.

Desse ponto de vista, a invariabilidade da taxa de suicídios, assim como sua individualidade, já não tem nada de misterioso. Pois, como cada sociedade tem seu temperamento, que ela não é capaz de mudar da noite para o dia, e como essa tendência ao suicídio tem sua origem na constituição moral dos grupos, é inevitável que ela seja diferente de um grupo a outro e que, em cada um deles, permaneça, durante muitos anos, substancialmente inalterada. Ela é um dos elementos essenciais da cenestesia social; ora, tanto nos seres coletivos quantos nos indivíduos, o estado cenestésico é o que há de mais pessoal e de mais imutável, porque não há nada mais fundamental. Mas, então, os efeitos que daí resultam devem ter a mesma personalidade e a mesma estabilidade. É até natural que tenham uma constância superior à da mortalidade geral. Pois a temperatura, as influências climáticas, geológicas, em suma, as condições diversas de que depende a saúde pública mudam muito mais facilmente de um ano para outro do que o humor das nações.

No entanto, há uma hipótese, aparentemente diferente da precedente, que poderia tentar alguns espíritos. Para resolver a dificuldade, não bastaria supor que os diversos incidentes da vida privada, considerados, por excelência, as causas determinantes do suicídio, repetem-se regularmente todos os anos nas mesmas proporções? Todo ano, pode-se dizer,[288] há aproximadamente a mesma quantidade de casamentos infelizes, falências, ambições frustradas, miséria etc. Portanto é natural que, colocados em mesmo número em situações análogas, também o mesmo número de indivíduos tome a resolução que decorre de sua situação. Não é necessário imaginar que cedem a uma força que os domina; basta supor que, diante das mesmas circunstâncias, eles em geral raciocinam da mesma maneira.

Mas sabemos que tais acontecimentos individuais, ainda que em geral precedam os suicídios, não são de fato suas causas. Mais uma vez, não há infortúnios na vida que necessariamente determinem o homem a se matar, se ele não é inclinado a isso de alguma outra maneira. A regularidade com a qual podem se reproduzir essas diversas circunstâncias não consegue, pois, explicar a do suicídio. Além disso, seja qual for a influência que se atribui

---

288. É, no fundo, a opinião exposta por Drobisch, em seu livro citado anteriormente.

304 | LIVRO III - DO SUICÍDIO COMO FENÔMENO SOCIAL EM GERAL

a elas, tal solução, em todo caso, não faria senão deslocar o problema, sem resolvê-lo. Pois falta esclarecer por que essas situações desesperadas se repetem identicamente todo ano, de acordo com uma lei própria a cada país. Como se explica que, para uma mesma sociedade, supostamente estacionária, haja sempre tantas famílias desunidas, tantas ruínas econômicas etc.? Essa repetição regular dos mesmos acontecimentos segundo proporções constantes para um mesmo povo, mas muito diversas de um povo a outro, seria inexplicável se não houvesse, em cada sociedade, correntes definidas que impelem os habitantes, com uma força determinada, às aventuras comerciais e industriais, às práticas de todo tipo, suscetíveis de abalar as famílias etc. Ora, é voltar, de uma forma um pouco diferente, à hipótese que acreditávamos já ter afastado.[289]

III

Mas empenhemo-nos em compreender bem o sentido e o alcance dos termos que acabam de ser empregados.

Em geral, quando falamos de tendências ou paixões coletivas, ficamos inclinados a ver nessas expressões apenas metáforas e maneiras de falar, que não designam nada de real além de uma espécie de média entre vários estados individuais. Recusamo-nos a vê-los como coisas, como forças *sui generis* que dominam as consciências individuais. No entanto é essa sua natureza, e é o que a estatística do suicídio mostra com clareza.[290] Os indi-

---

289. Essa argumentação não é somente válida para o suicídio, embora seja, nesse caso, mais particularmente surpreendente do que em qualquer outro. Ela também se aplica ao crime em suas diferentes formas. O criminoso, com efeito, é um ser excepcional, assim como o suicida, e, por conseguinte, não é a natureza do tipo médio que pode explicar os movimentos da criminalidade. Não é diferente para o casamento, embora a tendência a contrair casamento seja mais geral do que a propensão a matar os outros ou a se matar. Em cada período da vida, o número de pessoas que se casam representa apenas uma pequena minoria em relação à população solteira da mesma idade. Assim, na França, de 25 a 30 anos, ou seja, na época em que a nupcialidade é máxima, há por ano apenas 176 homens e 135 mulheres que se casam, em mil solteiros de cada sexo (período de 1877-81). Se, portanto, a tendência ao casamento, que não deve ser confundida com o gosto pela relação sexual, só tem em um pequeno número de pessoas uma força suficiente para se satisfazer, não é a energia que ela tem no tipo médio que pode explicar a situação da nupcialidade em um dado momento. A verdade é que aqui, como quando se trata do suicídio, os números estatísticos expressam não a intensidade média das disposições individuais, mas a da força coletiva que impele ao casamento.

290. Aliás, ela não é a única; todos os fatos de estatística moral, como mostra a nota anterior, implicam essa conclusão.

CAPÍTULO I - O ELEMENTO SOCIAL DO SUICÍDIO | 305

víduos que compõem uma sociedade mudam de um ano a outro; e contudo o número de suicidas é o mesmo enquanto a sociedade não muda. A população de Paris se renova com extrema rapidez; porém a participação de Paris no total dos suicídios franceses permanece substancialmente constante. Embora bastem alguns anos para que o efetivo do exército seja inteiramente modificado, a taxa de suicídios militares não varia, para uma mesma nação, senão com extrema lentidão. Em todos os países, a vida coletiva evolui segundo o mesmo ritmo ao longo do ano; cresce de janeiro a julho, aproximadamente, para em seguida diminuir. Assim, ainda que os membros das diversas sociedades europeias pertençam a tipos médios muito diferentes uns dos outros, as variações sazonais e até mesmo mensais dos suicídios ocorrem em toda parte segundo a mesma lei. Do mesmo modo, seja qual for a diversidade dos humores individuais, a relação entre a predisposição das pessoas casadas ao suicídio e a dos viúvos e viúvas é identicamente a mesma nos grupos sociais mais diferentes, pelo simples fato de que o estado moral da viuvez mantém, em todos os lugares, a mesma relação com a constituição moral própria ao casamento. As causas que fixam, assim, o contingente das mortes voluntárias para uma sociedade ou uma parcela de sociedade determinada devem, portanto, ser independentes dos indivíduos, já que conservam a mesma intensidade, quaisquer que sejam os sujeitos particulares sobre os quais exercem sua ação. Seria possível dizer que é o gênero de vida que, sempre o mesmo, produz sempre os mesmos efeitos. Sem dúvida, mas o gênero de vida é uma coisa, e cuja constância precisa ser explicada. Se ele se mantém invariável enquanto ocorrem incessantemente mudanças entre aqueles que o praticam, é impossível que toda a sua realidade provenha deles.

Acreditou-se poder escapar a essa consequência mostrando que essa continuidade era obra dos indivíduos e que, por conseguinte, para explicá-la não era necessário atribuir aos fenômenos sociais uma espécie de transcendência em relação à vida individual. De fato, diz-se,

> uma coisa social qualquer, uma palavra de uma língua, um rito de uma religião, um segredo da profissão, uma técnica artística, um artigo de lei, uma máxima de moral, transmite-se e passa de um indivíduo parente, patrão, amigo, vizinho, colega, a outro indivíduo.[291]

Sem dúvida, se se tratasse apenas de esclarecer como, de maneira geral, uma ideia ou um sentimento passam de uma geração a outra, como sua lem-

---

291. TARDE, *"La sociologie élémentaire"*, in *Annales de l'Institut International de Sociologie*, p. 213.

306 | LIVRO III – DO SUICÍDIO COMO FENÔMENO SOCIAL EM GERAL

brança não se perde, tal explicação poderia, a rigor, ser considerada suficiente.[292] Mas a transmissão de fatos como o suicídio, e, de modo mais geral, como os atos de todo tipo sobre os quais nos informa a estatística moral, apresenta uma característica muito particular, que não pode ser explicada tão facilmente. Ela se refere, com efeito, não apenas basicamente a uma certa maneira de fazer, *mas ao número de casos em que essa maneira de fazer é empregada*. Não apenas há suicídios todo ano, mas, via de regra, há, cada ano, tantos quantos no ano anterior. O estado de espírito que determina os homens a se matar não é transmitido pura e simplesmente, mas, o que é muito mais surpreendente, é transmitido a um número igual de pessoas, que se encontram todas nas condições necessárias para passar ao ato. Como isso é possível se envolve apenas indivíduos? Em si, o número não pode ser objeto de nenhuma transmissão direta. A população de hoje não aprendeu com a de ontem qual é o montante de imposto que deve pagar ao suicídio; no entanto, é exatamente o mesmo que ela pagará se as circunstâncias não mudarem.

Deveremos então imaginar que cada suicida teve como iniciador e mestre, por assim dizer, uma das vítimas do ano anterior, e que ele é como que seu herdeiro moral? Só com essa condição é possível conceber que a taxa social de suicídios possa se perpetuar por meio de tradições interindividuais. Pois, se o número total não pode ser transmitido em bloco, é necessário que as unidades que o formam se transmitam uma por uma. Cada suicida deveria, portanto, ter recebido sua tendência de algum de seus predecessores, e cada suicídio seria como o eco de um suicídio anterior. Mas não há nenhum fato que autorize a admitir esse tipo de filiação pessoal entre cada um dos acontecimentos morais que a estatística registra neste ano, por exemplo, e um acontecimento similar do ano precedente. É totalmente excepcional, como já mostramos anteriormente, que um ato seja assim suscitado por outro ato de mesma natureza. Por que, de resto, esses ricochetes ocorreriam

---

292. Dizemos "a rigor", pois o que há de essencial nesse problema não pode ser resolvido dessa maneira. O que de fato importa se queremos explicar essa continuidade é mostrar não simplesmente como as práticas empregadas em um período não são esquecidas no período seguinte, mas como elas conservam sua autoridade e continuam a funcionar. Do fato de as novas gerações poderem saber por transmissões puramente interindividuais o que faziam seus antepassados, não se segue que elas tenham de agir da mesma forma. Então, o que as obriga a isso? O respeito ao costume, a autoridade dos anciãos? Mas, nesse caso, a causa da continuidade já não são os indivíduos que servem de veículo às ideias ou às práticas, é o estado de espírito eminentemente coletivo que faz com que, entre determinado povo, os ancestrais sejam objeto de um respeito particular. E esse estado de espírito se impõe aos indivíduos. E, assim como a tendência ao suicídio, ele tem, para uma mesma sociedade, uma intensidade definida, segundo o grau da qual os indivíduos se conformam mais, ou menos, à tradição.

regularmente de um ano a outro? Por que o fato gerador demoraria um ano para produzir seu equivalente? Por que, enfim, produziria de si apenas uma única cópia? Pois é preciso que, em média, cada modelo seja reproduzido uma única vez, caso contrário o total não seria constante. Eximiremo-nos de discutir por mais tempo uma hipótese tão arbitrária quanto inconcebível. Mas, se a descartamos, se a igualdade numérica dos contingentes anuais não decorre do fato de cada caso particular engendrar seu equivalente no período seguinte, ela só pode se dever à ação permanente de alguma causa impessoal que paira acima de todos os casos particulares.

Portanto, é preciso considerar os termos rigorosamente. As tendências coletivas têm uma existência que lhes é própria; são forças tão reais quanto as forças cósmicas, ainda que sejam de outra natureza; também agem de fora sobre o indivíduo, embora por outros meios. O que permite afirmar que a realidade das primeiras não é inferior à das segundas é que ela é provada da mesma maneira, a saber, pela constância de seus efeitos. Quando constatamos que o número de mortes varia muito pouco de um ano a outro, explicamos essa regularidade dizendo que a mortalidade depende do clima, da temperatura, da natureza do solo, em suma, de várias forças materiais que, sendo independentes dos indivíduos, permanecem constantes enquanto as gerações mudam. Consequentemente, já que atos morais como o suicídio se reproduzem com uniformidade não apenas igual, mas superior, devemos, do mesmo modo, admitir que dependem de forças superiores aos indivíduos. Porém, como essas forças não podem ser senão morais e como, com exceção do homem individual, não há no mundo outro ser moral além da sociedade, elas têm de ser sociais. Mas, seja qual for o nome que lhes damos, o importante é reconhecer sua realidade e concebê-las como um conjunto de energias que, de fora, nos determinam a agir, assim como fazem as energias físico-químicas cuja ação sofremos. Tanto elas são coisas *sui generis*, e não entidades verbais, que é possível medi-las, comparar sua grandeza relativa, tal qual fazemos com a intensidade das correntes elétricas ou dos focos luminosos. Assim, a proposição fundamental de que os fatos sociais são objetivos, proposição que tivemos a oportunidade de demonstrar em outra obra[293] e que consideramos o princípio do método sociológico, encontra na estatística moral e sobretudo na do suicídio uma nova prova, e particularmente demonstrativa. Sem dúvida ela melindra o senso comum. Mas, sempre que a ciência revelou aos homens a existência de uma força ignorada, encontrou incredulidade. Como é preciso modificar o sistema de ideias co-

---

293. Ver As *regras do método sociológico*, cap. II. (São Paulo: Edipro, 2012).

LIVRO III – DO SUICÍDIO COMO FENÔMENO SOCIAL EM GERAL

mumente aceitas para dar lugar à nova ordem de coisas e construir novos conceitos, os espíritos resistem com indolência. Contudo é preciso se entender. Se a sociologia existe, ela só pode ser o estudo de um mundo ainda desconhecido, diferente daqueles que as outras ciências exploram. Ora, esse mundo não é nada se não é um sistema de realidades.

Mas, precisamente por se chocar com ideias preconcebidas tradicionais, essa concepção suscitou objeções às quais precisamos responder.

Em primeiro lugar, ela implica que tanto as tendências quanto os pensamentos coletivos são de natureza diferente daquela das tendências e dos pensamentos individuais, que os primeiros têm características que os segundos não têm. Ora, dizem, como isso é possível, visto que na sociedade não há nada além de indivíduos? Mas, seguindo esse raciocínio, deveríamos dizer que não há na natureza viva nada mais do que há na matéria bruta, já que a célula é exclusivamente feita de átomos que não vivem. Do mesmo modo, é verdade que a sociedade não contém outras forças ativas além das forças dos indivíduos; somente os indivíduos, ao se unirem, formam um ser psíquico de uma espécie nova, que, por conseguinte, tem sua maneira própria de pensar e de sentir. Sem dúvida, as propriedades elementares de que resulta o fato social estão contidas em germe nos espíritos individuais. Mas o fato social só se produz depois de elas serem transformadas pela associação, já que é apenas nesse momento que ele aparece. A associação também é um fator ativo que produz efeitos especiais. Ora, por si só, ela é algo novo. Quando consciências, em vez de ficarem isoladas umas das outras, juntam-se e se combinam, algo muda no mundo. Por conseguinte, é natural que essa mudança produza outras mudanças, que essa novidade engendre outras novidades, que surjam fenômenos cujas propriedades características não se encontrem nos elementos que os compõem.

O único meio de contestar essa proposição seria admitir que um todo é qualitativamente idêntico à soma de suas partes, que um efeito é qualitativamente redutível à soma das causas que o geraram; o que equivaleria ou a negar toda mudança ou a torná-la inexplicável. Entretanto, chegou-se ao ponto de apoiar essa tese extrema, mas, para defendê-la, foram encontradas apenas duas razões realmente extraordinárias. Disseram primeiro que, "em sociologia, temos, por um privilégio singular, o conhecimento íntimo do elemento que é nossa consciência individual, tanto quanto do composto que é a reunião das consciências"; e, segundo, que, por essa dupla introspecção, "constatamos claramente que, posto de lado o individual, o social não é nada".[294]

---

294. TARDE, *op. cit.*, in *Annales de l'Institut de Sociol.*, p. 222.

CAPÍTULO I - O ELEMENTO SOCIAL DO SUICÍDIO | 309

A primeira asserção é uma negação audaciosa de toda a psicologia contemporânea. Hoje há consenso em reconhecer que a vida psíquica, longe de poder ser conhecida com um exame imediato, tem, ao contrário, segredos profundos em que a consciência não penetra e aos quais só chegamos aos poucos por meios indiretos e complexos, análogos aos empregados pelas ciências do mundo externo. Portanto, falta muito para que a natureza da consciência não tenha mistérios. Quanto à segunda proposição, é puramente arbitrária. O autor pode perfeitamente afirmar que, de acordo com sua impressão pessoal, não há nada de real na sociedade além daquilo que vem do indivíduo, mas faltam provas para apoiar essa afirmação, e, consequentemente, a discussão é impossível. Seria tão fácil opor a esse sentimento o sentimento contrário de um grande número de pessoas que imaginam a sociedade não como a forma assumida espontaneamente pela natureza individual ao se desabrochar para o exterior, mas como uma força antagônica que as limita e contra a qual se debatem! O que dizer, de resto, dessa intuição pela qual conheceríamos diretamente e sem intermediário não apenas o elemento, ou seja, o indivíduo, mas também o composto, ou seja, a sociedade? Se realmente bastasse abrir os olhos e olhar bem para identificar imediatamente as leis do mundo social, a sociologia seria inútil ou, pelo menos, muito simples. Infelizmente, os fatos mostram bem o quanto a consciência é incompetente na matéria. Ela nunca teria chegado sozinha a desconfiar dessa inevitabilidade que restabelece todos os anos, na mesma quantidade, os fenômenos demográficos, se não tivesse sido prevenida de fora. Com maior razão, é incapaz, reduzida a suas meras forças, de descobrir as causas disso.

Mas, ao separar assim a vida social da vida individual, não pretendemos de modo algum dizer que ela não tem nada de psíquico. Pelo contrário, é evidente que ela é essencialmente feita de representações. Porém as representações coletivas são de natureza totalmente diferentes das representações do indivíduo. Não vemos nenhum inconveniente em dizerem que a sociologia é uma psicologia, se tomarem o cuidado de acrescentar que a psicologia social tem suas leis próprias, que não são as mesmas da psicologia individual. Um exemplo rematará o esclarecimento de nosso pensamento. Em geral, atribui-se como origem da religião as impressões de temor ou de deferência que seres misteriosos e temidos inspiram aos sujeitos conscientes; desse ponto de vista, ela aparece como o simples desenvolvimento de estados individuais e sentimentos privados. Mas tal explicação simplista não tem relação com os fatos. Basta notar que, no reino animal, em que a vida social é sempre muito rudimentar, a instituição religiosa é desconhecida, que ela nunca se observa senão onde existe uma organização coletiva, e que ela muda conforme a natureza das sociedades, para que tenhamos boas razões para concluir que apenas os homens em grupo pensam religiosamente. Jamais o indivíduo seria levado à ideia de forças que o superam tão infinitamente, a ele e a tudo que o cerca, se só tivesse conhecido a si mesmo e o universo físico. Nem mesmo as grandes forças naturais com as quais está em relação poderiam ter-lhe sugerido tal noção; pois, no começo, ele estava longe de saber, como hoje, a que ponto elas o dominam; ele acreditava, ao contrário, poder, em certas condições, dispor delas como bem entendesse.[295] Foi a ciência que lhe ensinou como ele lhes é inferior. O poder que assim se impôs a seu respeito e que se tornou objeto de sua adoração é a sociedade, da qual os Deuses foram apenas a forma hipostasiada. A religião é, definitivamente, o sistema de símbolos pelos quais a sociedade toma consciência de si mesma, é a maneira de pensar própria do ser coletivo. Portanto, um amplo conjunto de estados mentais, que resultam da união das consciências individuais e que se acrescentaram àqueles que derivam das naturezas individuais, não teriam se produzido se essas consciências não tivessem se unido. Por mais que se analisem as naturezas individuais tão minuciosamente quanto possível, nunca se descobrirá nada que explique como se fundaram e se desenvolveram as crenças e práticas singulares das quais nasceu o totemismo, como o naturalismo daí se produziu, como o próprio naturalismo se tornou aqui a religião abstrata de Jeová, ali o politeísmo dos gregos e dos romanos etc. Ora, tudo o que queremos dizer quando afirmamos a heterogeneidade do social e do individual é que as observações precedentes aplicam-se não apenas à religião, mas ao direito, à moral, aos costumes, às instituições políticas, às práticas pedagógicas etc., em suma, a todas as formas da vida coletiva.[296]

Mas nos foi feita uma outra objeção, que à primeira vista pode parecer mais grave. Não somente admitimos que as condições sociais diferem qua-

---

295. Ver FRAZER, *Golden Bough*, p. 9 ss.

296. Acrescentemos, para prevenir qualquer interpretação inexata, que nem por isso admitimos que haja um ponto preciso em que acabe o individual e comece o reino social. A associação não se estabelece de uma só vez e não produz de uma só vez seus efeitos; é preciso tempo para isso, e há, por conseguinte, momentos em que a realidade é indeterminada. Assim, passa-se sem hiato de uma ordem de fatos a outra; mas essa não é uma razão para não as distinguir. Senão não haveria nada de distinto no mundo, pelo menos se pensamos que não há gêneros separados e que a evolução é contínua.

litativamente das condições individuais, mas também que elas são, em certo sentido, externas aos indivíduos. E não tememos comparar essa exterioridade à das forças físicas. Mas, foi dito, já que na sociedade não há nada além de indivíduos, como poderia haver algo fora deles?

Se a objeção tivesse fundamento, estaríamos diante de uma antinomia. Pois não se deve perder de vista o que foi anteriormente demonstrado. Dado que o punhado de pessoas que se matam todo ano não forma um grupo natural e que elas não estão em comunicação umas com as outras, o número constante de suicídios só pode se dever à ação de uma mesma causa que domina os indivíduos e lhes sobrevive. A força que constitui a unidade do conjunto formado pela multiplicidade de casos particulares, esparsos na superfície do território, deve necessariamente estar fora de cada um deles. Se, portanto, fosse realmente impossível que ela lhes fosse exterior, o problema seria insolúvel. Mas a impossibilidade é apenas aparente.

E, para começar, não é verdade que a sociedade só seja composta de indivíduos; ela também engloba coisas materiais, que desempenham um papel essencial na vida coletiva. O fato social às vezes se materializa até se tornar um elemento do mundo exterior. Por exemplo, um determinado tipo de arquitetura é um fenômeno social; ora, ele está encarnado, em parte, em casas, em edifícios de todas as espécies, que, uma vez construídos, tornam-se realidades autônomas, independentes dos indivíduos. O mesmo ocorre com as vias de comunicação e de transporte, com instrumentos e máquinas empregados na indústria ou na vida privada, e que expressam o estado da técnica em cada momento da história, da linguagem escrita etc. A vida social, que desse modo como que se cristalizou e se fixou em suportes materiais, encontra-se, exatamente por isso, exteriorizada, e é de fora que age sobre nós. As vias de comunicação construídas antes de nós imprimem à evolução de nossos negócios uma direção determinada, conforme nos coloquem em relação com esses ou aqueles países. A criança forma seu gosto ao entrar em contato com os monumentos do gosto nacional, legado das gerações anteriores. Às vezes até vemos monumentos caírem durante séculos no esquecimento, e, depois, um dia, quando as nações que os erigiram estão há muito desaparecidas, vemo-los ressurgirem e começar, no seio de novas sociedades, uma nova existência. É isso que caracteriza o fenômeno muito particular que chamamos de Renascimentos. Um Renascimento é a vida social que, depois de ter como que se depositado em coisas e nelas ter permanecido por muito tempo latente, desperta de súbito e vem mudar a orientação intelectual e moral de povos que não contribuíram para elaborá-la. Sem dúvida, ela não poderia se reanimar se consciências vivas não estivessem lá para receber sua ação; mas, de outro lado, tais consciências teriam pensado e sentido de modo totalmente diferente se essa ação não tivesse se produzido.

A mesma observação se aplica às fórmulas definidas em que se condensam ou os dogmas da fé, ou os preceitos do direito, quando se fixam exteriormente sob uma forma consagrada. Certamente, por mais bem redigidas que possam ser, permaneceriam letra morta se não houvesse ninguém para figurá-las e colocá-las em prática. Mas, ainda que não se bastem, não deixam de ser fatores *sui generis* da atividade social. Pois têm um modo de ação que lhes é próprio. As relações jurídicas não são absolutamente as mesmas conforme o direito esteja escrito ou não. Nos lugares em que existe um código constituído, a jurisprudência é mais regular, mas menos flexível, a legislação é mais uniforme, mas também mais imutável. Ela se adapta com mais dificuldade à diversidade dos casos particulares e opõe mais resistência às iniciativas dos inovadores. As formas materiais que assume não são, pois, simples combinações verbais sem eficácia, mas realidades ativas, já que provocam efeitos que não aconteceriam se elas não existissem. Ora, não apenas elas são exteriores às consciências individuais, como é essa exterioridade que torna suas características específicas. É por estarem menos ao alcance dos indivíduos que esses têm mais dificuldade em adaptá-las às circunstâncias, e é essa mesma razão que os torna mais refratários às mudanças.

Todavia é incontestável que nem toda a consciência social consegue se exteriorizar e se materializar assim. Nem toda a estética nacional está nas obras que inspira; nem toda a moral se formula em preceitos definidos. Sua maior parte permanece difusa. Há toda uma vida coletiva que está em liberdade; todos os tipos de corrente vão, vêm, circulam em todas as direções, cruzam-se e misturam-se de mil maneiras diferentes e, precisamente por estarem em uma perpétua situação de mobilidade, não chegam a se estabilizar em uma forma objetiva. Hoje é uma onda de tristeza e de desalento que se abate sobre a sociedade; amanhã, ao contrário, um sopro de alegre confiança virá animar os corações. Durante algum tempo, todo o grupo é arrastado para o individualismo; vem outro período, e são as aspirações sociais e filantrópicas que se tornam preponderantes. Ontem, estávamos absorvidos no cosmopolitismo, hoje é o patriotismo que impera. E toda essa agitação, todos esses fluxos e refluxos acontecem sem que os preceitos cardeais do direito e da moral, imobilizados por suas formas hieráticas, sejam sequer modificados. Aliás, tais preceitos não fazem senão expressar

CAPÍTULO I - O ELEMENTO SOCIAL DO SUICÍDIO | 313

toda uma vida subjacente, de que fazem parte; resultam dela, mas não a suprimem. Na base de todas essas máximas, há sentimentos atuais e vivos resumidos por tais fórmulas, mas dos quais elas são apenas o envoltório superficial. Elas não suscitariam nenhum eco se não correspondessem a emoções e a impressões concretas, dispersas na sociedade. Portanto, ainda que lhes atribuamos uma realidade, não pensamos em fazer dela a essência da realidade moral. Seria tomar o signo pela coisa significada. Um signo é certamente alguma coisa; não é uma espécie de epifenômeno supererrogatório; sabemos hoje o papel que ele desempenha no desenvolvimento intelectual. Mas, enfim, é só um signo.[297]

Mas, pelo fato de essa vida não ter um grau suficiente de consistência para se fixar, ela não deixa de ter o mesmo caráter dos preceitos formulados de que falávamos há pouco. *Ela é exterior a cada indivíduo médio considerado isoladamente.* Eis que, por exemplo, uma grande ameaça pública determina uma progressão do sentimento patriótico. Disso resulta um arroubo coletivo em virtude do qual a sociedade, em seu conjunto, estabelece como axioma que os interesses particulares, até mesmo aqueles em geral considerados os mais respeitáveis, devem eclipsar-se totalmente diante do interesse comum. E o princípio não é apenas enunciado como uma espécie de desiderato; se preciso, deve ser aplicado à risca. Observem no mesmo momento a média dos indivíduos! Vocês encontrarão em um grande número deles algo desse estado moral, mas infinitamente atenuado. São raros aqueles que, mesmo em tempos de guerra, estão prontos a, espontaneamente, abdicar de si mesmos de modo tão integral. *Portanto, entre todas as consciências individuais que compõem a grande massa da nação, não há nenhuma em relação à qual a corrente coletiva não seja quase que totalmente exterior, já que cada uma contém apenas uma fração dela.*

Podemos fazer a mesma observação até a propósito dos sentimentos morais mais estáveis e mais fundamentais. Por exemplo, toda sociedade tem, pela vida do homem em geral, um respeito cuja intensidade é determinada e pode ser medida segundo a gravidade relativa[298] das penas liga-

---

297. Pensamos que, depois dessa explicação, deixarão de nos acusar de querer, em sociologia, substituir o interior pelo exterior. Partimos do exterior porque só ele é imediatamente dado, mas é para chegar ao interior. O procedimento é, decerto, complicado; mas não há outro se não queremos nos expor a dirigir a pesquisa não para a ordem de fatos que queremos estudar, mas para o sentimento pessoal que temos disso.

298. Para saber se esse sentimento de respeito é maior em uma sociedade do que em outra, não se deve considerar apenas a violência intrínseca das medidas que constituem a repressão, mas

314 | LIVRO III – DO SUICÍDIO COMO FENÔMENO SOCIAL EM GERAL

das ao homicídio. De outro lado, o homem médio não deixa de ter em si algo desse mesmo sentimento, mas em grau bem menor e de uma maneira bem completamente diferente da sociedade. Para perceber essa diferença, basta comparar a emoção que, individualmente, pode nos causar a visão do assassino ou o próprio espetáculo do assassinato com aquela que, nas mesmas circunstâncias, se apodera das multidões reunidas. Sabemos a que extremos elas se deixam levar se nada lhes opõe resistência. É porque, nesse caso, a fúria é coletiva. Ora, a mesma diferença se encontra, em cada instante, entre a maneira como a sociedade sente esses atentados e a forma como eles afetam os indivíduos; por conseguinte, entre a forma individual e a forma social do sentimento que eles ferem. A indignação social é tão intensa que, com frequência, só é satisfeita com a expiação suprema. Para nós, se a vítima é alguém desconhecido ou insignificante, se o autor do crime não pertence a nosso círculo e, portanto, não constitui para nós uma ameaça pessoal, ao mesmo tempo que achamos justo que o ato seja punido, não ficamos suficientemente comovidos com ele para sentir uma real necessidade de vingança. Não levantaremos um dedo para descobrir o culpado; relutaremos até em entregá-lo. A coisa só muda de figura se a opinião pública, como se diz, assume o caso. Então, ficamos mais exigentes e mais ativos. Mas é a opinião que fala por nossa boca, é sob a pressão da coletividade que agimos, e não como indivíduos.

Na maioria das vezes, até, a distância entre a situação social e suas repercussões individuais é ainda mais considerável. No caso precedente, o sentimento coletivo, ao se individualizar, pelo menos conservava, na maioria das pessoas, força suficiente para se opor aos atos que o chocavam; o horror ao sangue humano está hoje arraigado na generalidade das consciências em profundidade suficiente para prevenir a eclosão de ideias homicidas. Mas o simples desvio, a fraude silenciosa e sem violência estão longe de nos inspirar a mesma repulsa. Não são muito numerosos aqueles que têm pelos direitos do outro um respeito suficiente para abafar no início todo desejo de enriquecer injustamente. Não é que a educação não desenvolva um certo afastamento em relação a todo ato contrário à equidade. Mas como é grande a distância entre esse sentimento vago, hesitante, sempre pronto

---

a posição ocupada pela pena na escala penal. O assassinato não é punido senão com a morte, tanto hoje quanto nos séculos passados. Mas hoje a pena de morte simples tem uma gravidade relativa maior, pois constitui o castigo supremo, ao passo que outrora ela podia ser agravada. E, dado que esses agravamentos não se aplicavam então ao assassinato comum, disso resulta que ele era objeto de menor reprovação.

CAPÍTULO I - O ELEMENTO SOCIAL DO SUICÍDIO | 315

aos acordos, e o opróbrio categórico, sem reservas e sem reticência, com que a sociedade pune o roubo sob todas as suas formas! E o que diremos de tantos outros deveres que têm ainda menos raízes no homem comum, como aquele que nos ordena a contribuir com nosso justo quinhão para as despesas públicas, não fraudar o fisco, não procurar evitar habilmente o serviço militar, cumprir lealmente nossos contratos etc.? Se, em relação a todos esses pontos, a moralidade fosse assegurada apenas pelos sentimentos vacilantes contidos nas consciências médias, ela seria singularmente precária.

Portanto é um erro fundamental confundir, como tantas vezes se fez, o tipo coletivo de uma sociedade com o tipo médio dos indivíduos que a compõem. O homem médio é de uma moralidade bem medíocre. Apenas as máximas mais essenciais da ética são gravadas nele com alguma força, e mesmo assim estão longe de ter a precisão e a autoridade que têm no tipo coletivo, ou seja, no conjunto da sociedade. Tal confusão, que Quételet precisamente cometeu, faz da gênese da moral um problema incompreensível. Pois, já que o indivíduo é, em geral, de tal mediocridade, como pode ter se constituído uma moral que o ultrapassa a esse ponto, se ela não exprime mais que a média dos temperamentos individuais? O mais não pode, sem milagre, nascer do menos. Se a consciência comum nada mais é do que a consciência mais geral, ela não pode se elevar acima do nível vulgar. Mas, então, de onde vêm os preceitos elevados e claramente imperativos que a sociedade se esforça para inculcar a seus filhos e cujo respeito ela impõe a seus membros? Não é sem razão que as religiões e, depois delas, tantas filosofias consideram que a moral só pode ter toda sua realidade em Deus. É porque seu pálido, e bem incompleto, esboço, que as consciências individuais contêm, não pode ser visto como o tipo original. Ele dá mais a impressão de uma reprodução infiel e grosseira, cujo modelo, por conseguinte, deve existir em algum lugar fora dos indivíduos. É por isso que, com seu simplismo habitual, a imaginação popular realiza-o em Deus. A ciência, sem dúvida, não pode considerar tal concepção, de que ela não devia nem sequer tomar conhecimento.[299] Porém, se a desconsideramos, já não resta outra alternativa a não ser deixar a moral no ar e inexplicada, ou fazer dela um sistema de estados coletivos. Ou ela não vem de nada dado no mundo da experiência, ou vem da sociedade. Ela só pode existir em uma

---

299. Do mesmo modo que a ciência da física não tem de discutir a crença em Deus, criador do mundo físico, a ciência da moral não tem de tomar conhecimento da doutrina que vê em Deus o criador da moral. A questão não nos compete; não temos de nos pronunciar por nenhuma solução. As causas segundas são as únicas das quais temos de nos ocupar.

316 | LIVRO III – DO SUICÍDIO COMO FENÔMENO SOCIAL EM GERAL

consciência; se não é na do indivíduo, é portanto na do grupo. Mas, então, é preciso admitir que a segunda, longe de se confundir com a consciência média, excede-a de todos os lados.

A observação confirma, pois, a hipótese. De um lado, a regularidade dos dados estatísticos implica que existem tendências coletivas, externas ao indivíduo; de outro, em um número considerável de casos importantes, podemos constatar diretamente essa exterioridade. Aliás, ela não é nada surpreendente para qualquer um que tenha reconhecido a heterogeneidade dos estados individuais e dos estados sociais. Com efeito, por definição, os segundos só podem chegar de fora a cada um de nós, já que não resultam de nossas predisposições pessoais; sendo feitos de elementos que nos são estranhos,[300] exprimem algo além de nós mesmos. Sem dúvida, visto que confundimo-nos com o grupo e que vivemos sua vida, ficamos abertos à sua influência; mas, inversamente, como temos uma personalidade diferente da deles, nós lhes somos refratários e procuramos escapar-lhes. E, como não há ninguém que não tenha conjuntamente essa dupla existência, cada um de nós é, ao mesmo tempo, animado por um duplo movimento. Somos levados no sentido social e tendemos a seguir a propensão de nossa natureza. O resto da sociedade nos pressiona para conter nossas tendências centrífugas, e contribuímos, de nosso lado, para pressionar o outro, a fim de neutralizar as tendências dele. Nós mesmos sofremos a pressão que contribuímos para exercer sobre os outros. Duas forças antagônicas estão presentes. Uma vem da coletividade e procura se apropriar do indivíduo; a outra vem do indivíduo e repele a precedente. A primeira, é verdade, é bem superior à segunda, já que se deve a uma combinação de todas as forças particulares; mas, como também encontra tantas resistências quantos são os indivíduos, ela se consome em parte nessas lutas multiplicadas e só nos penetra desfigurada e enfraquecida. Quando é muito intensa, quando as circunstâncias que a colocam em ação repetem-se com frequência, ela ainda pode marcar com bastante força as constituições individuais, nas quais suscita estados de certa vivacidade, que, uma vez organizados, funcionam com a espontaneidade do instinto; é o que acontece com as ideias morais mais essenciais. Mas a maioria das correntes sociais ou é demasiado fraca ou está em contato conosco apenas de modo demasiado intermitente para que possa lançar em nós raízes profundas; sua ação é superficial. Por conseguinte, permanecem quase que totalmente externas. Assim, o modo de calcular um elemento qualquer

---

300. Ver anteriormente, p. 309.

do tipo coletivo não é medir a dimensão que ele tem nas consciências individuais e obter a média entre todas essas medidas; é antes a soma que deveria ser feita. Todavia, esse procedimento de avaliação estaria bem abaixo da realidade; pois obteríamos, assim, apenas o sentimento social reduzido de tudo aquilo que ele perdeu ao se individualizar.

Portanto, não é sem alguma leviandade que taxamos nossa concepção de escolástica e a criticamos por estabelecer como fundamento dos fenômenos sociais algum princípio vital de um novo gênero. Se recusamos admitir que eles tenham por substrato a consciência do indivíduo, atribuímo-lhes outro; é aquele formado por todas as consciências individuais ao se unirem e se combinarem. Tal substrato não tem nada de substancial nem de ontológico, já que não é nada mais que um todo composto de partes. Mas não deixa de ser tão real quanto os elementos que o compõem, pois eles são constituídos da mesma maneira. Também são compostos. De fato, sabe-se hoje que o eu é a resultante de uma multiplicidade de consciências sem eu; que cada uma dessas consciências elementares é, por sua vez, produto de unidades vitais sem consciência, assim como cada unidade vital também se deve a uma associação de partículas inanimadas. Se, portanto, o psicólogo e o biólogo veem, com razão, como justificados os fenômenos que eles estudam, pelo simples fato de que tais fenômenos vinculam-se a uma combinação de elementos da ordem imediatamente inferior, por que seria diferente em sociologia? Apenas aqueles que não renunciaram à hipótese de uma força vital e de uma alma substancial poderiam julgar tal base insuficiente. Assim, nada é menos estranho do que esta proposição com a qual se acreditou ser necessário escandalizar-se:[301] Uma crença ou prática social é suscetível de existir independentemente de suas expressões individuais. É evidente que, com isso, não pretendemos dizer que a sociedade é possível sem indivíduos, absurdo manifesto de cuja suspeita poderiam ter nos poupado. Mas queremos dizer: 1º que o grupo formado pelos indivíduos associados é uma realidade de tipo diferente de cada indivíduo considerado isoladamente; 2º que os estados coletivos existem no grupo da natureza do qual derivam, antes de afetar o indivíduo como tal e de nele se organizar, sob uma nova forma, uma existência puramente interior.

Essa forma de compreender as relações do indivíduo com a sociedade lembra, aliás, a ideia que os zoólogos contemporâneos tendem a fazer das relações que ele mantém igualmente com a espécie ou a raça. A teoria muito

---

301. Ver TARDE, *op. cit.*, p. 212.

318 | LIVRO III – DO SUICÍDIO COMO FENÔMENO SOCIAL EM GERAL

simples, segundo a qual a espécie não seria senão um indivíduo perpetuado no tempo e generalizado no espaço é cada vez mais abandonada. Com efeito, ela vai de encontro ao fato de que as variações que se produzem em um ser isolado só se tornam específicas em casos muito raros e, talvez, duvidosos.[302] As características distintivas da raça só mudam no indivíduo se mudam na raça em geral. Essa teria, portanto, alguma realidade, da qual procederiam as formas diversas que ela assume nos seres particulares, em vez de ser uma generalização dessas últimas. Decerto não podemos ver tais doutrinas como definitivamente demonstradas. Mas basta-nos mostrar que nossas concepções sociológicas, sem serem emprestadas de alguma outra ordem de pesquisas, não deixam contudo de possuir equivalentes nas ciências mais positivas.

IV

Apliquemos essas ideias à questão do suicídio; a solução que lhe demos no início deste capítulo ficará mais clara.

Não há ideal moral que não combine, em proporções variáveis conforme as sociedades, o egoísmo, o altruísmo e uma certa anomia. Pois a vida social supõe, a um só tempo, que o indivíduo tenha alguma personalidade, que esteja pronto, se a comunidade exigir, a abrir mão dela e, enfim, que esteja aberto, em alguma medida, às ideias progressistas. É por isso que não há povo em que não coexistam essas três correntes de opinião, que inclinam o homem para três direções divergentes e até contraditórias. Nos lugares em que elas se moderam mutuamente, o agente moral está em uma situação de equilíbrio que o coloca a salvo de qualquer ideia de suicídio. Mas, se uma delas ultrapassa determinado grau de intensidade em detrimento das outras, torna-se, pelas razões expostas, suicidógena ao se individualizar.

Naturalmente, quanto mais forte ela é, mais pessoas contamina com profundidade suficiente para determiná-las ao suicídio, e vice-versa. Mas essa intensidade, por sua vez, depende apenas dos três tipos seguintes de causas: 1º) a natureza dos indivíduos que compõem a sociedade; 2º) a maneira como estão associados, isto é, a natureza da organização social; e 3º) os acontecimentos transitórios que transtornam o funcionamento da

---

302. Ver DELAGE, *Structure du protoplasme, passim.*; WEISSMANN, *L'hérédité*, e todas as teorias que se aproximam da de Weissmann.

CAPÍTULO I - O ELEMENTO SOCIAL DO SUICÍDIO | 319

vida coletiva sem alterar sua constituição anatômica, como as crises nacionais, econômicas etc. Quanto às propriedades individuais, somente as que se encontram em todos podem desempenhar um papel. Pois aquelas estritamente pessoais ou pertencentes apenas a pequenas minorias diluem-se na massa das outras; além disso, como diferem entre si, neutralizam-se e anulam-se mutuamente ao longo da elaboração da qual resulta o fenômeno coletivo. Portanto, só as características gerais da humanidade podem ter algum efeito. Ora, elas são quase imutáveis; pelo menos, para que possam mudar, não bastam os poucos séculos que uma nação pode durar. Por conseguinte, as condições sociais de que depende o número de suicídios são as únicas em função das quais ele pode variar, pois são as únicas que variam. Por isso ele permanece constante enquanto a sociedade não muda. Essa constância não decorre do fato de o estado de espírito, gerador do suicídio, calhar de, sabe-se lá por que acaso, encontrar-se em um número determinado de indivíduos que o transmitem, e tampouco sabe-se por que razão, a um mesmo número de imitadores. Mas é porque as causas impessoais, que o originaram e que o alimentam, são as mesmas. É porque nada veio modificar nem a maneira como as unidades sociais estão reunidas nem a natureza de seu consenso. As ações e reações que elas intercambiam permanecem, pois, idênticas; consequentemente as ideias e os sentimentos que daí resultam não podem variar.

Todavia é muito raro, se não impossível, que uma dessas correntes consiga exercer tal preponderância sobre todos os pontos da sociedade. É sempre no interior de meios restritos, em que encontra condições particularmente favoráveis a seu desenvolvimento, que ela atinge esse grau de energia. É uma dada condição social, uma dada profissão, uma dada confissão religiosa que a estimulam de modo mais especial. Assim se explica o duplo caráter do suicídio. Quando o consideramos em suas manifestações exteriores, somos tentados a ver nele apenas uma série de acontecimentos independentes uns dos outros, pois ele se produz sobre pontos separados, sem relações visíveis entre eles. E, no entanto, a soma formada por todos os casos particulares reunidos tem sua unidade e sua individualidade, já que a taxa social de suicídios é um traço distintivo de cada personalidade coletiva. É porque, embora esses meios particulares, em que ele de preferência se produz, sejam distintos uns dos outros, fragmentados de mil maneiras por toda a extensão do território, eles são, contudo, estreitamente ligados entre si, pois são partes de um mesmo todo e como que órgãos de um mesmo organismo. A situação em que cada um deles se encontra depende, pois, da situação geral da sociedade; há uma íntima solidariedade entre o grau de virulência a que chegam aí uma ou outra tendência e a intensidade que ela tem no conjunto do corpo social. O altruísmo é mais violento ou menos violento no exército de acordo com o que ele é na população civil;[303] o individualismo intelectual é tanto mais desenvolvido e tanto mais fecundo em suicídios nos meios protestantes quanto já é mais acentuado no resto da nação etc. Tudo está interligado.

Mas, se com exceção da vesânia não há estado individual que possa ser visto como fator determinante do suicídio, parece entretanto que um sentimento coletivo não consegue penetrar os indivíduos quando esses são absolutamente refratários a ele. Seria possível, portanto, considerar incompleta a explicação precedente, enquanto não mostrássemos como, no momento e nos meios precisos em que as correntes suicidógenas se desenvolvem, elas encontram diante de si um número suficiente de pessoas acessíveis à sua influência.

Todavia, supondo que essa conjuntura realmente seja sempre necessária e que uma tendência coletiva não possa se impor pela força aos indivíduos independentemente de qualquer predisposição prévia, essa harmonia realiza-se espontaneamente; pois as causas que determinam a corrente social agem ao mesmo tempo sobre os indivíduos e os deixam com as predisposições convenientes para que se prestem à ação coletiva. Há entre essas duas ordens de fatores um parentesco natural, exatamente pelo fato de dependerem de uma mesma causa e de exprimirem-na: é por isso que se combinam e se adaptam mutuamente. A hipercivilização que dá origem à tendência anômica e à tendência egoísta também tem como efeito refinar os sistemas nervosos, torná-los excessivamente delicados; por isso, eles são menos capazes de se vincular com constância a um objeto definido, são mais avessos a toda disciplina e mais acessíveis tanto à irritação violenta quanto à depressão exagerada. Inversamente, a cultura grosseira e rude, que o altruísmo excessivo dos primitivos implica, desenvolve uma insensibilidade que facilita a renúncia. Em suma, como a sociedade constitui em grande parte o indivíduo, ela o constitui, na mesma medida, à sua imagem. Portanto, é impossível que a matéria de que a sociedade necessita lhe falte, pois ela, por assim dizer, preparou-a para si com suas próprias mãos.

Podemos figurar agora com mais clareza qual é o papel dos fatores individuais na gênese do suicídio. Se em um mesmo meio moral, por exemplo em uma mesma confissão ou em um mesmo corpo de tropas ou em uma

---

303. Ver anteriormente, p. 226-8.

CAPÍTULO I - O ELEMENTO SOCIAL DO SUICÍDIO | **321**

mesma profissão, determinados indivíduos, e não outros, são atingidos, é sem dúvida, pelo menos em geral, porque a constituição mental dos primeiros, tal como a constituíram a natureza e os acontecimentos, oferece menos resistência à corrente suicidógena. Mas, embora tais condições possam contribuir para determinar os sujeitos particulares em quem essa corrente se encarna, não é delas que dependem suas características distintivas nem sua intensidade. Não é porque há uma determinada quantidade de neuropatas em um grupo social que se contará anualmente nesse grupo a mesma quantidade de suicidas. A neuropatia faz apenas com que esses sucumbam mais do que aqueles. Eis de onde vem a grande diferença que separa o ponto de vista do clínico daquele do sociólogo. O primeiro só se encontra sempre diante de casos particulares, isolados uns dos outros. Ora, ele constata que, com muita frequência, a vítima era ou uma pessoa nervosa ou um alcoólatra, e explica por um ou outro desses estados psicopáticos o ato realizado. Em um sentido, ele tem razão; pois se a pessoa, e não seus vizinhos, se mata, é frequentemente por esse motivo. Mas não é por esse motivo que, de modo geral, há pessoas que se matam, *nem sobretudo que, em cada sociedade, mata-se um número definido de pessoas por período de tempo determinado.* A causa produtora do fenômeno escapa necessariamente a quem só observa indivíduos, pois ela se localiza fora dos indivíduos. Para descobri-la, é necessário se elevar acima dos suicídios particulares e perceber o que constitui sua unidade. Objeta-se que, se não houvesse neurastênicos em quantidade suficiente, as causas sociais não poderiam produzir todos os seus efeitos. Mas não há sociedade em que as diferentes formas de degenerescência nervosa não forneçam ao suicídio mais candidatos do que o necessário. Apenas alguns são convocados, por assim dizer. São aqueles que, em consequência das circunstâncias, estavam mais próximos das correntes pessimistas e, por conseguinte, sofreram mais completamente sua ação.

Mas falta resolver uma última questão. Como cada ano conta um número igual de suicidas, isso significa que a corrente não atinge de uma só vez todos aqueles que ela pode e deve atingir. As pessoas que atingirá no ano seguinte existem desde já; desde já também, a maioria delas está misturada à vida coletiva e, consequentemente, submetida à sua influência. Como se explica que elas sejam provisoriamente poupadas? Sem dúvida, compreende-se que a corrente precise de um ano para produzir a totalidade de sua ação; pois, como as condições da atividade social não são as mesmas conforme as estações, ela também muda, nos diferentes momentos do ano, de intensidade e de direção. É apenas quando a revolução anual se completa que todas as combinações de circunstâncias, em função das quais a corrente é suscetível de variar, ocorreram. Mas, dado que o ano seguinte não faz, por hipótese, mais do que repetir o ano anterior e restabelecer as mesmas combinações, por que o primeiro ano não bastaria? Por que, para retomar a expressão consagrada, a sociedade só paga seu tributo em prestações sucessivas?

O que explica, acreditamos, essa temporização é a maneira como o tempo age sobre a tendência ao suicídio. Ele é um fator auxiliar, mas importante. Sabemos, de fato, que ela cresce ininterruptamente da juventude até a maturidade,[304] e que com frequência é dez vezes mais intensa no fim da vida do que no começo. Portanto, isso significa que a força coletiva que impele o homem a se matar só o penetra aos poucos. Em circunstâncias idênticas, é à medida que avança em idade que o homem se torna mais acessível a ela, sem dúvida porque é preciso experiências repetidas para levá-lo a sentir todo o vazio de uma existência egoísta ou toda a vanidade das ambições sem limite. Eis por que os suicidas só cumprem seu destino por camadas sucessivas de gerações.[305]

---

304. Notemos contudo que tal progressão foi estabelecida para as sociedades europeias, em que o suicídio altruísta é relativamente raro. Talvez não seja válida para esse último. É possível que ele atinja seu apogeu mais na época da maturidade, no momento em que o homem está envolvido de modo mais ardente na vida social. As relações que esse suicídio mantém com o homicídio, e de que falaremos no capítulo seguinte, confirmam essa hipótese.

305. Sem querer levantar uma questão de metafísica que não nos cabe tratar, gostaríamos de observar que essa teoria da estatística não obriga a recusar ao homem qualquer espécie de liberdade. Ao contrário, ela deixa a questão do livre arbítrio muito mais integral do que se o indivíduo fosse considerado a origem dos fenômenos sociais. De fato, sejam quais forem as causas às quais se deve a regularidade das manifestações coletivas, elas não podem deixar de produzir seus efeitos nos lugares em que se encontram: pois, caso contrário, veríamos esses efeitos variarem caprichosamente, ao passo que são uniformes. Se, portanto, elas são inerentes aos indivíduos, não podem deixar de determinar necessariamente aqueles em quem residem. Por conseguinte, nessa hipótese, não vemos meio de escapar ao determinismo mais rigoroso. Mas não é o caso se essa constância dos dados demográficos provém de uma força exterior aos indivíduos. Pois essa não determina esses indivíduos e não aqueles. Ela requer certos atos em número definido, e não que esses atos venham dessa pessoa ou daquela. É admissível que alguns lhe resistam e que ela se satisfaça com outros. Definitivamente, nossa concepção não tem outro efeito além de acrescentar, às forças físicas, químicas, biológicas e psicológicas, forças sociais que agem de fora sobre o homem, assim como as primeiras. Se, portanto, essas não excluem a liberdade humana, não há razões para acreditar que seja diferente com aquelas. A questão se coloca nos mesmos termos para todas elas. Quando um foco de epidemia se declara, sua intensidade predetermina a importância da mortalidade que daí resultará, mas nem por isso aqueles que devem ser atingidos são designados. A situação dos suicidas em relação às correntes suicidógenas não é diferente.

CAPÍTULO II

Relações do suicídio com os outros fenômenos sociais

Já que o suicídio é, por seu elemento essencial, um fenômeno social, convém procurar saber que lugar ele ocupa no meio dos outros fenômenos sociais.

A primeira e mais importante questão que se coloca a esse respeito é saber se ele deve ser classificado entre os atos permitidos ou entre os atos proscritos pela moral. Deveríamos ver aí, num grau qualquer, um fato criminológico? Sabemos o quanto, desde sempre, a questão foi discutida. Em geral, para resolvê-la, começa-se formulando uma certa concepção do ideal moral e, em seguida, procura-se saber se o suicídio é ou não é logicamente contrário a ela. Por razões que expusemos alhures,[306] esse método não pode ser o nosso. Uma dedução sem verificação sempre é suspeita, e, além disso, neste caso, tem como ponto de partida um puro postulado da sensibilidade individual; pois cada um concebe à sua maneira esse ideal moral que se coloca como um axioma. Em vez de proceder assim, primeiro pesquisaremos na história como, na realidade, os povos avaliaram moralmente o suicídio; em seguida procuraremos determinar quais foram as razões de tal avaliação. Então, só precisaremos ver se, e em que medida, essas razões estão fundamentadas na natureza de nossas sociedades atuais.[307]

---

306. Ver *Da divisão do trabalho social*, Introdução.

307. Bibliografia: Appiano BUONAFEDE, *Histoire critique et philosophique du suicide*, 1762; 1843; BOURQUELOT, "Recherches sur les opinions de la législation en matière de morts volontaires", in *Bibliothèque de l'École de Chartres*, 1842 e 1843; GUERNESEY, *Suicide, history of the penal laws*, Nova York, 1883; GARRISON, *Le suicide en droit romain et en droit français*, Toulouse, 1883; Wynn WESCOTT, *Suicide*, Londres, 1885, p. 43-58; e GEIGER, *Der Selbstmord im klassischen Altertum*, Augsburgo, 1888.

I

Assim que as sociedades cristãs foram constituídas, ali o suicídio foi formalmente proscrito. Em 452, o concílio de Arles declarou que o suicídio era um crime e só podia ser efeito de um furor diabólico. Mas foi apenas no século seguinte, em 563, no concílio de Praga, que essa prescrição recebeu uma sanção penal. Foi decidido que os suicidas não seriam "honrados com nenhuma comemoração no santo sacrifício da missa, e que o canto dos salmos não acompanharia seu corpo ao túmulo". A legislação civil inspirou-se no direito canônico, acrescentando penas materiais às penas religiosas. Um capítulo do Estatuto de São Luís regulamenta especialmente a matéria; movia-se um processo contra o cadáver do suicida perante autoridades competentes para o caso de homicídio de outrem; os bens do falecido eram retirados dos herdeiros habituais e eram entregues ao barão. Um grande número de costumes não se contentavam com o confisco e, além disso, prescreviam diferentes suplícios. "Em Bordeaux, o cadáver era pendurado pelos pés; em Abbeville, arrastavam-no sobre uma grade pelas ruas; em Lille, se fosse um homem, o cadáver, levado à forca, era pendurado; se fosse uma mulher, era queimado."[308] Às vezes nem mesmo a loucura era considerada uma desculpa. A ordenança criminal, editada por Luís XIV em 1670, codificou esses costumes sem os atenuar muito. Uma condenação regular era pronunciada *ad perpetuam rei memoriam*; o corpo, arrastado sobre uma grade, rosto contra o chão, pelas ruas e cruzamentos, era em seguida pendurado ou jogado no lixo. Os bens eram confiscados. Os nobres expunham-se à degradação e eram declarados plebeus; seus bosques eram cortados, seu castelo era demolido, seus brasões eram destruídos. Ainda temos um decreto do Parlamento de Paris, publicado em 31 de janeiro de 1749, em conformidade com essa legislação.

Por uma brusca reação, a revolução de 1789 aboliu todas essas medidas repressivas e eliminou o suicídio da lista de crimes legais. Mas todas as religiões a que pertencem os franceses continuam a proibi-lo e a puni-lo, e a moral coletiva o reprova. Ele ainda inspira à consciência popular um afastamento, que se estende aos locais em que o suicida concretizou sua resolução e a todas as pessoas próximas a ele. Constitui uma tara moral, embora a opinião pareça ter uma tendência a se tornar, em relação a esse ponto, mais indulgente que outrora. De resto, ele ainda conserva algo de seu

---

308. GARRISON, *op. cit.*, p. 77.

antigo caráter criminológico. Segundo a jurisprudência mais geral, o cúmplice de suicídio é processado como homicida. Não seria assim se o suicídio fosse considerado um ato moralmente indiferente.

Encontra-se essa mesma legislação entre todos os povos cristãos, e, em quase todos os lugares, ela permaneceu mais severa do que na França. Na Inglaterra, no século X, o rei Edgar, em um dos Cânones que publicou, equiparava os suicidas aos ladrões, aos assassinos, aos criminosos de todo tipo. Até 1823, era costume arrastar pelas ruas o corpo do suicida, atravessado por uma vara, e enterrá-lo em uma estrada, sem nenhuma cerimônia. Ainda hoje, o sepultamente ocorre à parte. O suicida era declarado traidor (*felo de se*) e seus bens eram atribuídos à Coroa. Essa disposição foi abolida apenas em 1870, ao mesmo tempo que todos os confiscos devidos a felonia. É verdade que o exagero da pena a tornara, havia muito, inaplicável; o júri contornava a lei declarando, a maioria das vezes, que o suicida agira em um momento de loucura e, por conseguinte, era irresponsável. Mas o ato continua qualificado como crime; cada vez que é cometido, é objeto de uma instrução regular e de um julgamento, e, em princípio, a tentativa é punida. Segundo Ferri,[309] ainda teria havido, em 1889, 106 processos intentados por esse delito e 84 condenações, e isso só na Inglaterra. Com maior razão, o mesmo ocorre com a cumplicidade.

Em Zurique, relata Michelet, o cadáver era, outrora, submetido a um tratamento horrível. Se o homem tivesse se apunhalado, enfiavam-lhe, perto da cabeça, um pedaço de madeira no qual cravavam a faca; se tivesse se afogado, enterravam-no a cinco pés da água, na areia.[310] Na Prússia, até o Código Penal de 1871, o sepultamento deveria ocorrer sem pompa nenhuma e sem cerimônias religiosas. O novo Código Penal alemão pune ainda a cumplicidade com três anos de prisão (art. 216). Na Áustria, as antigas prescrições canônicas são mantidas quase integralmente.

O direito russo é mais severo. Se o suicida não parece ter agido sob influência de um problema mental, crônico ou passageiro, seu testamento é considerado nulo, assim como todas as disposições que ele tenha tomado em razão da morte. A sepultura cristã lhe é recusada. A simples tentativa é punida com uma multa que a autoridade eclesiástica é encarregada de fixar. Enfim, quem quer que incentive outra pessoa a se matar ou a ajude de algum modo a executar sua resolução, é tratado como cúmplice de homicídio pre-

---

309. *Omicidio-suicidio*, p. 61-2.

310. *Origines du droit français*, p. 371.

326 | LIVRO III – DO SUICÍDIO COMO FENÔMENO SOCIAL EM GERAL

meditado.[311] O Código espanhol, além das penas religiosas e morais, prescreve o confisco dos bens e pune toda cumplicidade.[312]

Enfim, o Código Penal do estado de Nova York, que no entanto é recente (1881), qualifica o suicídio como crime. É verdade que, apesar da qualificação, renunciou-se a puni-lo, por razões práticas, já que a pena não poderia atingir utilmente o culpado. Mas a tentativa pode acarretar uma condenação, seja à prisão, que pode durar até dois anos, seja a uma multa, que pode chegar a 200 dólares, seja a ambas as penas ao mesmo tempo. O simples fato de aconselhar o suicídio ou de auxiliar sua execução é equiparado à cumplicidade de assassinato.[313]

As sociedades maometanas proíbem o suicídio de modo igualmente enérgico. "O homem", diz Maomé, "só morre pela vontade de Deus, segundo o Livro que fixa o termo de sua vida."[314] – "Quando o fim tiver chegado, eles não poderão atrasá-lo nem adiantá-lo um único instante."[315] – "Determinamos que a morte os atinja um depois do outro, e ninguém pode sobrepor-se a nós."[316] – Nada, de fato, é mais contrário ao espírito geral da civilização maometana do que o suicídio; pois a virtude colocada acima de todas as outras é a submissão absoluta à vontade divina, a resignação dócil "que faz suportar tudo com paciência"[317]. Ato de insubordinação e de revolta, o suicídio não podia deixar de ser visto como falta grave contra o dever fundamental.

Se, das sociedades modernas, passarmos àquelas que as precederam na história, ou seja, às cidades greco-latinas, também aí encontraremos uma legislação do suicídio, mas que não se baseia exatamente no mesmo princípio. O suicídio só era visto como ilegítimo se não tivesse sido autorizado pelo Estado. Assim, em Atenas, o homem que se matava era atingido por ἀτιμία [infâmia], como tendo cometido uma injustiça em relação à cidade;[318] as honras da sepultura regular lhe eram recusadas; além disso, a mão do ca-

---

311. FERRI, *op. cit.*, p. 62.

312. GARRISON, *op. cit.*, p. 144-5.

313. FERRI, *op. cit.*, p. 63-4.

314. Alcorão, III, v. 139.

315. *Ibid.*, XVI, v. 63.

316. *Ibid.*, LVI, v. 60.

317. *Ibid.*, XXXIII, v. 33.

318. ARISTÓTELES, *Ét. a Nic.*, V, 11, 3.

CAPÍTULO II - RELAÇÕES DO SUICÍDIO COM OS OUTROS FENÔMENOS SOCIAIS | 327

dáver era cortada e enterrada à parte.[319] Com pequenas variações, o mesmo ocorria em Tebas e em Chipre.[320] Em Esparta, a regra era tão formal que Aristodemo sujeitou-se a ela pela maneira como buscou e encontrou a morte na batalha de Plateia. Mas tais penas só se aplicavam se o indivíduo se matasse sem ter pedido previamente a permissão às autoridades competentes. Em Atenas, se, antes de atentar contra si, ele pedisse autorização ao Senado, ressaltando as razões que tornavam sua vida intolerável, e se seu pedido lhe fosse regularmente concedido, o suicídio era considerado um ato legítimo. Libânio[321] nos relata sobre esse assunto alguns preceitos dos quais não menciona a época, mas que realmente estiveram em vigor em Atenas; aliás, ele elogia enormemente essas leis e assegura que têm os mais venturosos efeitos. Elas exprimiam-se nos seguintes termos:

> Que aquele que já não quer viver por mais tempo exponha suas razões ao Senado e, depois de ter obtido permissão, deixe a vida. Se a existência lhe for odiosa, morra; se você estiver oprimido pela fortuna, beba cicuta. Se estiver curvado sob a dor, abandone a vida. Que o infeliz relate seu infortúnio, que o magistrado lhe ofereça o remédio, e sua miséria acabará.

Encontra-se a mesma lei em Queos.[322] Ela foi levada a Marselha pelos colonos gregos que fundaram a cidade. Os magistrados tinham veneno de reserva e forneciam a quantidade necessária a todos aqueles que, depois de ter submetido ao conselho dos Seiscentos as razões que acreditavam ter para se matar, obtinham sua autorização.[323]

Estamos menos bem informados sobre as disposições do direito romano primitivo: os fragmentos da lei das Doze Tábuas que chegaram até nós não falam do suicídio. Entretanto, como esse Código era consideravelmente inspirado na legislação grega, é provável que contivesse prescrições análogas. Em todo caso, Sérvio, em seu comentário sobre a *Eneida*,[324] informa-nos que, segundo os livros pontificais, quem se enforcasse era privado de sepultura. Os estatutos de uma confraria religiosa de Lanuvium editavam a mesma penalidade.[325] Segundo o analista Cassius Hermina, citado por Sérvio, Tarquí-

---

319. ÉSQUINES, *C. Ctésiphon*, p. 244 – PLATÃO, *Lois [Leis]*, IX, 12, p. 873.

320. Dion CRISÓSTOMO, *Or.*, 4, 14 (Teubner, V, 2, p. 207).

321. *Melet*, Reiske, Altenburg, 1797, p. 198 ss.

322. VALÉRIO MÁXIMO, 2, 6, 8.

323. VALÉRIO MÁXIMO, 2, 6, 7.

324. XII, 603.

325. Ver LASAULX, "Ueber die Bücher des Koenigs Numa", em seus *Études d'antiquité classique*. Citamos a partir de GEIGER, p. 63.

328 | LIVRO III – DO SUICÍDIO COMO FENÔMENO SOCIAL EM GERAL

nio o Soberbo, para combater uma epidemia de suicídio, teria ordenado que se crucificassem os cadáveres dos supliciados e os abandonassem às aves e aos animais selvagens.[326] O costume de não realizar funerais para os suicidas parece ter persistido, pelo menos em princípio, pois se lê no Digesto: *Non solent autem lugeri suspendiosi nec qui manus sibi intulerunt, non taedio vitae, sed mala conscientia.*[327]

Mas, segundo um texto de Quintiliano,[328] teria existido, em Roma, até uma época bem tardia, uma instituição análoga à que acabamos de observar na Grécia e destinada a moderar a severidade das disposições precedentes. O cidadão que quisesse se matar devia submeter suas razões ao Senado, que decidia se elas eram aceitáveis e que determinava até o tipo de morte. O que permite crer que uma tal prática realmente tenha existido em Roma é que, até sob os imperadores, subsistiu algo dela no exército. O soldado que tentava se matar para escapar ao serviço militar era punido com a morte; mas, se ele pudesse provar que fora determinado por algum motivo desculpável, era apenas licenciado do exército.[329] Se, enfim, seu ato se devesse ao remorso causado por uma falta militar, seu testamento era anulado e seus bens passados para o fisco.[330] De resto, não há dúvida que, em Roma, as considerações dos motivos que haviam inspirado o suicídio desempenhou desde sempre um papel preponderante na apreciação moral ou jurídica que se fazia dele. Donde o preceito: *Et merito, si sine causa sibi manus intulit, puniendus est: qui enim sibi non pepercit, multo minus aliis parcet.*[331] A consciência pública, mesmo reprovando-o via de regra, reservava-se o direito de autorizá-lo em certos casos. Um tal princípio é parente próximo daquele que serve de base à instituição de que fala Quintiliano; e era tão fundamental na legislação romana que se manteve até sob os imperadores. Porém, com o tempo, a lista das desculpas legítimas ficou mais extensa. Por fim, sobrou apenas uma única causa injusta: o desejo de escapar às consequências de

326. SÉRVIO, *loc. cit* – PLÍNIO, *Hist. nat.*, XXXVI, 24.

327. *Digesto*, livro III, título II, lei 11, § 3 – No entanto, não existe o costume de lamentar aquele que se enforca ou que ataca a si próprio por ter a consciência pesada e não por estar cansado da vida (Tradução de Daniel M. Miranda).

328. *Inst. orat.*, VII, 4, 39 – *Declam.* 337.

329. *Digesto*, livro XLIX, título XVI, lei 6, § 7.

330. *Ibid.*, livro XXVIII, título III, lei 6, § 7.

331. *Ibid.*, livro XLVIII, título XXI, lei 3, § 6 – Com razão, deve ser punido aquele que, sem causa, atacar a si próprio: pois quem não poupa nem a si mesmo, tampouco poupará os outros (Tradução de Daniel M. Miranda).

uma condenação criminal. Todavia houve um momento em que a lei que o excluía dos benefícios da tolerância parece ter ficado sem aplicação.[332]

Se, da cidade recuamos até os povos primitivos em que prospera o suicídio altruísta, é difícil afirmar algo de preciso sobre a legislação que pode estar vigente entre eles. No entanto, a complacência com a qual o suicídio é aí considerado permite acreditar que não seja formalmente proibido. Porém é possível que não seja absolutamente tolerado em todos os casos. Mas, seja como for quanto a esse ponto, o fato é que, de todas as sociedades que superaram essa fase inferior, não se sabe de nenhuma em que o direito de se matar tenha sido concedido sem reservas ao indivíduo. É verdade que, tanto na Grécia como na Itália, houve um período em que as antigas prescrições relativas ao suicídio caíram quase que totalmente em desuso. Mas foi apenas na época em que o próprio regime da cidade entrou em decadência. Essa tolerância tardia não pode, pois, ser invocada como exemplo a ser imitado, pois é evidentemente solidária da grave perturbação por que passavam então essas sociedades. É o sintoma de uma situação mórbida.

Uma generalidade desse tipo na reprovação, se desconsideramos os casos de regressão, já é, por si só, um fato instrutivo, e que deveria bastar para tornar hesitantes os moralistas demasiado inclinados à indulgência. É preciso que um autor tenha uma singular confiança no poder de sua lógica para ousar, em nome de um sistema, insurgir-se a tal ponto contra a consciência moral da humanidade; ou então, se, julgando essa proibição fundada no passado, só reclama sua ab-rogação para o presente imediato, ele precisa, previamente, provar que em tempos recentes produziu-se alguma transformação profunda nas condições fundamentais da vida coletiva.

Mas uma conclusão mais significativa, e que não permite acreditar que essa prova seja possível, decorre do que foi exposto. Se deixamos de lado as pequenas diferenças apresentadas pelas medidas repressivas adotadas pelos diferentes povos, vemos que a legislação do suicídio passou por duas fases principais. Na primeira é proibido que o indivíduo se destrua por iniciativa própria; mas o Estado pode autorizá-lo a fazer isso. O ato é imoral apenas quando decorre inteiramente da ação dos indivíduos e quando os órgãos da vida coletiva não colaboraram nele. Em determinadas circunstâncias, a sociedade deixa-se desarmar, por assim dizer, e consente em absolver o que em princípio reprova. Na segunda fase, a condenação é absoluta e não admite exceções. A possibilidade de dispor de uma existência humana, exceto

---

332. Por volta do fim da República e início do Império, ver GEIGER, p. 69.

330 | LIVRO III – DO SUICÍDIO COMO FENÔMENO SOCIAL EM GERAL

quando a morte é a pena de um crime,[333] é retirada não somente da pessoa interessada, mas até mesmo da sociedade. É um direito a partir de então subtraído ao arbítrio tanto coletivo quanto privado. O suicídio é visto como imoral, em si mesmo, por si mesmo, independentemente de quem participe dele. Assim, à medida que a história avança, a proibição, em vez de se flexibilizar, torna-se ainda mais radical. Se, portanto, hoje a consciência pública parece menos firme em seu julgamento sobre esse ponto, tal estado de abalo deve provir de causas acidentais e passageiras; pois é muito improvável que a evolução moral, depois de ter prosseguido no mesmo sentido durante séculos, recue a tal ponto.

E, com efeito, as ideias que essa direção lhe imprimiu ainda são atuais. Às vezes se diz que, se o suicídio é e merece ser proibido, é porque, ao se matar, o homem foge a suas obrigações para com a sociedade. Mas, se fôssemos movidos apenas por essa consideração, deveríamos, como na Grécia, deixar a sociedade livre para suspender a seu gosto uma proibição que só teria se estabelecido em seu benefício. Se lhe recusamos tal possibilidade, é porque não vemos no suicida simplesmente um devedor de que ela seria credora. Pois um credor pode sempre perdoar a dívida de que é beneficiário. Além disso, se a reprovação de que o suicídio é objeto não tivesse outra origem, ela deveria ser tanto mais formal quanto o indivíduo fosse mais estreitamente subordinado ao Estado; por conseguinte, seria nas sociedades inferiores que ela atingiria seu apogeu. Mas, pelo contrário, ela fica mais forte à medida que os direitos do indivíduo se desenvolvem perante os do Estado. Se, portanto, ela se tornou tão formal e tão severa nas sociedades cristãs, a causa da mudança deve estar não na noção que esses povos têm do Estado, mas na nova concepção que eles fazem da pessoa humana. Essa se tornou, a seus olhos, uma coisa sagrada, e até mesmo a coisa sagrada por excelência, na qual ninguém pode pôr as mãos. Sem dúvida, sob o regime da cidade, o indivíduo já não tinha uma existência tão apagada quanto nas tribos primitivas. Reconheciam-lhe, então, um valor social, mas consideravam que esse valor pertencia integralmente ao Estado. A cidade podia, pois, dispor dele livremente, sem que ele tivesse sobre si próprio os mesmos direitos. Mas hoje ele adquiriu uma espécie de dignidade que o coloca acima de si mesmo e da sociedade. Enquanto não desmerece e perde por sua conduta seus títulos de homem, parece que ele participa de certo modo dessa natureza *sui generis* que toda religião atribui a seus deuses e que os

---

333. E ainda assim esse direito começa a ser, até nesse caso, contestado à sociedade.

CAPÍTULO II - RELAÇÕES DO SUICÍDIO COM OS OUTROS FENÔMENOS SOCIAIS | 331

torna intangíveis a tudo o que é mortal. Ele se impregnou de religiosidade; o homem tornou-se um deus para os homens. Por isso, todo atentado contra ele parece-nos um sacrilégio. Ora, o suicídio é um desses atentados. Pouco importa de que mãos venha o golpe; ele nos escandaliza pelo simples fato de violar o caráter sacrossanto que está em nós e que devemos respeitar tanto em nós como nos outros.

Portanto o suicídio é reprovado porque vai contra o culto pela pessoa humana sobre o qual repousa toda a nossa moral. O que confirma essa explicação é que nós o consideramos de modo totalmente diferente do que o faziam as nações da Antiguidade. Antes, via-se nele apenas um simples erro civil cometido contra o Estado; a religião não tinha muito interesse por ele.[334] Em compensação, ele se tornou um ato essencialmente religioso. Os concílios o condenaram, e os poderes laicos, ao puni-lo, não fizeram senão seguir e imitar a autoridade eclesiástica. É por termos em nós uma alma imortal, parcela da divindade, que devemos ser sagrados para nós mesmos. É por sermos algo de Deus que não pertencemos completamente a nenhum ser temporal.

Mas, se essa é a razão que fez o suicídio ser colocado entre os atos ilícitos, não devemos concluir que tal condenação doravante carece de fundamento? Parece, de fato, que a crítica científica não pode dar o menor valor a concepções místicas nem admitir que haja no homem algo de sobre-humano. Foi com esse raciocínio que Ferri, em seu *Omicidio-suicidio*, pensou poder apresentar toda proibição do suicídio como um resquício do passado, destinado a desaparecer. Considerando absurdo, do ponto de vista racionalista, que o indivíduo possa ter um fim fora de si mesmo, ele deduz que sempre somos livres para renunciar às vantagens da vida comum, renunciando à existência. O direito de viver parece-lhe implicar logicamente o direito de morrer.

Mas essa argumentação deduz, prematuramente, da forma o conteúdo, da expressão verbal pela qual traduzimos nosso sentimento o próprio sentimento. Sem dúvida, considerados em si mesmos e abstratamente, os símbolos religiosos, pelos quais explicamos o respeito que nos inspira a pessoa humana, não são adequados ao real, e é fácil provar isso; mas daí não decorre que esse respeito seja, por sua vez, destituído de razão. O fato de ele desempenhar um papel preponderante em nosso direito e em nossa moral deve, ao contrário, nos prevenir contra semelhante interpretação. Portanto, em vez de

---

334. Ver GEIGER, *op. cit*, p. 58-9.

332 | LIVRO III – DO SUICÍDIO COMO FENÔMENO SOCIAL EM GERAL

atacarmos o sentido estrito dessa concepção, vamos examiná-la em si mesma, procuremos saber como ela se formou, e veremos que, se sua fórmula corrente é grosseira, ela não deixa de ter um valor objetivo.

Com efeito, essa espécie de transcendência que atribuímos à pessoa humana não é uma característica que lhe seja especial. Encontramo-la alhures. É simplesmente a marca deixada por todos os sentimentos coletivos de alguma intensidade nos objetos aos quais se vinculam. Exatamente por emanar da coletividade, os fins para os quais dirigem nossas atividades só podem ser coletivos. Ora, a sociedade tem necessidades que nós não temos. Os atos que essas necessidades nos inspiram não seguem, portanto, o sentido de nossas inclinações individuais, não têm como objetivo nosso interesse próprio, mas consistem antes em sacrifícios e privações. Quando jejuo, quando me mortifico para agradar à Divindade, quando, por respeito a uma tradição cujo sentido e cujo alcance na maioria das vezes ignoro, imponho-me algum constrangimento, quando pago meus impostos, quando dedico meu trabalho ou minha vida ao Estado, renuncio a algo de mim mesmo; e, pela resistência que nosso egoísmo opõe a essas renúncias, percebemos claramente que elas nos são exigidas por uma força à qual estamos submetidos. Então, mesmo que acatemos alegremente suas ordens, temos consciência de que nossa conduta é determinada por um sentimento de deferência para com algo maior que nós. Por mais espontaneamente que obedeçamos à voz que nos dita essa abnegação, sentimos que ela nos fala em um tom imperativo que não é o do instinto. Por isso, ainda que ela se faça ouvir no interior de nossas consciências, não podemos, sem contradição, vê-la como nossa. Mas nós a alienamos, como fazemos com nossas sensações; nós a projetamos externamente, remetemo-la a um ser que concebemos como exterior e superior a nós, visto que nos comanda e que nos conformamos a suas injunções. Naturalmente, tudo aquilo que nos parece vir da mesma origem partilha a mesma característica. Assim, fomos forçados a imaginar um mundo acima deste e a povoá-lo de realidades de natureza diferente.

Essa é a origem de todas as ideias de transcendência que estão na base das religiões e das morais; pois a obrigação moral é inexplicável de outra forma. Certamente a forma concreta de que em geral revestimos essas ideias não tem valor científico. Ainda que lhes atribuamos como fundamento um ser pessoal de natureza especial ou alguma força abstrata que hipostasiamos confusamente sob o nome de ideal moral, elas continuam sendo representações metafóricas que não exprimem adequadamente os fatos. Mas o processo que

CAPÍTULO II - RELAÇÕES DO SUICÍDIO COM OS OUTROS FENÔMENOS SOCIAIS | 333

simbolizam não deixa de ser real. Também é verdade que, em todos esses casos, somos provocados a agir por uma autoridade que nos ultrapassa, a saber, a sociedade, e que as finalidades às quais, desse modo, ela nos vincula gozam de uma verdadeira supremacia moral. Se é assim, todas as objeções que poderão ser feitas às concepções usuais com as quais os homens tentaram figurar essa supremacia que sentiam não são suscetíveis de diminuir sua realidade. Essa crítica é superficial e não chega ao fundo das coisas. Portanto, se for possível estabelecer que a exaltação da pessoa humana é um dos fins que as sociedades humanas perseguem e devem perseguir, toda a regulamentação moral que deriva desse princípio estará, por isso mesmo, justificada, por mais válida que seja a maneira como, em geral, ela se justifica. Se as razões com as quais o vulgo se contenta são criticáveis, basta transpô-las para uma outra linguagem para lhes conferir toda a sua importância.

Ora, na realidade não apenas esse objetivo é um daqueles perseguidos pelas sociedades, como também é uma lei da história os povos terem tendência cada vez maior a se desfazer de qualquer outro objetivo. No princípio, a sociedade é tudo, o indivíduo não é nada. Consequentemente, os sentimentos sociais mais intensos são aqueles que vinculam o indivíduo à coletividade: ela é para si mesma sua própria finalidade. O homem é considerado apenas um instrumento em suas mãos; é dela que ele parece receber todos os seus direitos, e não tem contra ela nenhuma prerrogativa, porque acima dela não há nada. Mas aos poucos as coisas mudam. À medida que as sociedades se avolumam e se adensam, elas se tornam mais complexas, o trabalho se divide, as diferenças individuais se multiplicam,[335] e vemos aproximar-se o momento em que não haverá mais nada de comum entre todos os membros de um mesmo grupo humano, a não ser o fato de todos serem homens. Nessas condições, é inevitável que a sensibilidade coletiva se agarre com todas as suas forças ao único objeto que lhe resta, e que lhe imprima, por essa razão, um valor incomparável. Visto que a pessoa humana é a única coisa que comove unanimemente, visto que sua glorificação é o único objetivo que pode ser coletivamente buscado, ela não pode deixar de adquirir, aos olhos de todos, uma importância excepcional. Assim, ela se eleva bem acima de todas as finalidades humanas e assume um caráter religioso.

Esse culto do homem é, pois, uma coisa totalmente diferente do individualismo egoísta de que falamos anteriormente, e que leva ao suicídio.

---

335. Ver nosso *Da divisão do trabalho social*, livro II.

LIVRO III – DO SUICÍDIO COMO FENÔMENO SOCIAL EM GERAL

Longe de afastar os indivíduos da sociedade e de qualquer objetivo que os ultrapasse, ele os une em um mesmo pensamento e os constitui em servidores de uma mesma obra. Pois o homem que é assim oferecido ao amor e ao respeito coletivos não é o indivíduo sensível e empírico, que é cada um de nós; é o homem em geral, a humanidade ideal, tal como a concebe cada povo em cada momento de sua história. Ora, nenhum de nós a encarna totalmente, ainda que nenhum de nós seja totalmente estranho a ela. Trata-se, portanto, não de concentrar cada ser particular em si mesmo e em seus interesses próprios, mas de subordiná-lo aos interesses gerais do gênero humano. Esse fim o arranca para fora de si mesmo: impessoal e desinteressado, paira acima de todas as personalidades individuais; como todo ideal, tal fim só pode ser concebido como superior ao real, e dominando-o. Domina até mesmo as sociedades, já que ele é o objetivo ao qual está subordinada toda atividade social. E é por isso que já não lhes cabe dispor dela. Ao reconhecerem que elas também têm sua razão de ser, colocaram-se sob sua dependência e perderam o direito de faltar a ela, e, com mais razão ainda, de autorizar os homens por sua vez, a lhe faltarem. Nossa dignidade de ser moral cessou, portanto, de pertencer à cidade, mas nem por isso passou a nos pertencer, nem obtivemos o direito de fazer com ela o que bem entendêssemos. Com efeito, por que teríamos esse direito, se a própria sociedade, ser superior a nós, não o tem?

Nessas condições, é necessário que o suicídio seja classificado entre os atos imorais, pois ele nega, em seu princípio essencial, essa religião da humanidade. Diz-se que o homem que se mata prejudica apenas a si próprio e que a sociedade não deve intervir, em virtude do velho axioma *Volenti non fit injuria*. É um erro. A sociedade é lesada, porque o sentimento sobre o qual repousam hoje suas máximas morais mais respeitadas, e que serve quase como único vínculo entre seus membros, é lesado e se enfraqueceria se essa injúria pudesse se produzir com toda a liberdade. Como ele poderia conservar a mínima autoridade se, quando violado, a consciência moral não protestasse? A partir do momento em que a pessoa humana é e deve ser considerada sagrada, da qual nem o indivíduo nem o grupo podem dispor livremente, todo atentado contra ela deve ser proscrito. Pouco importa que o culpado e a vítima sejam uma única e mesma pessoa: o mal social que resulta do ato não se apaga pelo simples fato de aquele que é seu autor acabar sendo ele mesmo sua vítima. Se, em si e de modo geral, o fato de destruir violentamente uma vida humana nos revolta como um sacrilégio, não podemos tolerá-lo em nenhum caso. Qualquer sentimento coletivo que se abandonasse a tal ponto logo ficaria sem forças.

CAPÍTULO II - RELAÇÕES DO SUICÍDIO COM OS OUTROS FENÔMENOS SOCIAIS | 335

Todavia, isso não significa que seja preciso voltar às penas ferozes com que se condenava o suicídio durante os últimos séculos. Elas foram instituídas em uma época em que, sob a influência de circunstâncias passageiras, todo o sistema repressivo foi reforçado com uma severidade exagerada. Mas é preciso manter o princípio, ou seja, o homicídio de si mesmo deve ser reprovado. Falta procurar saber por quais sinais externos essa reprovação deve se manifestar. Bastam sanções morais ou é preciso sanções jurídicas, e quais? É uma questão de aplicação, que será tratada no capítulo seguinte.

II

Mas antes, para determinar melhor qual é o grau de imoralidade do suicídio, examinemos que relações ele mantém com os outros atos imorais, em particular com os crimes e os delitos.

Segundo Lacassagne, haveria uma relação regularmente inversa entre o movimento dos suicídios e o dos crimes contra a propriedade (roubos qualificados, incêndios, bancarrotas fraudulentas etc.). Essa tese foi sustentada em seu nome por um de seus alunos, o dr. Chaussinand, em *Contribution à l'étude de la statistique criminelle.*[336] Mas não existem provas para demonstrá-la. Segundo o autor, bastaria comparar as duas curvas para constatar que variam em sentido contrário uma da outra. Na realidade, é impossível perceber entre elas alguma espécie de relação, seja direta seja inversa. Sem dúvida, a partir de 1854 veem-se os crimes contra a propriedade diminuírem, enquanto os suicídios aumentam. Mas essa baixa é, em parte, fictícia; decorre simplesmente do fato de que, por volta dessa data, os tribunais habituaram-se a tornar alguns crimes correcionais a fim de subtraí-los à jurisdição do tribunal do júri, sob a qual estavam até então submetidos, para enviá-los aos tribunais correcionais. Várias malfeitorias, portanto, a partir daquele momento, sumiram do rol dos crimes, mas para reaparecer no dos delitos; e foram os crimes contra a propriedade os que mais se beneficiaram dessa jurisprudência, hoje consagrada. Se, portanto, a estatística acusa um menor número deles, deve-se temer que essa diminuição deva-se exclusivamente a um artifício de contabilidade.

---

336. Lyon, 1881. No Congresso de Criminologia ocorrido em Roma, em 1887, M. Lacassagne, aliás, reivindicou a paternidade dessa teoria.

336 | LIVRO III – DO SUICÍDIO COMO FENÔMENO SOCIAL EM GERAL

Mesmo que a baixa tivesse sido real, não seria possível tirar disso nenhuma conclusão; pois, se a partir de 1854 as duas curvas caminham em sentido inverso, de 1826 a 1854 a dos crimes contra a propriedade ou sobe ao mesmo tempo que a dos suicídios, ainda que mais lentamente, ou permanece estacionária. De 1831 a 1835 contavam-se anualmente, em média, 5.095 acusados; esse número se elevava a 5.732 durante o período seguinte, ainda era de 4.918 entre 1841-45 e de 4.992 entre 1846 e 1850, uma baixa de apenas 2% em relação a 1830. Além disso, a configuração geral das duas curvas exclui qualquer ideia de comparação. A dos crimes contra a propriedade é muito acidentada; de um ano a outro vemo-la dar saltos bruscos; sua evolução, irregular na aparência, depende evidentemente de uma multiplicidade de circunstâncias fortuitas. De outro lado, a dos suicídios sobe regularmente segundo um movimento uniforme; não há, salvo raras exceções, nem altas bruscas nem quedas repentinas. A ascensão é contínua e progressiva. Entre dois fenômenos cujo desenvolvimento é tão pouco comparável não pode haver nenhum tipo de ligação.

Lacassagne parece, de resto, ter permanecido isolado em sua opinião. Mas não é o que ocorre com uma outra teoria, segundo a qual o suicídio estaria relacionado aos crimes contra a pessoa e, em especial, ao homicídio. Ela conta inúmeros defensores e merece uma análise séria.[337]

Em 1833 Guerry apontava que os crimes contra a pessoa são duas vezes mais numerosos nos departamentos do Sul do que nos do Norte, ao passo que, para o suicídio, ocorre o inverso. Mais tarde, Despine calculou que, nos 14 departamentos em que os crimes de sangue são mais frequentes, havia apenas 30 suicídios por um milhão de habitantes, enquanto encontravam-se 82 em outros 14 departamentos em que esses mesmos crimes eram muito mais raros. O mesmo autor acrescenta que, no departamento do Seine, para 100 acusações contam-se apenas 17 crimes contra a pessoa, e uma média de 427 suicídios por um milhão, ao passo que na Córsega a proporção dos primeiros é de 83%, a dos segundos é de apenas 18 por um milhão de habitantes.

---

337. *Bibliografia*: GUERRY, *Essai sur la statistique morale de la France*; CAZAUVIEILH, *Du suicide, de l'aliénation mentale et des crimes contre les personnes, comparés dans leurs rapports réciproques*, v. 2, 1840; DESPINE, *Psychologie natur.*, p. 111; MAURY, "Du mouvement moral des sociétés", in *Revue des Deux Mondes*, 1860; MORSELLI, *Il suicidio*, p. 243 ss; *Actes du Premier Congrès International d'Anthropologie Criminelle*, Turim, 1886-87, p. 202 ss; TARDE, *Criminalité comparée*, p. 152 ss; e FERRI, *Omicidio-suicidio*, 4. ed., Turim, 1895, p. 253 ss.

CAPÍTULO II - RELAÇÕES DO SUICÍDIO COM OS OUTROS FENÔMENOS SOCIAIS | 337

No entanto essas observações permaneceram isoladas até a escola italiana de criminologia apropriar-se delas. Ferri e Morselli, em particular, constituíram a partir delas a base de toda uma doutrina.

De acordo com eles, o antagonismo entre o suicídio e o homicídio seria uma lei absolutamente geral. Quer se trate de sua distribuição geográfica, quer se trate de sua evolução no tempo, em toda parte os veríamos se desenvolverem em sentido inverso um do outro. Mas esse antagonismo, uma vez admitido, pode ser explicado de duas maneiras. Ou o homicídio e o suicídio formam duas correntes contrárias e tão opostas que um não pode ganhar terreno sem que o outro perca; ou então são dois canais diferentes de uma única e mesma corrente, alimentada por uma mesma nascente e que, por conseguinte, não pode correr em uma direção sem se retirar da outra na mesma medida. Dessas duas explicações, os criminologistas italianos adotam a segunda. Veem no suicídio e no homicídio duas manifestações de uma mesma situação, dois efeitos de uma mesma causa, que se exprimiria ora de uma forma e ora da outra, sem poder revestir as duas ao mesmo tempo.

O que os determinou a decidirem-se por essa interpretação foi que, segundo eles, a inversão apresentada em alguns aspectos por esses dois fenômenos não exclui o paralelismo. Se há condições em função das quais eles variam inversamente, há outras que os afetam da mesma maneira. Assim, diz Morselli, a temperatura tem a mesma ação sobre os dois; eles atingem o seu máximo no mesmo momento do ano, com a aproximação da estação quente; ambos são mais frequentes no homem do que na mulher; os dois, enfim, segundo Ferri, aumentam com a idade. Portanto, isso significa que, mesmo se opondo em certos aspectos, eles são, em parte, de mesma natureza. Ora, os fatores, sob cuja influência reagem de modo semelhante, são todos individuais, pois ou consistem diretamente em certas condições orgânicas (idade, sexo), ou pertencem ao meio cósmico, que só pode agir sobre o indivíduo moral por intermédio do indivíduo físico. Seria, pois, por suas condições individuais que o suicídio e o homicídio se confundiriam. A constituição psicológica que predisporia a um e a outro seria a mesma: as duas inclinações seriam indissociáveis. Ferri e Morselli, depois de Lombroso, até tentaram definir esse temperamento. Seria caracterizado por uma degradação do organismo, que deixaria o homem em condições desfavoráveis para aguentar a luta. O assassino e o suicida seriam, ambos, degenerados e fracos. Igualmente incapazes de desempenhar um papel útil na sociedade, eles estariam, por conseguinte, fadados a ser vencidos.

338 | LIVRO III – DO SUICÍDIO COMO FENÔMENO SOCIAL EM GERAL

Porém essa predisposição única, que por si só não inclina mais em um sentido do que no outro, assumiria, conforme a natureza do meio social, ou a forma do homicídio ou a do suicídio; e assim se produziriam esses fenômenos contrastantes, que, mesmo sendo reais, não deixam de mascarar uma identidade fundamental. Quando os costumes gerais são brandos e pacíficos, quando se tem horror ao derramamento do sangue humano, o vencido se resignará, confessará sua impotência, e, antecipando-se aos efeitos da seleção natural, se retirará da luta retirando-se da vida. Quando, ao contrário, a moral média tem um caráter mais rude, quando a existência humana é menos respeitada, ele se revoltará, declarará guerra à sociedade, matará outrem em vez se matar. Em suma, o assassinato de si e o assassinato de outrem são dois atos violentos. Mas ora a violência de que derivam, não encontrando resistência no meio social, circula, tornando-se homicida; ora, impedida de se produzir exteriormente pela pressão exercida pela consciência pública, volta à sua origem, e é o próprio indivíduo de que provém que é vitimado por ela.

O suicídio seria, portanto, um homicídio transformado e atenuado. Por essa razão, ele aparece quase como benéfico; pois, ainda que não seja um bem, é pelo menos um mal menor e que nos poupa de um pior. Parece até que não devemos procurar conter sua progressão por medidas proibitivas; pois, ao mesmo tempo, afrouxaríamos as rédeas do homicídio. É uma válvula de segurança que convém deixar aberta. Definitivamente o suicídio teria a grande vantagem de nos livrar, sem intervenção social e, por conseguinte, da forma mais simples e econômica possível, de vários indivíduos inúteis ou nocivos. Não é melhor deixá-los eliminarem-se a si próprios e suavemente do que obrigar a sociedade a expulsá-los violentamente de seu interior?

Será que essa tese engenhosa tem fundamento? A questão é dupla, e cada parte deve ser examinada em separado. As condições psicológicas do crime e do suicídio são idênticas? Há antagonismo entre as condições sociais de que eles dependem?

III

Alegaram-se três fatos para estabelecer a unidade psicológica dos dois fenômenos.

Primeiro há a influência semelhante que o sexo exerceria sobre o suicídio e sobre o homicídio. Para ser mais exato, a influência do sexo é muito

CAPÍTULO II - RELAÇÕES DO SUICÍDIO COM OS OUTROS FENÔMENOS SOCIAIS | **339**

mais um efeito de causas sociais do que de causas orgânicas. Não é porque a mulher difere fisiologicamente do homem que ela se suicida menos ou que ela mata menos; é porque não participa da vida coletiva da mesma maneira. Mas, além disso, a mulher não tem o mesmo distanciamento em relação a essas duas formas da imoralidade. De fato, esquecemos que há assassinatos cujo monopólio é dela; são os infanticídios, os abortos e os envenenamentos. Sempre que o homicídio está a seu alcance, ela o comete com frequência igual ou maior do que os homens. Segundo Oettingen,[338] a metade dos assassinatos domésticos lhe seria imputável. Nada autoriza, pois, a supor que ela tenha, em virtude de sua constituição congênita, um respeito maior pela vida do outro; apenas faltam-lhe oportunidades, porque está menos intensamente envolvida na confusão da vida. As causas que impelem aos crimes de sangue agem menos sobre a mulher do que sobre o homem porque ela se mantém mais do que ele fora de sua esfera de influência. Pela mesma razão, está menos exposta às mortes acidentais; de cada 100 óbitos desse tipo, apenas 20 são femininos.

Aliás, mesmo quando reunimos sob uma única rubrica todos os homicídios intencionais, homicídios não premeditados, homicídios premeditados, parricídios, infanticídios e envenenamentos, a participação da mulher no total é ainda muito elevada. Na França, em cada 100 desses crimes há 38 ou 39 cometidos por mulheres, e até 42 se consideramos os abortos. A proporção é de 51% na Alemanha, de 52% na Áustria. É verdade que são deixados de lado os homicídios involuntários, mas apenas quando pretendido é que o homicídio é realmente homicídio. De outro lado, os assassinatos especiais às mulheres – infanticídios, abortos, assassinatos domésticos – são, por sua natureza, difíceis de descobrir. Portanto, um grande número deles escapa à justiça e, consequentemente, à estatística. Se pensarmos que, muito provavelmente, a mulher já deve se beneficiar na instrução da mesma indulgência de que com certeza se beneficia no julgamento, em que ela é absolvida com mais frequência do que o homem, veremos que, definitivamente, a tendência ao homicídio não deve ser muito diferente nos dois sexos. Sabemos, ao contrário, como é grande a imunidade da mulher contra o suicídio.

A influência da idade tanto sobre um fenômeno quanto sobre o outro não revela menores diferenças. Segundo Ferri, o homicídio assim como o suicídio se tornaria mais frequente à medida que o homem avança na vida.

---

338. *Moralstatistik*, p. 526.

340 | LIVRO III - DO SUICÍDIO COMO FENÔMENO SOCIAL EM GERAL

É verdade que Morselli exprimiu opinião contrária.[339] O certo é que não há nem inversão nem concordância. Enquanto o suicídio aumenta regularmente até a velhice, o homicídio não premeditado e o homicídio premeditado chegam a seu apogeu na maturidade, por volta de 30 ou 35 anos, e diminuem em seguida. É o que mostra o quadro XXXI. É impossível discernir nele a menor prova de uma identidade de natureza ou de um antagonismo entre o suicídio e os crimes de sangue.

Quadro XXXI

Evolução comparada dos homicídios não premeditados, dos homicídios premeditados e dos suicídios para as diferentes idades, na França (1887)

	Por 100 mil habitantes de cada idade, quantos		Por 100 mil indivíduos de cada sexo e de cada idade, quantos suicídios	
	Homicídios não premeditados	Homicídios premeditados	Homens	Mulheres
De 16 a 21 anos[340]	6,2	8	14	9
De 21 a 25 anos	9,7	14,9	23	9
De 25 a 30 anos	15,4	15,4	30	9
De 30 a 40 anos	11	15,9	33	9
De 40 a 50 anos	6,9	11	50	12
De 50 a 60 anos	2	6,5	69	17
Acima de 60 anos	2,3	2,5	91	20

Resta a ação da temperatura. Se reunimos todos os crimes contra a pessoa, a curva assim obtida parece confirmar a teoria da escola italiana. Ela sobe até junho e desce regularmente até dezembro, como a dos suicídios. Mas tal resultado decorre simplesmente do fato de que, sob a expressão

---

339. *Op. cit.*, p. 333 – Em *Actes du Congrès de Rome*, p. 205, o mesmo autor, contudo, manifesta dúvidas sobre a realidade desse antagonismo.

340. Os números relativos aos dois primeiros períodos não têm, para o homicídio, uma exatidão rigorosa, porque a estatística criminal faz o primeiro período começar aos 16 anos e ir até os 21, ao passo que o recenseamento fornece o número global da população de 15 a 20. Mas essa pequena inexatidão não altera em nada os resultados gerais depreendidos do quadro. Para o infanticídio, o máximo é atingido muito antes, por volta dos 25 anos, e a diminuição é muito mais rápida. É fácil compreender por quê.

CAPÍTULO II - RELAÇÕES DO SUICÍDIO COM OS OUTROS FENÔMENOS SOCIAIS | 341

de crimes contra a pessoa, contam-se, além dos homicídios, os atentados ao pudor e os estupros. Como esses crimes têm seu máximo em junho e são muito mais numerosos do que os atentados contra a vida, são eles que conferem à curva sua configuração. Mas não têm nenhum parentesco com o homicídio; portanto, se queremos saber como esse último varia nos diferentes momentos do ano, é preciso isolá-lo dos outros. Ora, se procedermos a essa operação e, sobretudo, se tomarmos o cuidado de distinguir umas das outras as diferentes formas da criminalidade homicida, já não veremos nenhum traço do paralelismo anunciado (ver quadro XXXII).

QUADRO XXXII

Variações mensais das diferentes formas de criminalidade homicida[341]
(1827-1870)

	Homicídios não premeditados	Homicídios premeditados	Infanticídios	Lesões corporais fatais
Janeiro	560	829	647	830
Fevereiro	664	926	750	937
Março	600	766	783	840
Abril	574	712	662	867
Maio	587	809	666	983
Junho	644	853	552	938
Julho	614	776	491	919
Agosto	716	849	501	997
Setembro	665	839	495	993
Outubro	653	815	478	892
Novembro	650	942	497	960
Dezembro	591	866	542	886

De fato, enquanto o aumento do suicídio é contínuo e regular de janeiro a junho, aproximadamente, assim como sua redução durante a outra parte do ano, o homicídio não premeditado, o homicídio premeditado e o infanticídio oscilam de um mês ao outro da maneira mais inconstante. Não apenas a evolução geral não é a mesma, mas tampouco os máximos e os mínimos coincidem. Os homicídios não premeditados têm dois máximos, um em fevereiro e o outro em agosto; os homicídios premeditados também têm dois,

341. Segundo CHAUSSINAND.

342 | LIVRO III – DO SUICÍDIO COMO FENÔMENO SOCIAL EM GERAL

mas em parte diferentes, um em fevereiro e o outro em novembro. Para os infanticídios, é em maio; para os atentados mortais, é em agosto e setembro. Se calculamos as variações, não mais mensais mas sazonais, as divergências são igualmente pronunciadas. O outono conta mais ou menos a mesma quantidade de homicídios não premeditados que o verão (1.968 contra 1.974), e o inverno, mais que a primavera. Para o homicídio premeditado, é o inverno que está à frente (2.621), seguido pelo outono (2.596), verão (2.478) e enfim a primavera (2.287). Para o infanticídio, é a primavera que supera as outras estações (2.111) e é seguida pelo inverno (1.939). Para lesões corporais graves, o verão e o outono estão no mesmo nível (2.854 para um e 2.845 para o outro); em seguida vem a primavera (2.690) e, logo depois, o inverno (2.663). Como vimos, a distribuição do suicídio é completamente diferente.

Além disso, se a propensão ao suicídio fosse apenas uma propensão recalcada ao homicídio, deveríamos ver os homicidas, assim que fossem presos e que seus instintos violentos não pudessem se manifestar externamente, tornarem-se suas próprias vítimas. A tendência homicida deveria, portanto, sob influência da prisão, transformar-se em tendência ao suicídio. Ora, segundo testemunhos de muitos observadores, ocorre, ao contrário, que os homicidas raramente se matam. Cazauvieilh obteve dos médicos de nossos diferentes banhos informações sobre a intensidade do suicídio entre os forçados.[342] Em Rochefort, em trinta anos observou-se apenas um caso; nenhum em Toulon, onde a população era em geral de 3 mil a 4 mil indivíduos (1818-34). Em Brest, os resultados foram um pouco diferentes; em dezessete anos, para uma população média de cerca de 3 mil indivíduos, cometeram-se 13 suicídios, o que dá uma taxa anual de 21 por 100 mil; embora mais elevado do que os anteriores, esse número não tem nada de exagerado, já que se refere a uma população sobretudo masculina e adulta. Segundo o Dr. Lisle, "em 9.320 mortes constatadas nos banhos de 1816 a 1837 inclusive, contaram-se apenas 6 suicídios".[343] De uma pesquisa feita pelo Dr. Ferrus vê-se que houve apenas 30 suicídios em sete anos nas diferentes prisões, para uma população média de 15.111 prisioneiros. Mas a proporção foi ainda menor nos banhos, onde constataram-se só 5 suicídios de 1838 a 1845, para uma população média de 7.041 indivíduos.[344]

---

342. *Op. cit.*, p. 310 ss.

343. *Op. cit.*, p. 67.

344. *Des prisonniers, de l'emprisonnement et des prisons*, Paris, 1850, p. 133.

CAPÍTULO II - RELAÇÕES DO SUICÍDIO COM OS OUTROS FENÔMENOS SOCIAIS | 343

Brierre de Boismont confirma esse último fato e acrescenta: "Os assassinos profissionais, os grandes culpados recorrem mais raramente a esse meio violento para escapar da expiação penal do que os presos que têm uma perversidade menos profunda."[345] O Dr. Leroy observa igualmente que "os bandidos profissionais, os reincidentes dos banhos" raramente atentam contra a própria vida.[346]

Duas estatísticas, uma citada por Morselli[347] e a outra por Lombroso,[348] tendem, é verdade, a estabelecer que os presos, em geral, são excepcionalmente inclinados ao suicídio. Mas, como esses documentos não distinguem os homicidas dos outros criminosos, não é possível concluir nada referente à questão que nos interessa. Eles parecem, antes, até mesmo confirmar as observações precedentes. Com efeito, provam que, por si mesma, a detenção desenvolve uma inclinação muito intensa ao suicídio. Mesmo desconsiderando os indivíduos que se matam assim que são presos e antes de sua condenação, resta um número considerável de suicídios que se podem ser atribuídos à influência exercida pela vida prisional.[349] Mas, nesse caso, o homicida encarcerado deveria ter pela morte voluntária uma propensão extremamente violenta, se o agravamento resultante de seu encarceramento fosse ainda reforçado pelas predisposições congênitas que lhe atribuem. O fato de ele, desse ponto de vista, estar antes abaixo do que acima da média não favorece a hipótese segundo a qual ele teria, pela mera virtude de seu temperamento, uma afinidade natural pelo suicídio, pronta para se manifestar assim que as circunstâncias favorecessem seu desenvolvimento. Aliás, não pretendemos afirmar que ele usufrui de uma verdadeira imunidade; as informações de que dispomos não são suficientes para solucionar a questão. É possível que, em certas condições, os grandes criminosos façam pouco caso de sua vida e renunciem a ela sem

---

345. *Op. cit.*, p. 95.

346. *Le suicide dans le départament de Seine-et-Marne.*

347. *Op. cit.*, p. 377.

348. *L'homme criminel*, tradução do francês, p. 338.

349. Em que consiste essa influência? Uma parte parece dever ser atribuída ao regime celular. Mas não nos surpreenderíamos se a vida comum da prisão fosse capaz de produzir os mesmos efeitos. Sabemos que a sociedade dos malfeitores e dos presos é muito coerente; nela, o indivíduo é completamente anulado, e a disciplina da prisão age no mesmo sentido. Portanto poderia ocorrer algo análogo ao que observamos no ano. O que confirma essa hipótese é que as epidemias de suicídio são tão frequentes nas prisões quanto nos quartéis.

344 | LIVRO III - DO SUICÍDIO COMO FENÔMENO SOCIAL EM GERAL

muita dificuldade. Mas, pelo menos, o fato não tem a generalidade e a inevitabilidade que estão logicamente implicadas na tese italiana. É o que nos bastaria demonstrar.[350]

IV

Mas a segunda proposição da escola deve ser discutida. Dado que o homicídio e o suicídio não derivam de um mesmo estado psicológico, precisamos buscar saber se há um antagonismo real entre as condições sociais de que dependem.

A questão é mais complexa do que acreditavam os autores italianos e vários de seus adversários. É certo que, em inúmeros casos, a lei de inversão não se verifica. Com bastante frequência os dois fenômenos, em vez de se repelirem e se excluírem, desenvolvem-se paralelamente. Assim, na França, logo depois da guerra de 1870, os homicídios não premeditados manifestaram certa tendência a aumentar. Eram, anualmente, em média, apenas 105 durante os anos de 1861-65; subiram para 163 de 1871 a 1876, e os homicídios premeditados, na mesma época, passavam de 175 para 201. Ora, no mesmo momento os suicídios aumentavam em proporções consideráveis. O mesmo fenômeno ocorreu durante os anos de 1840-50. Na Prússia, os suicídios, que de 1865 a 1870 não haviam ultrapassado 3.658, chegavam a 4.459 em 1876, 5.042 em 1878; um aumento de 36%. Os homicídios não premeditados e os homicídios premeditados seguiam a mesma evolução; de 151 em 1869, eles passavam sucessivamente para 166 em 1874, 221 em 1875, 253 em 1878; um aumento de 67%.[351] Mesmo fenômeno na Saxônia. Antes de 1870, os suicídios oscilavam entre 600 e 700; uma única vez, em 1868, chegaram a 800. A partir de 1876, sobem para 981, depois para 1.114, para 1.126, enfim, em 1880, eram 1.171.[352] Paralelamente, os atentados con-

---

350. Uma estatística citada por Ferri (*Omicidio*, p. 373) é igualmente inconclusiva. De 1866 a 1876 teria havido, nos banhos italianos, 17 suicídios cometidos por forçados condenados por crimes contra a pessoa, e apenas 5 cometidos por autores de crimes contra a propriedade. Mas, nos banhos, os primeiros são muito mais numerosos do que os segundos. Esses números, portanto, não têm nada de conclusivos. Aliás, não sabemos de que fonte o autor dessa estatística retirou os elementos de que se utilizou.

351. Segundo OETTINGEN, *Moralstatistik*, anexos, quadro 61.

352. *Ibid.*, quadro 109.

CAPÍTULO II - RELAÇÕES DO SUICÍDIO COM OS OUTROS FENÔMENOS SOCIAIS | 345

tra a vida de outrem passavam de 637 em 1873 para 2.232 em 1878.[353] Na Irlanda, de 1865 a 1880, o suicídio aumenta em 29%, o homicídio também aumenta, e quase na mesma medida (23%).[354]

Na Bélgica, de 1841 a 1885, os homicídios passaram de 47 a 139, e os suicídios de 240 a 670, o que significa um aumento de 195% para os primeiros e de 178% para os segundos. Esses números estão tão pouco conformes à lei, que Ferri foi obrigado a colocar em dúvida a exatidão da estatística belga. Mas, mesmo atendo-se aos anos mais recentes e sobre os quais os dados são menos suspeitos, chega-se ao mesmo resultado. De 1874 a 1885, o aumento é, para os homicídios, de 51% (139 casos contra 92), e, para os suicídios, de 79% (670 casos contra 374).

A distribuição geográfica dos dois fenômenos produz observações análogas. Os departamentos franceses em que se contam mais suicídios são: Seine, Seine-et-Marne, Seine-et-Oise, Marne. Ora, apesar de não estarem à frente quanto ao homicídio, nem por isso deixam de ocupar uma posição bem elevada; o Seine está em 26º lugar para os homicídios não premeditados e em 17º para os homicídios premeditados, o Seine-et-Marne em 33º e 14º, o Seine-et-Oise em 15º e 24º, o Marne em 27º e 21º. O Var, que está em 10º para os suicídios, está em 5º para os homicídios premeditados e em 6º para os homicídios não premeditados. Em Bouches-du-Rhône, onde as pessoas se suicidam muito, elas também matam muito; estão na 5ª posição para os homicídios não premeditados e na 6ª para os homicídios premeditados.[355] Tanto no mapa do suicídio quanto no do homicídio, a Île-de-France é representada por uma mancha escura, assim como a faixa formada pelos departamentos mediterrâneos, com a única diferença de que a primeira região tem um tom menos escuro no mapa do homicídio do que no do suicídio, e que ocorre o inverso com a segunda. Do mesmo modo, na Itália, Roma, que é o terceiro distrito judiciário para as mortes voluntárias, é o 4º para os homicídios qualificados. Enfim, vimos que nas sociedades inferiores, em que a vida é pouco respeitada, os suicídios são frequentemente muito numerosos.

Porém, por mais incontestáveis que sejam esses fatos e que haja interesse em não os perder de vista, há fatos contrários tão constantes quanto eles e até mesmo mais numerosos. Se, em alguns casos, os dois fenômenos convergem, pelo menos parcialmente, em outros eles são manifestamente antagônicos:

---

353. *Ibid.*, quadro 65.

354. Segundo os próprios quadros elaborados por FERRI.

355. Essa classificação dos departamentos foi retirada de BOURNET, *De la criminalité en France et en Italie*, Paris, 1884, p. 41 e 51.

346 | LIVRO III – DO SUICÍDIO COMO FENÔMENO SOCIAL EM GERAL

1º) Se, em determinados momentos do século, eles avançam no mesmo sentido, as duas curvas, consideradas em seu conjunto, pelo menos quando podemos segui-las durante um tempo bastante longo, contrastam nitidamente. Na França, de 1826 a 1880, o suicídio cresce regularmente, como vimos; o homicídio, ao contrário, tende a diminuir, embora com menos rapidez. Em 1826-30 havia anualmente, em média, 279 acusados de homicídio não premeditado, em 1876-80 eles não passavam de 160, e, no intervalo, seu número até chegou a cair para 121 em 1861-65 e para 119 em 1856-60. Em dois momentos, por volta de 1845 e logo depois da guerra, houve tendência à elevação; mas, se desconsideramos as oscilações secundárias, o movimento geral de diminuição é evidente. A redução é de 43%, mais notável porque a população, ao mesmo tempo, aumenta em 16%.

O recuo é menos acentuado para os homicídios premeditados. Havia 258 acusados em 1826-30, e havia ainda 239 em 1876-80. A queda só é sensível se levamos em conta o aumento da população. A diferença na evolução do homicídio premeditado não tem nada de surpreendente. É, com efeito, um crime misto, que tem características comuns com o homicídio não premeditado, mas que também tem características diferentes; resulta, em parte, de outras causas. Ora não passa de um homicídio não premeditado mais refletido e mais desejado, ora é apenas a consequência de um crime contra a propriedade. Por essa última razão, ele depende de outros fatores além do homicídio. O que o determina não é o conjunto das tendências de todo tipo que o impelem à efusão de sangue, mas os motivos muito diferentes que estão na raiz do roubo. A dualidade desses dois crimes já era perceptível no quadro de suas variações mensais e sazonais. O homicídio premeditado atinge seu ponto culminante no inverno, e em especial em novembro, assim como os atentados contra as coisas. Portanto não é por meio das variações pelas quais passa que podemos observar melhor a evolução da corrente homicida; a curva do homicídio não premeditado traduz melhor sua orientação geral.

O mesmo fenômeno é observado na Prússia. Em 1834, havia 368 instruções abertas para homicídios não premeditados ou atentados mortais, isto é, uma para cada 29 mil habitantes; em 1851, não havia mais que 257, ou uma para cada 53 mil habitantes. O movimento prosseguiu depois, embora um pouco mais lentamente. Em 1852, havia ainda uma instrução para cada 76 mil habitantes; em 1873 apenas uma para cada 109 mil.[356] Na Itália,

---

356. STARKE, *Verbrechen und Verbrecher in Preussen*, Berlim, 1884, p. 144 ss.

CAPÍTULO II - RELAÇÕES DO SUICÍDIO COM OS OUTROS FENÔMENOS SOCIAIS | 347

de 1875 a 1890, a diminuição para os homicídios simples e qualificados foi de 18% (2.660 em vez de 3.280), enquanto os suicídios aumentavam em 80%.[357] Quando o homicídio não perde terreno, pelo menos se mantém estacionário. Na Inglaterra, de 1860 a 1865, contavam-se anualmente 359 casos, não são mais que 329 em 1881-85; na Áustria havia 528 em 1866-70, não há mais que 510 em 1881-85,[358] e, se nesses diferentes países isolássemos o homicídio involuntário do homicídio premeditado, possivelmente o recuo seria mais acentuado. Durante o mesmo tempo, o suicídio aumentava em todos esses Estados.

Tarde, no entanto, tentou demonstrar que essa diminuição do homicídio na França era apenas aparente.[359] Ela se deveria simplesmente ao fato de não terem somado aos casos julgados pelos tribunais do júri aqueles que foram arquivados pelo Ministério Público ou considerados improcedentes. Segundo esse autor, o número de homicídios não premeditados que assim não chegam a ser julgados, e, por essa razão, não são considerados nos totais da estatística judiciária, não cessaria de aumentar; somando-os aos crimes de mesma espécie que foram objeto de julgamento, teríamos uma progressão contínua em vez da regressão anunciada. Infelizmente, a prova que ele dá dessa asserção deve-se a um arranjo por demais engenhoso dos números. Ele se limita a comparar o número dos homicídios não premeditados e premeditados que não foram enviados aos tribunais do júri durante o lustro 1861-65 àqueles dos anos de 1876-80 e 1880-85, e mostrar que o segundo e sobretudo o terceiro são superiores ao primeiro. Mas acontece que o período 1861-65 é, de todo o século, aquele em que houve, de longe, a menor quantidade de casos assim interrompidos antes do julgamento; seu número é excepcionalmente ínfimo, não sabemos por quê. Ele constitui, pois, um termo de comparação o mais impróprio possível. Além disso, não é comparando dois ou três números que podemos inferir uma lei. Se, em vez de escolher assim seu ponto de referência, Tarde tivesse observado durante mais tempo as variações sofridas pelo número de casos, teria chegado a uma conclusão diferente. Eis, com efeito, o resultado que se obtém com esse trabalho.

---

357. Segundo os quadros de FERRI.

358. Ver BOSCO, *Gli Omicidii in alcuni Stati d'Europa*, Roma, 1889.

359. *Philosophie pénale*, p. 347-8.

348 | LIVRO III – DO SUICÍDIO COMO FENÔMENO SOCIAL EM GERAL

Número de casos que não chegaram a ser julgados[360]

	1835-38	1839-40	1846-50	1861-65	1876-80	1880-85
Homicídios não premeditados	442	503	408	223	322	322
Homicídios premeditados	313	320	333	217	231	252

Os números não variam de maneira muito regular, mas, de 1835 a 1885, diminuíram sensivelmente, apesar da elevação ocorrida por volta de 1876. A redução é de 37% para os homicídios não premeditados e de 24% para os homicídios premeditados. Portanto, aí não há nada que permita concluir por um aumento da criminalidade correspondente.[361]

2º) Se há países que acumulam o suicídio e o homicídio, é sempre em proporções desiguais; nunca as duas manifestações atingem seu máximo de intensidade no mesmo ponto. Chega a ser até uma regra geral que, *nos lugares em que o homicídio é muito desenvolvido, ele confere uma espécie de humanidade contra o suicídio.*

---

360. Alguns desses casos não chegam a ser julgados porque não constituem nem crimes nem delitos. Portanto, haveria razão para deduzi-los. Contudo não o fizemos a fim de seguir nosso autor em seu próprio raciocínio; além disso, temos certeza de que essa dedução não alteraria nada no resultado que se depreende dos números aqui apresentados.

361. Uma consideração secundária, apresentada pelo mesmo autor para sustentar sua tese, é igualmente inconclusiva. Segundo ele, também seria preciso levar em conta homicídios classificados equivocadamente entre as mortes voluntárias ou acidentais. Ora, como a quantidade de ambas aumentou desde o início do século, ele conclui que o número de homicídios colocados sob um desses rótulos ou sob o outro deve ter igualmente aumentado. Eis, portanto, diz ele, mais um aumento sério que deve ser considerado se queremos avaliar com exatidão a evolução do suicídio – Entretanto o raciocínio repousa sobre uma confusão. Do fato de que o número de mortes acidentais e voluntárias aumentou não decorre que tenha ocorrido o mesmo com os homicídios colocados indevidamente sob tal rubrica. Do fato de que há mais suicídios e mais acidentes não resulta que também haja mais falsos suicídios e falsos acidentes. Para que tal hipótese tivesse alguma probabilidade, seria necessário demonstrar que os inquéritos administrativos ou judiciários, nos casos duvidosos, são mais malfeitos do que outrora; suposição à qual não reconhecemos nenhum fundamento. Tarde, é verdade, espanta-se que haja hoje mais mortes por submersão do que antes, e dispõe-se a ver, sob esse crescimento, um crescimento dissimulado de homicídios. Mas o número de mortes por raios aumentou muito mais; dobrou, apesar de o crime não ter nada a ver com isso. A verdade, antes de tudo, é que os levantamentos estatísticos são feitos com maior exatidão, e que, quanto aos casos de submersão, os banhos de mar mais frequentes, os portos mais ativos e os barcos mais numerosos em nossos rios dão ensejo a mais acidentes.

CAPÍTULO II - RELAÇÕES DO SUICÍDIO COM OS OUTROS FENÔMENOS SOCIAIS | **349**

Espanha, Irlanda e Itália são os três países da Europa em que as pessoas menos se suicidam; o primeiro conta 17 casos por um milhão de habitantes, o segundo 21 e o terceiro 37. Inversamente, não há lugar em que se cometem mais assassinatos. *São os únicos lugares em que o número de assassinatos ultrapassa o de mortes voluntárias*; a Espanha tem três vezes mais uns do que outras (1.484 homicídios, em média, durante os anos 1885-89, e só 514 suicídios); a Irlanda, o dobro (225 de um lado e 116 de outro); a Itália; uma vez e meia mais (2.322 contra 1.437). A França e a Prússia, ao contrário, são muito fecundas em suicídios (160 e 260 casos por um milhão); ali os homicídios são dez vezes menos numerosos: a França conta apenas 734 casos e a Prússia 459, em média, por ano, durante o período de 1882-88.

As mesmas relações são observadas dentro de cada país. Na Itália, no mapa de suicídios, todo o Norte é escuro, e todo o Sul absolutamente claro; no mapa de homicídios, é exatamente o contrário. Se, aliás, dividirmos as províncias italianas em dois grupos, de acordo com a taxa de suicídios, e se buscarmos qual é, em cada um, a taxa média de homicídios, o antagonismo aparecerá da maneira mais pronunciada.

1º grupo	de 4,1 suicídios a 30 por 1 milhão	271,9 homicídios por 1 milhão
2º grupo	de 30 suicídios a 88 por 1 milhão	95,2 homicídios por 1 milhão

A província em que mais se assassina é a Calábria, 69 homicídios qualificados por um milhão; não há outro lugar em que o suicídio seja tão raro.

Na França, os departamentos em que se cometem mais assassinatos são Córsega, Pyrénées-Orientales, Lozère e Ardeche. Ora, do ponto de vista do suicídio, a Córsega cai da 1ª posição para a 85ª, Pyrénées-Orientales para a 63ª, Lozère para a 83ª e, enfim, Ardeche para a 68ª.[362]

Na Áustria, é na Baixa Áustria, na Boêmia e na Morávia que o suicídio está em seu máximo, ao passo que é pouco desenvolvido na Carníola e na Dalmácia. Inversamente, a Dalmácia conta 79 homicídios por um milhão de habitantes, e a Carníola 57,4, enquanto a Baixa Áustria apresenta apenas 14, a Boêmia 11, e a Morávia 15.

3º) Demonstramos que as guerras têm sobre a evolução dos suicídios uma influência deprimente. Elas produzem o mesmo efeito sobre os rou-

---

362. Para o assassinato, a inversão é menos marcada; o que confirma aquilo que dissemos anteriormente sobre o caráter misto desse crime.

350 | LIVRO III – DO SUICÍDIO COMO FENÔMENO SOCIAL EM GERAL

bos, as extorsões, os abusos de confiança etc. Mas há um crime que constitui exceção. É o homicídio. Na França, em 1870, os homicídios não premeditados, que eram em média de 119 durante os anos de 1866-69, passam bruscamente para 133 e depois para 224 em 1871, um aumento de 88%,[363] para diminuir para 162 em 1872. Esse crescimento parecerá maior ainda se pensarmos que a idade em que se cometem mais assassinatos se situa por volta dos trinta anos, e que toda a juventude estava então servindo no exército. Os crimes que ela teria cometido em tempos de paz não estão, pois, computados nos cálculos estatísticos. Além disso, é provável que a desordem da administração judiciária tenha impedido mais de um crime de ser conhecido ou mais de uma instrução de chegar à fase de julgamento. Se, apesar dessas duas causas de diminuição, o número de homicídios aumentou, imaginamos o quanto o aumento real deve ter sido importante.

Do mesmo modo, na Prússia, quando estoura a guerra contra a Dinamarca, em 1864, os homicídios passam de 137 para 169, nível ao qual não haviam chegado desde 1854; em 1865, caem para 153, mas voltam a crescer em 1866 (159), embora o exército prussiano tivesse sido mobilizado. Em 1870, constata-se, em relação a 1869, uma ligeira queda (151 casos, em vez de 185), que se acentua mais ainda em 1871 (136), mas muito menos do que para os outros crimes! No mesmo momento, os roubos qualificados como crime reduziram-se à metade, 4.599 em 1870 em vez de 8.676 em 1869. Além disso, nesses números, homicídios não premeditados e premeditados estão misturados; esses dois crimes não têm o mesmo significado, e sabemos que, também na França, só os primeiros aumentam em tempos de guerra. Se, portanto, a diminuição total dos homicídios de todos os tipos não é ainda mais considerável, podemos crer que os homicídios não premeditados, uma vez isolados dos homicídios premeditados, manifestariam uma alta importante. Aliás, se pudéssemos reintegrar todos os casos que devem ter sido omitidos pelas duas causas apontadas anteriormente, esse recuo aparente se veria reduzido a muito pouco. Enfim, é notável que os homicídios involuntários tenham se elevado consideravelmente, de 268 em 1869 a 303 em 1870 e a 310 em 1871.[364] Não seria a prova de que, naquele momento, valorizava-se menos a vida humana do que em tempos de paz?

As crises políticas têm o mesmo efeito. Na França, enquanto, de 1840 a 1846, a curva dos homicídios não premeditados permaneceu estacioná-

---

363. Os homicídios premeditados, ao contrário, que eram 200 em 1869, 215 em 1868, caem para 162 em 1870. Vemos como esses dois tipos de crimes devem ser distinguidos.

364. Segundo STARKE, *op. cit.*, p. 133.

CAPÍTULO II - RELAÇÕES DO SUICÍDIO COM OS OUTROS FENÔMENOS SOCIAIS | 351

ria, em 1848 ela sobre bruscamente, para atingir seu máximo, em 1849, com 240.[365] O mesmo fenômeno já ocorrera durante os primeiros anos do reinado de Luís Filipe. Os conflitos entre os partidos políticos eram, então, extremamente violentos. Assim, foi naquela época que os homicídios não premeditados atingiram o ponto mais alto a que chegaram durante todo o século. De 204 em 1830, sobem para 264 em 1831, número que nunca foi superado; em 1832, ainda estão em 253, e em 257 em 1833. Em 1834, uma baixa brusca se produz e se confirma cada vez mais; em 1838 não há mais que 145, ou seja, uma diminuição de 44%. Durante esse tempo, o suicídio evoluía em sentido inverso. Em 1833 ele se encontra no mesmo nível que em 1829 (1.973 casos de um lado, 1.904 de outro); depois, em 1834, inicia-se um movimento ascendente muito rápido. Em 1838 o aumento é de 30%.

4º) O suicídio é muito mais urbano do que rural. Com o homicídio, é o contrário. Somando homicídios não premeditados, parricídios e infanticídios, vemos que, no campo, em 1887, cometeram-se 11,1 crimes desse tipo, e apenas 8,6 nas cidades. Em 1886, os números são quase os mesmos: respectivamente 11,0 e 9,3.

5º) Vimos que o catolicismo diminui a tendência ao suicídio, enquanto o protestantismo a aumenta. Inversamente, os homicídios são muito mais frequentes nos países católicos do que entre os povos protestantes:

Países católicos	Homicídios simples por 1 milhão de habitantes	Homicídios premeditados, por 1 milhão de habitantes	Países protestantes	Homicídios simples por 1 milhão de habitantes	Homicídios premeditados, por 1 milhão de habitantes
Itália	70	23,1	Alemanha	3,4	3,3
Espanha	64,9	8,2	Inglaterra	3,9	1,7
Hungria	56,2	11,9	Dinamarca	4,6	3,7
Áustria	10,2	8,7	Holanda	3,1	2,5
Irlanda	8,1	2,3	Escócia	4,4	0,70
Bélgica	8,5	4,2			
França	6,4	5,6			
Médias	32,1	9,1	**Médias**	3,8	2,3

---

365. Os homicídios premeditados permanecem praticamente estacionários.

352 | LIVRO III – DO SUICÍDIO COMO FENÔMENO SOCIAL EM GERAL

Sobretudo no que concerne ao homicídio simples, a oposição entre os dois grupos é impressionante.

Observa-se o mesmo contraste dentro da Alemanha. Os distritos que se elevam mais acima da média são todos católicos: Posen (18,2 homicídios não premeditados e premeditados, por um milhão de habitantes), Donau (16,7), Bromberg (14,8), Alta e Baixa Baviera (13,0). Também do mesmo modo, no interior da Baviera as províncias são tanto mais fecundas em homicídios quanto contam menos protestantes:

Províncias

Com minoria católica	(*)	Com maioria católica	(*)	Em que há mais de 90% de católicos	(*)
Palatinado do Reno	2,8	Baixa Francônia	9	Alto Palatinado	4,3
Francônia central	6,9	Suábia	9,2	Alta Baviera	13,0
Alta Francônia	6,9			Baixa Baviera	13,0
Média	**5,5**	**Média**	**9,1**	**Média**	**10,1**

(*) Homicídios não premeditados e premeditados, por 1 milhão de habitantes

Só o Alto Palatinado constitui exceção à regra. Aliás, basta comparar o quadro precedente àquele da página 142 para que a inversão entre a distribuição do suicídio e a do homicídio fique evidente.

6º) Enfim, ao passo que tem uma ação moderadora sobre o suicídio, a vida familiar antes estimula o homicídio. Durante os anos 1884-87, um milhão de casados produzia, em média, por ano, 5,07 homicídios; um milhão de solteiros acima de 15 anos, 12,7. Os primeiros parecem, portanto, usufruir, em relação aos segundos, de um coeficiente de preservação igual a cerca de 2,3. Mas é preciso levar em conta o fato de que essas duas categorias de indivíduos não têm a mesma idade e que a intensidade da propensão homicida varia nos diferentes momentos da vida. Os solteiros têm, em média, de 25 a 30 anos, os casados cerca de 45. Ora, é entre 25 e 30 anos que a tendência ao homicídio é máxima; um milhão de indivíduos dessa idade produz anualmente 15,4 homicídios, ao passo que aos 45 anos a taxa não é maior que 6,9. A relação entre o primeiro desses números e o segundo é igual a 2,2. Assim, devido meramente à idade mais avançada, as pessoas casadas deveriam cometer duas vezes menos homicídios do que os solteiros. Sua situação, aparentemente privilegiada, não decorre do fato de serem

CAPÍTULO II - RELAÇÕES DO SUICÍDIO COM OS OUTROS FENÔMENOS SOCIAIS | 353

casadas, mas de serem mais velhas. A vida doméstica não lhes confere nenhuma imunidade.

Não apenas ela não protege do homicídio, mas antes é possível supor que o estimule. Com efeito, é muito provável que a população casada desfrute, em princípio, de uma moralidade mais elevada do que a população solteira. Acreditamos que ela deve tal superioridade não tanto à seleção matrimonial, cujos efeitos entretanto não são desprezíveis, quanto à própria ação exercida pela família sobre cada um de seus membros. Não há dúvida de que uma pessoa é menos impregnada pela moral quando se encontra isolada e abandonada a si mesma do que quando submete-se, a cada instante, à benéfica disciplina do meio familiar. Se portanto, no que diz respeito ao homicídio, os casados não estão em melhor situação do que os solteiros, é porque a influência moralizadora de que se beneficiam, e que deveria afastá-los de todos os tipos de crime, é parcialmente neutralizada por uma influência agravante que os incita ao homicídio e que deve estar ligada à vida familiar.[366]

Em suma, ora o suicídio coexiste com o homicídio, ora eles excluem-se mutuamente; ora reagem da mesma maneira sob a influência das mesmas condições, ora reagem em sentido oposto, e os casos de antagonismo são mais numerosos. Como explicar tais fatos, aparentemente contraditórios?

A única forma de conciliá-los é admitir que há espécies diferentes de suicídios, das quais algumas têm certo parentesco com o homicídio, enquanto outras o repelem. Pois não é possível que um único e mesmo fenômeno se comporte de modo tão diferente nas mesmas circunstâncias. O suicídio que varia como o homicídio e aquele que varia em sentido contrário não podem ser de mesma natureza.

E de fato mostramos que há tipos diferentes de suicídios, cujas propriedades características não são de modo algum as mesmas. A conclusão do livro precedente vê-se assim confirmada, ao mesmo tempo que serve para explicar os fatos que acabam de ser expostos. Por si sós, eles já bastariam para conjecturar a diversidade interna do suicídio; mas a hipótese deixa de ser uma hipótese, comparada aos resultados anteriormente obtidos, além de esses receberem dessa comparação como que uma prova suplementar. E, agora que sabemos quais são os diferentes tipos de suicídios e em que

---

366. Essas observações são, de resto, antes destinadas a levantar a questão do que a resolvê-la. Só poderá ser resolvida quando tivermos isolado a ação da idade e do estado civil, como fizemos para o suicídio.

consistem, podemos perceber com facilidade quais são aqueles incompatíveis com o homicídio, quais, ao contrário, dependem em parte das mesmas causas, e por que a incompatibilidade é o caso mais comum.

O tipo de suicídio atualmente mais difundido e que mais contribui para aumentar o número anual de mortes voluntárias é o suicídio egoísta. O que o caracteriza é um estado de depressão e de apatia produzido por uma individuação exagerada. O indivíduo já não dá valor à vida, porque já não dá valor suficiente ao único intermediário que o liga ao real, isto é, à sociedade. Como tem em relação a si mesmo e a seu próprio valor um sentimento muito intenso, quer ser, para si, seu próprio fim, e como tal objetivo não pode lhe bastar, arrasta na melancolia e no tédio uma existência que lhe aparece, então, como desprovida de sentido. O homicídio depende de condições opostas. É um ato violento que envolve paixões. Ora, quando a sociedade está integrada de tal modo que a individuação das partes é pouco acentuada, a intensidade dos estados coletivos eleva o nível geral da vida passional; e em nenhum outro caso o terreno é tão favorável ao desenvolvimento de paixões especialmente homicidas. Nos casos em que o espírito doméstico conservou sua antiga força, as ofensas dirigidas contra a família são consideradas sacrilégios que não podem ser vingados de modo demasiado cruel e cuja vingança não pode ser confiada a terceiros. Foi daí que se originou a prática da *vendetta*, que até hoje banha em sangue nossa Córsega e alguns países meridionais. Quando a fé religiosa é muito viva, é com frequência inspiradora de assassinatos, e o mesmo ocorre com a fé política.

Além disso, e sobretudo, a corrente homicida, de maneira geral, é tanto mais violenta quanto menos contida pela consciência pública, isto é, os atentados contra a vida são considerados mais veniais; e, como lhes é atribuída tanto menos gravidade quanto menos valor a moral comum confere ao indivíduo e àquilo que o interessa, uma individuação fraca ou, para retomar nossa expressão, um estado de altruísmo excessivo impele aos homicídios. Eis por que, nas sociedades inferiores, eles são ao mesmo tempo numerosos e pouco reprimidos. Sua frequência e a indulgência relativa de que se beneficiam derivam de uma única e mesma causa. O menor respeito de que são objeto as personalidades individuais as expõe mais à violência, ao mesmo tempo que faz tal violência parecer menos criminosa. O suicídio egoísta e o homicídio resultam, pois, de causas antagônicas, e, por conseguinte, é impossível que um se desenvolva com facilidade quando o outro é próspero. Quando as paixões sociais são vivas, o homem é muito menos inclinado seja aos devaneios estéreis seja aos cálculos frios do epicurista. Quando está habituado a dar pouca importância aos destinos particulares,

CAPÍTULO II - RELAÇÕES DO SUICÍDIO COM OS OUTROS FENÔMENOS SOCIAIS | 355

ele não é levado a se questionar ansiosamente sobre seu próprio destino. Quando faz pouco caso da dor humana, o peso de seus sofrimentos pessoais lhe é mais leve.

Ao contrário, e pelas mesmas causas, o suicídio altruísta e o homicídio podem muito bem caminhar paralelamente, pois dependem de condições que só diferem em graus. Quando se é habituado a desprezar sua própria existência, não é possível estimar muito a do outro. Por essa razão, homicídios e mortes voluntárias estão igualmente em estado endêmico em alguns povos primitivos. Mas é improvável que se possa atribuir à mesma origem os casos de paralelismo que encontramos nas nações civilizadas. Não é um estado de altruísmo exagerado que pode ter produzido os suicídios que às vezes vimos, nos meios mais cultos, coexistirem em grande número com os assassinatos. Pois, para incitar ao suicídio, é preciso que o altruísmo seja excepcionalmente intenso, mais intenso até do que para impelir ao homicídio. Com efeito, por menor que seja o valor que atribuo à existência do indivíduo em geral, aquela do indivíduo que sou sempre terá a meus olhos mais valor que a existência de outrem. Em circunstâncias idênticas, o homem médio é mais inclinado a respeitar a pessoa humana em si mesmo do que em seus semelhantes; por conseguinte, para abolir o sentimento de respeito no primeiro caso é preciso uma causa mais enérgica do que para fazê-lo no segundo. Ora, hoje, com exceção de alguns meios especiais e pouco numerosos – como o exército –, o gosto pela impessoalidade e pela renúncia é muito pouco pronunciado, e os sentimentos contrários são demasiado comuns e fortes para tornar a imolação de si mesmo fácil a esse ponto. Portanto deve haver uma outra forma, mais moderna, do suicídio, suscetível igualmente de se combinar com o homicídio.

É o suicídio anômico. A anomia, de fato, provoca uma situação de exasperação e de lassidão irritada que pode, conforme as circunstâncias, virar-se contra a própria pessoa ou contra outrem; no primeiro caso há suicídio, no segundo, homicídio. Quanto às causas que determinam a direção seguida pelas forças assim superexcitadas, estão provavelmente ligadas à constituição moral do agente. Conforme ela tenha resistência maior ou menor, inclina-se em um sentido ou no outro. Um homem com moralidade medíocre mais mata outrem do que se mata. Chegamos a ver que, às vezes, essas duas manifestações se produzem uma na sequência da outra e são apenas duas faces de um mesmo e único ato, o que demonstra seu estreito parentesco. O estado de exacerbação em que então se encontra o indivíduo é tal que, para se aliviar, ele precisa de duas vítimas.

Por essa razão, hoje, encontra-se um certo paralelismo entre o desenvolvimento do homicídio e o do suicídio, sobretudo nos grandes centros e nas regiões de civilização intensa. É porque aí a anomia está presente em estado agudo. A mesma causa impede que os assassinatos diminuam tão rapidamente quanto aumentam os suicídios. Com efeito, se os avanços do individualismo estancam uma das fontes do homicídio, a anomia, que acompanha o desenvolvimento econômico, abre outra. Em particular, podemos crer que, se na França e sobretudo na Prússia homicídios de si mesmo e homicídios de outrem aumentaram simultaneamente desde a guerra, a razão disso está na instabilidade moral, que, por causas diferentes, tornou-se maior nesses dois países. Enfim, assim é possível explicar como, apesar das convergências parciais, o antagonismo é o caso mais geral. É porque o suicídio anômico só ocorre em massa em pontos especiais, em que a atividade industrial e comercial crescem rapidamente. O suicídio egoísta provavelmente é o mais difundido; ele exclui os crimes de sangue.

Chegamos, portanto, à seguinte conclusão. Se o suicídio e o homicídio variam frequentemente na razão inversa um do outro, não é porque são duas faces diferentes de um único e mesmo fenômeno; é porque constituem, em certos aspectos, duas correntes sociais contrárias. Excluem-se, então, assim como o dia exclui a noite, assim como as doenças da extrema seca excluem as da extrema umidade. Se, no entanto, essa oposição geral não impede alguma harmonia, é porque alguns tipos de suicídios, em vez de dependerem de causas antagônicas àquelas de que derivam os homicídios, exprimem, ao contrário, a mesma situação social e desenvolvem-se no cerne do mesmo meio moral. Podemos, aliás, prever que os suicídios que coexistem com o suicídio anômico e aqueles que se conciliam com o suicídio altruísta não devem ser de mesma natureza; que o homicídio, por conseguinte, assim como o suicídio, não é uma entidade criminológica una e indivisível, mas deve abranger uma pluralidade de espécies bastante diferentes umas das outras. Mas esse não é o momento de insistir nessa importante proposição criminológica.

Portanto, não é verdade que o suicídio tenha efeitos ditosos, que diminuem sua imoralidade, e que, consequentemente, seja interessante não inibir seu desenvolvimento. Não é um derivativo do homicídio. Sem dúvida, a constituição moral de que depende o suicídio egoísta e aquela que faz diminuir o homicídio entre os povos mais civilizados são solidárias. Mas o suicida dessa categoria, longe de ser um homicida abortado, não tem nada daquilo que constitui o homicida. É um ser triste e deprimido. Podemos, pois, condenar seu ato sem transformar em assassinos aqueles que seguem o mesmo caminho que ele. Dizem que desaprovar o suicídio é, ao mesmo tempo, desaprovar e, portanto, enfraquecer o estado de espírito do qual ele procede, a saber, o tipo de hiperestesia para tudo o que concerne ao indivíduo? Que, com isso, corre-se o risco de reforçar o gosto pela impessoalidade e o homicídio que daí deriva? Mas o individualismo, para poder conter a propensão ao homicídio, não precisa atingir o grau de intensidade excessiva que faz dele uma fonte de suicídios. Para que o indivíduo abomine derramar o sangue de seus semelhantes, não é necessário que não valorize nada além de si mesmo. Basta que ame e respeite a pessoa humana em geral. A tendência à individuação pode, então, ser contida nos devidos limites sem que, por isso, a tendência ao homicídio seja acentuada.

Quanto à anomia, como ela produz tanto o homicídio quanto o suicídio, tudo o que pode refreá-la também refreia ambos. Nem mesmo devemos temer que, uma vez impedida de se manifestar sob forma de suicídios, ela se traduza em maior número de homicídios; pois o homem sensível o bastante à disciplina moral para renunciar a se matar por respeito à consciência pública e a suas proibições será ainda mais refratário ao homicídio, que é estigmatizado e reprimido de modo mais severo. De resto, vimos que são os melhores que se matam em casos assim; não há nenhuma razão para favorecer uma seleção que se faria ao avesso.

Este capítulo pode servir para elucidar um problema frequentemente debatido.

Conhecemos as discussões provocadas pela questão de saber se os sentimentos que temos por nossos semelhantes são apenas uma extensão dos sentimentos egoístas ou então, ao contrário, são independentes deles. Acabamos de ver que nenhuma das duas hipóteses tem fundamento. Com certeza, a piedade por outrem e a piedade por nós mesmo não são estranhas uma à outra, já que avançam ou recuam paralelamente, mas uma não decorre da outra. Se há entre elas um vínculo de parentesco, é porque ambas derivam de um mesmo estado da consciência coletiva, da qual elas são apenas aspectos diferentes. O que exprimem é a maneira como a opinião estima o valor moral dos indivíduos em geral. Se ele conta muito na estima pública, aplicamos esse julgamento social aos outros, ao mesmo tempo que a nós mesmos; a pessoa deles, assim como a nossa, adquire mais valor a nossos olhos, e tornamo-nos mais sensíveis ao que concerne individual-

358 | LIVRO III – DO SUICÍDIO COMO FENÔMENO SOCIAL EM GERAL

mente a cada um deles, como àquilo que nos concerne em particular. Suas dores, assim como nossas dores, nos são mais naturalmente intoleráveis. A simpatia que temos por eles não é, portanto, uma simples extensão daquela que temos por nós mesmos. Mas ambas são efeitos de uma mesma coisa, são constituídas de um mesmo estado moral. Sem dúvida, ele se diversifica conforme se aplique a nós mesmos ou a outrem; nossos instintos egoístas o fortalecem no primeiro caso, e o debilitam no segundo. Mas está presente e ativo tanto em um quanto no outro. Tanto é verdade que até mesmo os sentimentos que mais parecem vincular-se à compleição pessoal do indivíduo dependem de causas que o ultrapassam! Nosso próprio egoísmo é, em grande parte, produto da sociedade.

QUADRO XXXIII[367]

Suicídios, por idade, dos casados e dos viúvos, conforme tenham filhos ou não
(Departamentos franceses, exceto o Seine)

NÚMEROS ABSOLUTOS (ANOS 1889-91)

Idade	Casados		Viúvos	
	Sem filhos	Com filhos	Sem filhos	Com filhos
	Homens			
De 0 a 15 anos	1,3	0,3	0,3	—
De 15 a 20 anos	0,3	0,6	—	—
De 20 a 25 anos	6,6	6,6	0,6	—
De 25 a 30 anos	33	34	2,6	3
De 30 a 40 anos	109	246	11,6	20,6
De 40 a 50 anos	137	367	28	48
De 50 a 60 anos	190	457	48	108
De 60 a 70 anos	164	385	90	173
De 70 a 80 anos	74	187	86	212
De 80 anos para cima	9	36	25	71

---

367. Esse quadro foi elaborado com documentos inéditos do Ministério da Justiça. Não pudemos utilizá-lo muito, porque o recenseamento da população não mostra, para cada idade, o número de casados e viúvos sem filhos. No entanto, publicamos os resultados de nosso trabalho, na esperança de que seja utilizado mais tarde, quando essa lacuna do recenseamento for preenchida.

CAPÍTULO II - RELAÇÕES DO SUICÍDIO COM OS OUTROS FENÔMENOS SOCIAIS | 359

Idade	Casados		Viúvos	
	Sem filhos	Com filhos	Sem filhos	Com filhos
	Mulheres			
De 0 a 15 anos	—	—	—	—
De 15 a 20 anos	2,3	0,3	0,3	—
De 20 a 25 anos	15	15	0,6	0,3
De 25 a 30 anos	23	31	2,6	2,3
De 30 a 40 anos	46	84	9	12,6
De 40 a 50 anos	55	98	17	19
De 50 a 60 anos	57	106	26	40
De 60 a 70 anos	35	67	47	65
De 70 a 80 anos	15	32	30	68
De 80 anos para cima	1,3	2,6	12	19

CAPÍTULO III

Consequências práticas

Agora que sabemos o que é o suicídio, quais são suas espécies e leis principais, precisamos pesquisar qual é a atitude que as sociedades atuais devem adotar em relação a ele.

Mas essa própria questão supõe outra. A situação atual do suicídio entre os povos civilizados deve ser considerada normal ou anormal? Com efeito, segundo a solução à qual nos alinhamos, acharemos ou que reformas para refreá-lo são necessárias e possíveis, ou então, ao contrário, que convém aceitá-lo como é, mesmo desaprovando-o.

I

Alguns podem se surpreender que a questão possa ser levantada.

De fato, estamos habituados a ver como anormal tudo o que é imoral. Se, portanto, como demonstramos, o suicídio ofende a consciência moral, parece impossível não ver nele um fenômeno de patologia social. Mas mostramos em outro lugar[368] que até a forma eminente da imoralidade, a saber, o crime, não deveria estar necessariamente classificada entre as manifestações mórbidas. Essa afirmação, é verdade, desconcertou alguns espíritos, e pareceu, em um exame superficial, abalar os fundamentos da moral. No entanto, ela não tem nada de subversivo. Basta, para se convencer disso, remeter-se à argumentação na qual ela se apoia, e que pode ser resumida assim.

Ou a palavra doença não significa nada, ou designa algo evitável. Sem dúvida, nem tudo aquilo que é evitável é mórbido, mas tudo aquilo que é mórbido pode ser evitado, ao menos pela maioria das pessoas. Se não

---

368. Ver As *regras do método sociológico*, cap. II. (São Paulo: Edipro, 2012).

362 | LIVRO III – DO SUICÍDIO COMO FENÔMENO SOCIAL EM GERAL

quisermos renunciar a toda distinção tanto nas ideias como nos termos, será impossível designar assim uma condição ou uma característica que os seres de uma espécie não podem deixar de ter, que está necessariamente implicada em sua constituição. De outro lado, temos apenas um sinal objetivo, empiricamente determinável e suscetível de ser verificado por outrem, ao qual poderíamos reconhecer a existência dessa inevitabilidade: é a universalidade. Quando, sempre e em toda parte, dois fatos se encontram em conexão, sem que seja citada uma única exceção, vai contra todo método supor que possam ser separados. Não é que um seja sempre a causa do outro. O vínculo que há entre eles pode ser mediato,[369] mas não deixa de existir e de ser necessário.

Ora, não se conhece sociedade em que, sob formas diferentes, não se observe uma criminalidade mais desenvolvida ou menos desenvolvida. Não há povo cuja moral não seja cotidianamente violada. Devemos, portanto, dizer que o crime é necessário, que ele não pode não existir, que as condições fundamentais da organização social, tais como as conhecemos, o implicam logicamente. Por conseguinte, ele é normal. É inútil invocar aqui as imperfeições inevitáveis da natureza humana e afirmar que o mal, embora não possa ser impedido, continua sendo o mal; é discurso de pregador, não de cientista. Uma imperfeição necessária não é uma doença; caso contrário seria preciso admitir a doença em toda parte, porque a imperfeição está em toda parte. Não há função anatômica do organismo, não há forma anatômica em relação às quais não seja possível desejar algum aperfeiçoamento. Às vezes se diz que um óptico se envergonharia de ter fabricado um instrumento de visão tão grosseiro quanto o olho humano. Mas disso não se concluiu e não se podia concluir que a estrutura desse órgão é anormal. Não é só isso; é impossível que aquilo que é necessário não tenha em si alguma perfeição, para empregar a linguagem um pouco teológica de nossos adversários. *O que é condição indispensável da vida não pode não ser útil, a não ser que a vida não seja útil.* E, de fato, mostramos como o crime pode ser útil. Porém só será útil se for rejeitado e reprimido. Acreditou-se, sem razão, que o simples fato de catalogá-lo entre os fenômenos de sociologia normal implicava sua absolvição. Se é normal que haja crimes, é normal que sejam punidos. A pena e o crime são os dois termos de um par inseparável. Um não pode faltar mais do que o outro. Todo abrandamento anor-

---

369. E até mesmo todo vínculo lógico não é mediato? Por mais próximos que sejam os dois termos que une, eles são sempre distintos, e, por conseguinte, sempre há entre eles uma distância, um intervalo lógico.

CAPÍTULO III · CONSEQUÊNCIAS PRÁTICAS | 363

mal do sistema repressivo tem como efeito estimular a criminalidade e lhe conferir um grau de intensidade anormal.

Apliquemos essas ideias ao suicídio.

Não temos, é verdade, informações suficientes para poder assegurar que não há sociedades em que o suicídio não esteja presente. Há apenas um ínfimo número de povos para os quais as estatísticas nos informam sobre esse ponto. Quanto aos outros, a existência de um suicídio crônico só pode ser comprovada pelos traços que deixa na legislação. Não sabemos com certeza se em todos os lugares o suicídio foi objeto de regulamentação jurídica. Mas é possível afirmar que é o caso mais comum. Ora ele é prescrito, ora reprovado, ora a proibição que recai sobre ele é formal, ora comporta reservas e exceções. Porém todas as analogias permitem acreditar que ele nunca deve ter ficado indiferente ao direito e à moral; isto é, ele sempre foi bastante importante para atrair para si o olhar da consciência pública. Em todo caso, é certo que correntes suicidógenas, mais intensas ou menos intensas segundo as épocas, sempre existiram entre os povos europeus; isso é comprovado pela estatística já no século passado e pelos monumentos jurídicos para as épocas anteriores. O suicídio é, portanto, um elemento de sua constituição normal e até, ao que parece, de toda constituição social.

Aliás, não é impossível perceber como se liga a ela.

Isso é sobretudo evidente no caso do suicídio altruísta em relação às sociedades inferiores. Precisamente porque a estreita subordinação do indivíduo ao grupo é o princípio sobre o qual repousam, o suicídio altruísta é, para essas sociedades, por assim dizer, um dispositivo indispensável da disciplina coletiva. Se o homem então não estimasse tão pouco a sua vida, ele não seria o que deveria ser, e, dado que faz pouco caso dela, é inevitável que tudo se torne pretexto para livrar-se dela. Há, portanto, um vínculo estreito entre a prática desse suicídio e a organização moral dessas sociedades. É o que ocorre hoje nos meios particulares em que a abnegação e a impessoalidade são obrigatórios. Até hoje o espírito militar só pode ser forte se o indivíduo está afastado de si mesmo, e tal afastamento abre necessariamente caminho para o suicídio.

Por razões opostas, nas sociedades e nos meios em que a dignidade da pessoa é o fim supremo da conduta, em que o homem é um Deus para o homem, o indivíduo inclina-se facilmente a tomar por Deus o homem que está em si, a erigir a si mesmo em objeto de seu próprio culto. Quando a moral se empenha antes de tudo em lhe dar, dele mesmo, uma ideia muito elevada, bastam algumas combinações de circunstâncias para que ele se torne incapaz de perceber qualquer coisa acima de si. O individualismo, sem dúvida, não é necessariamente o egoísmo, mas eles se parecem. Não é possível estimular um sem propagar mais o outro. Assim se produz o suicídio egoísta. Enfim, nos povos em que o progresso é e deve ser rápido, as regras que contêm os indivíduos devem ser suficientemente flexíveis e maleáveis; se conservassem a rigidez imutável que têm nas sociedades primitivas, a evolução entravada não poderia se fazer com bastante rapidez. Mas então é inevitável que os desejos e ambições, sendo contidos com menos vigor, extravasem tumultuosamente em certos pontos. A partir do momento que se inculca aos homens o pretexto de que, para eles, é um dever progredir, é mais difícil fazer com que se resignem; por conseguinte, o número de descontentes e inquietos não deixa de aumentar. Toda moral de progresso e de aperfeiçoamento é, pois, inseparável de algum grau de anomia. Assim, uma constituição moral determinada corresponde a cada tipo de suicídio e é solidária a ele. Uma não pode existir sem o outro; pois o suicídio é simplesmente a forma que necessariamente assume cada uma delas em determinadas condições particulares, mas que não podem deixar de se produzir.

Mas, poderão objetar, as diversas correntes só determinam o suicídio se são exageradas; seria então impossível que tivessem em toda parte a mesma intensidade moderada? – É querer que as condições da vida sejam as mesmas em toda parte, o que não é possível nem desejável. Em todas as sociedades há meios particulares em que os estados coletivos só penetram ao se modificarem; conforme o caso, fortalecem-se ou enfraquecem. Para que uma corrente tenha determinada intensidade em todo o país, é preciso que, em alguns pontos, ela a ultrapasse ou não a atinja.

Porém tais excessos, seja para mais seja para menos, não são somente necessários; são úteis. Pois, se o estado mais geral é também aquele que melhor convém nas circunstâncias mais gerais da vida social, ele não pode estar em relação com as outras; e no entanto a sociedade deve poder adaptar-se tanto a umas quanto a outras. Um homem em quem o gosto pela atividade nunca ultrapassasse o nível médio não conseguiria se manter nas situações que exigem um esforço excepcional. Do mesmo modo, uma sociedade em que o individualismo intelectual não pudesse ser exagerado seria incapaz de libertar-se do jugo das tradições e renovar suas crenças, mesmo que fosse necessário. Inversamente, nos casos em que esse mesmo estado de espírito não pudesse, eventualmente, diminuir o suficiente para permitir à corrente contrária se desenvolver, o que ocorreria em tempos de guerra, quando a

CAPÍTULO III - CONSEQUÊNCIAS PRÁTICAS | 365

obediência passiva é um dos primeiros deveres? Mas, para que essas formas de atividade possam se produzir quando são úteis, é preciso que a sociedade não as tenha esquecido totalmente. Portanto é indispensável que tenham um lugar na existência comum; que haja esferas em que se mantenha um gosto intransigente pela crítica e pelo livre exame, e outras, como o exército, em que se mantenha quase intacta a velha religião da autoridade. Sem dúvida, é preciso que, em circunstâncias normais, a ação desses focos especiais não se estenda além de certos limites; como os sentimentos que ali se elaboram correspondem a circunstâncias particulares, é essencial que eles não se generalizem. Mas, se é importante que permaneçam localizados, também é importante que existam. Essa necessidade parecerá mais evidente ainda se pensarmos que as sociedades não apenas devem enfrentar situações diversas ao longo de um mesmo período, mas também não podem subsistir sem se transformar. As proporções normais de individualismo e de altruísmo que convêm aos povos modernos não serão as mesmas daqui a um século. Ora, o futuro não seria possível se seus germes não fossem produzidos no presente. Para que uma tendência coletiva possa diminuir ou se intensificar ao evoluir, é necessário que ela não se fixe de uma vez por todas sob uma forma única de que já não poderá se desfazer depois; ela não poderá variar no tempo se não apresentar nenhuma variação no espaço.[370]

As diferentes correntes de tristeza coletiva, que derivam desses três estados morais, também têm sua razão de ser, contanto que não sejam excessivas. Com efeito, é um erro acreditar que a alegria pura seja o estado normal da sensibilidade. O homem não poderia viver se fosse inteiramente refratário à tristeza. Há muitas dores às quais só é possível se adaptar ao amá-las, e o prazer que aí se encontra tem necessariamente algo de melancólico. A melancolia é mórbida apenas quando ocupa um lugar grande demais na vida, mas não é menos mórbido que seja dela totalmente excluída. É preciso que o gosto pela expansão alegre seja moderado pelo gosto contrário; só com essa condição ele conservará a medida e estará em harmonia com as coisas. Ocorre com as sociedades o mesmo que ocorre com os indivíduos. Uma

---

370. O que contribui para obscurecer essa questão é que não se observa o suficiente o quanto as ideias de saúde e doença são relativas. O que hoje é normal amanhã já não o será, e vice-versa. Os intestinos volumosos do primitivo são normais em relação a seu meio, mas hoje já não o seriam. O que é mórbido para os indivíduos pode ser normal para a sociedade. A neurastenia é uma doença do ponto de vista da fisiologia individual; mas o que seria de uma sociedade sem neurastênicos? Atualmente, eles têm um papel social para desempenhar. Quando se diz que um estado é normal ou anormal, é preciso acrescentar em relação a que ele é assim qualificado; senão, não somos compreendidos.

LIVRO III – DO SUICÍDIO COMO FENÔMENO SOCIAL EM GERAL

moral demasiado risonha é uma moral frouxa; só convém aos povos em decadência e apenas entre eles é encontrada. A vida muitas vezes é rude, muitas vezes decepcionante ou vazia. É preciso, portanto, que a sensibilidade coletiva reflita esse lado da existência. Por isso, ao lado da corrente otimista que leva os homens a considerar o mundo com confiança, é necessário que haja uma corrente oposta, menos intensa sem dúvida e menos geral que a precedente, em condições todavia de contê-la parcialmente; pois uma tendência não se autolimita, nunca pode ser limitada senão por outra tendência. Segundo alguns indícios, parece até que a propensão a uma certa melancolia desenvolve-se à medida que nos elevamos na escala dos tipos sociais. Como já dissemos em outra obra,[371] é um fato no mínimo espantoso que as grandes religiões dos povos mais civilizados sejam mais profundamente impregnadas de tristeza do que as crenças mais simples de sociedades anteriores. Com certeza, não é que a corrente pessimista deva dominar definitivamente a outra, mas é uma prova de que não perde terreno e não parece destinada a desaparecer. Ora, para que ela possa existir e subsistir, é preciso que haja na sociedade um órgão especial que lhe sirva de substrato. É preciso que haja grupos de indivíduos que representem de maneira mais especial essa disposição do humor coletivo. Porém a parcela da população que desempenha tal papel é necessariamente aquela em que as ideias de suicídio germinam facilmente.

Mas do fato de que uma corrente suicidógena de certa intensidade deve ser considerada um fenômeno de sociologia normal não decorre que toda corrente do mesmo tipo tenha necessariamente o mesmo caráter. Se o espírito de renúncia, o amor pelo progresso, o gosto pela individuação têm lugar em qualquer espécie de sociedade, e se não podem existir sem se tornarem, em certos pontos, geradores de suicídios, também é preciso que tenham essa propriedade apenas em alguma medida, variável conforme os povos. Ela só tem fundamento se não ultrapassa certos limites. Do mesmo modo, a propensão coletiva à tristeza só é saudável com a condição de não ser preponderante. Por conseguinte, a questão de saber se a situação atual do suicídio nas nações civilizadas é ou não normal não é resolvida pelo que precede. Falta pesquisar se o enorme agravamento que vem ocorrendo há um século não tem origem patológica.

Dizem que ele é o preço da civilização. O certo é que o agravamento é geral em toda a Europa e tanto mais acentuado quanto as nações alcançaram

---

371. Ver *Division du travail social* [*Da divisão do trabalho social*], p. 266.

uma cultura mais elevada. Foi, de fato, de 411% na Prússia de 1826 a 1890, de 385% na França de 1826 a 1888, de 318% na Áustria alemã de 1841-45 a 1877, de 238% na Saxônia de 1841 a 1875, de 212% na Bélgica de 1841 a 1899, de apénas 72% na Suécia de 1841 a 1871-75, e de 35% na Dinamarca durante o mesmo período. A Itália, desde 1870, ou seja, desde o momento em que se tornou um dos agentes da civilização europeia, viu o efetivo de seus suicídios passar de 788 casos para 1.653, um aumento de 109% em 20 anos. Além disso, em toda parte, é nas regiões mais cultas que o suicídio é mais comum. Era possível acreditar que houvesse uma ligação entre o progresso dos conhecimentos e o dos suicídios, que um implicava o outro;[372] é uma tese análoga àquela do criminologista italiano, segundo o qual o aumento dos delitos teria como causa e como compensação o aumento das transações econômicas.[373] Se fosse admitida, deveríamos concluir que a constituição própria às sociedades superiores implica uma estimulação excepcional das correntes suicidógenas; por conseguinte, a extrema violência que apresentam hoje, sendo necessária, seria normal, e não deveríamos tomar medidas especiais contra ela, a não ser que tomássemos, ao mesmo tempo, contra a civilização.[374]

Mas um primeiro fato deve nos prevenir contra esse raciocínio. Em Roma, no momento em que o Império atingiu o apogeu, viu-se igualmente produzir uma verdadeira hecatombe de mortes voluntárias. É possível que tenham afirmado então, como agora, que era o preço do desenvolvimento intelectual a que se chegara e que é uma lei dos povos cultivados fornecer ao suicídio um maior número de vítimas. Mas o desenrolar da história mostrou como tal indução teria sido infundada, pois a epidemia de suicídios durou apenas um tempo, ao passo que a cultura romana sobreviveu. Não apenas as sociedades cristãs assimilaram seus melhores frutos, mas, já no século XVI, depois das descobertas da imprensa, depois do Renascimento e da Reforma, ultrapassaram, e muito, o nível mais alto ao qual tinham chegado as sociedades antigas. Entretanto, até o século XVIII, o suicídio só

---

372. OETTINGEN, *Ueber acuten und chronischen Selbstmord*, p. 28-32, e *Moralstatistik*, p. 761.

373. M. POLETTI; aliás, só conhecemos sua teoria pela exposição feita por TARDE, em *Criminalité comparée*, p. 72.

374. Diz-se, é verdade (OETTINGEN), para escapar a essa conclusão, que o suicídio é somente um dos aspectos ruins da civilização (*Schattenseite*), e que é possível reduzi-lo sem a combater. Mas isso são palavras vãs. Se ele deriva das próprias causas de que depende a cultura, não é possível diminuir um sem reduzir a outra, pois o único meio de atingi-lo eficazmente é agir sobre suas causas.

se desenvolveu debilmente. Portanto, não era necessário que o progresso fizesse correr tanto sangue, já que seus resultados puderam ser conservados e até mesmo ultrapassados sem que ele continuasse a ter os mesmos efeitos homicidas. Então não é provável que o mesmo ocorra hoje, que a evolução de nossa civilização e a do suicídio não se impliquem logicamente, e que essa, por conseguinte, possa ser contida sem que a outra ao mesmo tempo se interrompa? Vimos, além disso, que o suicídio é encontrado já nas primeiras etapas da evolução e até mesmo que às vezes ali ele é da maior virulência. Se, portanto, o suicídio existe no cerne das populações mais grosseiras, não há nenhuma razão para pensar que esteja ligado, por uma relação necessária, ao extremo refinamento dos costumes. Sem dúvida, os tipos que se observam naquelas épocas longínquas em parte desapareceram. Mas, justamente, esse desaparecimento deveria aliviar um pouco nosso tributo anual, e é tanto mais surpreendente que ele se torne cada vez mais pesado.

Portanto há motivos para crer que esse agravamento se deve não à natureza intrínseca do progresso, mas às condições particulares nas quais ele se efetua atualmente, e nada nos garante que elas sejam normais. Pois não devemos nos deixar ofuscar pelo desenvolvimento brilhante das ciências, das artes e da indústria, de que somos testemunhas; decerto ele se realiza em meio à uma efervescência doentia cujos efeitos dolorosos são sentidos por cada um de nós. É, pois, bastante possível, e até provável, que o movimento ascensional dos suicídios tenha por origem um estado patológico que acompanha atualmente a evolução da civilização, mas sem ser sua condição necessária.

A rapidez com que aumentaram nem sequer permite outra hipótese. De fato, em menos de cinquenta anos, eles triplicaram, quadruplicaram, até mesmo quintuplicaram, dependendo do país. De outro lado, sabemos que estão ligados ao que há de mais inveterado na constituição das sociedades, já que exprimem seu humor e que o humor dos povos, como o dos indivíduos, reflete o estado do organismo no que ele tem de mais fundamental. É preciso que nossa organização social tenha se alterado profundamente ao longo deste século para poder ter determinado tal aumento na taxa de suicídios. Ora, é impossível que uma alteração, a um só tempo tão grave e tão rápida, não seja mórbida, pois uma sociedade não pode mudar de estrutura de maneira tão repentina. É apenas por uma sequência de modificações lentas e quase insensíveis que ela acaba por assumir outras características. No entanto, as transformações que são assim possíveis são restritas. Uma vez que um tipo social se fixa, ele deixa de ser infinitamente moldável;

CAPÍTULO III - CONSEQUÊNCIAS PRÁTICAS | 369

rapidamente atinge-se um limite que não pode ser ultrapassado. As mudanças supostas pela estatística dos suicídios contemporâneos não podem, portanto, ser normais. Sem nem mesmo sabermos com precisão em que consistem, podemos afirmar de antemão que resultam não de uma evolução regular, mas de um abalo doentio que pode ter extirpado as instituições do passado, mas sem colocar nada em seu lugar, pois não é em alguns anos que se pode refazer a obra de séculos. Então, se a causa é anormal, com os efeitos não pode ser diferente. O que, por conseguinte, a maré crescente de mortes voluntárias comprova não é o esplendor crescente de nossa civilização, mas uma situação de crise e de perturbação que não pode se prolongar sem riscos.

A essas diferentes razões, pode-se acrescentar uma última. Se é verdade que, normalmente, a tristeza coletiva desempenha um papel na vida das sociedades, de hábito, ela não é nem bastante geral nem bastante intensa para penetrar até os centros superiores do corpo social. Ela permanece na condição de corrente subjacente, que o sujeito coletivo sente de modo obscuro, cuja ação, por conseguinte, ele sofre, mas sem percebê-lo com clareza. Pelo menos, se essas vagas disposições chegam a afetar a consciência comum, é apenas por impulsos parciais e intermitentes. Assim, em geral, elas só se exprimem sob forma de juízos fragmentários, máximas isoladas, que não estão ligadas umas às outras, que visam a exprimir, apesar de sua aparência absoluta, apenas um aspecto da realidade, e que máximas contrárias corrigem e completam. É daí que vêm os aforismos melancólicos, as *boutades* proverbiais contra a vida, nas quais às vezes se compraz a sabedoria das nações, mas que não são mais numerosas que os preceitos opostos. Evidentemente, traduzem impressões passageiras que não fizeram senão atravessar a consciência sem nem sequer ocupá-la inteiramente. É somente quando esses sentimentos adquirem uma força excepcional que eles absorvem o suficiente a atenção pública para poderem ser percebidos em seu conjunto, coordenados e sistematizados, e que se tornam, então, a base de doutrinas completas da vida. Realmente, em Roma e na Grécia, foi quando a sociedade se sentiu gravemente atingida que surgiram as teorias desalentadoras de Epicuro e de Zenão. A formação desses grandes sistemas é, pois, o sinal de que a corrente pessimista chegou a um grau de intensidade anormal, devido a alguma perturbação do organismo social. Ora, sabemos como eles se multiplicaram hoje em dia. Para ter uma ideia exata de seu número e de sua importância, não basta considerar as filosofias que têm oficialmente essa característica, como as de Schopenhauer, de Hartmann etc. É preciso ain-

370 | LIVRO III – DO SUICÍDIO COMO FENÔMENO SOCIAL EM GERAL

da considerar todas aquelas que, sob nomes diferentes, provêm do mesmo espírito. O anarquista, o esteta, o místico, o socialista revolucionário, se não desesperam do futuro, pelo menos associam-se ao pessimismo em um mesmo sentimento de ódio ou de desgosto pelo que existe, em uma mesma necessidade de destruir o real ou de escapar a ele. A melancolia coletiva não teria invadido a consciência a esse ponto se não tivesse seguido um desenvolvimento mórbido, e, por conseguinte, o desenvolvimento do suicídio, que daí resulta, é de mesma natureza.[375]

Todas as provas se reúnem, portanto, para nos fazer ver o enorme aumento que tem ocorrido há um século no número de mortes voluntárias como um fenômeno patológico que a cada dia se torna mais ameaçador. A que meios recorrer para conjurá-lo?

II

Alguns autores preconizaram o restabelecimento das penas cominatórias que outrora eram usadas.[376]

Estamos propensos a acreditar que nossa indulgência atual para com o suicídio é, de fato, excessiva. Visto que ofende a moral, ele deveria ser rejeitado com mais energia e rigor, e essa reprovação deveria se exprimir por sinais externos e definidos, ou seja, por penas. O abrandamento de nosso sistema repressivo quanto a esse ponto é, por si só, um fenômeno anormal. Mas penas um pouco severas são impossíveis: não seriam toleradas pela consciência pública. Pois, como vimos, o suicídio é parente próximo de verdadeiras virtudes das quais ele é apenas o exagero. A opinião se encontra, pois, facilmente dividida nos juízos que faz dele. Como o suicídio provém, até certo ponto, de sentimentos que estima, ela não o condena sem reserva e sem hesitação. É daí que vêm as controvérsias, perpetuamente renovadas, entre os teóricos, sobre a questão de saber se ele é ou não contrário à moral.

---

375. Esse argumento está exposto a uma objeção. O budismo e o jainismo são doutrinas sistematicamente pessimistas da vida; deve-se ver aí o indício de um estado mórbido dos povos que as praticaram? Nós os conhecemos muito mal para nos atrevermos a responder à questão. Consideremos nosso raciocínio passível de ser aplicado apenas aos povos europeus e até às sociedades do tipo da cidade. Nesses limites, acreditamos que dificilmente seja discutível. Também é possível que o espírito de renúncia próprio a algumas outras sociedades possa, sem anomalia, formular-se em sistema.

376. Entre outros, LISLE, *op. cit.*, p. 437 ss.

CAPÍTULO III - CONSEQUÊNCIAS PRÁTICAS | 371

Como, por uma série contínua de intermediários graduados, ele está relacionado a atos que a moral aprova ou tolera, não é extraordinário que às vezes acreditem que seja de mesma natureza que esses últimos e que tenham-no beneficiado com a mesma tolerância. Uma tal dúvida raramente se elevou para o homicídio e para o roubo, porque aqui a linha de demarcação é mais nitidamente distinta.[377] Além disso, o simples fato da morte que a vítima se infligiu inspira, apesar de tudo, muita piedade para que a reprovação possa ser inexorável.

Por todas essas razões, só poderíamos, pois, decretar penas morais. Tudo o que seria possível seria recusar ao suicida as honras de uma sepultura regular, retirar ao autor da tentativa alguns direitos cívicos, políticos ou de família, por exemplo, alguns atributos do poder paterno e a elegibilidade para funções públicas. Acreditamos que a opinião aceitaria, sem dificuldade, que alguém que tentasse se furtar a seus deveres fundamentais fosse punido em seus direitos correspondentes. Porém, por mais legítimas que fossem essas medidas, sempre teriam apenas influência secundária; é pueril supor que poderiam bastar para conter uma corrente tão violenta.

Além disso, sozinhas, não atingiriam o mal em sua origem. Com efeito, se renunciamos a proibir legalmente o suicídio, é porque sentimos muito debilmente sua imoralidade. Deixamo-lo desenvolver-se com liberdade porque ele já não nos revolta no mesmo grau de outrora. Mas não é por disposições legislativas que se conseguirá um dia despertar nossa sensibilidade moral. Não depende do legislador um fato nos aparecer ou não como moralmente detestável. Quando a lei reprime atos que o sentimento público julga inofensivos, é a lei que nos indigna, e não o ato que ela pune. Nossa excessiva tolerância com o suicídio provém do fato de que, como o estado de espírito de que ele deriva está generalizado, não podemos condená-lo sem condenar a nós mesmos; estamos muito impregnados dele para não desculpá-lo em parte. Mas, então, o único meio de nos tornarmos mais severos é agir diretamente sobre a corrente pessimista, restabelecê-la em seu leito normal e aí contê-la, subtrair à sua ação a maioria das consciências e consolidá-las. Assim que elas reencontrarem sua estabilidade moral, reagirão como convém contra tudo aquilo que as ofende. Já não será necessário

---

377. Não é que, até mesmo nesses casos, a separação entre os atos morais e os atos imorais seja absoluta. A oposição entre bem e mal não tem o caráter radical que lhe atribui a consciência do vulgo. Passa-se sempre de um a outro por uma degradação insensível, e as fronteiras são sempre indeterminadas. Mas, quando se trata de crimes reconhecidos, a distância é grande e a relação entre os extremos é menos aparente que para o suicídio.

372 | LIVRO III - DO SUICÍDIO COMO FENÔMENO SOCIAL EM GERAL

imaginar um sistema repressivo integral; ele se instituirá, por si mesmo, sob a pressão das necessidades. Até então, ele seria artificial e, por conseguinte, sem grande utilidade.

A educação não seria o meio mais seguro de obter esse resultado? Como ela permite agir sobre os caracteres, não bastaria que fossem formados de modo que se tornassem mais valentes, e, assim, menos indulgentes para com as vontades que se abandonam? Foi o que pensou Morselli. Para ele, o tratamento profilático do suicídio está contido inteiramente no seguinte preceito:[378] "Desenvolver no homem o poder de coordenar suas ideias e seus sentimentos, para que ele esteja em condições de perseguir um objetivo determinado na vida; em suma, dar força e energia ao caráter moral." Um pensador de uma escola totalmente diferente chegou à mesma conclusão: "Como", diz Franck, "atingir o suicídio em sua causa? Aperfeiçoando a grande obra da educação, trabalhando para desenvolver não apenas as inteligências, mas os caracteres, não apenas as ideias, mas as convicções."[379]

Mas isso é atribuir à educação um poder que ela não tem. Ela não é nada além do reflexo e da imagem da sociedade. Imita-a e a reproduz em escala menor; não a cria. A educação é sadia quando os próprios povos estão com boa saúde; mas se corrompe com eles, sem poder modificar-se por si mesma. Se o meio moral está viciado, como os próprios professores vivem aí, não poderão deixar de ser penetrados por ele; como, então, imprimiriam àqueles que formam uma orientação diferente daquela que receberam? Cada nova geração é educada pela sua predecessora, portanto é preciso que essa se corrija para corrigir aquela que vem depois. Anda-se em círculos. É possível que, de vez em quando, surja alguém cujas ideias e aspirações ultrapassem a de seus contemporâneos, mas não é com individualidades isoladas que se refaz a constituição moral dos povos. Sem dúvida, agrada-nos saber que uma voz eloquente pode bastar para transformar como que por encanto a matéria social; no entanto, em qualquer lugar do mundo, nada vem do nada. As vontades mais enérgicas não podem extrair do nada forças que não existem, e os fracassos da experiência sempre vêm dissipar essas ilusões fáceis. Além disso, mesmo que, por um milagre ininteligível, um sistema pedagógico acabasse por se constituir em antagonismo com o sistema social, não teria efeito, devido a esse próprio antagonismo. Se a organização coletiva, da qual resulta o estado moral que queremos comba-

---

378. *Op. cit.*, p. 499.

379. Verbete "Suicide" [Suicídio], in *Diction. philos.*

CAPÍTULO III - CONSEQUÊNCIAS PRÁTICAS | 373

ter, se mantém, a criança, a partir do momento em que entra em contato com ela, não pode deixar de sofrer sua influência. O meio artificial da escola só consegue preservá-la por algum tempo, e debilmente. À medida que a vida real a envolver mais, destruirá a obra do educador. Portanto, a educação só pode se reformar se a sociedade também se reforma. Para isso, é preciso atingir em suas causas o mal de que ela padece.

Ora, conhecemos as causas. Nós as determinamos quando mostramos de que fontes decorrem as principais correntes suicidógenas. No entanto, há uma corrente que sem dúvida não tem nada a ver com o progresso atual do suicídio: a corrente altruísta. Hoje, com efeito, ela perde muito mais terreno do que ganha; é nas sociedades inferiores que ela mais se observa. Se subsiste no exército não parece que tenha uma intensidade anormal, pois é necessária, em certa medida, à conservação do espírito militar. E, aliás, até ali, pouco a pouco ela declina. O suicídio egoísta e o suicídio anômico são, pois, os únicos cujo desenvolvimento pode ser visto como mórbido, e é só deles, por conseguinte, que temos de nos ocupar.

O suicídio egoísta provém do fato de que a sociedade não tem, em todos os pontos, uma integração suficiente para manter todos os seus membros sob sua dependência. Se, portanto, ele se multiplica além da medida, é porque, por sua vez, essa condição de que depende generalizou-se excessivamente; é porque a sociedade, transtornada e fragilizada, deixa escapar por completo à sua ação um número demasiado grande de pessoas. Por conseguinte, a única maneira de remediar o mal é dar aos grupo sociais consistência suficiente para que controlem mais firmemente o indivíduo, e que, esse, por sua vez, vincule-se aos grupos. É preciso que ele se sinta mais solidário de um ser coletivo que o precedeu no tempo, que lhe sobrevive e que o excede por todos os lados. Com essa condição, cessará de buscar em si mesmo o único objetivo de sua conduta, e, ao compreender que ele é instrumento de um fim que o ultrapassa, perceberá que serve para alguma coisa. A seus olhos, a vida voltará a ter um sentido porque reencontrará seu objetivo e sua orientação naturais. Mas quais são os grupos mais aptos a chamar perpetuamente o homem para esse salutar sentimento de solidariedade?

Não é a sociedade política. Sobretudo hoje, em nossos grandes Estados modernos, ela está demasiado distante do indivíduo para agir de modo eficaz sobre ele com bastante continuidade. Por mais ligações que haja entre nosso dever cotidiano e o conjunto da vida pública, são muito indiretas para que tenhamos delas um sentimento vivo e ininterrupto. É somente quando graves interesses estão em jogo que sentimos intensamente nossa situação de dependência para com o corpo político. Sem dúvida, entre as pessoas que constituem a elite moral da população, é raro que a ideia de pátria esteja totalmente ausente; mas, em circunstâncias normais, permanece na penumbra, em estado de representação surda, e até acontece de ela se eclipsar totalmente. É preciso circunstâncias excepcionais, como uma grande crise nacional ou política, para que ela passe ao primeiro plano, invada as consciências e se torne o móbil norteador da conduta. Porém não é uma ação tão intermitente que pode refrear de maneira regular a propensão ao suicídio. É necessário que, não apenas de vez em quando, mas a cada instante da vida, o indivíduo possa perceber que aquilo que faz ruma para um objetivo. Para que sua existência não lhe pareça vã, é preciso que a veja, de modo constante, servir a um fim que lhe concerne imediatamente. Mas isso só é possível se um meio social, mais simples e menos extenso, envolve-o mais estreitamente e oferece um termo mais próximo à sua atividade.

A sociedade religiosa é igualmente imprópria a essa função. Não é, decerto, porque ela não possa, em dadas condições, exercer influência benéfica, mas porque as condições necessárias a essa influência já não são dadas atualmente. Com efeito, ela só preserva do suicídio se é constituída com força suficiente para cingir estreitamente o indivíduo. É pelo fato de impor a seus fiéis um amplo sistema de dogmas e de práticas, e penetrar assim todos os detalhes de sua existência, mesmo temporal, que a religião católica liga-os à vida com mais força do que o protestantismo. O católico está muito menos exposto a perder de vista os laços que o unem ao grupo confessional de que participa, porque esse grupo faz-se a todo instante lembrar por ele sob a forma de preceitos imperativos que se aplicam às diferentes circunstâncias da vida. Ele não precisa se perguntar ansiosamente para onde tendem suas diligências; ele as remete todas a Deus, porque, em sua maioria, elas são reguladas por Deus, isto é, pela Igreja, que é seu corpo visível. Mas também, pelo fato de essas ordens supostamente emanarem de uma autoridade sobre-humana, a reflexão humana não tem o direito de ser aplicada a elas. Seria uma verdadeira contradição atribuir-lhes tal origem e permitir sua livre crítica. A religião, pois, só modera a propensão ao suicídio na medida em que impede o homem de pensar livremente. Ora, esse controle sobre a inteligência individual é, agora, difícil, e o será cada vez mais. Melindra nossos sentimentos mais caros. Cada vez mais, recusamo-nos a admitir que possam impor limites à razão e dizer-lhe: Você não irá além daqui.

CAPÍTULO III - CONSEQUÊNCIAS PRÁTICAS | 375

E esse movimento não é recente; a história do espírito humano é a própria história dos avanços do livre-pensamento. Portanto é pueril querer conter uma corrente que tudo prova ser irresistível. A menos que as grandes sociedades atuais se decomponham imediatamente e que voltemos aos pequenos grupos sociais de outrora,[380] ou seja, a menos que a humanidade volte a seu ponto de partida, as religiões já não poderão exercer influência nem muito extensa nem muito profunda sobre as consciências. Isso não significa que não serão fundadas novas religiões. Mas as únicas viáveis serão aquelas que darão ao direito de exame e à iniciativa individual ainda mais espaço do que as seitas mais liberais do protestantismo. Elas não conseguirão, então, ter sobre seus membros a firme ação que seria indispensável para refrear o suicídio.

Se muitos escritores viram na religião o único remédio para o mal, é porque se enganaram quanto às origens de seu poder. Eles ajustam-na quase inteira a alguns pensamentos elevados e máximas nobres aos quais o racionalismo, em suma, poderia se acomodar e que bastaria fixar no coração e no espírito dos homens para prevenir as fraquezas. Mas isso é enganar-se quanto ao que constitui a essência da religião e sobretudo quanto às causas da imunidade contra o suicídio, que às vezes ela conferiu. Esse privilégio, com efeito, não lhe decorria do fato de ela manter no homem algum vago sentimento de um além mais ou menos misterioso, mas da forte e minuciosa disciplina à qual submetia a conduta e o pensamento. Quando a religião já não é mais que um idealismo simbólico, que uma filosofia tradicional, mais discutível e mais ou menos estranha a nossas ocupações cotidianas, é difícil que tenha sobre nós muita influência. Um Deus que por sua majestade é relegado para fora do universo e de tudo aquilo que é temporal não pode servir de finalidade para nossa atividade temporal, que fica, assim, sem objetivo. Há, a partir daí, coisas demais que não têm relação com ele, para que ele seja suficiente para dar um sentido à vida. Ao nos abandonar o mundo, como indigno dele, deixa-nos ao mesmo tempo abandonados a nós mesmos, em tudo o que concerne à vida do mundo. Não é com meditações sobre os mistérios que nos cercam, nem

---

380. Que não se enganem quanto a nosso pensamento. Sem dúvida, chegará o dia em que as sociedades atuais morrerão; elas se decomporão, pois, em grupos menores. Mas, se induzimos o futuro do passado, essa situação será apenas provisória, grupos parciais serão a matéria de sociedades novas, muito mais amplas que as de hoje. Mas podemos prever que eles mesmos serão muito mais amplos do que aqueles cuja reunião formou as sociedades atuais.

376 | LIVRO III - DO SUICÍDIO COMO FENÔMENO SOCIAL EM GERAL

tampouco com a crença em um ser onipotente, mas infinitamente afastado de nós e ao qual só teremos de prestar contas em um futuro indeterminado, que será possível impedir os homens de se desfazerem de sua existência. Em suma, só somos preservados do suicídio egoísta na medida em que estejamos socializados; mas as religiões só podem nos socializar na medida em que nos retirem o direito ao livre exame. Ora, elas já não têm e, ao que tudo indica, nunca mais terão sobre nós autoridade suficiente para obter tal sacrifício. Portanto não é com elas que podemos contar para reprimir o suicídio. Aliás, se aqueles que veem em uma restauração religiosa o único meio de nos curar fossem consequentes consigo mesmos, deveriam reclamar o restabelecimento das religiões mais arcaicas. Pois o judaísmo preserva melhor do suicídio do que o catolicismo, e o catolicismo o faz melhor do que o protestantismo. E contudo é a religião protestante a mais desapegada das práticas materiais, consequentemente a mais idealista. O judaísmo, ao contrário, apesar de seu grande papel histórico, ainda se atém, em vários aspectos, às formas religiosas mais primitivas. Tanto é verdade que a superioridade moral e intelectual do dogma não tem nada a ver com a ação que ele pode ter sobre o suicídio!

Sobra a família, cuja virtude profilática não é duvidosa. Mas seria uma ilusão achar que bastará diminuir o número de solteiros para interromper o desenvolvimento do suicídio. Pois, se os casados têm menos tendência a se matar, essa tendência também aumenta com a mesma regularidade e segundo as mesmas proporções que a dos solteiros. De 1880 a 1887, os suicídios de casados aumentaram em 35% (3.706 casos, em vez de 2.735); os suicídios de solteiros, apenas em 13% (2.894 casos, em vez de 2.554). Em 1863-68, segundo os cálculos de Bertillon, a taxa dos primeiros era de 154 por um milhão; em 1887 era de 242, com um aumento de 57%. Durante o mesmo tempo, a taxa dos solteiros não se elevava muito mais; passava de 173 para 289, com um aumento de 67%. *O agravamento ocorrido ao longo do século não depende, portanto, do estado civil.*

É porque, de fato, produziram-se na constituição da família mudanças que já não lhe permitem ter a mesma influência protetora de outrora. Enquanto antes mantinha a maioria de seus membros em sua órbita, do nascimento até a morte, e formava uma massa compacta, indivisível e dotada de uma espécie de perenidade, hoje ela já não tem senão uma duração efêmera. Mal se constitui e já se dispersa. Assim que os filhos estão materialmente criados, com frequência eles vão para fora continuar seus estudos; sobretudo, assim que ficam adultos, é quase uma regra estabelecerem-se longe dos pais, e o lar fica vazio. Podemos, pois, dizer que, durante a maior parte do tempo, a família se reduz agora apenas ao par conjugal, e sabemos que ele age debilmente sobre o suicídio. Por conseguinte, ocupando menos lugar na vida, a família já não lhe basta como finalidade. Não é certamente que amemos menos nossos filhos, mas é porque eles estão envolvidos de uma maneira menos íntima e menos contínua em nossa existência, que, por conseguinte, precisa de alguma outra razão de ser. Por precisarmos viver sem eles, também precisamos vincular nossos pensamentos e nossas ações a outros objetos.

Mas, sobretudo, é a família como ser coletivo que é reduzida a nada por essa dispersão periódica. Antigamente a sociedade doméstica não era somente um ajuntamento de indivíduos, unidos entre si por laços de afeto mútuo, mas era também o próprio grupo, em sua unidade abstrata e impessoal. Era o nome hereditário com todas as recordações que ele trazia à lembrança, a casa familiar, o campo dos antepassados, a situação e a reputação tradicionais etc. Tudo isso tende a desaparecer. Uma sociedade que se dissolve a cada instante para se reconstituir em outros pontos, mas em condições totalmente novas e com elementos diferentes, não tem continuidade suficiente para forjar para si uma fisionomia pessoal, uma história que lhe seja própria e à qual seus membros possam se ligar. Se, portanto, os homens não substituem esse antigo objetivo de sua atividade à medida que ele lhes escapa, é impossível que não se produza um grande vazio na existência.

Essa causa não multiplica somente os suicídios de casados, mas também os de solteiros. Pois tal situação da família obriga os jovens a deixar sua família natal antes de estarem em condições de fundar a sua; é em parte por essa razão que os lares com apenas uma pessoa são cada vez mais numerosos, e vimos que esse isolamento intensifica a tendência ao suicídio. Entretanto nada pode deter esse movimento. Antigamente, quando cada meio local era mais ou menos fechado aos outros pelos costumes, pelas tradições, pela raridade das vias de comunicação, cada geração ficava obrigatoriamente presa a seu local de origem ou, pelo menos, não podia se afastar muito. Mas, à medida que essas barreiras caem, que esses meios particulares se nivelam e perdem-se uns nos outros, é inevitável que os indivíduos se espalhem, ao sabor de suas ambições e segundo seus interesses, pelos espaços mais amplos que lhes são abertos. Nenhum artifício pode, pois, se opor a essa dispersão necessária e devolver à família a indivisibilidade que constituía sua força.

III

O mal seria, então, incurável? À primeira vista, poderíamos pensar assim, já que, de todas as sociedades cuja influência ditosa demonstramos anteriormente, não há nenhuma que nos pareça em condições de trazer a ele um verdadeiro remédio. Mas mostramos que se a religião, a família e a pátria preservam do suicídio egoísta, a causa disso não deve ser buscada na natureza especial dos sentimentos que cada uma mobiliza. Mas todas elas devem essa virtude ao fato geral de que são sociedades, e só a possuem na medida em que sejam sociedades bem integradas, isto é, sem excessos nem em um sentido nem no outro. Um grupo diferente pode, portanto, ter a mesma ação, contanto que tenha a mesma coesão. Ora, com exceção da sociedade confessional, familiar, política, há uma outra de que até agora não se tratou; é aquela formada, por associação, por todos os trabalhadores da mesma ordem, todos os colaboradores da mesma função: o grupo profissional ou a corporação.

De sua definição decorre que ela está apta a desempenhar esse papel. Por se compor de indivíduos que se consagram aos mesmos trabalhos e cujos interesses são solidários ou até mesmo se confundem, não há terreno mais propício à formação de ideias e de sentimentos sociais. A identidade de origem, de cultura e de ocupações faz da atividade profissional a mais rica matéria para uma vida em comunidade. De resto, a corporação mostrou, no passado, que era suscetível de ser uma personalidade coletiva, zelosa, até em excesso, de sua autonomia e de sua autoridade sobre seus membros; portanto, não há dúvida de que ela possa ser para eles um meio moral. Não há razão para que o meio corporativo não adquira aos olhos dos trabalhadores o caráter respeitável e a supremacia que o interesse social sempre tem sobre os interesses privados em uma sociedade bem constituída. De outro lado, o grupo profissional tem sobre todos os outros a tripla vantagem de ser constante, onipresente e de a influência que exerce se estender à maior parte da existência. Ele não age sobre os indivíduos de maneira intermitente, como o faz a sociedade política, mas está sempre em contato com eles pelo simples fato de que a função da qual ele é o órgão e na qual colaboram está sempre em atividade. Ele segue os trabalhadores por toda parte a que se deslocam; o que a família não pode fazer. Em qualquer lugar em que estejam, está ao seu redor, chama-os a seus deveres, apoia-os se necessário. Enfim, como a vida profissional é quase toda a vida, a ação corporativa se faz sentir em todos os detalhes de nossas ocupações, que

CAPÍTULO III - CONSEQUÊNCIAS PRÁTICAS | 379

são assim orientadas em um sentido coletivo. A corporação tem, portanto, tudo o que é preciso para integrar o indivíduo, para tirá-lo de sua situação de isolamento moral, e, dada a insuficiência atual dos outros grupos, é a única em condições de preencher essa indispensável função.

Mas, para que tenha essa influência, é preciso que ela seja organizada em bases totalmente diferentes das atuais. Primeiro, é essencial que, em vez de continuar sendo um grupo privado que a lei permite mas o Estado ignora, ela se torne um órgão definido e reconhecido de nossa vida pública. Com isso, não queremos dizer que seja necessariamente preciso torná-la obrigatória, mas o importante é que seja constituída de modo que possa desempenhar um papel social, em vez de exprimir apenas combinações diversas de interesses particulares. Isso não é tudo. Para que essa estrutura não fique vazia, é necessário depositar nela todos os germes de vida que são capazes de ali se desenvolverem. Para que essa associação não seja apenas um rótulo, é preciso lhe atribuir funções determinadas, e há algumas que, melhor do que qualquer outra, ela está em condições de cumprir.

Atualmente, as sociedades europeias veem-se diante da alternativa de ou deixar a vida profissional sem regulamentação ou regulamentá-la por intermédio do Estado, pois não há outro órgão constituído que possa desempenhar o papel moderador. Mas o Estado está demasiado distante dessas manifestações complexas para encontrar a forma especial que convém a cada uma delas. É uma máquina pesada feita só para tarefas gerais e simples. Sua ação, sempre uniforme, não pode se adaptar e se ajustar à infinita diversidade de circunstâncias particulares. Daí resulta que ela é obrigatoriamente compressiva e niveladora. Mas, de outro lado, sentimos que é impossível deixar desorganizada toda a vida que assim se manifestou. Eis como, por uma série de oscilações sem termo, passamos sucessivamente de uma regulamentação autoritária, que o excesso de rigidez torna inócua, a uma abstenção sistemática, que não pode durar devido à anarquia que provoca. Quer se trate da duração do trabalho, quer da higiene, quer dos salários, quer das obras de previdência e de assistência, em todos os lugares as pessoas de boa vontade se deparam com a mesma dificuldade. Assim que tentamos instituir algumas regras, elas acabam se mostrando inaplicáveis à experiência, por não serem flexíveis; ou, pelo menos, não se aplicam à matéria para a qual são feitas, a não ser deturpando-a.

A única maneira de resolver essa antinomia é constituir fora do Estado, embora submetido à sua ação, um conjunto de forças coletivas cuja influência reguladora possa se exercer de modo mais variado. Ora, não apenas as corporações reconstituídas satisfazem essa condição, mas não vemos quais outros grupos poderiam satisfazê-las. Pois elas estão bem próximas dos fatos, bem direta e constantemente em contato com eles para sentir todas as suas nuanças, e deveriam ser bastante autônomas para poder respeitar sua diversidade. Portanto, cabe a elas presidir a esses fundos de garantia, de assistência, de aposentadoria de que tantos bons espíritos sentem necessidade, mas que hesitam, não sem razão, em colocar nas mãos já tão poderosas e inábeis do Estado; cabe também a elas resolver os conflitos que surgem incessantemente entre os ramos de uma mesma profissão, fixar, mas de maneiras diferentes segundo os diferentes tipos de empresa, as condições que os contratos devem preencher para serem justos, impedir, em nome do interesse comum, os fortes de abusarem dos fracos etc. À medida que o trabalho se divide, o direito e a moral, ainda que apoiando-se em toda parte sobre os mesmos princípios gerais, assumem, em cada função particular, uma forma diferente. Além dos direitos e deveres comuns a todos os homens, há alguns que dependem de características próprias a cada profissão, e seu número, assim como sua importância, aumenta à medida que a atividade profissional se desenvolve e se diversifica mais. Para cada uma dessas disciplinas especiais é preciso um órgão igualmente especial para aplicá-la e mantê-la. De que ele pode se constituir, senão de trabalhadores que contribuem para a mesma função?

Eis, em linhas gerais, como deveriam ser as corporações para que pudessem prestar os serviços que temos o direito de esperar delas. Sem dúvida, quando consideramos a situação em que se encontram atualmente, temos alguma dificuldade em imaginar que um dia possam ser elevadas à dignidade de poderes morais. Com efeito, são formadas por indivíduos sem nenhuma ligação uns com os outros, que mantêm entre si apenas relações superficiais e intermitentes, e que até estão mais propensos a se tratar como rivais e inimigos do que como colaboradores. Mas, assim que tivessem tantas coisas em comum, em que as relações entre eles e o grupo de que fazem parte fossem a tal ponto estreitas e contínuas, nasceriam sentimentos de solidariedade ainda quase desconhecidos, e a temperatura moral desse meio profissional, hoje tão fria e estranha a seus membros, necessariamente se elevaria. E tais mudanças não se produziriam apenas, como os exemplos precedentes poderiam levar a crer, nos agentes da vida econômica. Não há na sociedade profissão que não reclame essa organização e que não seja suscetível de recebê-la. Assim, o tecido social, cujas malhas estão tão perigosamente largas, se estreitaria e se reforçaria em toda a sua extensão.

CAPÍTULO III - CONSEQUÊNCIAS PRÁTICAS | 381

Essa restauração, cuja necessidade é universalmente sentida, infelizmente tem contra ela a má fama deixada na história pelas corporações do Antigo Regime. No entanto, o fato de elas terem durado não apenas desde a Idade Média, mas desde a Antiguidade greco-latina,[381] tem, para mostrar que são indispensáveis, a mesma força probatória que sua recente ab--rogação tem para provar sua inutilidade. Se, exceto durante um século, em todo lugar em que a atividade profissional conheceu algum desenvolvimento, ela se organizou corporativamente, não é altamente provável que tal organização seja necessária, e que, se há cem anos ela já não estivesse à altura de seu papel, o remédio seria corrigi-la e aperfeiçoá-la, e não suprimi-la radicalmente? É certo que ela acabara por se tornar um obstáculo aos avanços mais urgentes. A velha corporação, estritamente local, fechada a toda influência externa, se tornara um contrassenso em uma nação moralmente e politicamente unificada. A autonomia excessiva de que desfrutava, e que fazia dela um Estado dentro do Estado, não podia subsistir, ao passo que o órgão governamental, estendendo suas ramificações em todos os sentidos, cada vez mais submetia todos os órgãos secundários da sociedade. Era necessário, portanto, ampliar a base na qual assentava a instituição e vinculá-la ao conjunto da vida nacional. Mas, se em vez de permanecerem isoladas, as corporações similares das diferentes localidades tivessem se unido umas às outras para formar um mesmo sistema, se todos esses sistemas tivessem sido submetidos à ação geral do Estado e mantidos assim em uma perpétua consciência de sua solidariedade, o despotismo da rotina e o egoísmo profissional teriam sido mantidos nos devidos limites. A tradição, de fato, não se mantém tão facilmente invariável em uma ampla associação, espalhada em um imenso território, quanto em um pequeno círculo que não ultrapassa os limites de uma cidade;[382] ao mesmo tempo, cada grupo particular fica menos inclinado a só ver e buscar seu interesse próprio, uma vez que está em relação constante com o centro diretor da vida pública. É até com essa única condição que o bem comum poderia ser, com continuidade suficiente, mantido vivo nas consciências. Pois, como as comunicações entre cada órgão particular e o poder encarregado de representar os interesses gerais seriam ininterruptas, a sociedade já não se faria lembrar pelos indivíduos apenas de maneira intermitente ou vaga; nós a sentiríamos presente durante toda a nossa vida cotidiana. Mas, ao derrubar o que existia sem

---

381. Os primeiros colégios de artesãos datam da Roma da época real. Ver MARQUARDT, *Privat Leben der Roemer*, II, p. 4.

382. Ver as razões em nosso *Division du travail social*, livro II, cap. III, sobretudo p. 335 ss.

382 | LIVRO III - DO SUICÍDIO COMO FENÔMENO SOCIAL EM GERAL

colocar nada no lugar, só substituímos o egoísmo corporativo pelo egoísmo individual, que é ainda mais dissolvente. Por isso, de todas as destruições realizadas na época, essa é a única que devemos lamentar. Ao dispersar os únicos grupos que poderiam unir com constância as vontades individuais, destruímos com nossas próprias mãos o instrumento ideal para nossa reorganização moral.

Mas não seria apenas o suicídio egoísta que seria combatido dessa maneira. Parente próximo do precedente, o suicídio anômico requer o mesmo tratamento. A anomia decorre, com efeito, do fato de que, em alguns pontos da sociedade, faltam forças coletivas, ou seja, grupos constituídos para regulamentar a vida social. Portanto, ela resulta, em parte, do mesmo estado de desagregação de que também provém a corrente egoísta. Porém essa mesma causa produz efeitos diferentes segundo seu ponto de incidência, conforme aja sobre as funções ativas e práticas ou sobre as funções representativas. Ela excita e exaspera as primeiras; desorienta e desconcerta as segundas. O remédio é, pois, o mesmo em ambos os casos. E, de fato, vimos que o papel principal das corporações seria, tanto no futuro quanto no passado, regular as funções sociais e, em especial, as funções econômicas, tirá-las da situação de desorganização em que se encontram atualmente. Sempre que as cobiças exaltadas tendessem a deixar de reconhecer limites, cumpriria à corporação fixar a parte que equitativamente caberia a cada ordem de colaboradores. Superior a seus membros, ela teria toda a autoridade necessária para exigir deles os sacrifícios e as concessões indispensáveis e para lhes impor regras. Obrigando os mais fortes a só usarem sua força com comedimento, impedindo os mais fracos de ampliar infinitamente suas reivindicações, chamando ambos à consciência de seus deveres recíprocos e do interesse geral, regulando, em certos casos, a produção a fim de impedir que não degenere em febre doentia, ela moderaria umas paixões pelas outras e, atribuindo-lhes limites, permitiria seu apaziguamento. Assim se estabeleceria uma disciplina moral, de um tipo novo, sem a qual todas as descobertas da ciência e todos os progressos do bem-estar sempre produziriam apenas descontentes.

Não vemos em que outro meio essa lei de justiça distributiva, tão urgente, poderia se elaborar nem por qual outro órgão poderia ser aplicada. A religião, que outrora cumpria em parte esse papel, seria agora inapropriada. Pois o princípio necessário da simples regulamentação à qual ela poderia submeter a vida econômica seria o desprezo pela riqueza. Se exorta os fiéis a se contentarem com sua sina, é em virtude da ideia de que nossa condição terrestre é indiferente à nossa salvação. Se ensina que nosso dever é aceitar com docilidade nosso destino tal qual as circunstâncias o produziram, é para nos vincular inteiramente a fins mais dignos de nossos esforços; e é por essa mesma razão que, de maneira geral, ela recomenda a moderação nos desejos. Mas essa resignação passiva é inconciliável com a importância que os interesses temporais adquiriram agora na existência coletiva. A disciplina de que necessitam deve ter como objeto não relegá-los a segundo plano e reduzi-los tanto quanto possível, mas dar-lhes uma organização compatível com sua importância. O problema se tornou mais complexo, e se, para contê-los, afrouxar a rédea dos apetites não é uma solução, tampouco basta reprimi-los. Se os últimos defensores das velhas teorias econômicas cometem o equívoco de ignorar que uma regra é tão necessária hoje quanto era outrora, os apologistas da instituição religiosa cometem o equívoco de acreditar que a regra de outrora pode ser eficaz hoje. É até mesmo sua ineficácia atual a causa do mal.

As soluções fáceis não têm nada a ver com as dificuldades da situação. Sem dúvida, há apenas uma força moral capaz de ditar a lei aos homens, mas também é preciso que esteja misturada o bastante às coisas desse mundo para poder estimá-las por seu verdadeiro valor. O grupo profissional apresenta essa dupla característica. Por ser um grupo, domina os indivíduos de uma altura suficiente para colocar limites a suas ambições, mas vive muito a vida deles para não simpatizar com suas necessidades. Além disso, é verdade que o Estado também tem funções importantes para cumprir. Apenas ele pode opor ao particularismo de cada corporação o sentimento da utilidade geral e as necessidades do equilíbrio orgânico. Mas sabemos que sua ação só pode se exercer de modo útil se há todo um sistema de órgãos secundários que a diversificam. Portanto são eles que é preciso, antes de tudo, suscitar.

Há contudo um suicídio que não pode ser detido por esse procedimento: é aquele que resulta da anomia conjugal. Nesse caso, parece que estamos diante de uma antinomia insolúvel.

Como dissemos, ele tem como causa a instituição do divórcio, com o conjunto de ideias e costumes do qual essa instituição resulta e que ela não faz senão consagrar. Disso decorre que seja preciso ab-rogá-la nos lugares em que ela existe? É uma questão complexa demais para ser tratada aqui; ela só pode ser abordada utilmente depois de um estudo sobre o casamento e sobre sua evolução. Por enquanto, ocuparemo-nos apenas das relações entre o divórcio e o suicídio. Desse ponto de vista, diremos: o único meio de diminuir o número de suicídios devidos à anomia conjugal é tornar o casamento mais indissolúvel.

Mas o que torna o problema singularmente perturbador e lhe dá quase um interesse dramático é que não é possível diminuir os suicídios de homens casados sem aumentar os suicídios de mulheres casadas. Será que então é preciso sacrificar necessariamente um dos dois sexos, e a solução se reduz a escolher, entre os dois males, o menos grave? Não vemos outra solução possível, enquanto os interesses dos cônjuges no casamento forem tão manifestamente opostos. Enquanto uns tiverem, antes de tudo, necessidade de liberdade, e os outros de disciplina, a instituição matrimonial não poderá beneficiar ambos de maneira igual. Mas esse antagonismo, que atualmente é insolúvel, não é irremediável, e podemos ter esperanças de que esteja destinado a desaparecer.

Ele decorre, com efeito, do fato de que os dois sexos não participam igualmente da vida social. O homem está mais ativamente envolvido nela, ao passo que a mulher só a assiste à distância. Disso resulta que ele está socializado num grau muito mais alto do que ela. Seus gostos, suas aspirações e seu humor têm, em grande parte, origem coletiva, enquanto os de sua companheira encontram-se mais imediatamente sob a influência do organismo. Ele tem, pois, necessidades completamente diferentes das dela, e, por conseguinte, é impossível que uma instituição, destinada a regular sua vida comum, possa ser equitativa e satisfazer simultaneamente exigências tão opostas. Ela não pode convir ao mesmo tempo a dois seres dos quais um é, quase que inteiramente, produto da sociedade, enquanto o outro permaneceu muito mais tal qual o fizera a natureza. Mas não está de modo algum provado que essa oposição deva necessariamente se manter. Sem dúvida, em um sentido ela era menos acentuada nas origens do que é hoje; mas daí não podemos concluir que esteja destinada a se desenvolver indefinidamente. Pois as condições sociais mais primitivas com frequência se reproduzem nas fases mais elevadas da evolução, porém sob formas diferentes e quase contrárias àquelas que tinham no princípio. Certamente, não há motivo para supor que, algum dia, a mulher estará em condições de cumprir na sociedade as mesmas funções que o homem; porém ela poderá desempenhar um papel que, mesmo sendo exclusivamente seu, seja contudo mais ativo e mais importante do que o de hoje em dia. O sexo feminino não voltará a ser mais parecido com o sexo masculino; ao contrário, podemos prever que se distinguirá ainda mais dele. Entretanto as diferenças serão, mais do que no passado, utilizadas socialmente. Por que, por exemplo, à medida que o homem, cada vez mais absorvido pelas funções utilitárias, é obrigado a renunciar às funções estéticas, essas não caberiam à mulher? Assim, os dois sexos se aproximariam diferenciando-se. Eles se socializariam igualmente, mas de maneiras diferentes.[383] E é nesse sentido que a evolução parece ocorrer. Nas cidades, a mulher difere do homem muito mais do que no campo; e contudo é ali que sua constituição intelectual e moral está mais impregnada de vida social.

Em todo caso, é o único meio de atenuar o triste conflito moral que atualmente divide os sexos e do qual a estatística dos suicídios nos forneceu uma prova definida. Apenas quando a distância entre os dois cônjuges for menor, o casamento não será obrigado, por assim dizer, a favorecer necessariamente um em detrimento do outro. Quanto àqueles que reivindicam, já hoje, direitos iguais aos do homem para as mulheres, esquecem-se que a obra de séculos não pode ser abolida em um instante; que, além disso, essa igualdade jurídica não poderá ser legítima enquanto a desigualdade psicológica for tão flagrante. Portanto devemos empregar nossos esforços para diminuir essa última. Para que o homem e a mulher possam estar igualmente protegidos pela mesma instituição, é preciso, antes de tudo, que sejam seres de mesma natureza. Só então a indissolubilidade do laço conjugal já não poderá ser acusada de só servir a uma das duas partes envolvidas.

IV

Em suma, assim como o suicídio não decorre das dificuldades que o homem pode ter em viver, o meio de deter seu avanço não é tornar a luta menos rude e a vida mais fácil. Se hoje as pessoas se matam mais do que antigamente, não é porque precisamos fazer, para subsistir, esforços mais dolorosos nem porque nossas necessidades são menos satisfeitas; é porque já não sabemos onde acabam as necessidades legítimas e já não percebemos o sentido de nossos esforços. Sem dúvida, a concorrência torna-se cada dia mais dura porque a maior facilidade das comunicações põe frente a frente

---

383. É possível prever que essa diferenciação já não teria provavelmente o caráter estritamente regulamentar que tem hoje. A mulher não estaria obrigatoriamente excluída de algumas funções e relegada a outras. Poderia escolher mais livremente, mas sua escolha, sendo determinada por suas aptidões, recairia em geral sobre um mesmo tipo de ocupações. Seria sensivelmente uniforme, sem ser obrigatória.

386 | LIVRO III - DO SUICÍDIO COMO FENÔMENO SOCIAL EM GERAL

um número de concorrentes sempre crescente. Mas, de outro lado, uma divisão do trabalho mais sofisticada e a cooperação mais complexa que a acompanha, ao multiplicar e variar infinitamente as ocupações em que o homem pode se tornar útil aos homens, multiplicam os meios de existência e os colocam ao alcance de uma maior variedade de pessoas. Até mesmo as aptidões mais inferiores podem encontrar seu espaço. Ao mesmo tempo, a produção mais intensa que resulta dessa cooperação mais sábia, ao aumentar o capital de recursos de que a humanidade dispõe, garante a cada trabalhador uma remuneração mais rica e mantém, assim, o equilíbrio entre o dispêndio maior das forças vitais e seu restabelecimento. É certo, de fato, que em todos os níveis da hierarquia social o bem-estar médio aumentou, ainda que esse crescimento talvez não tenha sempre ocorrido segundo as proporções mais equitativas. O mal-estar de que sofremos não decorre, portanto, do fato de as causas objetivas de sofrimento terem aumentado em número ou em intensidade; ele atesta não uma miséria econômica maior, mas uma alarmante miséria moral.

Porém não devemos nos enganar quanto ao sentido da palavra. Quando dizemos que uma afecção individual ou social é inteiramente moral, em geral queremos dizer que ela não depende de nenhum tratamento efetivo, mas só pode ser curada com a ajuda de repetidas exortações e objurgações metódicas, em suma, por uma ação verbal. Raciocinamos como se um sistema de ideias não estivesse ligado ao resto do universo, como se, por conseguinte, para desfazê-lo ou refazê-lo bastasse pronunciar de dada maneira fórmulas determinadas. Não vemos que isso é aplicar às coisas do espírito as crenças e os métodos que o primitivo aplica às coisas do mundo físico. Do mesmo modo que ele crê na existência de palavras mágicas que têm o poder de transmutar um ser em outro, admitimos implicitamente, sem perceber o caráter tosco da concepção, que com palavras apropriadas podemos transformar as inteligências e os caracteres. Como o selvagem que, afirmando energicamente sua vontade de ver se produzir determinado fenômeno cósmico, imagina determinar sua realização pelas virtudes da magia simpática, achamos que, se enunciarmos com fervor nosso desejo de ver se concretizar essa ou aquela revolução, ela se operará instantaneamente. Mas, na realidade, o sistema mental de um povo é um sistema de forças definidas que não podemos nem desorganizar nem reorganizar por meio de simples injunções. Ele depende, de fato, da maneira como os elementos sociais são agrupados e organizados. Dado um povo, formado por diversos indivíduos, dispostos de uma certa maneira, dele resulta um determinado conjunto

CAPÍTULO III - CONSEQUÊNCIAS PRÁTICAS | 387

de ideias e de práticas coletivas, que permanecem constantes enquanto as condições de que dependem continuam, por sua vez, idênticas. Com efeito, conforme as partes de que é composto sejam em maior ou menor número e dispostas segundo esse ou aquele plano, a natureza do ser coletivo necessariamente varia, e, por conseguinte, também variam suas maneiras de pensar e de agir; mas só é possível transformar essas últimas transformando o próprio ser coletivo, e não é possível transformá-lo sem modificar sua constituição anatômica. Portanto não é que, qualificando de moral o mal cujo sintoma é o aumento anormal dos suicídios, quiséssemos reduzi-lo a alguma afecção superficial que poderíamos abrandar com palavras adequadas. Pelo contrário, a alteração do temperamento moral que nos é assim revelada atesta uma alteração profunda de nossa estrutura social. Para curar uma é, pois, necessário reformar a outra.

Dissemos em quê, segundo nossa opinião, deve consistir essa reforma. Mas o que remata a demonstração de sua urgência é que ela se tornou necessária não apenas pela situação atual do suicídio, mas por nosso desenvolvimento histórico como um todo.

De fato, o que ele tem de característico é que fez sucessivamente tábua rasa de todas as antigas estruturas sociais. Umas depois das outras, elas foram varridas seja pelo desgaste lento do tempo, seja por grandes comoções, mas sem que nada as substituísse. No princípio, a sociedade está organizada com base na família; é formada pela reunião de várias sociedades menores, os clãs, cujos membros são ou se consideram parentes. Essa organização não parece ter ficado por muito tempo em estado de pureza. Logo a família deixa de ser uma divisão política para se tornar o centro da vida privada. O antigo grupo doméstico é substituído pelo grupo territorial. Os indivíduos que ocupam um mesmo território forjam para si, com o tempo, independentemente de qualquer consanguinidade, ideias e costumes que lhes são comuns, mas que não são, no mesmo grau, os de seus vizinhos mais distantes. Constituem-se assim pequenos agregados que não têm outra base material a não ser a vizinhança e as relações que dela resultam, mas cada um tem sua fisionomia distinta; é o povoado e, melhor ainda, a cidade com suas dependências. Sem dúvida, na maioria das vezes ocorre de eles não se encerrarem em um isolamento selvagem. Associam-se entre si, combinam-se sob formas variadas e formam, assim, sociedades mais complexas, mas nas quais só entram conservando sua personalidade. Continuam sendo o segmento elementar do qual a sociedade total não é senão a reprodução ampliada. Mas pouco a pouco, à medida que essas confederações se tornam mais estreitas,

388 | LIVRO III – DO SUICÍDIO COMO FENÔMENO SOCIAL EM GERAL

as circunscrições territoriais confundem-se umas com as outras e perdem sua antiga individualidade moral. De uma cidade a outra, de um distrito a outro, as diferenças vão diminuindo.[384] A grande mudança efetuada pela Revolução Francesa foi precisamente levar esse nivelamento a um ponto até então desconhecido. Não é que ela o tenha improvisado; ele foi longamente preparado pela centralização progressiva à qual procedera o Antigo Regime. Mas a supressão legal das antigas províncias e a criação de novas divisões, puramente artificiais e nominais, consagrou-o definitivamente. A partir de então, o desenvolvimento das vias de comunicação, ao misturar as populações, apagou quase todos os vestígios do antigo estado de coisas. E, como no mesmo momento o que existia da organização profissional foi violentamente destruído, todos os órgãos secundários da vida social encontraram-se aniquilados.

Uma única força coletiva sobreviveu à tormenta: o Estado. Ele tendeu, pois, pela força das circunstâncias, a absorver todas as formas de atividades que pudessem apresentar um caráter social, e já não tinha diante de si senão um punhado inconsistente de indivíduos. Mas, então, exatamente por isso foi obrigado a se sobrecarregar de funções para as quais era inadequado e das quais não conseguiu se desincumbir utilmente. Pois com frequência assinala-se que ele é tão invasivo quanto impotente. Ele faz um esforço doentio para abranger todos os tipos de coisas que lhe escapam ou das quais se apodera apenas violentando-as. Daí o desperdício de forças pelo qual o criticam e que, de fato, não tem relação com os resultados obtidos. De outro lado, os indivíduos já não estão submetidos a nenhuma outra ação coletiva além da sua, já que ele é a única coletividade organizada. É apenas por intermédio dele que sentem a sociedade e a dependência em que se encontram em relação a ela. Mas, como o Estado está longe deles, só pode ter sobre os indivíduos uma ação distante e descontínua; por isso esse sentimento não lhes é presente nem com a constância nem com a energia necessárias. Durante a maior parte de sua existência, não há nada ao redor deles que os traga para fora de si mesmos e lhes imponha um freio. Nessas condições, é inevitável que afundem-se no egoísmo ou no desregramento. O homem não pode se vincular a fins que lhe sejam superiores e se submeter a uma regra, se não percebe acima dele nada de que seja solidário. Libertá-lo de toda pressão social é abandoná-lo a si mesmo e desmoralizá-lo. Essas são, de fato, as duas características de nossa situação moral. Enquanto o Estado

---

384. É evidente que só podemos indicar as principais etapas dessa evolução. Não queremos dizer que as sociedades modernas sucederam à cidade; deixamos de lado as fases intermediárias.

CAPÍTULO III - CONSEQUÊNCIAS PRÁTICAS | 389

incha e se hipertrofia para conseguir conter estreitamente os indivíduos, mas sem sucesso, esses, sem vínculos entre si, rolam uns sobre os outros como moléculas líquidas, sem encontrar nenhum foco de forças que os retenha, que os fixe e os organize.

De vez em quando, para remediar o mal, propõe-se restituir aos grupos locais um pouco de sua antiga autonomia; é o que se chama descentralizar. Mas a única descentralização realmente útil seria aquela que produziria ao mesmo tempo uma concentração maior das forças sociais. É preciso, sem afrouxar os laços que ligam cada parte da sociedade ao Estado, criar poderes morais que tenham sobre a multidão de indivíduos uma ação que o Estado não pode ter. Ora, hoje nem a comuna, nem o departamento, nem a província têm autoridade suficiente sobre nós para poder exercer tal influência; não vemos neles nada além de etiquetas convencionais, desprovidas de qualquer significado. Sem dúvida, em condições idênticas, em geral preferimos viver no lugar em que nascemos e em que fomos criados. Mas já não há, e já não pode haver, pátrias locais. A vida geral do país, definitivamente unificada, é refratária a qualquer dispersão desse tipo. Podemos lamentar o que deixou de existir; mas essa nostalgia é inútil. É impossível ressuscitar artificialmente um espírito particularista que já não tem fundamento. A partir daí, poderemos, com o auxílio de algumas combinações engenhosas, aliviar um pouco o funcionamento da máquina governamental; mas não é assim que poderemos, algum dia, modificar a base moral da sociedade. Conseguiremos, por esse meio, aliviar os ministérios sobrecarregados, forneceremos um pouco mais de matéria à atividade das autoridades regionais, mas nem por isso faremos, das diferentes regiões, meios morais. Pois, além de as medidas administrativas não bastarem para atingir tal resultado, considerado em si mesmo ele não seria possível nem desejável.

A única descentralização que, sem romper a unidade nacional, permitiria multiplicar os centros da vida comum é aquela que poderíamos chamar de *descentralização profissional*. Pois, como cada um desses centros seria o foco de uma única atividade especial e restrita, eles seriam inseparáveis uns dos outros, e o indivíduo poderia, consequentemente, vincular-se a eles sem se tornar menos solidário do todo. A vida social só poderá se dividir, e ao mesmo tempo continuar una, se cada um dessas divisões representar uma função. É o que os escritores e os estadistas, cada vez em maior número,[385]

---

385. Ver, sobre esse ponto, BENOIST, "*L'organisation du suffrage universel*", in *Revue des Deux Mondes*, 1886.

LIVRO III – DO SUICÍDIO COMO FENÔMENO SOCIAL EM GERAL

compreenderam, e quiseram fazer do grupo profissional a base de nossa organização política, isto é, dividir o colégio eleitoral não por circunscrições, mas por corporações. Porém, para isso, é preciso começar organizando a corporação. É preciso que ela seja algo além de um ajuntamento de indivíduos que se encontram no dia da votação sem ter nada de comum entre eles. Ela só poderá desempenhar o papel que lhe destinam se, em vez de permanecer um ser convencional, tornar-se uma instituição definida, uma personalidade coletiva, com seus costumes e suas tradições, seus direitos e seus deveres, sua unidade. A grande dificuldade não é decidir por decreto que os representantes serão nomeados por profissão e quantos deles cada uma terá, mas sim fazer com que cada corporação se torne uma individualidade moral. Caso contrário, o que se fará será apenas acrescentar uma estrutura externa e factícia àquelas que existem e que queremos substituir.

Assim, uma monografia do suicídio tem um alcance que ultrapassa a ordem particular de fatos a que visa em especial. As questões que levanta são solidárias dos mais graves problemas práticos que se colocam atualmente. Os avanços anormais do suicídio e o mal-estar geral que atinge as sociedades contemporâneas derivam das mesmas causas. O que o número excepcionalmente elevado de mortes voluntárias prova é a situação de perturbação profunda de que sofrem as sociedades civilizadas, atestando sua gravidade. Podemos até dizer que ele dá sua medida. Quando esses sofrimentos se exprimem pela boca de um teórico, podemos acreditar que são exagerados e infielmente traduzidos. Mas aqui, na estatística dos suicídios, eles vêm como que se registrar por si mesmos, sem deixar espaço para a apreciação pessoal. Portanto só podemos conter a corrente de tristeza coletiva atenuando, pelo menos, a doença coletiva de que ela é a resultante e o sinal. Mostramos que, para alcançar esse objetivo, não era necessário nem restaurar artificialmente formas sociais ultrapassadas, e às quais só seria possível transmitir uma aparência de vida, nem inventar por completo formas inteiramente novas e sem equivalentes na história. O que é preciso é procurar no passado os germes de vida nova que ele continha e acelerar seu desenvolvimento.

Quanto a determinar com mais exatidão sobre quais formas particulares esses germes são chamados a se desenvolver no futuro, isto é, o que deverá ser, em detalhes, a organização profissional de que precisamos, é o que não podíamos tentar ao longo desta obra. Apenas depois de um estudo especial sobre o regime corporativo e as leis de sua evolução é que seria possível especificar mais as conclusões precedentes. Mas não devemos exagerar o interesse dos programas definidos demais nos quais em geral se deleitaram os filósofos da política. São jogos de imaginação, sempre distantes demais da complexidade dos fatos para poder servir muito à prática; a realidade social não é tão simples e ainda é muito mal conhecida para poder ser antecipada em detalhes. Porém o contato direto com as coisas pode dar aos ensinamentos da ciência a determinação que lhes falta. Uma vez demonstrada a existência do mal, em que consiste e de que depende, quando se sabe, por conseguinte, as características gerais do remédio e o ponto em que deve ser aplicado, o essencial não é fixar de antemão um plano que prevê tudo; é lançar-se resolutamente ao trabalho.

Este livro foi impresso na Gráfica Grafilar
em fonte Minion Pro sobre papel Pólen Bold 70 g/m^2
para a Edipro no inverno de 2022.